U0465477

见识城邦

更新知识地图　拓展认知边界

十八个时空中的世界史

Die
Geschichte
der Welt

Neu erzählt von
Ewald Frie
Illustriert von
Sophia Martineck

[德]埃瓦尔德·弗里 著
[德]索菲娅·马丁内克 插图
赵涟 译

中信出版集团 | 北京

图书在版编目（CIP）数据

十八个时空中的世界史 /（德）埃瓦尔德·弗里著；(德) 索菲娅·马丁内克插图；赵涟译 . -- 北京：中信出版社，2021.7
ISBN 978-7-5217-3079-1

Ⅰ . ①十⋯ Ⅱ . ①埃⋯ ②索⋯ ③赵⋯ Ⅲ . ①世界史 – 通俗读物 Ⅳ . ① K109

中国版本图书馆 CIP 数据核字（2021）第 073131 号

Die Geschichte der Welt by Ewald Frie
©Verlag C.H.Beck oHG, München 2017
Simplified Chinese translation copyright © 2021 by CITIC Press Corporation
ALL RIGHTS RESERVED
本书仅限中国大陆地区发行销售

十八个时空中的世界史

著者： ［德］埃瓦尔德·弗里
插图： ［德］索菲娅·马丁内克
译者： 赵涟
出版发行：中信出版集团股份有限公司
（北京市朝阳区惠新东街甲 4 号富盛大厦 2 座 邮编 100029）
承印者： 北京联兴盛业印刷股份有限公司

开本：787mm×1092mm 1/16　　印张：25.75　　字数：300 千字
版次：2021 年 7 月第 1 版　　　　　印次：2021 年 7 月第 1 次印刷
京权图字：01-2019-3327　　　　　　书号：ISBN 978-7-5217-3079-1
定价：128.00 元

版权所有·侵权必究
如有印刷、装订问题，本公司负责调换。
服务热线：400-600-8099
投稿邮箱：author@citicpub.com

时至今日，世界历史都是从欧洲的角度来讲述的。是时候给大家一个新的视角了：澳大利亚有智人居住的时间比欧洲还早。当罗马人还在小心翼翼地沿海岸线扬帆起航时，已经有人在几千公里以外的太平洋上航行了。美洲的金字塔和城市可以与巴比伦和埃及相媲美。西欧在近代进行宗教战争的同时，一个跨文化贸易区从匈牙利延伸到了印度南部。但是，当然它也关系到西方国家的野蛮残暴：埃瓦尔德·弗里讲述了它们的发现与征服、革命与战争，这些都改变了世界。自那以来，我们的星球正在变成一个全球超级城市，在这里，富人把自己与穷人分隔开来，尽管如此所有人仍相互连接在一起。而今天这个世界的超级城市就坐落在几千年前的大城市所在之地——在欧洲之外。

目 录

1. 空间与时间　1
　　詹姆斯·库克发现世界　5
　　交织缠绕的世界　16
　　狄奥尼修斯·伊希格斯规范时间　20
　　公元前和公元后：一种历法获得承认　27
　　其他地方，其他时间　29

2. 非洲　33
　　最早的人类　33
　　征服地球　37
　　世界人口：增长与灾难　39

3. 巴比伦　47
　　人类开始定居　47
　　文字的发明　53
　　两河流域的城市、农民和游牧民族　57
　　公元前1千纪的亚述和巴比伦　61

4. 婆卢羯车　65
　　公元1世纪的印度洋贸易网　65
　　一路上的思想与宗教　76
　　中国与印度之间的商路　79
　　丝绸之路上的商队　80

5. 恒河　83
　　兴都库什和喜马拉雅以南　83
　　公元前2000年前后的印度河文明　87
　　《吠陀经》和印度教　89

公元前 3 世纪的孔雀王朝和佛教　　90
印度笈多王朝　　95

6. 长安　　99
在公元 7 世纪的百万人口城市里生活　　102
长江和黄河　　109
中华帝国的隋唐时期　　111
安史之乱　　115

7. 拜占庭　　117
西方的中国　　117
腓尼基人和希腊人　　121
共和国和皇帝统治：罗马统治地中海地区　　122
戴克里先、君士坦丁和 4 世纪的基督徒　　127
君士坦丁堡和拜占庭帝国　　130
波斯人、穆斯林、基督徒：罗马良莠不齐的继承人　　134

8. 希杰拜　　137
中亚草原的游牧民族骑兵　　141
成吉思汗和 13 世纪的蒙古帝国　　145
蒙古治下的和平——一个和平帝国？　　150

9. 莫切谷地　　153
公元 1500 年前：一个地球，两个世界　　156
陶器讲述美洲历史　　157
奥尔梅克、玛雅和其他　　162

10. 特诺奇蒂特兰和库斯科　　*165*

公元 1500 年后：两个大都市和它们的终结　　*165*
征服大西洋　　*173*
哥伦布的错误　　*176*
新西班牙和新卡斯提尔　　*179*
葡萄牙人的巴西　　*183*
后来者北美　　*185*

11. 基卢瓦　　*189*

非洲在哪里？　　*189*
斯瓦希里——13—16 世纪的贸易与变化　　*193*
大津巴布韦遗址　　*196*
基卢瓦的灭亡　　*198*
非洲的帝国　　*200*
奴隶制与奴隶贸易　　*203*

12. 沙贾汉纳巴德　　*207*

印度莫卧儿帝国　　*210*
税收与统治：曼萨卜制度　　*212*
沙贾汉纳巴德和其他奇迹　　*214*
16 世纪和 17 世纪的荣耀　　*218*
继承人之争和王侯的影响力　　*222*
印度成为大英帝国的一部分　　*224*

13. 法兰西角　　*227*

革命的大西洋：1770—1850 年　　*227*
来自加勒比地区的蔗糖和咖啡　　*231*
互相交织的革命：在法国……　　*236*
……和圣多曼格　　*238*
拉丁美洲革命　　*244*

14. 美国！ *247*
1770—1800 年美国革命　　*247*
美国和欧洲的政府　　*252*
移民对定居者　　*254*
北对南：1861—1865 年美国内战　　*258*
繁荣与大企业　　*261*

15. 北海道 *265*
日本蛮荒北部的殖民化　　*265*
17—19 世纪德川幕府时期的生活　　*269*
蛮夷来了　　*272*
始于 1868 年的明治维新　　*274*
平起平坐：日本帝国　　*277*

16. 柏林 *283*
城市中的后起之秀　　*283*
普鲁士、哈布斯堡和 1848 年革命　　*287*
俾斯麦和德意志帝国　　*291*
现代实验室　　*295*
1912—1945 年的世界大战与内战　　*299*
分裂与统一：柏林墙　　*306*

17. 圣彼得堡 *309*
社会主义未来什么样？　　*309*
沙皇的城市　　*313*
1917/19 年的彼得格勒：世界大战与世界革命　　*316*
斯大林、现代与大恐怖　　*320*
1941—1944 年列宁格勒战役　　*325*
现实存在的社会主义　　*327*
失败的改革者：戈尔巴乔夫　　*329*

18. 沃尔特湖　*331*
"黄金时代"：加纳腾飞　*331*
"变革之风"：非洲殖民地独立　*335*
英国的模范殖民地　*338*
克瓦米·恩克鲁玛的崛起与沉沦　*340*
繁荣过后　*347*

19. 开罗　*349*
21 世纪的超级城市　*349*
阿拉伯世界　*354*
巴勒斯坦争端　*359*
纳赛尔、阿拉伯国家与现代化　*361*
伊斯兰教是解决办法？　*364*

20. 世界　*369*
全球超级城市　*369*
国际化的 19 世纪：从维也纳会议到奥委会　*374*
1919—1946 年的世界政府——国际联盟　*378*
"二战"之后：从联合国到绿色和平组织　*380*
全球社区　*386*

后记　*389*
参考文献　*399*

1

空间与时间

　　以 400 页的篇幅讲述从穴居的尼安德特人到今天的历史。最近几年我是这样向朋友解释我正在从事的工作的。从石斧到电脑，从野牛肉到汉堡包，从洞穴到摩天大楼，从屈肢葬到骨灰安葬，从氏族到国家，甚至联合国。一部进步的历史，多么美好。

　　和任何时候一样，困难自思考开始。并非所有的尼安德特人都吃野牛肉，因为野牛在尼安德特人生活的地方并非到处可见。有的人吃的是椰枣、草籽、蜗牛和贝类。有的尼安德特人并不居住在洞穴里，而是用猛犸象的骨骼和毛皮盖起了藏身之处。而且，与尼安德特人同一时期，地球上的其他地区还生活着其他的人种。他们的样貌不同，能力不同，文化也不同。考古学家通过完全不同的墓穴证明了这一点。不同的人群也有着不同的语言。不过尼安德特人和解剖学意义上的现代人曾经一起在欧洲生活，并一起生育了后代。换句话说，世界史的起点根本不是一个点。它是个烟雾笼罩的巨大空间。完全不同的事情在那里同时发生着，而对此，我们知之甚少。

　　对于当代，我们了解的稍微多了一些：不是所有人都喜欢汉堡包，但

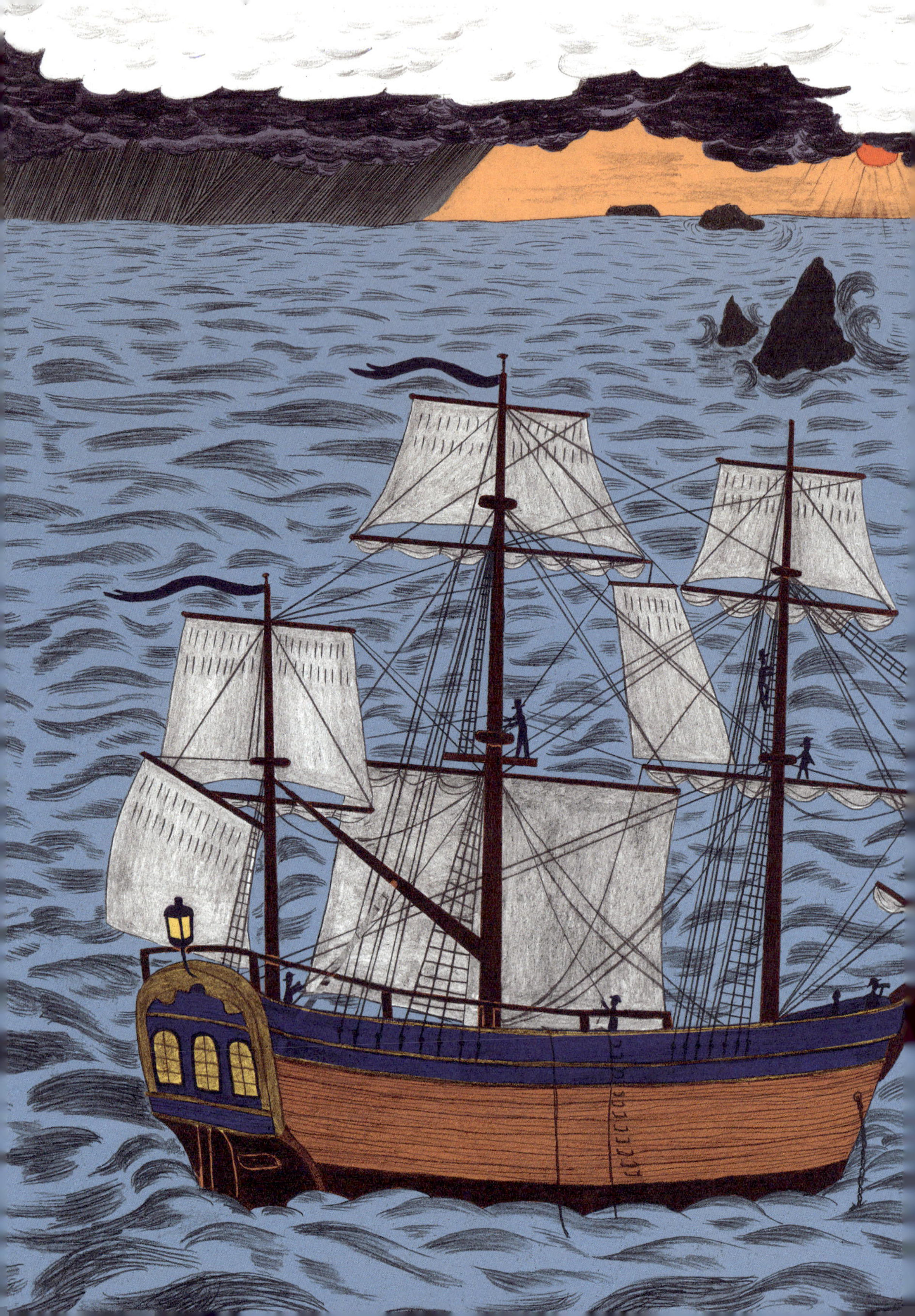

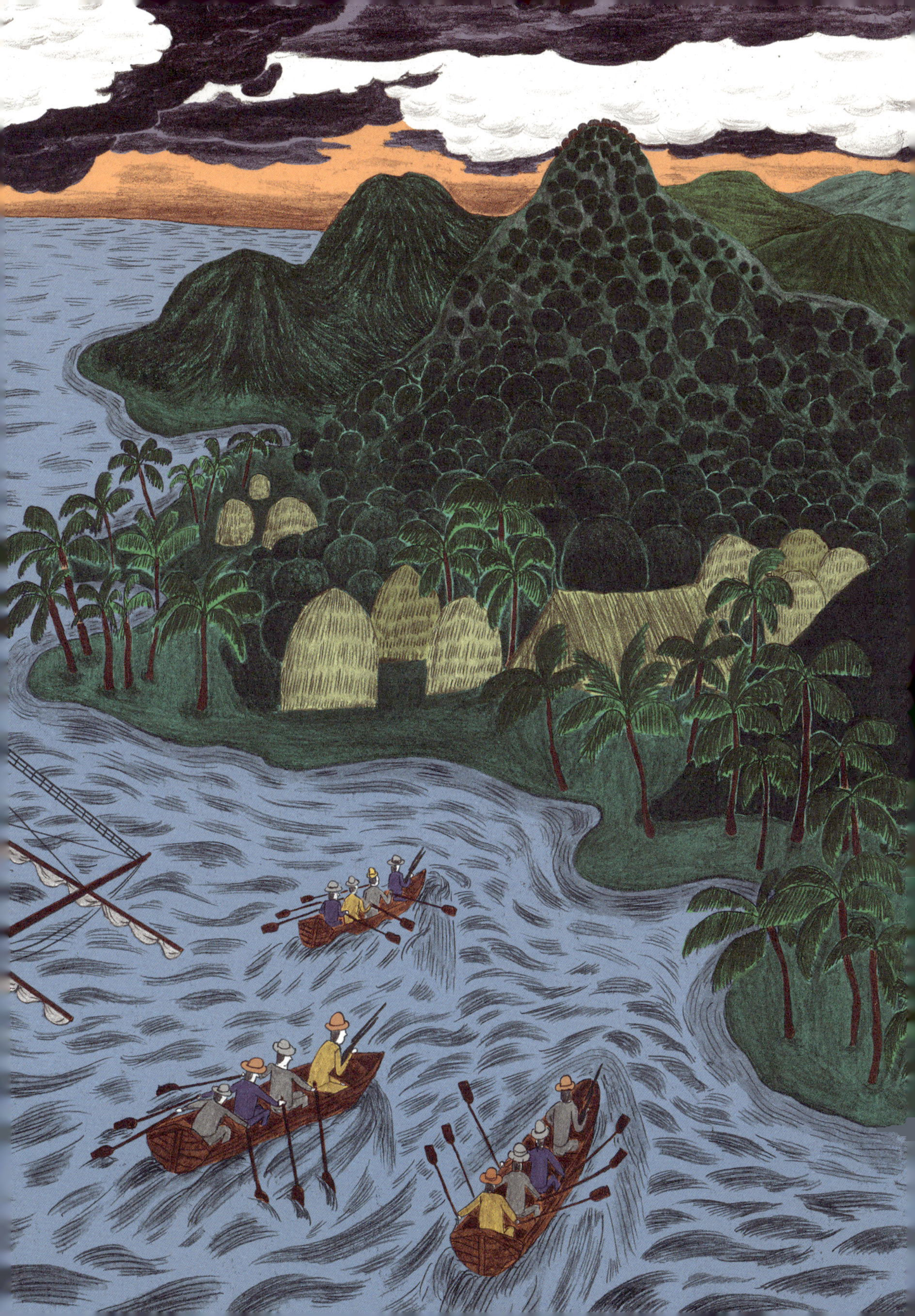

野牛肉也能找到拥趸。很多人并不在高楼大厦中生活，而且也根本不想在那里生活。虽然在中欧地区希望以骨灰方式安葬的人越来越多，但是其他地区的人仍一定要选择别的方式下葬。地球上大多数的国家并不像联合国设想的那样运转。换句话说，即便是在当代也生活着能力、文化和语言差异很大的不同人群。但是在当代这个巨大的空间里，浓雾少了一些，因为我们对彼此的了解多了很多，而且只要我们花时间利用所有可供支配的信息就可以对彼此了解得更多更多。当代也复杂，只不过是以另外一种方式。

在历史并不确定的开端和并不确定的终结之间不只是进步而已。历史不是接力赛，训练有素的人们可以按照事先确定好的计划以极快的速度和精准的协调性将接力棒传递下去并最终抵达终点。在开端与终结之间的是许许多多进行着交流或者彼此一无所知、学习和忘记、统治和被统治、希望幸福却往往失败的人。世界史不是英雄们的跑酷。它更像是由所有人（因为没有任何指导）混乱编织而成的布满窟窿和裂口的地毯，线有短有长，而且有着成千上万种互不搭配的颜色。几十亿人将他们的行为、言语和思想织入这个地毯中，他们多数没有什么宏伟的计划，但却清楚自己要做什么、说什么或者是想什么。有的线被其他人拿起来继续织下去了，有的则没有。如果我们把这块地毯举高一点儿，那么，在这个位置上我们就可以更加清楚地观察到不同的效果、连接、松开的线头、窟窿和裂口。我们甚至可能看出某些图案。

一块织法混乱、布满窟窿和裂口的地毯看起来可能不如田径健儿的接力赛那样震撼。但历史就是这样。现在，为了说明这一点，第一位从全局视角看世界的人登场了：詹姆斯·库克船长（Captain James Cook）。他在18世纪末的三次伟大航行中遍访了所有大洲，发现并没有其他大洲的存在。他在历史的地毯上织入了长长的线，它们延伸至世界所有地区并且延续至今。如果我们更加仔细地观察詹姆斯·库克的一生和他的去世，我们就会明白，为什么观察小人物和大人物、英雄和失败者，进步、中断以及遗忘的故事是值得的。

詹姆斯·库克发现世界

詹姆斯·库克是英国东部沿海地区一位贫穷雇农的儿子，工业革命前艰苦的农村生活对他产生了深刻的影响。他随父亲一再迁徙，寻找工作和生计。据他后来的同伴说，他有可以吃下和消化几乎所有食物的能力。他的七个兄弟姐妹中只有两个姊妹活到了成人年纪，其他的都夭折了。库克先是在一位商人那里学徒，后来开始出海。他没有从普通的水手开始，而是受托在家乡地区和伦敦之间从事贸易活动。库克周游到了很远的地方，也到过挪威和俄国等地。但大多是到伦敦——他的资助人的商业重心。

在航海之路上越走越远的不仅是詹姆斯·库克。由于运河和道路的建设，交通状况得到了改善，港口得到扩建，新型船只出现。英国当时正处于工业化的开端。伦敦港口一片繁荣兴旺。库克在那里建立了不少有用的联系，也在那里结识了后来的妻子伊丽莎白。18世纪50年代中期，他转而投身海军，在那里，好学、可靠、雄心勃勃的他很快引起了注意。而1756—1763年的七年战争也助了他一臂之力（在欧洲它作为普鲁士国王腓特烈二世对欧洲各大列强的战争为人所知）。腓特烈二世只得到了英国人的支持，而且主要是以资金的方式。因为，对库克的祖国来说，这场战争首先是与法国人的冲突，而且它是全球性的——在北美和印度也爆发了战争。英国人给普鲁士人钱，目的是让法国人在欧洲也忙于作战。因此这场战争在北美被称作"法国—印第安人战争"。对美洲人、印度人，可能还有英国人来说，这场欧洲战争是世界战争的一部分。

库克在欧洲战场上获得了首个指挥官职务。1757年他成为船长。1758年他出海前往加拿大,在那里与法国人作战。库克船长不仅忙于战斗,同时也进行测绘工作。他制作了精确的圣劳伦斯河区域地图,这令英国人的作战计划受益匪浅。1762年他所属的舰队负责将法国人赶出纽芬兰。他接到命令,先是为圣劳伦斯河湾前的这座岛的部分地区,后来则是为整个岛绘制地图,在战争结束后很久他才结束这项任务。此外,他也对天文学——对远洋航行确定方向至关重要的一个学科——感兴趣。1762年,他抽出时间在伦敦成了婚。但在接下来的几年里,伊丽莎白也只是偶尔才能看到自己的丈夫。他大多数时间都在海上。而库克的父亲在家庭生活上的不幸也在他事业有成的儿子和儿媳身上重现:他们的六个孩子全都夭折了,而伊丽莎白则安然度过了每一次的生产。

为什么库克在战争结束几年之后接到了前往南太平洋的委托,这点不得而知。我们只能猜测:库克在当时已经是公认的经验丰富和审慎周全的船长。他在伦敦政界和海军都有很好的人脉。他也熟悉他要驾驶的这艘船。"奋进号"(Endeavour)此前曾以"彭布罗克伯爵号"(Earl of Pembroke)的名字在英国沿海地区运输煤炭。库克的事业就是从这样的船上开始的。除此之外,正式委托正好符合他对天文学的兴趣:在南太平洋尤其良好的条件下观测金星凌日的天文现象,这样就可以计算出地球与太阳的距离,从而更加精准地确定船在茫茫大海上的位置。而对此次航行的下面这个附带目的而言,库克的测绘知识具有很大的帮助:当他完成天文任务后,他要寻找南半球的大洲。

"奋进号"是独自出航的。库克的第二和第三次航行都有多艘船只同行。这意味着在海难发生时生命可以得到保障,但库克的第一次世界航行却不能向参加者保证这点。在当时,海上只有纬度是精确的,经度却不是。海图也不可靠。当猛烈的暴风雨来袭时,被吹跑的船要找到自己本来所处的位置并不容易。整船人的命运被交到了老天爷的心情和船长的能力手上。反过来，失去了船员的支持，船长也无计可施。对他来说最大的威胁并不是极其罕见的哗变——这个命运共同体宣告解体不仅令人憎恶而且也会受到严惩。最大的威胁来自疾病，特别是坏血病。这种当时还不为人所知的维生素C缺乏症是船上饮食单一的结果。患病后所有船员都会出现牙齿脱落、皮下出血、肌肉萎缩、发烧、腹泻和整个身体虚弱乏力等症状。因为帆船（蒸汽船在100年后才被用于航海）只有靠大量男子艰苦的体力劳动才能保持航向，坏血病因为发病率高而且一旦发病就无法阻挡而成为一个致命的威胁。当詹姆斯·库克决定带酸菜上船并且在航行期间一再补充大量的新鲜水果、蔬菜和酸菜时，他肯定是了解了当时最新的研究成果。船员们不喜欢酸菜，他们觉得把上岸时间花在四处搜罗酸菜上实在是太夸张了。但是他们很快就开始感激船长这些令人瞠目的措施了。"奋进号"以及后来库克环游世界的所有船只的死亡率相对而言都是非常低的。他的领导风格被公认为十分严格，但是考虑周全。

对于21世纪的人来说，"奋进号"上的生活是难以想象的。这艘船长不到40米，宽不到9米——就像是足球场的罚球区那么大。即便是有几层楼高，对94个人来说也不算是很大的空间，他们与技术设备和几年的口粮挤在一起，而且往往几个月看不到陆地。船上的乘客包括绅士学者约瑟夫·班克斯（Joseph Banks），他带了两名瑞典博物学者、两名绘图师、四名仆人和两条狗与他同行。相对于班克斯而言，余下的人——船员和不同军衔的海军士兵、木匠、打造武器和裁减风帆的工匠、厨子和面包师傅——就不得不大大降低对私密性，甚至是空间的要求了，当然，和我们今天就更没法比了。船员没有睡觉的地方。他们把吊床固定在食堂桌子的上方。换衣服最好是想都不要想了。不管怎样，库克仍然做到了让船上的所有人员每周洗一次澡——当然是用海水。在第二次航行中成为班克斯随行成员的德国年轻植物学家、画家以及后来的教授和革命家格奥尔格·福斯特（Georg Forster）就曾在游记中抱怨有的新西兰毛利人气味难闻。相信他自己船上的食堂在早间的气味肯定也会给人留下深刻的印象。

　　班克斯登船并不是为了消遣。除观测金星凌日和寻找南半球的大洲之外，"奋进号"还有一个科学计划：将异域的人、动物、植物、石头和土壤记录下来。18世纪六七十年代是科学启蒙发展的高峰。欧洲人将他们的文明与其他文明相对比。他们搜集各种知识将其分门别类，以加深对自身的理解并推动人类进步。这是有绘图师和学者随船同行的原因。

　　英国人横跨大西洋，在里约热内卢做了短暂停留。后来他们绕过火地岛和今天智利南部的合恩角，向着南太平洋塔希提的马泰瓦伊湾（Matavai Bay）行驶。因为以前的探险旅行，人们已经相当清楚马泰瓦伊湾的位置。那里的居民被公认为亲切好客，在船员逗留的三个月时间里，他们也的确不负盛名。负责观测金星的这位天文学家甚至在"奋进号"上找到地方建了一个观测站。在他的工作完成之后，真正的发现之旅开始了。英国人在塔希提留下了一些欧洲货物，它们令当地波马雷（Pomare）家族的首领俨然成为整个塔希提最为重要的领导人。而在那之前在南太平洋并不为人所知而且也无法治愈的性病也是英国人的遗产之一。

　　库克船长在塔希提将图帕亚（Tupaia）带到船上——他是一位非常了解该地区的牧师。在图帕亚的帮助下他们先是勘察了塔希提以西的大量岛屿，然后又向南一直到了南纬40度附近，但并未在那里找到任何陆地。随后库克转而向西，按照以前荷兰人的说法，"新的西兰"肯定就在那里。他于1769年10月在今天的小城吉斯伯恩（Gisborne）附近登陆北岛。接下来的6个月，他都花在了为新西兰精心测绘制图上。这时给了他很大帮助的不再是图帕亚的地理知识，而是他的语言能力了。令人意外的是，即便在西南方向4000多公里以外的地方，人们仍能理解塔希提的语言。库克和他的下属对有着强烈求知欲同时也非常好斗的新西兰毛利人十分尊敬。这是有道理的：直到19世纪中期，白人在新西兰还会被杀死或者吃掉，因为他们（有的是因为没有意识到，有的则是因为不小心）无视了毛利人的规矩。在新西兰，库克船长直到今天仍是一位知名度非常高而且备受尊敬的人士，因为他将这片土地带入世界地图中，并且对待毛利人十分尊敬。库克最重要的传记作家——约翰·比格尔霍尔（John Beaglehole）就是新西兰人，他也曾出版过库克船长的航海日志。

从新西兰出发，库克一路向西，向着"新荷兰"所在地——后来的澳大利亚行进。荷兰人阿贝尔·塔斯曼（Abel Tasman）在100多年前就已经粗略记录下了它的西海岸（今天珀斯所在的位置）的样子，但对东面却一无所知。库克一路沿着整个东海岸航行，从最南端的塔斯马尼亚到热带地区的约克角。他又一次绘制了地图。与澳大利亚人的接触仍是极其罕见而仓促的。与毛利人相反，他们对与白人贸易不感兴趣。图帕亚的语言能力也出了问题。显然，后来被欧洲人称为"原住民"（aborigine）的这些澳大利亚人与塔希提人和毛利人完全不属于同一个族群。库克以为，他们是比欧洲人更快乐的人，因为他们没有白人终其一生都在追逐的、对物品和舒适的需求。他建议将今天悉尼附近的植物湾（Botany Bay）作为英国基地的候选位置。没过20年，这里便建立起一个流放罪犯的殖民地，当时欧洲人刚刚开始占领澳大利亚并对原住民、他们的语言和文化进行大规模灭绝。

大约在植物湾以北2500公里、今天的库克敦（Cooktown）附近，"奋进号"在错综复杂的大堡礁遭到了几乎不可修复的损坏。在完成了必要的修理之后，库克穿越大堡礁将船重新驶回到宽广的洋面，这被公认为是他的航海杰作之一。这时的方向则是家乡：先穿过托雷斯海峡（Torres Strait）到荷兰的一个基地巴达维亚（Batavia）——今天印度尼西亚的首都雅加达。在这里，库克的大批船员患上了疾病。他们患的是疟疾还是痢疾——对此还存在着争议。可以确定的是，少数几个因此而丧生的人当中就包括了来自塔希提的牧师、为库克做出了重大贡献的图帕亚。从巴达维亚出发，"奋进号"跨越印度洋，在南非最南端的开普敦稍作停留后于1771年7月17日抵达伦敦。

库克船长的第二次航行不再具有天文学目的，而是主要以寻找神秘的南方大陆——"未知的南方大陆"（terra australis incognita），或者是证实它不存在为目标。库克的"决心号"（Resolution）在1772/73年、1773/74年和1774/75年的12月至3月间在南半球航行了三个夏天，它在南半球尽可能地向远处行驶，最初是在另外一艘船"探险号"（Adventure）的伴随下。它们为远离有人居住的海岸线的漫长航行做好了准备：两艘船共带了45吨的耐贮饼干、近14吨面粉、42.5吨腌制猪牛肉、20吨豆子、10吨小麦、14吨酸菜、4吨咸白菜、整整8.8万升水、超过2.9万升啤酒、7700升朗姆酒和白兰地，还有4700升红酒（只限于船长、军官和科学家饮用）、黄油、奶酪、糖、油、醋、葡萄干、盐等等。新鲜水果和蔬菜在登陆时会再次采购，而在漫长的极地航行时就不得不在没有新鲜果蔬的条件下度日了。

前面提到的第二次航行的随行科学家格奥尔格·福斯特在回顾旅程时曾这样描述过其间的辛劳，特别是在南极海域的浮冰之中寻找方向时：

> 几乎永远都被包裹在浓雾当中；雨、冰雹和雪交杂在一起；尽管是盛夏时分，但空气寒冷到了温度计的冰点；环绕我们的是数不清的冰岛，我们一直处于避之不及的危险当中；每天的饭菜除了腌制食品别无其他，再加上霜冻和湿气，这令我们全身的血流紊乱……总而言之，不适感令我们所有人都产生了对可以身处更舒服的环境、老天能够更温和一点儿的最热切的愿望。

在陆地上长大并生活的脑力劳动者福斯特对船员们的能力大为赞叹：

> 为了保温，他们来来回回地奔跑，直到有工作要做。风向如有变化，就要把风帆调整到别的位置，但是如果风力增强的话，就需要收起部分风帆，有时甚至要把其中的几个完全卷起。这种危险的操作看起来非常惊险，至少对所有不习惯看人把生命悬于一线的人来说是这样。一旦风帆的最下端从甲板上松脱并被刮起，风就会在其中呼啸，风帆打在帆骨和桅杆上，整艘船都会跟着震动。水手们立刻没有一丝畏惧地以令人惊叹的灵活性矫捷地爬到延伸在外的第二段或第三段桅杆上。在那里，用粗壮缆绳捆绑的帆骨和横杆横跨在船身的上方；一条两头和中间都固定住的晃晃悠悠的缆绳则是无所畏惧的水手站立的地方。六到八个水手敏捷麻利、步伐稳健地在这条缆绳的两边行走，直至横杆的最外端，尽管风将迎风展开的帆大力来回甩动，他们脚下的缆绳也不断晃动，而且船也在不断地摇晃，在那么高的地方这种感觉只会比甲板上更强烈。……与此同时，我看到一条很长的横杆一端没入涌来的海浪当中。站在一根悬挂在桅杆约60英尺（17米）处的帆骨一端的水手……每来一个浪都会摇晃着划出一个高五六十英尺（17~20米）的弧形。他一会儿好像被甩入了海里，一会儿又好像触碰到了星星。……值得一提的是，不管是身处阳光灿烂的白天，还是漆黑的夜晚，对他来说肯定都是无所谓的，他能相信的只有自己粗糙的双手的摸索。

在漫无天际的南太平洋的浓雾里，护航船"探险号"在发现之旅的第一年走失了。福斯特写道，"决心号"船员哀伤地看到自己不得不独自继续讨厌的南方之旅,并且不得不重新踏入寒冷天气的危险当中,但却没有了此前唯一的希望——从我们的同伴那里获得救援,如果我们自己的船不幸迷航的话。

三个月后,它们在约好准备在南半球过冬的新西兰的碰头地点重逢。接下来的一年里,两艘船完全断了联系;"探险号"因而比库克的"决心号"提早一年回到了英格兰。

库克利用南半球的冬天在新西兰或塔希提进行必要的维修,让船员休息,并将另外一些岛屿标注到欧洲的太平洋地图上。他在此期间的航行距离十分惊人。1774年3月,库克曾经到了今天属于智利的复活节岛。他随后转而向西,经过马克萨斯(Marquesas)群岛、无论如何都会经过的塔希提、汤加和斐济群岛的西南边缘(当时他并未意识到),来到瓦努阿图群岛。从那里一路向南直到位于澳大利亚布里斯班东北1500公里、复活节岛以西8000多公里的新喀里多尼亚。8000公里!这相当于芝加哥到莫斯科的距离了。瓦努阿图和新喀里多尼亚的居民把库克抓了起来。他们在语言和文化上显然与东边距离他们并不是很近的太平洋居民有着明显的差异。而这些观察当中也反映了美拉尼西亚群岛和波利尼西亚之间的边界。

库克到过的很多岛屿,在此之前人们从西班牙人和荷兰人那里都有所耳闻。但是由于经度说明并不确切,它们都不怎么可靠。库克的第二次航行也因为证实英国钟表匠约翰·哈里森(John Harrison)真正解决了经度问题而被载入地理学发展史。哈里森制作了在温差很大、潮湿和风暴天气下也运行可靠、精准的钟表。这样,通过当地时间(可以通过观察太阳和星星来确定)和英国时间(这可以从哈里森的表上看到)之差就可以确定当前所处位置的经度。

1775年库克回到英国。他被引见给王室，并受到伦敦上流社会的盛赞。但一年之后他就踏上了第三次世界之旅。在库克证明了并不好客的南半球并不存在几百年来人们一直以为存在的大洲之后，他似乎成了负责几个世纪以来都未得到解答的环绕北美一周这个问题的恰当人选，而且不是从大西洋而是从太平洋出发。自16世纪起人们就在寻找西北通道，但却徒劳无功。关键仍是下面这个问题：如何能最快速、成本最低地抵达中国和印度。当时巴拿马运河还没有建成，经火地岛和合恩角绕行南美洲太过遥远和危险。苏伊士运河当时也不存在。绕行非洲经印度洋和南海到中国时间太长，而且因为风向的关系在某些季节是不可能实现的。

库克再次带了两艘船出发，这一次它们在整个探险旅行期间都待在一起。南太平洋再次成为首个目的地，他们再次到了塔希提，再次有了一些较小的发现。但是这次旅行也有些不同。这一次没有学者随行。船上也只有一名画师。此次旅行的目的也比头两次要明显突出了，它更多地与英国的世界地位有关，而不再是科学启蒙。詹姆斯·库克自己这些年来似乎也变得更加没有耐性、更加专横了。他的船员常常对他不满。库克在岛上遇到的那些人也觉得他不怎么和善。

库克从塔希提出发向北，在1778年1月完全是意外地成为首位抵达夏威夷群岛的欧洲人。在当地短暂逗留之后，他向东向着北美沿海地区行驶，并在1778年3月抵达。接着他从今天加拿大和美国边界往南一点儿的位置试探着出发，继续寻找通往大西洋的既没有陆地也没有冰面阻隔的航线。他到达白令海峡，继续向北，来到此前从没有欧洲船只到过的地方。但是他并没有发现西北通道。直到20世纪初，挪威人罗阿尔·阿蒙森（Roald Amundsen）才驾驶着一艘小船成功地从北面绕行了美洲。尽管气候发生了变化，但是直到今天这里仍没有一条实际可用的航线。

到北半球夏季结束的时候，库克要避开的冰越来越多。他在11月底抵达夏威夷群岛，打算在这里过冬，然后在 1779 年夏天再次启程去寻找西北通道。但是詹姆斯·库克却没能度过接下来的这个夏天。他于 1779 年 2 月 14 日去世，在一场因为夏威夷人拿走他的小艇而引发的暴力冲突中被人刺死。在这场冲突中共有 20 多人丧生。这形成了一个循环，因为在第一次航行期间库克第一次与新西兰毛利人接触时情况就曾失控。当时有一名当地人死亡。尽管当时来自塔希提的牧师图帕亚能够与毛利人对话，因此可以进行某种文化上的协调，但也未能避免严重的误解。

文化上的误解贯穿了所有的三次旅行，尽管库克行事非常谨慎，并努力让自己看起来温和并且爱好和平，但是在他的部分船员看来，他对陌生人的态度倒不如说过于深信不疑了。欧洲人对于婚姻、家庭、财产、荣誉和男女分工、对自己和他人身体的态度，对宗教、国家、历史与未来理所当然的态度与太平洋社会是格格不入的，或者干脆是毫无用武之地的。在塔希提，格奥尔格·福斯特认识到，相互理解是有其限度的。

> 但是在……涉及宗教和国情的情况下，我们不能获得足够的信息，因为我们逗留的时间短暂，并且缺乏语言知识，获得适当的指导更加不可能。

这导致互生怨怼的情况屡屡发生。白人震惊地看到波利尼西亚人是如何在哀悼死者时自残的。反过来，塔希提居民惊恐地看到，被捆绑着的毫无招架之力的白人是如何被其他白人鞭打的。他们不理解这背后的惩罚和纪律制度。

库克船长及船员的旅行见闻里充满了对盗窃、欺诈和不诚实的抱怨。但是波利尼西亚人通过给予和拿取来表示他们的社会关系，因此在他们看来，拿走欧洲人的东西既没有什么不正常也没有什么不对。结果则是暴力，甚至是致命冲突多次爆发，这也是因为欧洲人根本无法少了某些测量工具或器械，如果他们想安然无恙地回到欧洲的话。反过来，太平洋居民认为理所当然的事情对欧洲航海者来说却毫无意义，比方说圣物或者禁忌——这意味着某个地方、某个人或者某样东西是不可触碰，有时甚至是不能言说的。然而他们当中的某些人因为越过了这样的界限而付出了生命的代价，这也是因为，南太平洋居民认为自己秩序的根基以及保障他们未来的、与神灵的关系受到了威胁。有时欧洲人会卷入不同群体的冲突当中，但他们对于这些群体却并不了解或者知之甚少。

1779年2月14日詹姆斯·库克在夏威夷的死亡或许同样是这样一场误会的结果。它再一次与（在欧洲人看来的）侵犯财产权有关。再加上（在夏威夷人看来）库克在神与人之间的地位上模糊不清，这令他的行为看起来难以理解。在他被刺死后，夏威夷人肢解了库克的尸体，将其在部落首领间瓜分。克里博（Kerriebo）酋长分到了头颅和其他几块身体部分，库克的头发则为另外一名酋长马亚·马亚（Maya Maya）所有。无比震惊的白人要求归还死去的船长，但只获得了几块较大的尸块，以此进行了（在白人看来）算是得体的海葬。骨头仍留在夏威夷人那里。（在夏威夷人看来）库克至少是一个类似于神的人物，他不能按照白人的方式简单地埋葬。那太过危险了。蕴藏在可长期保存的身体部分内的力量可以继续发挥效力。关键是要令其对活着的人有益，而不是给他们带来不幸。在库克死去20多年之后，他的骸骨在夏威夷仍然受到高规格的供奉。

失去了领袖的两艘探险船在1780年10月回到伦敦。因为它们在1779年夏天再次寻找西北通道未果，库克去世的消息比它们更早地到达了伦敦。人们悼念库克，敬仰库克。和头两次航行之后一样，参与者的科学报道和文章纷纷出版。詹姆斯·库克的航行在整个欧洲引起了轰动。它与其说事关人们最终发现南半球并没有大洲存在、哈里森的钟表和酸菜，倒不如这样说，关于南太平洋居民的信息产生了一些棘手的谜题：他们是怎么到达那里的？他们完全偏离人们已知经验与知识的典礼和仪式该如何解释？这些问题令欧洲人充满兴趣，在18世纪下半叶，外国人本身就是一个重要的议题。人们买卖和仿制中国的瓷器和丝绸。欧洲的庭院内点缀着中式和日式的建筑要素。

交织缠绕的世界

库克是首个将世界视为一个整体的人，欧洲历史学家为他所在的这个时代起了各种名称：比方说专制时期（这里我们想到的是法国"太阳王"路易十四和凡尔赛宫）或者是巴洛克时期（这时我们想到的是巴伐利亚教堂和修道院、圆乎乎的天使和亨德尔的《皇家焰火音乐》）。但是对库克的一生来说这些标签都不恰当。在他第三次航行期间，英国人与北美殖民地居民之间的战争正酣。美国诞生，一个巴洛克和专制制度以外的世界逐渐显现。但是詹姆斯·库克早期的人生不是这样。这个在英国东海岸寻找工作的饥肠辘辘的年轻人完成了令人赞叹的社会地位的提升。在18世纪时小人物也可以做出一番大事业。另一方面，在他生活的时代，显赫的贵族家庭和王室的地位迅速下降或者灭亡。专制统治者不再高不可攀，巴洛克修道院不像今天我们眼中那样无与伦比和醒目突出。

库克的时代也被称作启蒙时代。这个名称与他更为相符一些，因为好奇心、学术化和系统化的特征在库克的行为方式中十分明显。绘制得细致入微的地图、哈里森钟表和酸菜都是这方面的体现。但启蒙是多层面的，并不是每个层面我们都喜欢。启蒙也意味着重新确定自己在世界的位置。启蒙者是这么做的，而且他们是向前看的。在库克生活的时代，亚洲和太平洋世界对欧洲人来说既远又近。在 18 世纪末，世界上所有的文明还都以一系列共同的前提为基础：船是靠人力和风力行驶的。消息的传播并不比船行驶的或者是动物奔跑的速度更快。所有人的生命都面临着死亡，从婴儿夭折、感染疾病到不可恢复的身体损耗。但除了这样的相似之处以外也有着重大的分别。在自己所处世界的边缘是陌生的世界。欧洲人知道这点，现在，多亏了库克，毛利人和夏威夷人也知道了这点。通往那里的道路是艰难的和危险的，库克和图帕亚的命运已经说明了这点。欧洲知识分子致力于将有关陌生文明的信息结合起来思考，并纳入一个体系当中。起初他们还把这些文明视为原则上平等的。但是很快他们就开始认为，自己处于发展的最前端。

1789 年，弗里德里希·席勒（Friedrich Schiller）在出任耶拿大学教授时发表演讲《什么是以及为什么要学习普遍历史？》，他说道：

> 我们欧洲的航海家在遥远的海洋和偏远海岸线的发现给我们演出了一场既有教育意义又有娱乐性的大戏，它向我们展示了存在于我们身边、处于不同教育阶段的部族，他们就像是围绕在成年人身边的不同年龄的孩子，他们令我们想起自己往日的模样，以及我们最早来自哪里。似乎有一只贤明的手为我们把这些原始部族保留了下来，直到我们自身文明的进步程度足以将这一发现用于自身，并从这面镜子中重建我们这一代人所遗失的起源。

席勒密切关注着库克、福斯特，以及在那些年里环游世界的其他人。而且他开始进行区分。在席勒看来，人虽然原则上是平等的，但却代表着不同的发展阶段，其中欧洲人处于最高阶段——成年人。

在此之前的几年，德国启蒙思想家伊曼纽尔·康德就要求，世界史必须领会大自然本身的意图,"它以人种上的完全的公民联合为目标"。它肯定是从古希腊人开始,接着是罗马帝国,然后是直到当前的历史。欧洲以外的历史没有那么重要。如果人们

> 把其他民族的国家历史以及它们的认知(正是通过这些认知,被启蒙的国家才逐渐来到我们身边)像插曲式地添加进去的话,那么人们会发现一个定期改善我们所在地区国家状况的过程(它很有可能有朝一日会成为其他所有人的准绳)。

对康德来说,世界史根本仅仅是欧洲史。世界其他地方成了插曲,这样才不会干扰"定期改善国家状况的过程"。欧洲国家是大自然的意图。这明显贬低了欧洲以外的人。

几十年后,格奥尔格·威廉·弗里德里希·黑格尔(Georg Wilhelm Friedrich Hegel)在他的《历史哲学》中以有力得多的笔触声称,美洲和非洲根本不属于历史的一部分,而亚洲则被他称作是历史的早期阶段。"世界史从东向西发展,因为欧洲简直就是世界史的终结,亚洲则是开端。"

库克的航行和18世纪下半叶对亚洲的热情介乎以下两个方面之间:一方面是好奇心与对陌生人的尊重,另一方面则是符合欧洲人优越感甚至是统治世界感的、对陌生人的贬低。欧洲人在陌生的国度离了图帕亚牧师这样的中间人还不行,他们的优势还不牢靠,甚至是像库克这样突出的人物的去世也无法避免。但即便如此,欧洲人已经在亚洲和美洲的土地上进行像七年战争以及法国—印第安人战争这样的战争了。"在18世纪时,"德国历史学家于尔根·奥斯特哈默(Jürgen Osterhammel)写道,"欧洲把自己与亚洲相比;到了19世纪,它就认为自己是举世无双了——是天底下独一份儿。"

在1800年至1945年期间撰写世界史的人都希望展示欧洲是如何成为世界史的中心和目标的。在欧洲在两次世界大战中自行离开世界史的中心之后，美国和苏联主导了世界。此时出现了要么对西方文明崛起、要么对人类发展乃至社会主义胜利不可阻挡进行论述的世界史。这些历史都有某些进步接力赛的意味。

21世纪初，欧洲早已不再是地球的中心。社会主义阵营瓦解，西方自身也不再稳固。这个时候，再一次尝试库克那种对陌生人的尊重似乎是值得推荐的。自库克开始，我们了解了世界的每个角落。借助他的信息，席勒、康德或者是黑格尔等欧洲人开始按照等级来为世界排序，并把自己排在最顶端。詹姆斯·库克自己则更谨慎一些。作为航海家，他清楚人生的不可预计。细心的测绘、对未知世界的探寻、对技术进步的期待——这些可以令寻找航向更加容易，让船员的生活更加安全，他的思想符合启蒙精神。但是他对于摆脱欧洲模式的构想是持开放态度的，而且它们不一定比前者差。库克第二次航行的同伴格奥尔格·福斯特总结道：

> 人的秉性虽然和气候那样各地都有所不同，但是整体而言，不管是在生理结构上还是在欲望和发展过程上都是同样的……完全和绝对的人的平等不仅从自然规律来说任何地方都不存在，在伦理上也是不可能的。

因此，像库克一样，我们不应将世界史视为进步的接力赛，而是应将其视为一场充满好奇心的小心谨慎的研究之旅。借用开始时使用的比喻，我们不对英雄们的跑酷进行检阅，而是对一个（因为交织在一起而）十分罕见的五光十色的地毯进行研究。在接下来的几章里，我们会一再到新的地方把这块地毯举高，心情紧张地观察其厚度、长度和色彩。我们看到我们把地毯举高的地方的相互联系。我们看到了进步：科技、艺术、政治和文明的进步。但是也有中断和缺失。与进步的接力赛不同，我们看到历史极其多姿多彩。但是我们如何掌控这种多样性？

狄奥尼修斯·伊希格斯规范时间

我们利用时间来规范这种多样性。我们记录事件的时间，进行比较和组合。但是时间是由人来记录的，也就是说即便是地毯织得混乱的部分也是人造成的。2017年2月27日，星期一，我在电脑上打下这段话的这一天，也可以有别的叫法。在伊斯兰历里它叫作1438年5月30日，在犹太历里是第5777年亚达月，而这些只是这个日子有或者说可以有的诸多名字里的少数几个——如果采用其他记录时间的体系的话。对于命名日、月、年，人们找到了完全不同的解决方法。今天全世界都说2017年2月27日，这与有无影响力有关，与宗教、政治和象征有关，与人们对务实解决方案的兴趣有关，也与博学的僧侣狄奥尼修斯·伊希格斯（Dionysius Exiguus）有关。

狄奥尼修斯来自今天的罗马尼亚黑海沿岸。我们既不清楚他何时出生，也不清楚他是何时去世的。不管怎样，他在公元500年前后作为僧侣来到罗马。在此之前他很有可能是在君士坦丁堡。不管怎样，他对拉丁语的掌握和希腊语一样纯熟。这在6世纪初的时候是非常罕见的。他因此而成为一名著名的学者、翻译家、法律文本（所谓的法典）的整理和汇编者。当时这样的人被叫作宗教法规专家。狄奥尼修斯通常会在信件的最后谦逊地签上狄奥尼修斯·伊希格斯的名字，意思就是"小狄奥尼修斯"或者"谦卑的狄奥尼修斯"，这在当时是非常典型的做法。当这种客套文化早已被人所遗忘而且他的著作只有一部分保留了下来时，人们把这当作了他名字的第二节。因此，直到今天他在百科词典中的全名都是狄奥尼修斯·伊希格斯。

在6世纪20年代，当时著名的宗教法规专家狄奥尼修斯受到委托，来解决一场不管在政治上还是宗教上都争吵了几十年的纠纷：复活节是什么时候？今天我们可能不再觉得这是个举世轰动的问题。对狄奥尼修斯那个时代的人来说，这却是如生命般重要的。这个基督教的重要节日在一年当中的位置（以及每个人的未来）成为讨论的对象，人们普遍认为，人与集体的命运取决于上帝的救赎。谁敢冒这样的险，在无效的一天纪念耶稣基督的死亡、复活和升天呢？

《圣经》里称基督之死与复活（我们今天所说的耶稣受难日和复活日）是发生在一年之中的某个具体时间的。对这些事件的描述是与犹太教的逾越节联系在一起的，根据犹太历，逾越节大约是在春季的第一个满月前后。因此，还可以被视为犹太教派的最初的基督徒在春季满月日这天庆祝他们的主要节日。但是当基督教社区变大并且扩大到罗马帝国时，与犹太教区分开来的需求就增大了。虽然复活节的庆祝应该是与《圣经》相符的，但却应当是独立于逾越节庆祝的。然而，当人们没有了犹太历来指引方向时，春季什么时候开始就变得模糊不清了，而它的首次满月本应是参考的基准。在犹太历之外，罗马帝国还流传着多种其他历法，它们对于这个问题的回答也各种各样。

原因是地球上所有历法系统都有一个共同的根本问题：人的三个最重要的反复发生的时间体验在数学上无法统一。地球绕轴自转一周是一天，月亮绕地球公转一周是一个月，地球围绕太阳公转一周则是一年。这三个事件都是独立发生的。不管是月还是年都不能完全用天来说明。一个阴历年为354天12小时44分钟多点儿，一个阳历年长365天5小时48分钟多点儿。如果年根据阴历来确定，比方说就像是伊斯兰历那样，那么年就比四季之和短将近10天。所以慢慢地月份在一年中的位置就会有变化。因此穆斯林的第九个月——斋月——每年的时间都有不同。如果按照阳历来确定也会出现同样的效应，只不过有所延迟。在差不多四年后就会少一天。这看起来不多，但在希望把播种、收获以及由此所决定的税费、债务、利息、节日和庆典日期都确定下来的社会里，用不了多久就会产生问题。

几千年以前人们就已经知道这个问题了。通常，重视年历准确性的社会都通过对阴历进行补足来解决这个问题。在很多文明当中，个别的阴历年份会加入整个月。这可能是任意的和不规律的，但也可能像中国或日本那样有十分精准的天文观察和计算为基础。犹太人的日历也有闰月，这导致一年的天数差别很大，在353至385天之间。因为它们被加在年底，所以对于确定复活节的时间并不重要。但是每年的天数差别很大使得把它换算成根据地球公转时间制定的年历系统变得很难。阳历有365天，有时为了令年历与四季运行相一致会有366天。这样月与月亮公转的时间就不一致了。每个月就无法再从新月开始。今天我们令日、月、年之间完全合适，那是因为我们把天合成星期，并允许星期完全独立于月和年来进行。月份与月球公转脱钩了。每隔一段经精确计算的时间，我们就为年加上一天。

这个解决办法有两个源头：星期的想法源自犹太历，而犹太历则是借鉴了该地区更为古老的文明。它的理由是，《圣经》故事里讲，上帝创造世界就是用了六天时间和一天安息日。但基督徒将不工作的周六或者是安息日变成了周日休息，因为耶稣复活是在安息日之后的一天。因此，这一天在很多语言里都叫作主日（德语并非如此）。

月、年和闰日的组成源自尤利乌斯·恺撒（Julius Caesar）时期，他效仿埃及对罗马历进行了改革——因此称作儒略历（即尤利乌斯历）。今天这还可以从下面这点看出来，闰日出现在2月底，而2月在罗马是一年中的最后一个月。3月起新年开始，因此我们的第九个月叫September——也就是"第七个月"。它之后是 Oktober（"第八个"）、November（"第九个"）和 Dezcmber（"第十个"）。恺撒的解决方案花了一段时间才在帝国实行。它也不是特别精准。1582 年，教皇格列高利十三世曾对其进行过修正（因此他的改良版叫作格列高利历），因为此时儒略历相对于地球环绕太阳一周的时间出现了 10 天的延迟。这一年历改革用了几百年时间才在欧洲普及。新教徒和东正教徒对教皇发起的改革抱有过于严重的保留态度。1917 年俄国革命按照儒略历（俄国 20 世纪初时还实行这一历法）来说是一场"十月"革命没错，但是因为俄国革命政府于 1918 年采用了格列高利历，所以对该革命的纪念是在 11 月进行的。

众多令人眼花缭乱、互不配合而且并不总是可以相互协调的历法系统是基督徒对复活节真正是在什么时候感到不安的一个原因。关于这个问题的争论十分激烈，毕竟这关系到对这个救赎日进行适当的追忆和纪念。要结束争论，必须先确定要根据哪部历法，以及要根据春季的哪个气象现象开始。然后要算出，从基督被钉死于十字架上开始月亮共环绕了地球有多少周以及似是而非的太阳绕行地球的周数。从这些数字当中得出从基督被钉死在十字架到当时那个时刻的复活节一览表。最终，狄奥尼修斯·伊希格斯——我们学识渊博的宗教法规专家成功提出了一个建议，并得以贯彻承认。此外他在过去计算的基础上断定，复活节的日期以 532 年为一个循环有规律地重复着。他写下了计算得出的今后 95 年的复活节日期。狄奥尼修斯的复活节计算是一项伟大的成就。当然，比它本身更重要的是这一计算的副产品。复活节一览表可以得出一个原则上没有尽头的未来（每年都会再有复活节，而且每 532 年形成一个循环）和可计算得出的过去（直到耶稣死去的日期）。这令回答一个古老问题成为可能：耶稣究竟是何时出生的？

基督徒不能直接查阅一下四位福音书的作者是怎么说的吗？毕竟四位作者马可、马太、路加和约翰搜集了耶稣的生平事迹并将其合编成了具有高

十八个时空中的世界史

度艺术性的福音书，而且耶稣死去才几十年。但是四位福音书的作者中有两人根本就没有提及耶稣的出生，而马太和路加标注的时间并非零年或者一年。他们也没有谈到其他任何一种连续的纪年，甚至是某个月份或者某一天。这一事件发生在"希律王（Herod）时期"（马太和路加）或者是奥古斯都（Augustus）执政时期，当时"居里扭（Quirinius）作叙利亚巡抚"（路加）。这实际上并不精确。希律一世执政是在公元前37—公元前4年。奥古斯都单独执政是在公元前27—公元14年。罗马元老院元老居里扭在叙利亚待了多久、他是何时在那里担任了何种职务，直到今天仍不清楚。他担任巡抚并进行人口统计时肯定是在公元6年前后。但这与希律王时期不符。

  福音书里最具体的日期说明仅限于在谈到耶稣出生的时候："该撒提庇留（Tiberius）在位的第15年、本丢·彼拉多（Pontius Pilatus）作犹太巡抚、希律作加利利（Galiläa）分封的王、他兄弟腓力（Philippus）作以土利亚（Ituraea）和特拉可尼（Trachonitis）分封的王、吕撒聂（Lysianias）作亚比利尼（Abilene）分封的王。亚那（Hannas）和该亚法（Kajaphas）作大祭司。"这时约翰出现了，路加说，他给耶稣施了洗。他当时"大约30多岁"。现在我们只需要知道，这些人具体都在什么时候担任这些职务的，然后就可以形成一个交集，并从这一交集往回推算"大约30年"即可。我们已经有了一个出生年份，但是，因为是"大约"，所以仍不确切。

  这个时候，并不是说福音书作者不能计算，而是他们不想计算。对他们来说，至关重要的是耶稣存在的理由和传递的信息，而不是他生活的时间。因此对时间的说明是相对随意和捎带进行的。当然，这种时间说明的方式本身在当时并非没有代表性。福音书作者们当时并没有通过连续的数字组成的抽象年代可以使用。在他们生活的时代，地球上的多数帝国是根据统治者或者是年号来记录时间和命名的。像罗马人就喜欢根据执政官来命名年代。这是准确的，因为执政官每年都更换。但是它也不实用，因为很快就会失去整体感，而且较大一些的时间段也很难描述。想确认一个时间说明的话必须跑去古罗马广场查看，那里雕刻着罗马执政官的名单。在这样的体系下，当一名执政官、统治者或者是整个王朝结束后，各自的时期也就结束了。然后开始一个有着新名称的新时期。

换句话说，在耶稣所处的时代，世界很多地区的时间说明和历法都与统治有点儿关系。它们也被有目的地用来描述或者说明统治的原因。这点在中国可以尤其清楚地看到。60 种历法[①]见证着中国的历史，它们大多是出于强权政治原因而采用的。新历发出的信号是：现在我们重新开始，或者是现在我们回到时间的源头。

除了这样的统治和朝代纪年法，在部分地区还有重复出现的周期。在被西班牙人征服之前中美洲玛雅人的历法即是如此。像年或者是人的妊娠期等多种周期被组合成周而复始的大循环。最大的周期涵盖了 52 年，在一个周期结束之后再开始向前计数。希腊人在古典时期将希腊奥林匹克运动会之间的四年称作奥林匹克周期，而且它们被按照顺序编号。这样就可以精准地确定具体年份，比方说一个事件发生在第 27 个奥林匹克周期的第三年。而其他地方则根据特殊的事件来命名年份，像是"饥荒年"或者是"某某战役年"。先知穆罕默德最早的传记作家伊本·伊斯哈格（Ibn Ishaq）就称先知是在"大象年"出生，那年埃及一位执政官借助大象对麦加进行了攻击。因为大象在阿拉伯半岛很少见，所以有一段时期这一事件就被用来记录时间。如果一年里没有任何值得一提的事件发生，它同样会成为大象年之后的一年或者是饥荒年之后的第二年……此外，像澳大利亚的大多数地区也有一些社会对时间根本没有任何概念。

在根据国王、执政者、朝代、特别事件计时的方式中同时也考虑了终

[①] 国内学界一般认为，中国历史上总计有 115 种历法。——编者注

点。某个新的重大事件会在某个时刻到来，朝代会在某个时刻结束，新的朝代或者是新的事件会带来新的时代。从一个固定的点出发的面向未来的时间描述方式几乎没有。除周期的年历计算方式之外，玛雅历还使用一种从远古时代的一个零点开始的对天的"漫长计数"方式。换句话说，玛雅历可以用自零点以来的第 1.411.200 天来表示某一天，但这不是我们熟悉的小数点制，而是与其他时间周期的组合。第 9.16.0.0.0 天相当于 9×144000 天 + 16×7200 天 + 0×360 天 + 0×20 天 + 0×1 天，这样我们就又得出了 1.411.200 天。听起来很复杂，它也的确很复杂。在按照我们当前时间算法而言的 8 世纪，日本采用了一种基于发生在 1000 多年前的一个事件的开放纪年方式：第一代天皇平定日本群岛。

公元前和公元后：一种历法获得承认

在罗马帝国后期，从埃及开始，一种新的纪年方式流行起来：戴克里先（Diokletian）年。罗马帝国皇帝戴克里先在 300 年前后对帝国进行了彻底的改革，这点我们在《拜占庭》那章中还可以看到。从他登基那年就开始计年。这样算来，狄奥尼修斯·伊希格斯是在第 248 戴克里先年提出他的复活节算法的，但这在当时是叫作第 248 殉难者年。因为戴克里先是基督徒遭受最严重的一次迫害的罪魁祸首，而且基督徒认为，纪念受难者胜过纪念皇帝。

但是狄奥尼修斯根本不想再回想起基督徒的迫害者或者是对基督徒的迫害。把耶稣基督本身放在时间的中心要好得多。因此他不用戴克里先年或者是殉难者年来说明未来的复活节，而是用基督出生后的年份来表示。反正他必须往回推算到耶稣被钉死于十字架的时候。从那里开始，正如我们看到的那样，他通过福音书作者不一致和不确切的时间说明成功得出了耶稣基督的出生年份。从今天人们了解的来看，狄奥尼修斯的计算是错的。耶稣很有可能在他计算出的"耶稣出生年"的几年前来到的世上，对于这个年份我们也无法完全确定。

此后一再有人誊写狄奥尼修斯新确定的年代。它作为复活节一览表的一部分广为流传，它对当时那个时代的人来说要重要得多，因为它有助于确保灵魂得到救赎并避免了基督教界的争端。抄写者顺带着将每年的重要事件也登入目录当中。这样就产生了最初的"基督出生后"的说法。

这种新纪年方式直到几百年后绕道英格兰后才变得真正重要起来。7世纪末时，那里有多个王国以及多种纪年体系相互竞争。教会针对整个英格兰的决议必须根据多个同时执政的统治者的执政年来命名。这太麻烦了。此时，长期以来一直并不起眼但也在同时使用的"基督出生后"纪年方式成了适合日常使用的选择。当英格兰和爱尔兰僧侣在欧洲西北部传教时，他们将这种新的纪年体系带回了欧洲大陆。10世纪时，西欧人已经习惯了这种体系。罗马教廷直到11世纪才转换为这一体系。在此之前它根据教皇的名字来记录时间（这并不令人意外）。新纪年体系重要并不是因为它尤其具有基督教的特征，而是因为它特别实用。

然而，将该体系不仅用于当前和未来，也要用它来指引过去是相当费力的。用教皇、国王、王侯、执政官来说明时间的情况多如繁星，再加上与此并行的以税收周期、奥林匹克周期、自然灾害和大象来说明时间的情形，到今天，人们已经对它们进行了调整和换算。在8世纪初的时候，英国僧侣比德（Beda Venerabilis）写了一部自恺撒以来的英吉利教会史，其中就采用了这种新的体系。他是着手这一工作的一系列学者当中最早的几位之一。更加困难的是确定所有在"基督出生以前"发生的事件的日期。它们必须通过计算归于一个行动者根本不可能知道的一个点。在欧洲中世纪晚期出现了最早的连贯地从基督出生开始向前和向后讲述的历史著作。

其他地方，其他时间

所以说，通过1453年（奥斯曼人征服拜占庭）或1530年（在印度建立了莫卧儿帝国的巴布尔去世）这样的年份数字，我们遵循的是一个在古罗马晚期形成的基督教概念，它的魅力在于它是面向未来的、可以普遍套用的和它的象征力量。基督是时间的主宰，欧洲越来越多的基督教统治者得以就此达成一致。但欧洲只是世界的一部分，而且——从中国、日本或者印度的角度来看——并不是特别重要的一部分。欧洲人的和平接触和（先是从1492年起对南美人，然后是自18世纪后期起对北美、亚洲、澳大利亚和非洲人的）军事胜利与这种体系的全球传播是密不可分的。

但是我们不能只是粗暴和片面地设想这个进程。并不是说，线性思维和对未来持开放态度的基督教欧洲人与思维以周期或时间层次为单位的非欧洲人（印度人、穆斯林或者是佛教徒）相遇了。正如我们看到的那样，世界各地都有线性和面向未来的历法。欧洲的历法和纪年方式与世界其他地区相比并没有原则上的不同或者是优越性，虽然欧洲人以前是这么认为的。多种纪年体系是同时存在的，各种各样的人通过它们将各种各样的目的联系在一起。对欧洲农民来说，重要的是知道他们该在什么时候播种和收割，什么时候可以工作、休息、祈祷，以及税收、租金和债务利息什么时候该交了。为此他们需要一个可以发挥作用的年历。它也告诉他们，他们生活在哪一年，这点可能不会令他们当中的很多人有什么感触。在世界其他地方的人们却不是这样。当通过这样或那样的方式了解到它时，某些人喜欢使用这种欧洲历法，因为这让他们可以有更好的时间感。而另外一些被欧洲殖民者统治的人则是被迫采用了这种历法。

有些国家在19世纪和20世纪早期采用了这种眼下被公认为"西历"的历法，目的是借此从纲领上来重新说明自身统治的合理性。日本在1872

年以这样的理由引入了西历：它有助于工业化和普遍而言的国家现代化。奥斯曼帝国在1873年对伊斯兰教的阴历进行了改革，从而令其先与儒略历后与格列高利历相配合。1926年土耳其共和国（奥斯曼帝国在小亚细亚和伊斯坦布尔的后继政体）改而采用格列高利历。它也将这一举措视为国家西方化和现代化的又一象征。但是日本和土耳其居民既没有因此而自动成为领先时间轴的进步思想的支持者，也没有成为基督教信仰的追随者。他们当中的很多人在使用基督历的同时也保有其他时间、世界和宗教观。

从福音时代、狄奥尼修斯·伊希格斯时代之后再到现代，如果人们进行一场漫长的旅行，那么他纵贯的不仅是空间，也是时间。人们一再对它进行不同的描述。日、月有不同的名称、长度和划分方式。欧洲曾将一天分为很多个小时，而它们的长度在一年当中也有变化，因为人们以为白天和黑夜的长度是相同的。因此夏季时一天之内白天的每个小时更长，而冬季时则是夜晚的每个小时更长。直到机械钟表和沙漏发明，人们才得以将小时确定为相等的长度，不管白天是长还是短。自中世纪后期起，欧洲就有市中心的钟楼来报时并确定一天的节奏，而且每个城市都有自己的节奏。直到19世纪铁路使得各个城市之间必须相互协调时间时，才最终产生了一个欧洲时间和世界时间。

基督教历法在狄奥尼修斯之后的很多个世纪里在全球普及，这产生了同步性，一个统一的时间节奏。历史著作将这一时间节奏延伸、回溯到历史当中。它产生了事实上从未有过的统一性。中国人、澳大利亚人和南美人的步调从未统一过，就像欧洲人在他们自己所在的地区也从来没有统一的计时方式一样。当我们编写或者阅读世界史时，我们必须留意存在于大量不同地方的大量不同群体和社会它们自己的时间。

这些自己的时间对于人们划分历史的方式也有影响。欧洲人习惯说古代史或者古典时期、中世纪和现代。这种划分方式是意大利人类学者在14

世纪时发明的。他们认为自己当时身处现代，并认为黑暗的中间时期——也就是"中世纪"把自己与希腊人、罗马人具有表率意义的思想遗产分隔开了。衰落后重生的形象（对公元500年后的时期算不上是恭维）直到今天仍深刻影响着欧洲历史学家对历史的看法。目前这种模式已经细分化，古典时期被划分为不同的文化区域，现代时期则被法国大革命一分为二。但总的来说，这一模式目前已经经受了近700年的考验。

但是如果把欧洲历史放入全球背景下来看的话，它就出了问题。中国有与欧洲古典时期类似的璀璨遗产，但事实上却没有受到中世纪的威胁。印度没有欧洲意义上的中世纪。对中美和南美来说，西班牙在1492年之后的几百年的占领是一个深刻的休止符。人们可以费些力气让它们和欧洲的中世纪与现代的划分相适应，但是考虑到盛极一时的印加帝国和阿兹特克帝国的衰落，意大利人类学家这种对现代的轻松愉快的理解在某种程度上就是不合适的。不然的话，在一个世纪之内因为武力和传入的瘟疫而损失了九成人口的印第安人应当称之为一个美好的新时代吗？对澳大利亚人来说，欧洲人在1788年的到来是一场灾难，它与1492年对中南美人而言的那场灾难相类似。时间上，澳大利亚人的休止符正好与法国大革命并行。但它们并没有实质上的联系。而对中国、日本和印度来说，不管是1492年、1788年还是1789年，作为时代的分界线而言，它们都毫无意义。

或许1914—1918年的第一次世界大战是第一个全球都可以感受到的事件。或许直到1929—1933年的世界经济危机或者是核心战事发生在1941—1945年（但在世界不同地区开始和结束的时间都不相同）的第二次世界大战才会有这种摧枯拉朽的力量。尽管今天人们的纪年方式是统一的，但世界史是一部有着很多个时间的历史。它从何时开始——这是个如何定义的问题。

2

非洲

最早的人类

　　谁是最早的人？这是个角度问题。在 6500 万年前就有了最早的灵长类动物、类猿动物，它们最初比老鼠大不了多少。这些灵长类动物发展成不同的猿类，其中也包括类人猿。它们当中的某些在大约 700 万年前开始直立行走。它们看世界的视角不同了，可以使用双手来不断地发现物品、大发雷霆或者是挖鼻孔。此时，类人猿与今天我们在动物界的近亲黑猩猩的祖先就分道扬镳了。

　　在大约 250 万年前，东非的部分类人猿可能就开始制造工具了。它们敲击石块以便能更好地削刮、切割和打击。它们跟别人交流过它们的知识吗？很难讲。考古发现倒不如说显示出这样的迹象：获取的知识也再次遗失了，不得不在其他地方重新发现。最早的这批工具制造者可能还没有我们所理解的言语能力——直到大约 10 万~30 万年前嘴巴、鼻子和咽喉的进化才令这成为可能。这些单纯从解剖学来说可以讲话的人是否真的讲过

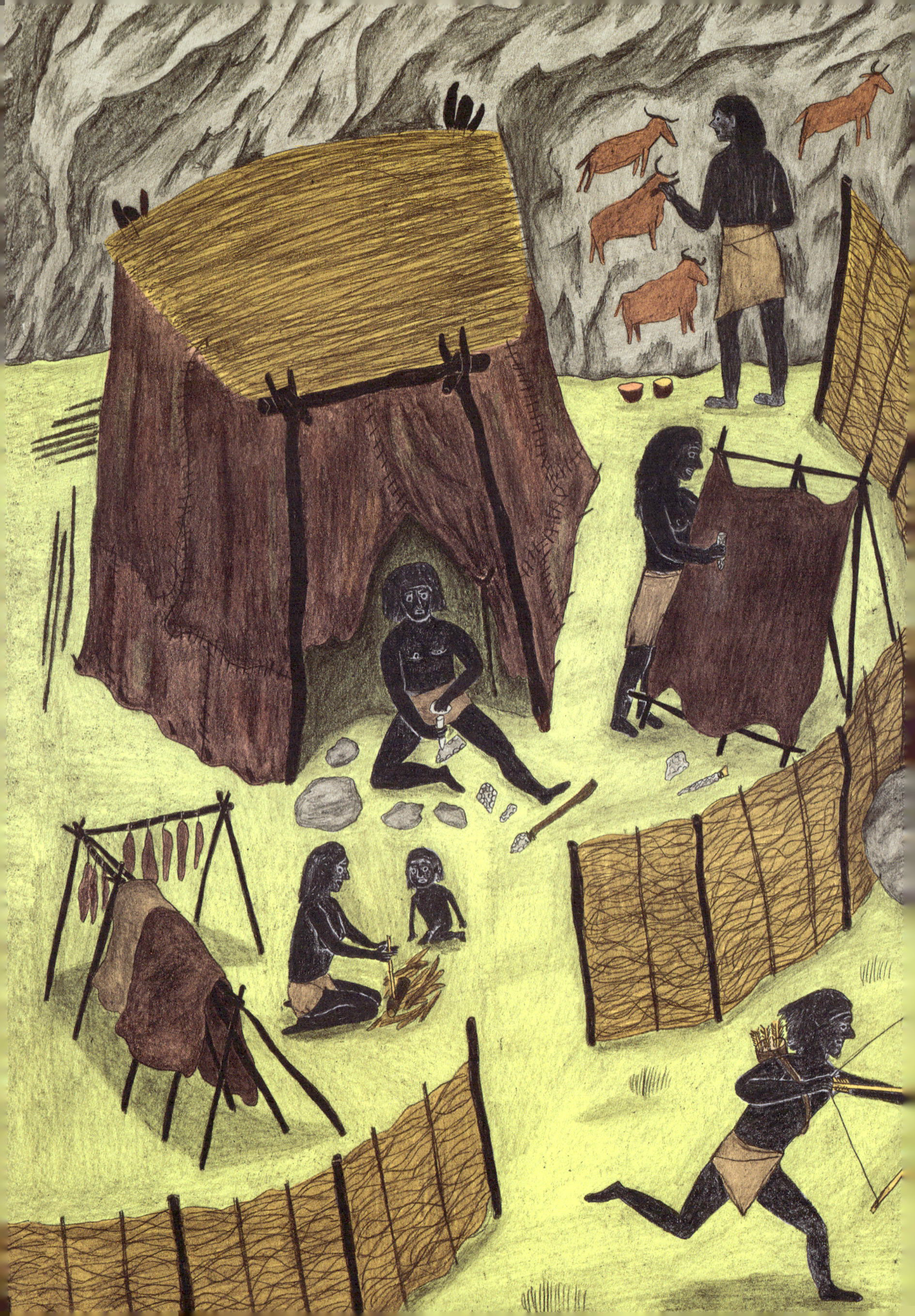

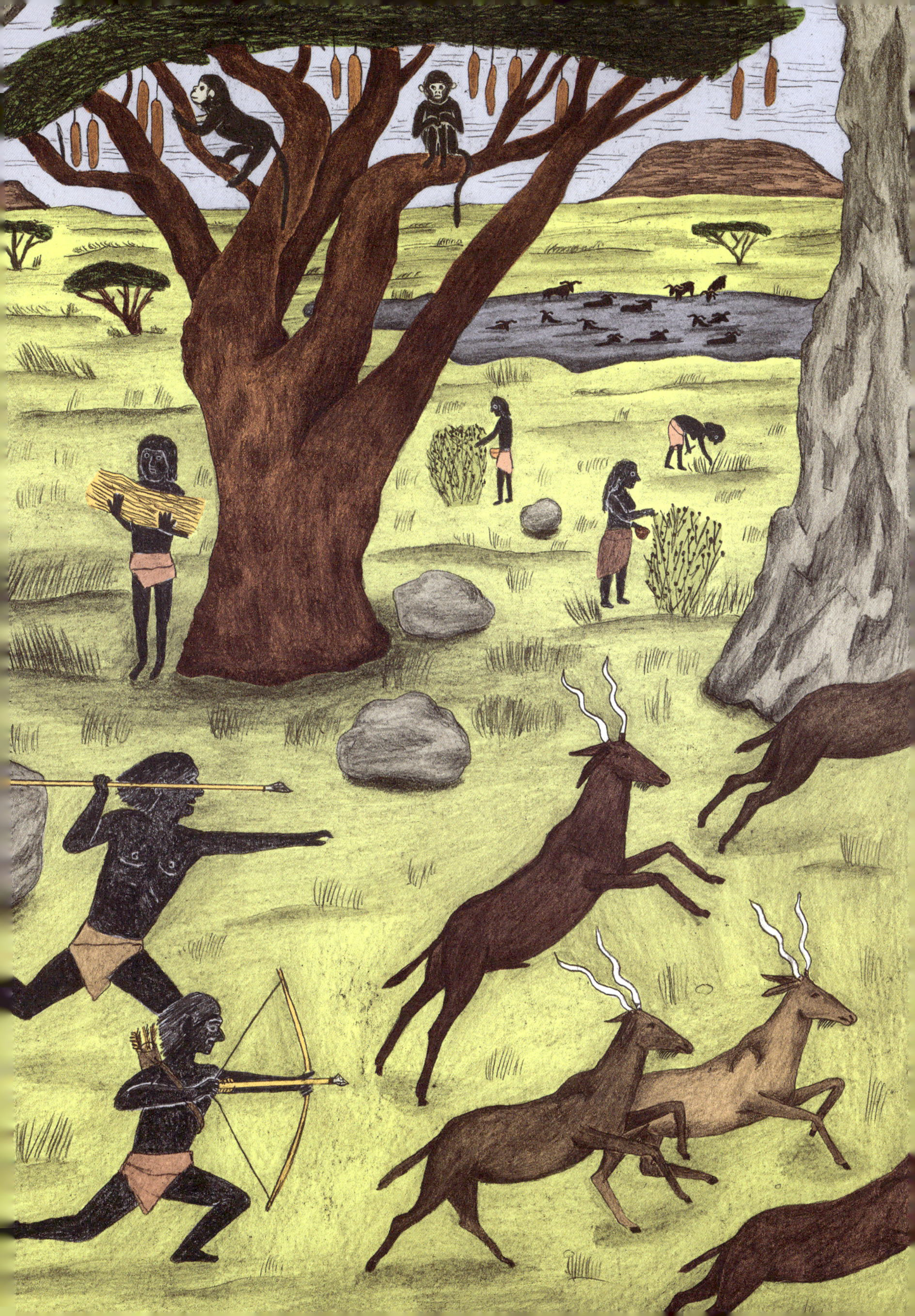

话——如果讲话，讲过哪种话，这些我们并不清楚。从哪里得知呢？没有任何的佐证。文字直到五六千年前才出现，录音带于1900年才出现，有声电影于20世纪20年代才出现。不管怎样，考古学家不久前发现了一个4万年前的笛子，以及年代差不多久远的对人和动物的艺术描绘。我们所知道的最早的首饰就源自这一时期，人类用来在身体上绘画的色彩也是同样。只有最早的人类洞穴绘画的年代稍晚一点儿。我们也发现了能够创作音乐、绘画并装饰自己和他人的人。

哪些人呢？在4万年前至少有四种不同的人种。他们均直立行走，使用工具，能够说话，并且靠捕猎动物和采食野果度日。但是他们的差异是如此之大，以至于他们相互之间可能只有极其罕见和零星的接触。这四种人当中有一种是解剖学意义上的现代人——智人，我们的祖先——至少是我们大部分人的祖先。他们的家乡在非洲。第二种是尼安德特人，他们因为杜塞尔多夫尼安德特的一个洞穴而得名，19世纪中期人们首次在那里发现了他们的骸骨化石。欧洲是他们的家乡——从西班牙到中东和俄罗斯南部，他们可能自30万年前就生活在这里。他们看起来就像是强壮的铁饼运动员：身材矮小、敦实、头骨平平，但是肌肉发达而且体重很重。第三种是丹尼索瓦人。对于他们，迄今为止我们的了解仅限于一颗臼齿、一小段手指和一个脚趾，它们都是在西伯利亚的一个洞穴中发现的。第四种是弗洛里斯人，身材特别矮小的人种的代表，其骸骨于2003年在印度尼西亚发现。很有可能还有更多的人种，只是我们对他们一无所知。世界上很多地区的考古研究做得不够，而大多数人类骸骨会在某个时候腐烂，消失得不留一点儿痕迹。上面所说的四种已知的人种中只有现代人幸存下来了。尼安德特人在3万年前灭绝，弗洛里斯人则是在1.3万年前灭绝。丹尼索瓦人存在了多久以及他们曾有多少人，我们还不清楚。

为什么只有现代人存活下来了？在6万~8万年前，非洲的一个种群似乎形成了新的捕猎方式和更好的捕猎工具。他们也发现了新的食物，并且有针对性地促进已知的可食用植物的生长。他们可能也用贝壳和宝贵的石头进行交易。不管怎样，我们在挖掘时发现了这些东西，但它们肯定不是本地出产的。很有可能是困境使得这些人变得富有创造力。当时非洲的气候急剧变化（这点已经得到了证实），人们不得不想出点儿什么办法来继续生存。当下的地球变暖是史上第一次由我们自己造成的变暖，但它并不是地球第一次变暖。地球有过温暖的时期，也有过寒冷的时期，而且它们有时交替得相当快。人类历史上所经历的最高和最低海平面之差超过了 120 米。借助他们的新发明，非洲现代人不仅能够在这样的气候变化中幸存下来，而且当气候适宜时，在某个特定区域存活下来的人也比以往更多了。而且他们可以去发现地球上的其他地方，并在那里逐渐适应下来。

征服地球

在大约 6 万年前，非洲现代人离开了非洲，先是向着南亚方向扩散。在距此 5 万年之前，另外一批非洲人也曾这么尝试过。但他们没能冲破强壮的尼安德特人的阻隔。眼下他们武器更佳、营养更丰富多样、语言和艺术都更完备的后代做到了这点。1 万年后，第一批现代人抵达了澳大利亚。现代人在大约 4 万年前来到欧洲。他们在这里与尼安德特人遭遇。后者似乎对入侵者的文化很感兴趣。有出土文物证实，他们接受了入侵者的武器、色彩和装饰。尼安德特人和现代人共同生育了孩子，所以，今天我们的体内也有尼安德特人的基因。尽管如此，长远来看，古欧洲人在非洲现代人面前毫无机会。他们先是后撤到对手觉得没有什么吸引力的地区。但是即便在这里，陷入绝境也只是个时间问题。没有证据显示3万年前还有尼安德特人在生活。我们很想知道，这个挤压驱逐的过程有多血腥或者有多和平，与之相伴的不幸有多少，而另一方面的幸运又有多少。但是考古学家发现的墓穴和定居点对此的说明极少。

换句话说，我们所有人都是非洲人，不管我们生活在欧洲、亚洲、澳大利亚还是非洲。但是现代人在地球不同地区的历史长度是不同的。历史最长的是在非洲（这也符合逻辑），之后是亚洲南部，然后是澳大利亚。再之后是欧洲。后来现代人才发现了美洲。这里此前没有更早的人种定居。如果不想在海上航行几千公里（这样的航行没有任何的中途落脚点），通往美洲的唯一道路是今俄罗斯北部与美国阿拉斯加之间的一条陆路通道，只有在水位降低时才可以从这里通过。定居美洲很有可能是在大约2万年前开始的。从阿拉斯加开始，整个美洲大陆都有人居住。这很有可能既从水路也从陆路前往，因为在南美智利圣地亚哥的南部，人们发现了一个大约1.4万年前的定居点。如果完全经陆路行走，到达南美南端可能需要更长的时间。当然早期的美洲人并不是因为想知道巴拿马有多美或者火地岛有多闪耀而目标坚定地向南行进的。事实更有可能是这样：一群群的捕猎者和采集者分头在偏离以往路径的地方寻找新的生活中心。就算从北向今天的智利对美洲进行"迅速"定居也意味着每代人要"跋涉"40公里。

他们到达加勒比岛屿的时间比南美更晚一些。这肯定是有意识的探险了，因为只有适合海上航行的船只才能完成从陆地抵达特立尼达（大约公元前5000年）、古巴和伊斯帕尼奥拉岛（大约公元前3000年）的路程。比这稍晚一些时候，人们从亚洲出发征服了太平洋岛屿。很有可能是在公元前2000年前后，人们抵达菲律宾，在公元前1500年左右抵达新几内亚。他们好像从那里一再进行了新的探索，抵达了所罗门群岛、萨摩亚和塔希提等地。要在茫茫大海上完成如此遥远的路程需要强大的航海能力。具体定居日期还有争议的复活节岛距离最近的有人居住的岛屿也有 2000 多公里。大约公元 400 年时，人们抵达夏威夷。发现者很有可能从马克萨斯群岛出发航行了 5000 多公里的路程。而且我们必须考虑到，他们在行程结束之前仍无法知道，夏威夷就在 5000 多公里之外等待着他们。在公元 1200 年前后，人们来到新西兰。毛利人在两座主岛上定居了 600 年——然后库克船长来了。

也就是说，人们从非洲开始征服了世界。他们在短时间内适应了不同的气候条件，同各种各样的植物与动物物种和谐相处。非洲人、亚洲人和欧洲人保持了长期的联系。虽然像撒哈拉或戈壁这样的干旱地区和兴都库什或者喜马拉雅这样的山脉形成了阻碍，但是人们知道，在荒漠和山脉的另一边有人在生活，而且人们对他们的生活方式和世界观有着大致的设想。相反，美洲大陆、澳大利亚以及大量太平洋岛屿在首次有人定居后有很长一段时间不再与其他人交流。这里形成了完全独立的文化。在 1492 年（哥伦布抵达美洲）和 1788 年（英国人征服澳大利亚）后，单凭欧洲的语言和欧洲的世界观无法理解当地人视为理所应当的事情，以及他们生活在什么样的社会关系和规则之下。反之也是同样。最初的相遇是以小心谨慎为特征的，然后也伴随着暴力。但误解和不理解尤其常见。它们导致了库克船长的死亡。

世界人口：增长与灾难

当尼安德特人消失时、美洲有人居住时或者是人们在新西兰登陆时，地球上究竟生活着多少人？这个问题回答起来并不容易，因为不管是毛利人、美洲人还是尼安德特人都没有进行过人口统计并把他们的结果记录下来。两河流域在公元前 3800 年前后、埃及在公元前 2500 年前后分别进行过人口统计。《路加福音》在讲述耶稣孩童时期的故事时曾说过，罗马帝国曾在奥古斯都时期进行过人口统计。但是结果我们已无从得知。有可能它也只是在叙利亚行省内进行的。中国在公元 2 年就有了人口普查的结果。它并不像今天的统计学家所做的那么精确，但是它毕竟获得了结果。人们可以从人口普查中知悉，在公元 2 年时，在中国生活的人口在 5900 万 ~7100 万之间。这很好，但是我们不能确切地知道这之前和之后都发生了什么。除此之外，庞大的中国只是世界的一小部分。对于欧洲本身来说，从 1800 年起我们才得以做出真正可靠的说明。此时，库克船长在对太平洋进行测绘时所展示的手段成为标准：数字和数据、地图和登记册、测量和规则。英国这个欧洲国家、这个对人口史研究得最好的国家虽然在 17 世纪以来提供了不错的数据，但是关于 1800 年之前的世界人口的一切说法其实都是以估计为基础的。如果我们要说明世界史上的人口数据，我们回首所见是一片漆黑，而且我们的统计所散发的光亮要比那个时代的人拥有的数据所散发的光亮更多。我们从个别城市或者统治地区的数字来推算，从中世纪欧洲宫廷的清单和税单来推算，从中国的人口普查来推算。我们将那个时代的人的估计和观测转化成现代的数字说明。我们大大咧咧地对考古发现进行诠释。我们沿着历史往回走得越远，这种不确定性就越大。

在公元前 8000 年时，地球上可能有 500 万人，还不到今天在开罗城区生活的人数的 1/3。这样看来人口密度非常之低，但地区差异是很大的。在地球的某些地区根本没有人，而在另外一些地区，捕猎者和采集者则沿着熟悉的路径移动。部分地区的人口密度明显增大，因为人们开始耕种和畜牧。这个过程被称为"新石器时代革命"。但是我们必须更多地把它设想为一个持续了几百年的过程。人们先是带着幼小的动物一起迁徙。他们学会收割草叶根茎，它们需要多个加工过程才能食用。他们一再寻找同样

非洲

的地方，因为某种草叶根茎生长在那里。然后他们可能开始有目的地影响某些植物的生长。除屠宰以外，他们也把动物留在身边以获得其后代，这样就不用每年都要抓捕新的幼畜。这样，一代代过去，他们的生活变得越来越稳定。这令住所成为可能，先是较小的定居点，然后是比较大的。

这个过程在地球上的不同地区大约同时进行，除了欧洲（这里后来才开始）和澳大利亚（直到欧洲人到来之后才开始）。它的形式多种多样，因为饲养的动物和耕种的作物不同。在南美安第斯山脉种植的是豆类和土豆，饲养的是豚鼠。在墨西哥高地则是玉米、南瓜和火鸡。在非洲东部是黍类、木薯和牛。在中东是小麦、大麦、绵羊和山羊。在今天的巴基斯坦人们集中种植大麦、棉花，还养牛。在中国则是黍类、水稻和猪。耕种和畜牧也与新的生活方式密不可分。女性不再需要每天背着小孩活动。她们限制母乳喂养的时间，因为没有了频繁母乳所带来的避孕效果，她们有了更多的孩子。在定居点，某些人得以摆脱了农田劳动，以便专门从事某类工作：手工业、贸易或者是维护与天国、永生和神的关系。

考古学家在波斯尼亚发现了公元前5000年左右的定居点。在当时房子所在的位置，如今发现了各种日用品。它们表明，各地纺织、研磨和剥皮的方式并非都是一样的。当时是有专业人员的。在这样的定居点也发现了经过1000多公里遥远路程才抵达的物品。珍贵的斧头、首饰肯定是经过漫长的旅程才运到这里，要么是买卖，要么是交换。而且考古学家还发现了某些不仅是波斯尼亚才有的东西：在同一个地方，人们埋葬的方式十分不同——花费的心思有多有少，陪葬有多有少，而且差别很大，它们应令人们在天国的生活更加容易。显然，社会差异是存在的，这点在死亡上也清晰可见。

当人们长期在一个地方生活时，劳动分工、手工业和贸易就开始了。较为明显和持久的社会差异形成：它表现在所有者和一无所有者之间，从事贸易者和不从事贸易者之间，男女之间。可能是先有了一个定居点的首领，后来是一个城市的首领，然后是多座城市的首领，王侯、国王、祭司王。农耕、畜牧、劳动分工和等级制度意味着在一个区域内可以生活的人更多了。因此，地球人口数量有了较大的增长。经过数千年的时间，这明显显示出它的影响。基督出生时，地球上可能生活着 3 亿人，在公元 1200 年左右有 4.5 亿，其中各有 2/3 是在亚洲。但是这种人口增长的代价是高昂的。对南美安第斯山脉人类骨骼的测量发现，当人类开始定居并且进行经济分工时，平均身高明显降低了。平均身高是人类健康的一个可靠指标，因为营养充足的儿童通常在成年后的身高会高于营养不良的孩子。

经济学家会说，在经多年取得的小幅增长背后是明显高得多而且每年都波幅很大的人口代谢。孩子更多了，但是儿童死亡的也更多了。在狭小空间内的人更多了，对细菌和病毒来说这是理想的条件，结果是捕猎者和采集者都不了解的传染病。权力集中在少数人手中也令发生较大规模的战争有了机会。牲畜瘟疫和庄稼歉收令定居点的饮食基础面临威胁，结果是难以避免的饥荒。运输工具和渠道不足以令地区之间实现平衡。回到丛林已不可能，因为随着过渡到定居生活人们已经失去了捕猎和采集生活所要求的能力与技巧。捕猎者和采集者灵活机动，善于躲避和适应调整。在灾难发生时，他们的死亡是零星的，或者是小群体范围内的。在定居点、村庄和城市里，人们更安全了，但也更容易受到伤害。

人口统计学家的图形显示了人口缓慢但持续的增长，但对于人类充满不幸和灾难的日常生活却一点儿都没有讲述。欧洲城市中一半以上的死亡者是儿童和婴儿。有些文明通过有目的地杀死孩童来控制这种淘汰进程。定居者在出生时的平均预期寿命肯定要低于捕猎者和采集者。一旦度过了危险的头几年，他们的预期寿命就明显提高。但是每个定居的人在一生中很有可能要经历一场重大的灾难，就像《圣经·启示录》中需要末日骑士登场的那种场景：战争、饥荒和瘟疫。它们的规模可能难以想象。公元1233年，当时中国金朝的都城南京（今开封）在6个月之内就有近100万人死亡。1346—1353年，黑死病造成了中西欧30%~50%的人死亡。一旦感染，几天内就会死亡。很难设想那种在定居点或者城市里几个星期之内就会损失一半人口的生活。在西班牙人到达加勒比和南美之后，当地人口很有可能在一个世纪内减少了90%。原因主要是欧洲的传染病——流感、麻疹、天花以及后来的斑疹伤寒。在南美城市和人口密集的农村地区生活的人没有任何天然的抵抗力。

14世纪的黑死病和16世纪南美灾难性的流行病因为规模巨大而对世界人口统计产生了清晰可见的影响，所以可算是特例。比这种载入世界史的灾难更为重要的是，在整个社会普遍依赖农耕和畜牧的地方发生的"普通的"致命危机：儿童的高死亡率和感染的长期威胁，有时是整个社会的终结。

在这样一个背景下，过去200年来世界人口的迅速增长完全是非同寻常的。在欧洲，18世纪时就业不规律、受饥饿贫困威胁的下层阶级的数量就已经大幅上升。英国教士托马斯·马尔萨斯（Thomas Malthus）在1789年就急切地警告，不要救助穷人。人口倾向于几何级数（1、2、4、8、16……）增长，而生活资料顶多以算术级数（1、2、3、4、5……）增长。饥荒和穷人的灭亡对于预防今后更为严重的灾难是必要的。这个看起来毫无同情心的见解忠实地还原了直到1800年时欧洲人的经验之谈。但是接下来所发生的则完全在他们的经验之外了。人口进一步增长，但是他们活下来的概率也增大了！这有多少要归功于工业化、农业、医疗的发展或者是对欧洲以外地区的剥削，我们在后面会进行解释。重要的是，欧洲人口在1800年（1.54亿）到1900年（2.95亿）之间几乎翻了一番，同时，饥荒减少（爱尔兰1845—1852年的大饥荒是个例外），不管怎样下层阶级的生活水平在 19 世纪下半叶提高了。1900 年时，欧洲人口占了全球的 18%。与占了整整 55% 的亚洲人相比这不是很多，但是比一个世纪前是多多了。而且我们必须考虑到，在 19 世纪离开欧洲的人数之多也是空前绝后的：北美、南美的部分地区、非洲、澳大利亚和新西兰直到今天仍受到 19 世纪欧洲移民的深刻影响。

20 世纪欧洲的人口增长（2000 年为 5.1 亿人）低于 19 世纪，21 世纪初时增长完全停止。法国是这一趋势的先驱，它的人口在 19 世纪末时就已经停滞了。比食品种类的增多更不符合英国教士马尔萨斯的理论的是：生活充裕的人似乎自愿放弃了后代。而欧洲以外的地区则形成了与 19 世纪的欧洲相类似的活力。这造成了前所未有的世界人口增长：1800 年时是 10 亿，20 世纪 20 年代是 20 亿，1974 年是 40 亿，2011 年是 70 亿。世界人口的增长自 20 世纪 70 年代以来没有以往那么强劲了。但是它还在增长。联合国估计（可能也希望），增长曲线进一步平缓，到 22 世纪初时我们的子孙会有整整 100 亿人。

除了这个单纯的数字之外，21 世纪初的人口年龄结构也是不同寻常的。如今世界上没有任何国家的婴儿死亡率像 1900 年时的德国那么高，但在当时它可是全球的典范。与此相对应，预期寿命也大幅提高。在 1900 年的德国还不到 47 岁。而根据 2012 年的联合国世界人口报告，这相当于目前塞拉利昂的数字，这是全球最低的。目前德国的预期寿命是 80 岁。我们的墓地里满是高龄去世者，这在历史上是非常罕见的。

3

巴比伦

人类开始定居

回到新石器革命时期，当时人类已在世界的 6 个地区定居。我们来看一下中东新月沃土的这一进程，该地区从埃及北部和今天的以色列经叙利亚、伊拉克和伊朗西部直到波斯湾。对于该地区我们了解得非常之多，因为这方面有非常好的考古成果、非常多的文字记录和非常多的研究。该地区被叫作新月沃土，这是因为美国考古学家詹姆斯·亨利·布雷斯特德在看地图时动用了一点点想象力，他发现，该地区整体看起来就像是一轮小小的新月，当时这里发现的早期村庄和城市的证据越来越多。

考古界对中东感兴趣，这是因为巴别塔／巴比伦或者亚述（Assur）／亚西里亚等地方出现在《圣经·旧约》当中。随着考古发掘的进行，特别是在成功破解楔形文字之后，一方面人们清楚了，《旧约》中所描写的地方和事件是真实存在的，对基督教神学家来说这是令人高兴的，他们的书得到了专业的古代近东学的证实；另一方面也清楚了，《旧约》中的关

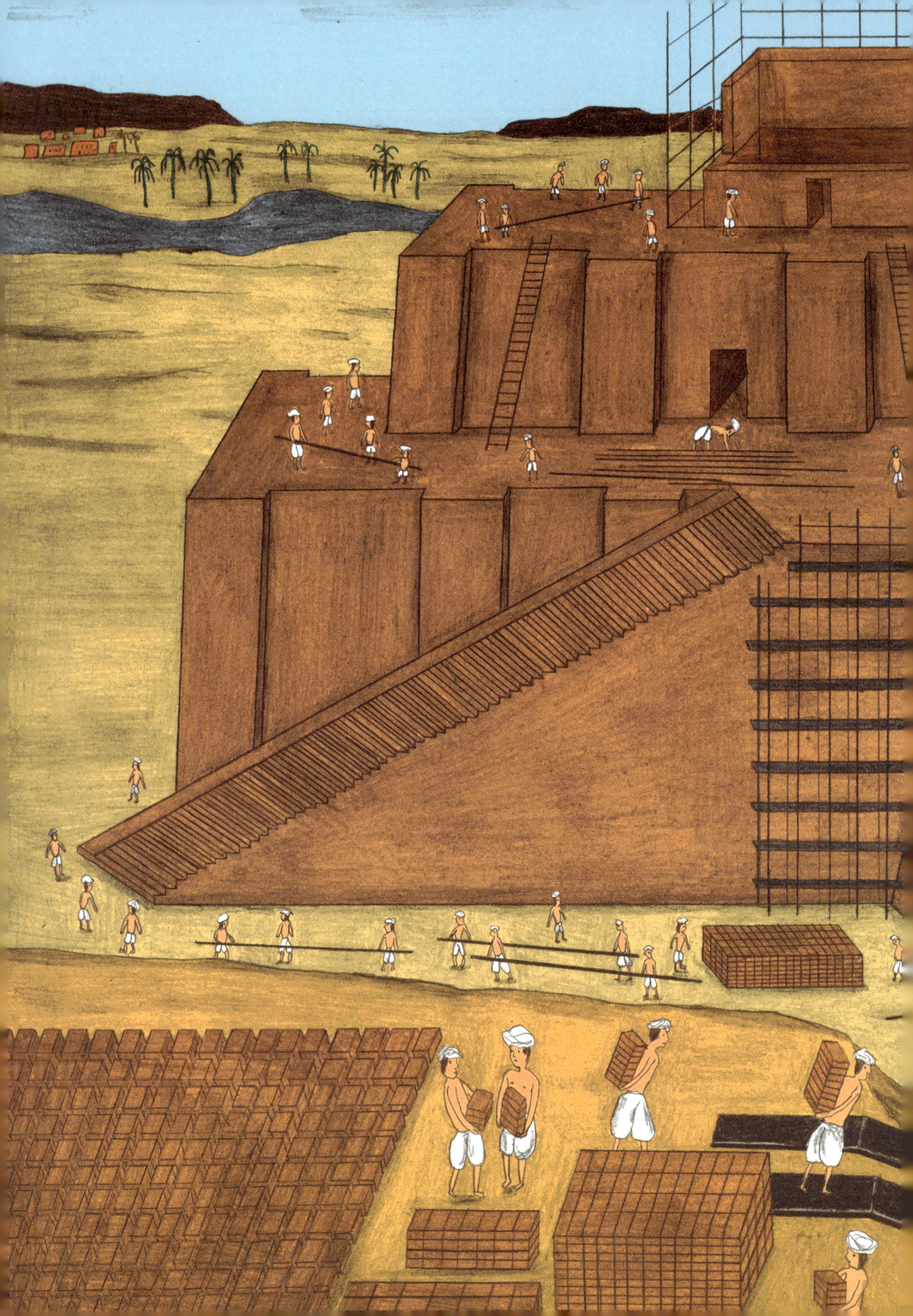

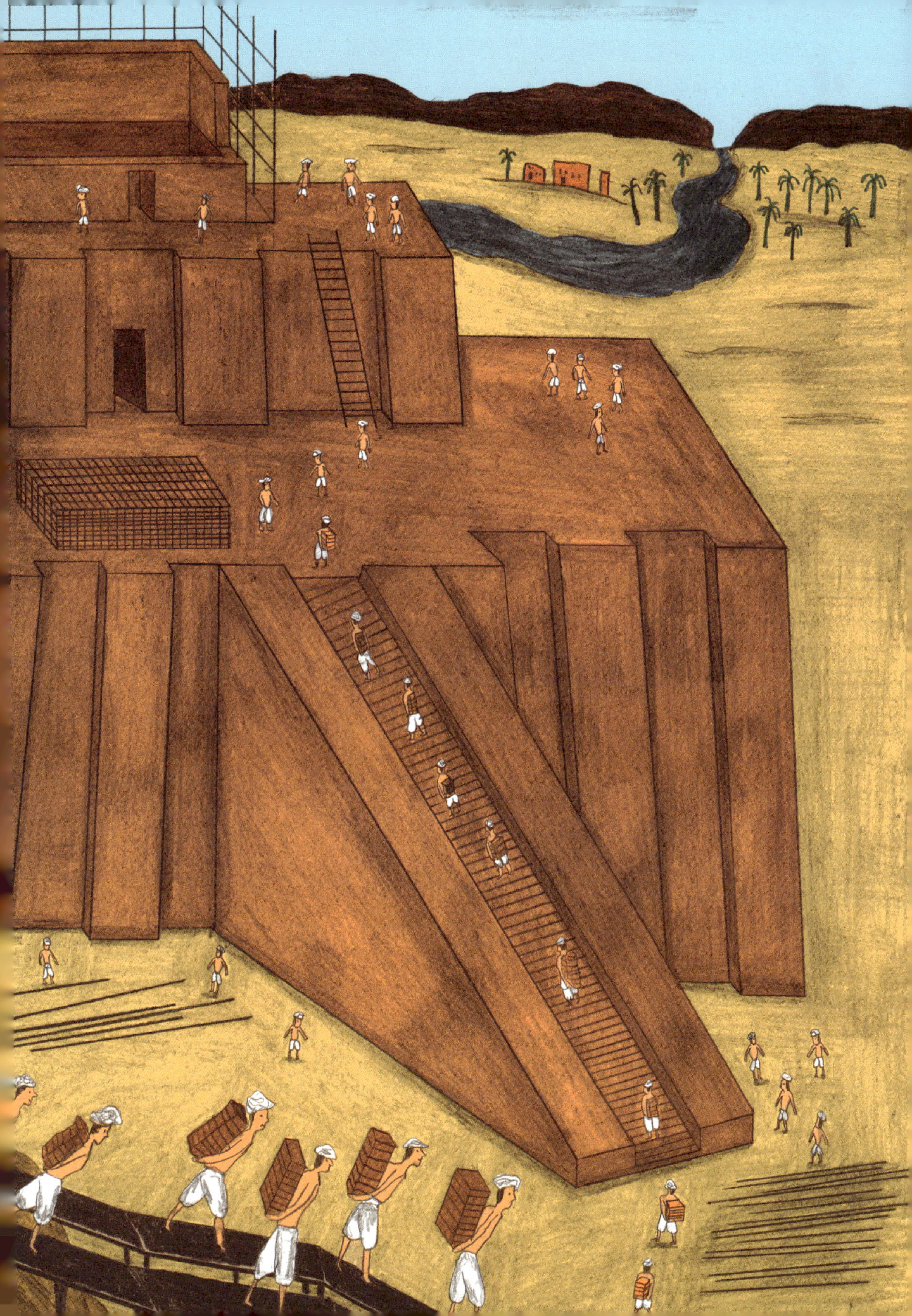

键段落，比如说约伯受苦的故事或者是挪亚方舟和大洪水的故事在巴比伦文学中都有样板。难道《旧约》的很大一部分对基督教而言根本不是那么具有权威性？它们只不过是巴比伦原型的复制品吗？这些问题引发了一场《圣经》巴别塔的原则性争端。对很多欧洲人来说，西方文明的犹太-基督教根基在1900年前后悬于一线。结果是更大的兴趣、更多的发掘。一个深受多种文化影响的广阔地区被重新发现。

在1万多年以前，该地区为很多人提供了便利的自然条件：作物的品种、可饲养的动物种类、可以产出好收成的沃土，再加上充沛的降水和可以与灌溉体系相连的河流。看到目前黎巴嫩、叙利亚或者伊拉克贫瘠和尘土飞扬的景象，我们可能很难相信这些。但是在3500年前，人们还可以在叙利亚追捕狮子、大象、瞪羚和鸵鸟。在叙利亚和伊拉克北部，小片森林和广阔的草原交替出现。当时的气候和今天差不多，但是人类对大自然的影响要小得多。今天我们所看到的景象是人类几千年定居的结果。

最早接触到农业的是新月沃土的具体什么地方，我们并不清楚，而且，即便是积极乐观的考古学家也认为不可能根据考古学的各种规则对整个地区进行发掘，所以我们永远都不能完全确定。或许这也没那么重要。因为从公元前1.2万年到公元前1万年间有一个漫长的过渡期，它因为约旦河西岸的发现地点而被称作是"纳图夫文化"。人们在尤其方便寻找食物的地方盖起土屋，这种土屋的地面比周围低一米。他们在那里埋葬死者。但他们也在那里居住，人们在屋内找到了很多石制的工具和存储容器。食物大部分仍是靠捕猎和采集。但是这些村民（如果我们想这么称呼他们的话）可能已经在有目的地播种野生谷类，而且他们可能已经在养狗做伴了。纳图夫人或类似的定居点在新月沃土的中部和西部发现过，但在东部和东南部则没有发现。

公元前1万年到公元前6000年的时候，人们转而开始主要靠自己有计划的生产来获得食物，而不是四处找寻、打猎。人类的耕种改变了地貌。他们通过挑选淘汰和重新播种改变了小麦和大麦等特定作物。他们先是把山羊、绵羊，然后是把猪留在身边并饲养它们。房子开始变得四方，仍是平房，但变得更大，定居点的面积增大了，部分房子看起来不再像是住房，而像是被用作集会地点或者是宗教活动的场所。屋子的四周建起了土堤，然后是城墙。巴勒斯坦的杰里科（Jericho）就是一个十分早期的例子（从公元前8000年开始），小亚细亚南部的加泰土丘（也译恰塔尔休于）则年代略近一些。因为土耳其目前已有很多考古研究，这让我们认识到，对于这一早期阶段我们的设想必须多种多样。不存在这样一个地方：新知识从那里产生出现并令所有人信服。人们在不同地方发现各种技术并相互学习。他们利用新技术或者保持不变。人们也会遗忘。定居点建立起来后又被遗弃或摧毁。在定居点社区内流传下来的知识亦随之丢失。

其后不久，人们开始用黏土制造容器并通过烧制令其结实耐用且防水。在陶器时代，保存和加工食物变得更简单了。人们可能也从事贸易，比方说用陶器和黑曜石———一种天然的火山晶体，它可以加工成切割工具，人们在距离可能的产地十分遥远的定居点发现了它。西西里以北的埃奥利火山群岛居民在公元前5千纪时的时候日子真是好过，因为他们的黑曜石数不胜数，因此可以大把大把地赚钱。像篮子、毛皮或纺织品等动植物产品是否也进行了交易，我们不清楚，因为经过上万年后它们无法保存下来。所以考古学家无法找到它们。相反，陶器不会消失。因此，考古学家根据陶器加工的方式（形状、颜色、主题、制造技术）来区分不同的文化，并根据发现的地点来加以命名。哈苏纳（Hassuna）文化用几何图案来装饰其容器；萨迈拉（Samarra）文化的陶器五颜六色，相对大型的陶器也会画上动物和植物主题的图案；哈拉夫（Halaf）文化拥有十分先进的烧制技术。特定的陶器形状是否也意味着统治阶级与社会大众、村庄与城市组织、狩猎与耕种技术之间存在着差异，换句话说人们发现的局部对于整体来说是否具有代表性，这仍是个棘手的问题。

在公元前 5500 年前后，幼发拉底河和底格里斯河中下游流域开始有人定居。长达几千年里，这个地区都是新月沃土地区的文化和政治中心。这里诞生了巴比伦，该地区则有了巴比伦尼亚的名字。两河流域或美索不达米亚（希腊语 méso pótamos 即河流之间的意思）深受幼发拉底河、底格里斯河这两条河的影响。这里有从山上冲积而来的肥沃土壤。因为地势平坦，特别是幼发拉底河水流平缓，河水带来的泥沙沉积，所以洪水一再暴发。河水改变流向，留下了肥沃的土壤。但是某个渔村或者港口也可能因此而突然距离河道几公里远，从而失去生存的基础。

在幼发拉底河和底格里斯河沿岸，农耕只有借助灌溉才可能实现，因为降雨极其罕见而且降雨量极小。但灌溉的条件十分有利，因为地势十分平坦，而且所有土地都适合灌溉。定居意味着复杂的社会组织，因为人们必须建造并维护灌溉系统，他们也必须解决随之出现的盐化问题。如果这能成功，那么就可以长期养活大量人口。此外还可能取得盈余，并以此来进行贸易。两河流域既没有石头、金属也没有木头。只有黏土、烧制或未烧制的砖以及沥青可以用来建造。其他的一切都不得不通过交易或者是抢掠获得。劳动密集型的灌溉农业主要集中于种植大麦、芝麻和椰枣。这些与养绵羊、山羊获得的肉，奶制品以及河流、湿地里的鱼一起构成了充足的营养基础。当然，这只有通过与周边草原地区与山区的人交易才真正有益。相应的，这些地区也出现了专业化。游牧业与农耕、畜牧同时发展起来。两者从一开始就相互依赖。

因此，在幼发拉底河和底格里斯河沿岸形成了具有劳动分工和等级制度的社会组织。对于集体的存亡来说，大量的对外接触是有益的。在公元前 4000 年—公元前 3000 年之间，灌溉耕作的两河流域南部地区人口增多，在苏美尔尤其明显，而北部人口减少。苏美尔人起初生活在很多个较小的定居点内，但他们很快就更喜欢大一些的定居点，然后是城市。城市周边集中了很多村庄。在公元前3千纪时，两河流域南部深受今天我们所说的城邦的影响，它们相互保持着和平或伴有武力的接触，以及远超过地区以外的贸易关系。在这些城市当中，对幼发拉底河下游的乌鲁克（Uruk）的研究做得最好，它可能也是这些城市当中最大的一个。它们都深受圣殿的影响，我们可以这样认为，每座城市都将一个神灵视为保护神，负责庇佑这座城市。但同时这个神灵也是一个神灵家族、群体或者是世界的一部分。圣殿装饰豪华。我们必须这样认为，除城市统治者之外，圣殿及其神职人员和地产是城市中一个尤其重要的经济要素。神殿和统治者的住所显示，这些城市的绘画和雕塑技艺已经十分发达。除此之外还有一个对一切人类文明都十分新颖并且对未来产生了深刻影响的要素——文字。

文字的发明

　　文字的历史很可能比两河流域的城市还悠久。它的历史始于标记或者计数用的石头。在把山羊、绵羊发货的同时，人们也把石头放入封闭和封死的陶制容器中，学者称之为计数石。这样收货人就可以检查实际到货的羊的数量是否与发货时相同，运送人是否有欺诈行为，或者是否有羊丢失了。为了杜绝误会的可能，石头表面也会写上字：笔画表示数量，符号代表运送的物品。绵羊是里面带有十字的一个圈。在公元前4千纪下半叶，小泥板越来越多地取代了计数用的石头和封闭的陶器。先是在软黏土上压上标记，但很快人们就用芦苇秆做的笔在上面刻画，然后放在阳光下待其变硬定型。最初这只是一种制作简单、方便运输的"送货单"。但是它也是一个突破：这些小泥板可以用于很多其他记录用途，笔可以在柔软的黏土上留下各种各样的痕迹，不仅仅是笔画代表数字，画十字的圆圈代表绵羊。

人们很快认识到了这种新"介质"（就像我们一般所说的那样）所蕴含的机会。先是有了表示其他具体物品的符号：房子、树、人头、碗。然后形成了字符组合：人头＋碗＝吃。这种文字不需要懂这种语言也可以"读"。但是符号的数量有接近于物品和活动数量的趋势，事情变得无法一目了然了。两个简化步骤解决了这个问题：首先，用楔形直线的组合取代最初还令人联想到物品的符号（水＝两条波浪线），用笔在黏土上写直线更简单、更迅速。楔形文字产生。然后，部分符号与物品脱钩，开始表示音素、音节，也就是 ba、bi、bu、la、li、lu。这时文字不再只能表示具体的东西和与它相关的情形（"宰杀七只羊"），而是开始按照语法规范"正确地"书写词语并组成句子了。借助这种文字，人们可以传递一切可能的信息并防止遗忘，撰写供货单、圣殿与宫殿的题字、信件、法律和历史。当然这时还是以各自相应语言的文字，并不"国际化"。

这种楔形文字在公元前 4 千纪末时在两河流域南部的城邦使用。最早书写的语言是苏美尔语。但是这种符号系统的优势是如此明显，以至于其他语言的信息也被写了下来。苏美尔语从某个时刻起不再是一种活的语言，但它作为书面语言继续传授和使用，这和今天的拉丁语有些相似。自公元前 2 千纪起，阿卡德语及其方言（其中包括巴比伦语和亚述语）成为最重要的活的文字语言。人们的知识不断积累：出现了有着上万块大大小小泥板的图书馆和档案馆。因为与莎草纸、纸或羊皮纸不同，黏土不会腐烂，而且遭遇火灾的话也不易损坏，所以古代保存下来的阿卡德语文字比拉丁语还多。它们尤其涉及私人事务：法律文书、信件、账目、笔记。从数量上来看，建筑物上的题词的重要性就小得多了，但它们却包含着对政治史而言更为重要的信息。然后是文书学校制作的东西：看起来就像今天的词汇手册（只不过是在黏土上而不是纸上）的单词和字符表、故事、宗教符咒、食谱等。

两河流域只是人类过渡到定居状态的地区之一，而且在发明文字上它也并不是唯一的。自公元前 3000 年起埃及就有了象形文字。最早的中美洲玛雅文字要追溯到公元前 100 年前。秘鲁自公元前 3 千纪起就使用的结绳系统是否有证据支持它应当被列为文字，这点存在着争议。我们发现中国在公元前 1200 年时就有用契刻在龟甲和兽骨上并且与今天的汉字相类似的文字。显然，中国最初的文字不是用于商业目的，而是为了祭拜祖先和保佑未来。

与中国的情况不同，苏美尔楔形文字并没有直接步入现代。在公元前 1 千纪，阿拉米语成为整个中东流传最广的语言。它使用一种最早由腓尼基人在地中海沿岸形成的字母文字记录在莎草纸或羊皮纸上。记在莎草纸或羊皮纸的适合日常使用的字母文字与刻在黏土或石头上、被认为是属于统治者和学者的楔形文字并存了 1000 年。随后楔形文字不再使用并被人遗忘。在从哥伦布到库克之间的几百年里，大多数欧洲访客都以为美索不达米亚宫殿废墟上的楔形文字题词是没有任何意义的抽象装饰。

重新译解楔形文字是一项重大的成就，特别是 19 世纪的一项重大成就。学术界英雄人物的故事有很多，他们大多是英国人、法国人和德国人，他们令文字重现光辉，或在建筑物上发现并誊写了这些文字，并对它们进行比较和解释。他们是名副其实的英雄，因为这项任务浩瀚庞大：以楔形文字记录的有多种语言。这些语言随时间发生了变化，而文字符号也是同样。绞尽脑汁的近代学者们必须找到具体的证据并将它们归入特定的时代和语言当中。然后他们必须把可能描述词、音节或发音的各个符号转化为他们并不了解的语言，因为它们在 2000~5000 年后即便在该地区也不再使

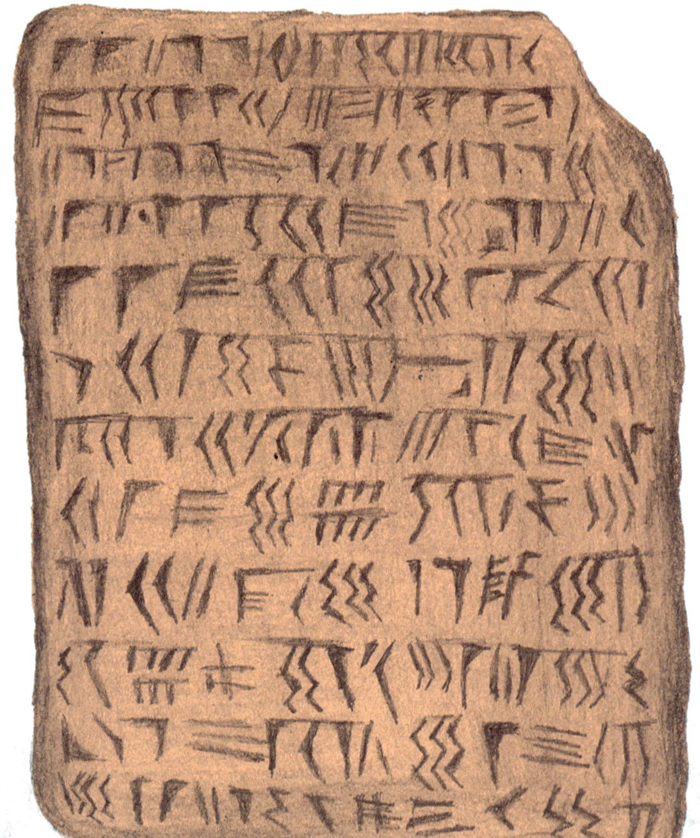

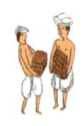

用了，或者使用方式已有了变化。直到今天也并非所有的楔形文字都已经译解。看到这儿的人明天就可以着手这项工作了。

两河流域的城市、农民和游牧民族

多亏有了文字，从公元前 3 千纪末开始，我们可以就用那个时期的名字来说明文化和城市，甚至还可以确定各位影响巨大的人物的身份。然而这也并不是那么简单，因为受乌鲁克城市影响严重的文化不知什么原因瓦解了，而且，要对接下来的动荡时代的各种统治与竞争有整体的了解也并不容易。虽然著名的《苏美尔王表》展示了有史以来整个两河流域不间断的统治者名单（包括他们的执政时间，并按照朝代划分），但是这个表有它的陷阱。它是直到后来很晚的时候（大约公元前 1800 年）才由一位巴比伦记录者根据过去的资料整理而成的，而且他也并非没有潜藏的动机。这个表希望表明，美索不达米亚一直是统一的并且受到神的庇佑，因此朝代是相继排列的，但事实上它们很多是同时进行统治的。有几个朝代被完全遗漏了，这点不管是从文字还是考古学上都可以得到证实。所以说，人们可以认为这个表相当震撼，是基督出生前近两个千纪的历史学科的一个标志，并且也赋予当时的统治者以合法性。人们可以把它作为一个起点，但我们不能完全信赖它。

考古学和文字发现的相互补充让人们对公元前 2500 年之后的历史有了更加清晰的认识。萨尔贡一世（Sargon I，公元前 2334—公元前 2279 年）将美索不达米亚南部的城市整合在一起，为他的新王朝创建了一个新城市——阿卡德。这个城市具体位于哪里并不清楚。可能是在今天的百万人口城市巴格达地区的某个地方，在这里，幼发拉底河和底格里斯河汇入波斯湾之前一度距离很近，因此可以一起控制。这个地方象征着最富传统的城市所在的南方与此时变得更加强大的北方的联合。南北方——正如此时的名称苏美尔与阿卡德之间或者是后来的名称巴比伦与亚述——之间的竞争对于美索不达米亚后来的历史非常重要。萨尔贡通过战争以及一再挫败反叛而成功实现了统一，但这也是因为一系列改革的原因，比如统一了度量衡和官方语言（阿卡德语），改善和协调了灌溉等。

萨尔贡死后还不到100年，阿卡德帝国就在古提人（很可能是来自伊朗山区的一个游牧民族）的冲击下瓦解了。古提人在阿卡德统治了应该有40年的时间。之后他们就再次从文字资料中消失无踪了。对于古提人我们了解甚少——除了美索不达米亚的记录者认为他们野蛮之外，这并不令人吃惊。农民和城市居民与游牧民族之间和平或伴有武力的接触是美索不达米亚历史上一再出现的要素之一。大多数接触就那样发生了，并未产生可供我们使用的文献资料。因此，我们不知道有多少外来者静悄悄地移民并适应下来了，有多少农民转而开始游牧生活。公元前3千纪后半叶和公元前2千纪上半叶很有可能是以亚摩利游牧民族不断移民两河流域城市为特征的。城市统治者的名字显示它们已经被亚摩利人接管。但文化仍旧是苏美尔和阿卡德的。在公元前2千纪下半叶和公元前1千纪也有类似的渗透和文化适应的过程，这对当地自身的宗教、社会、政治或文化观念形成了或多或少的补充。像是来自东部的游牧民族加喜特人（Kassite）就把马引入巴比伦，并带来了马拉的两轮战车。他们在阿卡德语中留下了一些饲养马匹的专门用语和神灵的名字。除此之外，我们对他们知之甚少，因为他们被完全同化了。他们的适应是如此成功，以至于加喜特人在公元前16世纪成功地接管了巴比伦的统治权。

像古提人、亚摩利人或加喜特人这样的例子显示，语言、社会群体与"民族"之间的关系是多么棘手。语言不能简单地宣告一个社群，甚至一个民族与其他人存在着根本差异。人可以归属于某个群体，也可以再离开这个群体。语言群体和社会群体不一定是一致的。认定语言群体与"民族"之间存在着过渡、重合和模糊不清的边界要更明智一些，而不应认为它们是边界清晰、四四方方的单元。人们可以学习掌握语言和行为方式，也可以将其遗忘。必要时他们会巧妙地处理自己的身份。

古提人、亚摩利人和加喜特人还表明了一点：因为游牧民族大多没有文字，在记录者认为他们值得记述或者不得不对他们进行记述之前，我们对于他们几乎一无所知。然后记录者会从他们的视角来描述他们，偶尔也会配以历史与文化。但这不一定就是他们的历史与文化。不管怎样，我们通过这些（尽管是有倾向性编写的）文字知道了曾经有过古提人和其他人存在。他们曾经出现在我们的历史当中，后来又消失了。在有读写能力者视野之外的人也就无法进入历史学家的眼帘。对我们后来人而言，他根本就不存在——除非有几个坚定的考古学家发现他。很多社会群体和"民族"消失了。有的被灭绝了，有的自我毁灭了，或者成为自然灾害的牺牲品。很多被同化了，（可能在精英被消灭的情况下）被纳入一个更为成功的群体当中。还会有很多很多这样的"民族"，我们不知道他们的历史，因为他们在记录者的视野之外。对我们来说，除了把精力集中在留下了痕迹和直到当今都意义重大的那些人之外别无选择。但是人的存在所产生的影响比我们知道的大得多。

公元前2112年，高度集权化和官僚化的乌尔（Ur）第三王朝重新统一了两河流域。我们再次看到了改革：统一度量衡、司法、基础设施、农业经济。这个时期的大量文字资料显示，此时楔形文字在博学的记录者圈子以外也有人认识、阅读或许也书写了。在公元前2000年前不久，帝国在游牧的亚摩利人与埃兰（Elam）帝国［都城苏萨（Susa）位于今天伊朗的西南］的军事压力下瓦解。此后，我们就必须把整个新月沃土地区设想为受地方与地区势力中心影响严重的地区了，它们有时合作，有时互相敌对，但都试图扩大各自的势力范围。而美索不达米亚南部、北部以及河流上游的中幼发拉底地区在文化上仍是相对统一的。周边地区受到两河流域文化的影响。有些群体开始用楔形文字来记录他们的语言。但是这些人似乎意识到了与真正的两河流域文化的差异。

除了政治与文化地图之外还有一个经济地图。小泥板记录说，来自亚述（底格里斯河沿岸特别北边的一个城市）的商人在公元前19世纪生活在小亚细亚的城市内。他们用驴子组成商队，从今塔吉克斯坦和今乌兹别克斯坦运来锡器，从今阿富汗运来青金石，从今伊朗运来铁，从巴比伦运来羊毛和织物。这些商人相互进行财务担保。亚述和他们客居的各座城市为他们提供庇护，城市则从税收和关税中获益。有整整一个世纪的时间这运转得非常好，后来亚述商人网似乎破裂。这个例子表明，城市中心的经济不仅由统治者主导或者深受圣殿及其神职人员的影响，同时也有一个充满活力的私人经济领域存在，并且在寻找自己的道路。很多保存下来的小泥板（商人信件、债券）都显示了这一点。

公元前18世纪是巴比伦迅速崛起的时期。它的崛起要归功于本身是亚摩利人的第六任国王汉谟拉比（Hammurabi）。他令这个此前还不值一提的幼发拉底河下游的地方城市成为两河流域的主导力量。他能成功要归功于巧妙的联盟政策、在战事上的好运气、即便获胜也保持克制的能力，以及将军事成就转化为持久的统治收益的对内政策。汉谟拉比统治时期也是苏美尔和阿卡德文化的繁荣期。但是汉谟拉比直到今天仍为人熟知却是因为一部与他同名的法典：一块高2.25米的石柱上以楔形文字铭刻了280条法规条文，并且配有《序言》和《结语》。这部法典在很大程度上是巴比伦时期系统整理的规模最大的法规条文集，处罚的严厉程度以及经常出现的"以眼还眼，以牙还牙"的原则也给人留下了深刻印象。然而这部法典具有什么样的地位仍不清楚：它为人们提供指引吗？它具有实际约束力吗？

汉谟拉比的统治是如此成功，以至于自那以来人们都以为巴比伦是美索不达米亚的中心，而且，至少若想统治南部就必须控制这座城市。尽管如此，在他于公元前 1750 年去世之后，汉谟拉比的继任者为保持帝国的统一费了极大的力气。临近波斯湾的南部地区在他儿子统治的时期就已经失守。那里形成了一个新的海地王朝。西北地区也很快受到了威胁。很可能这种状况是由自然灾害、经济困境和新游牧民族的迁入一起造成的。此时声望和领土要求都小得多的古巴比伦帝国在公元前 1595 年因为赫梯人的突袭而终结，赫梯人在公元前 17 世纪在安纳托利亚建立了一个帝国并且自那开始不断地扩张。赫梯国王穆尔西里（Mursili）洗劫并摧毁了这座城市，并将城市守护神马尔杜克（Marduk）的雕像掠走。汉谟拉比的王朝再也没有从这一耻辱中恢复过来。先是南部的海地王朝掌控了大局。随后一个加喜特家族掌握了权力，他们很快把马尔杜克雕像带回了巴比伦。

在古巴比伦帝国之后是中巴比伦时期。它以大量、有时是十分剧烈的移民运动和权力交替为特征。两河流域在政治上陷入外来力量——埃及和小亚细亚的影响。技术方面，铁作为工具与武器的原材料变得普及。这时单峰骆驼出现在饲养动物当中，再晚一点儿又加上了双峰骆驼。有骆驼作为座驾，沙漠不再令人恐惧；新的贸易与作战通道打开。

公元前 1 千纪的亚述和巴比伦

公元前 1 千纪上半叶的两河流域以两大帝国的形成为特征，它们还再度从两河流域控制了新月沃土，直到公元前 6 世纪中叶，权力和政治主动权才向东方（波斯）和西方（希腊城邦，后来则是罗马）转移。公元前 9 世纪到公元前 7 世纪的亚述帝国最后一次强调了北方的地位，而公元前 7 世纪和公元前 6 世纪的巴比伦帝国则是从南部来进行统治的。

亚述帝国建立在多个基础之上。它的军队尤其优异。它有意残暴地对待战败的敌人，或许是为了让未来的敌人不战而降。所有的敌对部族都被流放到帝国的其他地区。朝贡制度让被战胜者保持了对内的政治独立，只要他们定期交贡并且让亚述统治中心可以继续征战并展示其辉煌。帝国整体上组织非常有效。我们对于统治者了解的尤其多，因为几乎每个统治者都会建一座新的都城或者至少建一座新的宏大宫殿，在宫殿里用图画和题字来展示他享誉内外的事迹。亚述拿西拔二世（Assurnasipal II，公元前 884—公元前 859 年）从此前的都城亚述迁往尼姆鲁德，他的儿子沙尔马那塞尔三世（Salmanassar III，公元前 859—公元前 824 年）留在了尼姆鲁德，但在那里建了一座新的宫殿。在公元前 8 世纪（这个世纪对亚述而言十分艰难）末再次扩大了帝国并在组织上令其稳定下来的萨尔贡二世（公元前 722—公元前 705 年）建立了一个新的都城，并以自己的名字命名——"萨尔贡堡"。他的儿子辛那赫里布（Sanherib）仅在那里留下一名执政官，将尼尼微立为首都。公元前 7 世纪的统治者都以尼尼微为都城。它成为亚述帝国最大规模的扩张和恢宏发展的象征，帝国一度控制了埃及和地中海东部沿海地区。

所有的亚述统治者都面临着抵抗，这是他们残暴统治和赋税高得无法忍受的一个后果。因为中心地区本身缺乏资源，亚述的统治似乎建立在扩张与剥削的基础之上。因此，在扩张达到其可能的极限时，帝国就瓦解了。亚述巴尼拔（Assurbanipal，公元前 669—公元前 631 年）是最后一位统治者，他未能拿出什么战绩或者是国内改革的成绩。很可能在他的统治结束之前就已经危机四伏了，他去世 20 年之后，亚述帝国即告灭亡。公元前 614 年，亚述古都被巴比伦和伊朗米底人组成的盟军占领。公元前 612 年，尼尼微被摧毁。后来这里再也没有人居住过。废墟所在的山丘今天是伊拉克北部城市摩苏尔（Mossul）的一部分。

获胜的巴比伦人在不久前还完全依附于亚述人。公元前689年，辛那赫里布下令毁灭这座城市。作为全面胜利的标志，他令幼发拉底河的一条支流改道，淹没了内城的剩余部分。他的儿子重建了巴比伦，或许也是因为感觉将两河流域的文化中心完全摧毁是逆天悖理的行为。半个世纪后，亚述与尼尼微的征服者与结盟的米底人约定将亚述帝国分而治之。根据约定，巴比伦在尼布甲尼撒二世（公元前605—公元前562年）统治下控制叙利亚和地中海沿岸。因为他也两次占领了反抗起义的耶路撒冷并在第二次占领时将部分犹太人流放，因此尼布甲尼撒二世出现在《旧约》当中，而且《旧约》对他的评价并不是很好。但在他的漫长统治下，巴比伦人的境况相对来说还不错。城市得到了扩建，一个庞大的宫殿群诞生。上层阶级的房子似乎设施配置完善。马尔杜克神殿也得到了修复，并且加盖了一个有很多层的塔楼。总体上这样的"金字神塔"（Zikkurat）对两河流域的神殿设施来说是非常典型的。但是巴比伦塔尤其宏大和壮观，这令它成为《圣经》中建造巴别塔故事的样板。

众所周知，在《圣经》里巴别塔的建造失败了，而新巴比伦帝国在尼布甲尼撒二世死后也没有幸存很久。原因是结构性的还是他的继任者能力不足，这就不得而知了。不管怎样，巴比伦居民在国王未在的情况下在公元前539年把城市交给了波斯国王居鲁士二世（公元前558—公元前530年）——一个非常不起眼的结局，如果我们考虑到此后两河流域再也未能成为一个在世界史上举足轻重的帝国的中心的话。没有硝烟的结局并未对巴比伦人造成什么损害。他们的城市在波斯帝国仍是管理机构的所在地。对城市守护神马尔杜克的崇拜仍在继续，楔形文字传统继续得到推动。大都市巴比伦的声誉在亚历山大大帝时期还很有号召力，他梦想着在征战结束后将巴比伦作为他的大帝国的首都。但是因为他在公元前 323 年过早去世，这没能成为现实。在继承了亚历山大在中东势力的塞琉古王朝领导下，巴比伦的地位迅速下降。但楔形文字仍继续使用了一段时间。我们知道的最晚近的小泥板来自公元 75 年。当然，作为记录体系来说，此时它早已不再重要。在地中海地区，希腊人和之后的罗马人采用了腓尼基人以及之后的阿拉姆人的字母文字理念。本书所用即是这种字母文字。

人类开始在某些地方长期定居并自行制造食物来源，在对其中一个这样的地区有了大致的了解后，我们可以说：是的，人类是否在城市定居、文字存在与否、劳动分工的强弱、社会差异的大小都会产生差异。如果乐意，我们可以将建造了城市、拥有文字、劳动分工更明确的人群称作是更为发达的文明。但是随后麻烦就来了。显然，人们不断从这样的文明中进进出出。过渡期和边界区也是存在的。人们学习语言、建造方式和技术，再把它们荒废。"高度发达的"文明这样的评价通常来自可以书写的、在城市生活并了解社会差异的那些人。我们知道他们的评价同样是因为它们被写了下来，而且历经沧桑保留了下来。在不同领域活动或者是想把不同领域最出色的东西集中到一起的人不一定赞同这种评价。

新石器革命开始时至少有 6 个相互独立的地区。当我们把两河流域的历史作为其中的一个地区来讲述时，历史的进一步发展还没有确定。苏美尔、阿卡德、亚摩利、亚述和巴比伦人认识的世界里既有埃及人和安纳托利亚人，同样也有亚美尼亚人、波斯人和阿拉伯人。他们偶尔写道，四个海构成了地平线的边界——地中海、黑海、里海和波斯湾。意大利距离它和印度一样遥远，毕竟与后者还间或存在着贸易关系。让巴比伦历史向埃及、希腊、罗马和西欧中世纪方向延续下去的讲述方式我们在上学时都学过了，这是一种相当人为的讲述，它与当时那个时代的人的未来视野是不相符的。如果我们跟随着巴比伦时代的人，那么我们向东、向南看就和向西看一样，都有道理。

4

婆卢羯车

公元 1 世纪的印度洋贸易网

在铁路发明之前，世界的运输大动脉一直是水路。在河流、湖泊和海上可以大批量地运输商品——和它们一起传输的还有消息与知识。当然也有陆路。但是陆路还不能运输大宗的商品。没有一种驮载牲口、没有一种推车可以拉载一艘船或者一只筏子可以拉载的东西。当然并非所有的水路都是一样的。很多非洲河流从大洋往内陆走不了多久就会遇到瀑布或是湍流的阻碍。对非洲历史来说，这是个重要的基本事实。在各大洋当中，只有印度洋很早就有了在河流入海口和其他贸易都市之间建立大规模水路联系的可能。

与大西洋和太平洋不同，印度洋并不是从北极延伸到南极，而是到非洲—欧亚板块就结束了。而且与大西洋和太平洋不同，印度洋的季候风十分稳定可靠，半年吹向喜马拉雅山，半年反之。这是印度广大地区以及印度洋周边其他地区的农业基础。这对航海来说也是个机会。不管是大西洋

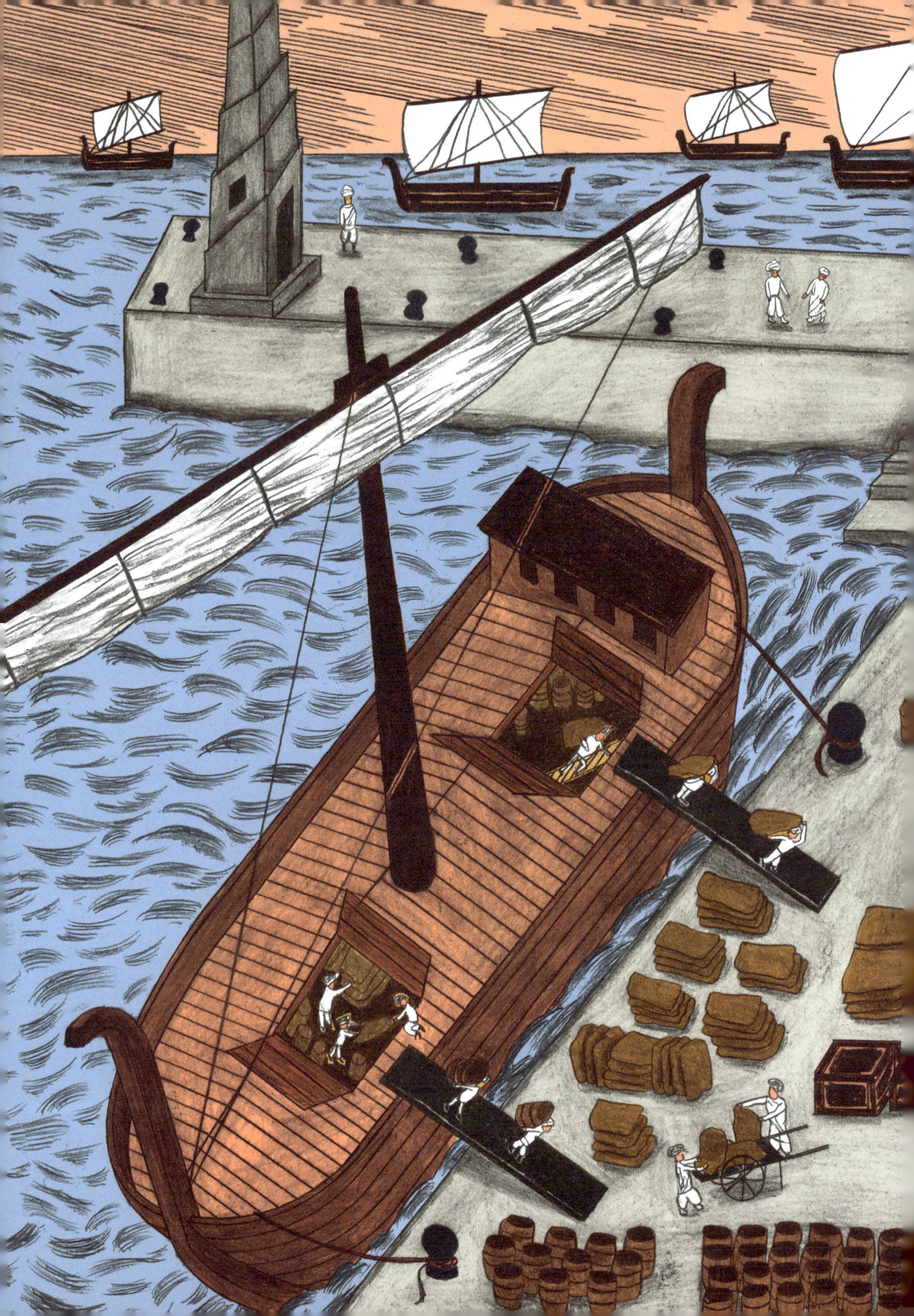

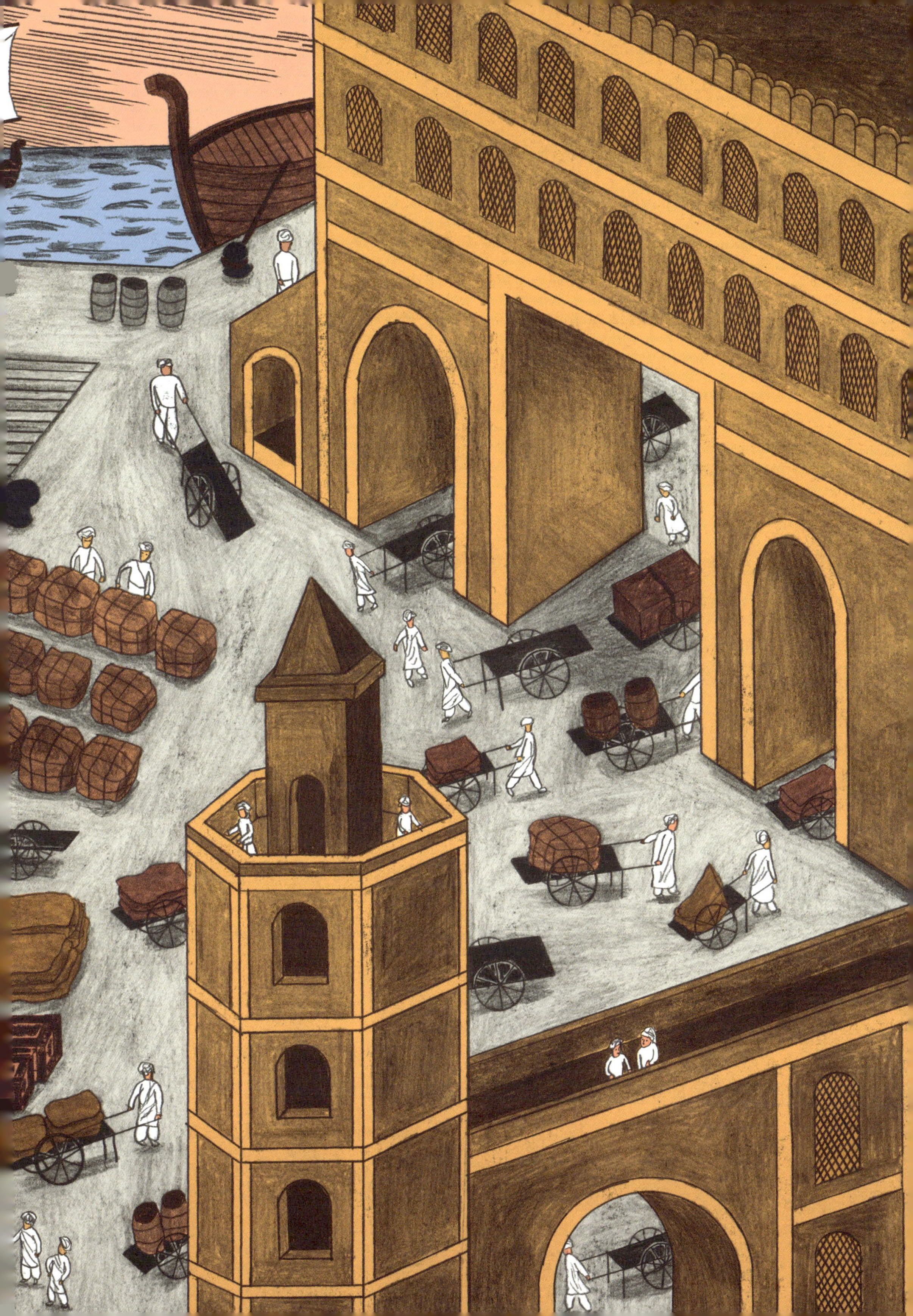

还是太平洋都难以经常性地跨越。因此波利尼西亚人直到夏威夷、复活节岛或者是新西兰的跨太平洋之旅以及哥伦布的跨大西洋之旅才如此地激动人心，无论过去还是现在。但在印度洋边上，2000年前就已经有很多人在看不到海岸线的情况下冒险启航了。穿越茫茫大海的航路是危险的，但却是可以预计的。下面这段关于印度西部城市婆卢羯车附近航运情况的描述可以表明这点，今天这里叫作布罗奇（Bharuch）：

> 婆卢羯车附近的入海口……非常狭窄，对于从外海来的船只来说很难通行；因为它们要么偏到左边，要么偏到右边……可是右边的入口处偏偏伸出……一条陡峭嶙峋的大地之舌，……左边则正对着一个海岬，……因为水流的问题，靠岸十分困难，而且因为海底坑洼不平都是巨石，锚抛下去也会松脱。如果有人自行闯入海湾，河流的入海口就算是在婆卢羯车附近也是很难发现的，因为海滩很低，即便从正在靠近的船上也不一定能看到，而且就算是找到了，因为河流中的浅滩也很难穿行。因此即便是本国皇室的船员在经过这个入口位置时也要驾驶人手齐备的长船……向着西南方向的索拉什特拉（Saurashtra）行驶，从那里再转向婆卢羯车。

这是一位行家对肯帕德（Khambhāt）湾讷尔默达（Narmada）河入海口的水流和浅滩发出的警告，他建议托付当地统治者使用的领航员。而婆卢羯车只是他所描述的诸多港口中的一个。该篇文章共有66个章节，引领读者穿越了东非、红海、阿拉伯半岛、波斯湾以及伊朗、巴基斯坦和印度沿海最重要的海上贸易场所。理性、精炼、客观的语言让船员和商人了解关于国家、人、市场、货币、风与天气等一切值得了解的信息。这是一篇实用的说明文。可惜我们不知道它的作者是谁。作者很可能是位埃及人，很可能是位商人或者是船长，或者两者皆是。文章的题目是《厄立特里亚航海记》，又名《红海环航记》。原文可能是在公元1世纪中叶写成的，也就是说首位罗马皇帝时期。语言是通用希腊语——一种由多种方言组成的语言，它也是基督出生前后在地中海东部流行的诸多语言中最为重要的一种。

这篇文章显示，在2000年前，埃及商人就在从地中海到今天的斯里兰卡、从今天伊拉克巴士拉到肯尼亚的范围内做生意。他们通过旅行的方式做生意，而且是成千上万公里。这能行得通是因为造船的人和船长们理解他们的活动，而旅行者可以从上文中援引的行家这样的顾问那里获得必要的知识。很多人都在路上，寻找物品、商机、金钱，可能还有冒险。他们在重要的港口遇到同乡：各民族的商人有的是在商业中心短期逗留，有的则是长居。他们形成小的殖民地和关系网，是后来者寻求帮助时首先想到的人，他们与本地人建立联系。但是商业网和商品所达到的距离则比我们埃及权威人士的旅行更加遥远。他在印度西部城市婆卢羯车进行交易时的商品目录显示了这点：

> 引进交易市场的有葡萄酒，主要是意大利、老底嘉和阿拉伯葡萄酒，然后还有铜器、锡器、铅器、珊瑚、橄榄石、简洁或繁复的仿造长袍、五颜六色长度惊人的腰带、香脂、草木犀、未加工的玻璃、山达脂、长矛上光油、金银第纳尔、价格不贵但非常好闻的药膏。但是在那些地区，人们会给国王带来昂贵的银器、精通音乐的年轻男孩、要送去后宫的体态优美的年轻女子、上等的葡萄酒、简洁贵重的长袍和上等的药膏。但是也有从这个地区输出的甘松、圣带、芳香树胶、象牙、缟玛瑙、萤石容器、各式各样的棉布、塞里斯（丝绸）、纺织品、长胡椒，以及从其他交易场所引进的东西。

十八个时空中的世界史　　　　　　　　　　　　　　　　　　　　70

作者是位务实主义者。他的目录应当有助于这位商人的成功，因为他提供了正确的东西。他的清单形形色色、丰富多彩，但显示了一些特点：婆卢羯车对于奢侈品来说显然不是最好的地方——只有国王才会购买精挑细选的桌面装饰、葡萄酒、服装、药膏和奴隶。奢侈品在其他阿拉伯或印度港口的销量更好。与此相对应的是，这里提供大众化的商品：普通金属、未加工的玻璃和一系列较小型的原材料，显然当地手工业者可以继续进行加工。这原则上不是个坏消息。因为只拉载易损的高档物品的船没法行驶，它也需要压舱物才能适合航行。

从印度港出口的东西价值更高。这一方面体现在携带金银第纳尔——地中海的标准货币的建议上。交易部分是以以物易物的方式，但也有一部分是以货币购买的方式进行。此时印度统治者也拥有货币。但它们没有投入使用，或许是因为欧洲人进口比出口的多（至少如果从商品价值来看的话）。对于这种贸易逆差以及与此相联系的罗马硬币的流失，很多古代的作家都曾抱怨过。比我们这位作者晚了几年，小普林尼写道，年复一年，超过 5000 万塞斯特斯（古罗马货币单位）流向印度，而罗马帝国进口商品的代价实在是太高了。当代考古学家在印度发现了大量的罗马硬币。此外，看一下我们这里的目录就可以知道，罗马帝国商人的兴趣很是雅致：甘松（好闻的精油的原材料）来自喜马拉雅山；产自印度内地的缟玛瑙和象牙被加工成首饰；棉布同样是在内陆制造。

在这种显然相当可靠的商品流动背后大多有一个政治意愿。地方和地区统治者不仅负责提供领航员来帮助外地船长，他们也将自己管辖范围内的贸易集中到少数几个交易市场。他们对商人、船和贸易感兴趣不仅是因为引入奴隶和奢侈品到国内可以在与其他权贵一较长短时大出风头。他们也征收贡税，因此可以从商品贸易中稳定地获取利润。当然，另外一个获利者可能是海盗。通常，因为不同领主相互竞争、统治大面积瓦解而令统治局面不明朗，或者统治者对短期利益的重视超过了长远利益时就会出现海盗。长远来说，海盗活动并不会毁掉贸易网。商人会避而选择其他路线。此外很多当权者希望保持商品的流动。必要情况下，他们会用武力来保证贸易通道的畅通，并让风险保持在可控范围内。

商品目录不仅包括印度商品，还包括中国商品。丝绸在很多印度港口扮演着重要角色，再加上其他高级物品。来源的地区我们无法完全肯定，对于我们的埃及通讯员，我们的要求不能像今天借助条形码和卫星所做到的那样。有些商品即便今天我们仍不知道它是什么。中国的商品很有可能是从陆路抵达婆卢羯车的。印度东部的港口也通过海路获得中国的商品。因此，这个商品目录显示，我们的埃及权威人士只亲身经历了古贸易网的一部分。无疑，他不知道这些商品是通过陆路到达他的港口的。但是他的航海知识也有其极限，虽然它们给人留下了深刻的印象。他还知道，越过印度的最南端后就可以重新向北，而且他也知道恒河——至少是知道这个名字。但是他的报道将现实与虚构混杂在一起。他提到一种仰鼻的野人，另外有种人长着马脸，还有一种吃人的人。再往后有一个叫作 Thinai（丝绸国）的内陆城市，丝绸棉花都来自那里。去那里并不容易，只有少数来自丝绸国的人往返于印度的港口，它可能与里海面向欧洲的部分相邻。然后他的报道就结束了：

> 接下来的地区要么因为狂风暴雨和严寒很难抵达，要么因为天上的神灵影响而玄妙莫测。

丝绸国就是中国。我们的商人和船长知道，印度不是贸易链的终端。但他对于斯里兰卡的另外一端也没有什么真正的概念，因此以某种方式推测着把各种信息拼凑在一起。反过来，这个时期的中国对于喜马拉雅山和亚洲荒漠的另外一边的了解也是大致上的，除了其他很多对异域奇特物种的臆测之外，长着人面龙身的神灵也起了一定的作用。贸易从恒河开始，经孟加拉海穿过苏门答腊和马来半岛之间的马六甲海峡，沿着越南沿海到中国、日本，乃至亚洲的太平洋国家。文字资料里所说的狂风暴雨和严寒或许说明船员到达了日本以北，18 世纪时库克船长的第三次航行也在此处受阻。

我们的埃及权威人士在这点上是不可思议的，这也是因为在他所处的时代，东印度与苏门答腊／马来半岛之间的路段是非洲东部／埃及以及中国／日本之间的贸易链上航行人数最少的一段。到东印度来的埃及人和中国人一样罕见。然而不仅是我们的埃及商人在计划未来、积累知识、寻找利润和试试运气，印度和中国的商人们也在这么做。人们试图从这条贸易链的各个枝节来更好地理解整体之间的联系。他们对风险和利润进行估算。剩下的他们则交给了神灵。但他们的商品走得比他们原本设想的更远。

对这个因为原材料和商品移动而产生的整体网络，没有任何商人有实际的概念。没有任何船走遍了所有的航线。它是一个没有蜘蛛的网，它由长长短短的航行路程组成，由奢侈品和大众化商品组成。地方、地区以及长途贸易相互交织在一起，而且它们都以陆路和海路为基础。打猎和采集野果的文化与这个网联系在一起，但是有着如此突出的国家结构的印度社会也是同样，正如我们的埃及权威人士顺便提及的，它可以判罚罪犯去采集珍珠。这个网有厚密的地方，有连接松散的地方，也有很多散开的线头和未连接的部分。小船将中国、印度、阿拉伯或者是非洲的各个港口连接在一起。适合在大洋航行的船航行了成千上万公里。商品和原材料多次易主，直到它们抵达某个地方停留下来。因此，我们的作者在婆卢羯车商品目录的最后提到了"从其他交易场所引进的东西"。就这样，中国的丝绸和东南亚的香料来到罗马，罗马的硬币来到了印度，甚至是中国。绝大多数丝绸和货币只走完了这段路程当中的一小段。有的遗失了，有的被抢掠或者是沉入了海底。

当然，很难说是谁最早大胆地走出这一步，开始了在茫茫大海上的航行。文字资料并不是到处都可以获得，而且它们描写的主要是船员的收获。考古学家在印度洋各沿海地区的活跃程度并不是相同的，他们的发现并不总是很容易确定年代，而且很多与船相关的物品干脆消失了，因为它们是用不能永久保存的材料制成的，腐烂得一点儿残渣都没有留下。很多沿海地区肯定是拥有渔业以及与此相关的基本航海知识的——虽然不是所有的地区，就像是对船一窍不通的澳大利亚原住民的例子所显示的那样。很有可能在越南、苏门答腊、爪哇、新几内亚和菲律宾环绕的成千上万座岛屿之间的大量平缓水域很早就存在着地区间贸易。鉴于旅途的收获并不总是很可靠，而且它关系到的也是最基本的食物，因此人们采用了更大的船，同时也为风险做好了准备。在印度洋的另外一边，东非大陆与其附近的岛屿之间也肯定很早就有船只往来了。

如果我们从需求来考虑，那么乌鲁克以及幼发拉底河、底格里斯河沿岸的其他苏美尔城市文明与印度河流域的早期城市文明一样，都推动了跨地区贸易：精英想要奢侈品和艺术品。事实上，美索不达米亚和印度的发达文明之间在5000年前就不仅通过陆地，也沿着海岸线、通过河流进行着贸易接触。公元前2千纪中期当印度文明瓦解时，这些接触再度停止。同样，埃及法老可能从大约公元前3000年起就推动了红海地区以及与东非的贸易，以取得象牙、黄金、没药和贵重的松香。红海入海口的崛起就与此有关。我们不应当寻找远洋航行的起源，而应把它设想成很多个有着大量空隙和线头松散的小网，它们可能扩张，但也可能再次收缩，它们开始融为一体，然后又再分离，但整体上逐渐变得越来越紧密，并且越来越重要。

在大约公元50年前后，印度洋的航行已经稳固确立，而且人们已经适应了航行。"从埃及来到这个交易市场的人在 7 月前后的适当时间……返回",我们的作者在关于婆卢羯车的说明最后写道。人们知道风什么时候对他们有利。他们可以预期在特定时间从索马里来到北印度,而无须在阿拉伯半岛做中间停留。其他商人从马来半岛或苏门答腊来到南印度或斯里兰卡,而无须先驶往缅甸或孟加拉。但是错过适当时间点的人就被困在这里了。在我们的例子里,作者不得不留在婆卢羯车,等候季风再次吹向有利的方向,将他的船吹回到埃及。港口的位置也受到季风的严重影响。阿拉伯和埃及的船只会在特定的季节在印度出现。从 9 月开始,婆卢羯车就只有本地人了——当然除了那些长期定居在那里的埃及人和阿拉伯人、非洲人和希腊人以外。直到第二年夏天才会再有外国人来到这里。

《厄立特里亚航海记》清晰地反映了正在形成的非洲—欧洲—亚洲贸易网。基督诞生后的首个世纪中期还是不同的地区(它们在东印度松散地联系在一起),在接下来的一千纪内则发展成为一个世界经济。位于这个网络周边的国家力量(影响力最大的外部力量罗马帝国和中国以及两者之间很多较小和非常小的力量)施加了影响,但是它们当中没人能控制这个网络。一方面它太大了。另一方面,我们必须考虑到,对统治者来说它只是除农耕、畜牧、捕猎和陆路贸易之外的一个收入来源。因为这个网络没有统一的规划,而是因为大量参与者在利益驱动下的协同作用而产生的,因此它对自己连接的所有领地与地区内的变化反应敏感。

这个网在基督诞生后的头几个世纪发展结合到一起。孟加拉海航行的船只增多。最晚到 7 世纪时,波斯和阿拉伯商人就定期往返在印度东边的贸易中心与中国的扬州之间。中国人对东南亚和南亚有了具体的了解。在斯里兰卡但也包括印度西部地区发现了大量来自这个时期的中国瓷器。人们从今天的新加坡地区和苏门答腊穿越大洋向斯里兰卡行驶,除了中国船之外,似乎印度和东南亚船也在这里穿梭。与此同时当然还有不那么引人注目但在经济上同样重要的沿海贸易。

公元 3 世纪，萨珊王朝的崛起在印度西部留下了它的痕迹。它的中心位于今天的伊朗境内，但势力很快就扩大至整个波斯湾。4 世纪，笈多（Gupta）王朝在印度北部建立。两大帝国保证了该地区的相对稳定。波斯湾的港口得以扩大了商品供应，可靠的通商路线从巴士拉经陆路向地中海方向延伸。或许因为这个原因，经红海的贸易重要性相对下降。这很有可能导致了一分为二的现象：印度、波斯和阿拉伯的船走北线，它将波斯湾与印度连接在一起；埃塞俄比亚、希腊和南印度的船经非洲之角与印度南端以及斯里兰卡间的大洋航行，从而将东非和红海与南亚、东亚连接起来。6 世纪时，欧洲外部因素失去了重要性。罗马帝国瓦解，拜占庭作为其东部接班人丧失了影响力。地中海西部的接班人（不管他们是叫哥特人、伦巴底人还是法兰克人）在印度洋商人和船员的眼中都没什么吸引力：蛮夷、距离十分遥远、未开化而且没钱。

一路上的思想与宗教

在印度洋的网络中不仅出现了政治重心的重大转移。在这里流通周转的不仅是商品，还有信息和思想。商人隶属不同的信仰群体。部分信仰群体在我们所关注的这一时期发展壮大。罗马帝国在公元 311 年后逐渐基督教化。但在此时基督教中就已经出现不同的倾向，它们之间的斗争惨烈，一方面是在很高的神学水准上，另一方面它也是血腥和不惜一切手段的。相对于在不久后成为罗马国教的基督教成员，聂斯脱利派在亚洲地区发挥了更为重要的角色。该派认为，耶稣的神性和人性是分开的。马利亚不能作为圣母膜拜，因为她只是将耶稣的人性本质带到世上。这种基督教的变体在罗马帝国遭到批判谴责，但在帝国以东开花结果。它经萨珊王朝经水路、陆路向东传播。由于它在 14 世纪因为瘟疫、伊斯兰化以及中国和蒙古的迫害压力而信众大幅减少，我们忘记了这点：聂斯脱利派在 600—1400 年之间曾是基督教在亚洲的最重要代表。

但比聂斯脱利派更重要的是萨珊王朝的琐罗亚斯德教（中国史称祆教、火祆教、拜火教）信徒。这种已有 1500 年历史的二元论宗教（它声称世界是人格化了的善与恶之间的不断斗争）因为统治者的推动而经历了新的繁荣。此外在印度洋西部有很多犹太人奔走在路上。再往东的地方，佛教徒和印度教徒的力量此消彼长。在此之外以及之间还有很多其他宗教，有的组织方式与基督教会类似，其他的则更像是一种生活方式。各色人等如何充分发展他们的信仰，他们是如何对待彼此的，我们就不太清楚了。很多印度港口有根据宗教划分的城区。统治者根据宗教而不是民族归属分配权益和特权。很可能当时没人清楚"民族归属"意味着什么。

这个贸易网内最大的宗教-政治变化是 7 世纪以来伊斯兰教的迅速崛起。关于这个在犹太教和基督教之后的第三大宗教（以始祖亚伯拉罕为准绳）的产生，我们会在《拜占庭》一章中进行更具体的探讨。这里只要确定下面这点就够了：先知穆罕默德在阿拉伯半岛西部的麦地那死去还不到 20 年的时候，穆斯林军队就在公元 651 年控制了萨珊王朝。在接下来的一个世纪里，整个地中海南部和西南部地区都被穆斯林控制。因为拜占庭人在小亚细亚和法兰克人在后来的法国的抵抗，对地中海北部的控制一直都是不完整的状态，同时这个伊斯兰帝国迅速向东南扩大，直到今天的阿富汗和印度。倭马亚人作为哈里发从大马士革进行统治，接替他们的阿拔斯王朝将首都迁至以前萨珊王朝的心脏巴格达。他们因此而向着这个贸易网的中心更近了一步。

如果说最初的穆斯林统治者还受到阿拉伯传统和文化的深刻影响，那么阿拔斯人则被证明是灵活和好奇的。他们将当地的知识储备融入他们的世界观，并令两者都发生了变化。不然的话，在西班牙、北非、阿拉伯、波斯和阿富汗之间经济、文化和生活方式差异如此之大的地区进行统治就是不可能的。与中世纪早期地中海西北的基督教统治者相比，穆斯林对希腊和罗马哲学、数学、建筑和自然科学的研究更为深入。他们也吸收了萨珊王朝的传统。伊斯兰教在欧洲-西亚地区立足之后对知识的吸纳能力与影响力给人留下了深刻的印象。

跨印度洋的远途贸易因为伊斯兰教的崛起发生了明显变化。此时波斯湾和红海的广大地区在统一的政治统治之下。拜占庭退出了人们的视野范围，人们与欧洲西北失去了联系。红海西南信奉基督教的阿克苏姆（Aksum）帝国被逼至高原地区。罗马帝国在4世纪所批判的一种基督教的变体因此而失去了与基督教欧洲的联系，作为埃塞俄比亚正教独立保存下来，直到19世纪的殖民地时期。红海的航运落入穆斯林手中。再往东一些，此时大范围的统一统治使得西亚陆路变得更加安全了，此前的几百年里它们一再遭到萨珊王朝与拜占庭人军事冲突的影响。因为穆斯林的放任，地中海和波斯地区的基督教与犹太教商人也扩大了他们的相互往来。在此时的中国文献当中，阿拉伯和波斯商人出现得越来越频繁，这或许是西方伊斯兰化整体而言倒不如说是推动了贸易网络一体化的一个标志。另外一方面，与欧洲西北的联系中断，因此印度洋地区对后来的葡萄牙人、西班牙人、法国人、德国人或者英国人变成了陌生的世界。

对正在形成中的穆斯林世界的统一统治并未长久。虽然人们名义上仍然承认巴格达哈里发是最高权力，但埃及、波斯和西班牙的穆斯林统治者越来越独立自主。1258年，巴格达被蒙古人占领；阿拔斯王朝统治也正式结束。军事冲突对波斯湾贸易造成了长期的损害。接下来的几个世纪里，红海的重要性再次增大，地中海与印度洋的贸易联系增强。在此时独立行动并相互竞争的穆斯林国家当中也包括印度北部的德里苏丹国（自13世纪起）。它的建立始于阿富汗，很快就对从孟加拉湾到印度河流域的地区产生巨大影响。阿拉伯和波斯商人也促进了伊斯兰教在商路沿途的缓慢传播：一方面是向东非方向，一方面则经印度向东南亚方向。就这样开始了今天世界上穆斯林人口最多的国家——印度尼西亚的穆斯林历史。

中国与印度之间的商路

然而印度洋的历史不只是从西向东，不仅是受到了罗马、萨珊帝国和穆斯林浪潮的影响。最大的影响中心其实是中国。和这条贸易链的西端一样，它的影响方式也在不断地变化，这由统治更迭、政策变化所决定，也由某一统治时期的力量强弱所决定。因此"海上丝绸之路"的历史也已从东方开始书写。我们对这个大帝国对贸易链终端影响的评价是如此之高，可能也是因为我们通过文字资料和流传下来的物品对其有了十分详尽的了解。但是也有其他力量对这个贸易网产生了相当大的影响并且从中获益——印度北部的王朝和帝国，但是有多个统治者相互竞争的印度南部也是同样。而且在印度与中国之间，东南亚地区的重要性也日益增大。

在马来半岛和苏门答腊，随着这张网在公元5世纪和6世纪变得越来越密，无数大大小小、主要靠贸易生存的城邦应运而生。7世纪末，它们开始受到三佛齐（Srivijaya）的影响——一个重心在今天苏门答腊东南的巨港（Palembang）的王国。它成功地遏制了对贸易至关重要的马六甲海峡附近的海盗活动。在此期间，有一部分商品是经克拉（Kra）地峡运输的，那里是马来半岛最狭窄的地带，今天隶属于泰国。现在虽然距离更远但没那么麻烦的海上路线再次畅通了，除商人和船员外，三佛齐也从中受益。

巨港汇聚了东南亚的所有商品，不仅中国和印度，信奉基督教的西方和穆斯林也对它们感兴趣。因此，阿拉伯、波斯还有中国文献都赋予此地以极其重要的地位。它的政治或者军事影响力具体有多远很难确定。但不管怎样，3000多公里以外、位于印度东南沿海的雄心勃勃的朱罗（Chola）王朝在11世纪时向三佛齐开战，可能就是为了削弱其影响力，从而令自身能够从贸易中更多地获益。这些攻击的毁灭性有多大，对此存在着争议。部分学者怀疑它们到底是否存在。最迟到13世纪时，三佛齐开始衰落，同时中国变得强大，整个东南亚地区的贸易变得更加广泛和密集了。除经济与政治联系以外，三佛齐与印度也有着文化上的联系。这里呈现出一个在基督教与穆斯林世界之外的宗教世界，它是诸多宗教世界中的一员。三佛齐深受印度佛教影响。公元860年，三佛齐统治者下令在那烂陀（Nalanda）为本国僧人建一座寺庙——那是位于今天印度东北巴特那（Patna）附近的一个佛教学术中心。那烂陀在12世纪末随着伊斯兰教的普及而被毁，目前是一座遗迹城市。三佛齐本身伊斯兰化的时间则要晚很多。

丝绸之路上的商队

欧洲、中亚、印度和中国之间的贸易不仅是通过海洋进行，商队也经陆路行进。他们不仅将港口连接起来，也将内陆的供应商和买家连接起来。"丝绸之路"是大量贸易路线的总称，我们不应把它们设想成高速公路，而应是有着驿站和交易市场的路况参差不齐的道路。陆路贸易很可能在公元2世纪时变得频密，因为中国统治者试图利用赏赐和对马匹的需求让不同的游牧民族相互掣肘。和在海上一样，陆地上不止一条贸易路线，相反，中国与拜占庭之间有着多条东西向的连接线，而其中又有南北向的支线通往俄国和印度。商人会谨慎地选择他们的路线，在选择时十分注重安全性、途中要缴纳的税费和个人的关系网。某些统治者努力让他们境内的商路尤为安全和具有吸引力，以此来吸引商人并征收税赋。

而且陆路也不是由一名商人从头走到尾，而是由对商品进行交易或转运的众多市场之间的一段段路程所组成。途中不仅有大商队，也有马、骡子、驴子组成的小车队。除丝绸外，他们还买卖马匹、玻璃器皿、玉器、青金石和其他宝石。从4世纪到8世纪，粟特商人在网络中扮演了重要角色。他们的城邦繁荣兴旺，布哈拉（Buchara）和撒马尔罕（Samarkand）成为关键地点。拜火教随之经历了一个新的繁荣期。粟特商人在中国十分出名。在中国唐朝灭亡后（我们在《长安》一章中会谈到），经丝绸之路进行的洲际贸易明显减少了。粟特文化衰落，这也是因为伊斯兰教对拜火教的排挤。经济上，南北向的联系变得更加重要。尤其是从俄国和东欧运到波斯、中亚和中国的皮毛，但也包括木材、蜡、蜂蜜和琥珀。运到北方的则有金属物品、纺织品和武器。

在蒙古统治中亚期间，东西方贸易再次变得重要，我们在《希杰拜》那章中还会看到。商路再次变得更安全了。威尼斯商人马可·波罗和佛兰德方济各会教士鲁不鲁乞一直游历到了印度、蒙古和中国等地。他们的游记在欧洲引起了很大关注。在14世纪蒙古统治结束之后，贸易再次局限在了地区之间。中国和印度仍需要中亚的马匹，印度继续出口纺织品，中国除丝绸之外主要出口茶叶。因为从中国到拜占庭的连贯的东西方贸易变得越来越不重要的缘故，丝绸之路时期结束。相反，当一个繁荣兴旺的帝国（比方说莫卧儿时期的印度）产生对奢侈品的需求时，中间层面的贸易联系甚至得以变得更加紧密了。

5

恒河

兴都库什和喜马拉雅以南

南亚和南亚东南边的斯里兰卡岛形成了一个巨大的楔子,从欧亚大陆凸出将印度洋北部分成了阿拉伯海和孟加拉湾。看一下地图就可以明白这点。地质学家会提出反对意见,称实际情况是反过来,印度次大陆曾是一个岛,它以每年 20 厘米的速度压入到欧亚大陆当中。喜马拉雅、喀喇昆仑和兴都库什这些巨大的山脉通通都是这一碰撞意外的结果。在这一碰撞的遏制下,印度板块目前插入欧亚板块的速度只有每年 5 厘米,并间或引发灾难性的地震。楔子和碰撞共同形成了印度次大陆历史的基本条件。

婆卢羯车目前的位置比《厄立特里亚航海记》作者所处的年代时还要往北 100 米,这点对碰撞本身来说并不重要。更重要的是,在向上折叠的山脉脚下出现了河道系统,它们至今仍深刻影响着南亚北部。印度河、恒河和布拉马普特拉河(Brahmaputra)与喜马拉雅、喀喇昆仑和兴都库什山脉相邻,并从那里获得水源。这些大河沿岸的土壤十分肥沃。这里先是

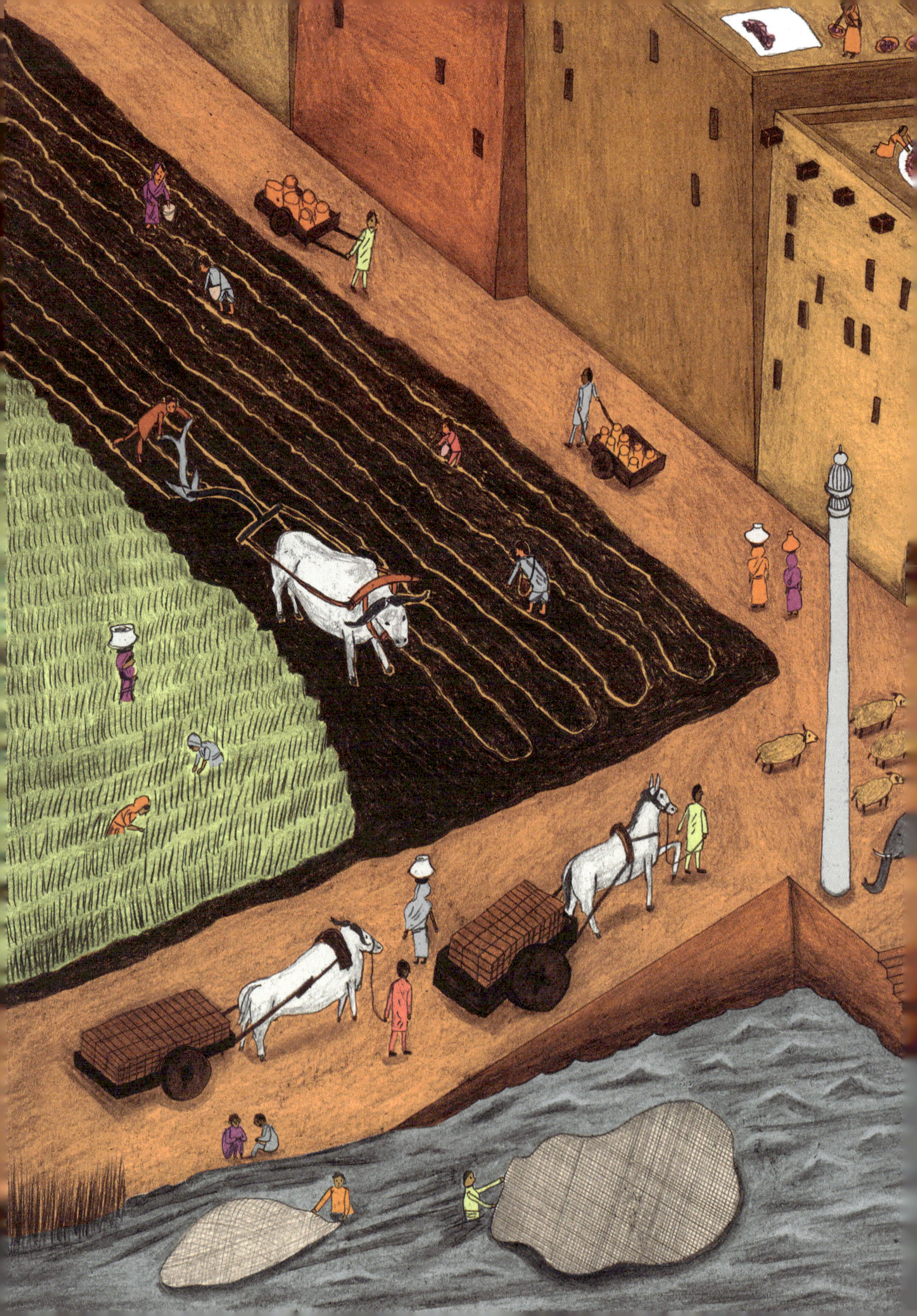

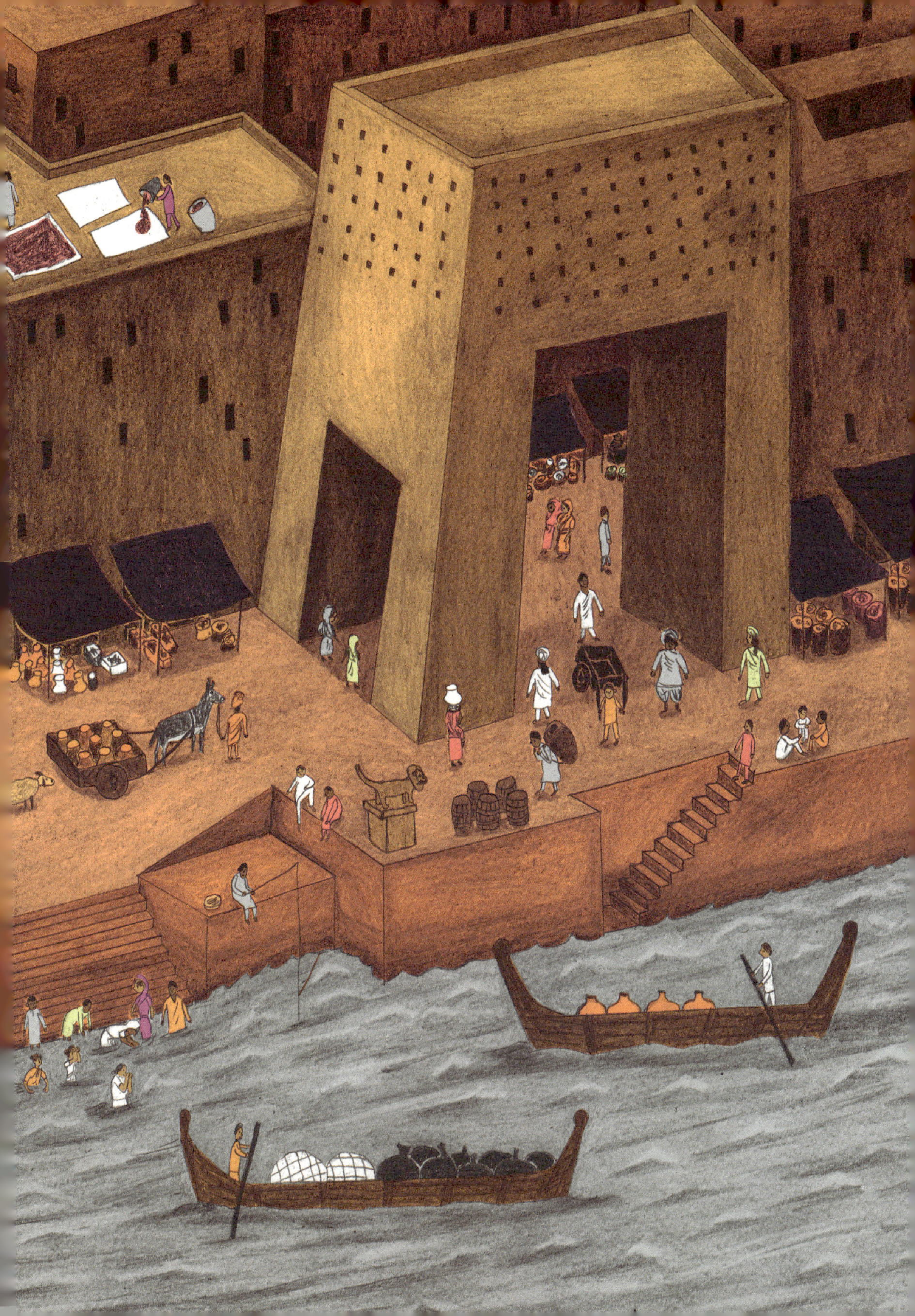

进行了农耕和畜牧，形成了富庶并相互竞争的城市。它们成为外来入侵者喜爱的目标，他们大多从中亚经兴都库什山山口来到这里。这三条河在印度次大陆形成的楔子顶端流入阿拉伯海或孟加拉湾。它们没有流入这个曾经的岛的内部，也没有借此开辟印度南部。在印度南部，东西部平坦的沿海地区及城市和（东部）三角洲之间有两座大的山脉：高一点儿的西高止（Ghat）山脉和低一点儿的东高止山脉。中间是德干高原。南部有自己的河流系统，它从西向东，汇入孟加拉湾。南部和北部直到最近几个世纪都被温迪亚（Vindhya）和萨特普拉（Sātpura）等山脉的茂密森林所分割。

　　换句话说，碰撞导致了次大陆的彻底分割。北方以大型河流沿岸城市的相互竞争为特征。特别是经兴都库什与中亚、中国、波斯和地中海等相邻文化区的交流十分活跃。北方有早期的高度发达文明。很快，对更大区域甚至是整个次大陆的控制成为目标。南方则要比北方细碎一些。因为印度洋的海上贸易无法避开南亚的这个楔子，所以它的腹地有很多港口。南方受与多种文化——地中海、阿拉伯半岛、波斯、东南亚和中国进行海上贸易接触的深刻影响。外来军队无法越过印度洋，而来自兴都库什的入侵在这里也没有什么影响。森林众多的山区当中的社会组织也属于南方的一部分，这些地区通过广泛的农业生产或者是捕猎和采集来确保自己的生存。人们很难争取到他们对组建国家的支持。即便被统治者吞并，这实质上意味着什么也并不清楚。没人愿意从山谷和沿海地带到森林地带去，单单是疟疾的威胁就足够了。

　　整个印度都受到季风的严重影响。从 6 月到 9 月、10 月，富含降水的西南季风准时从印度洋吹向喜马拉雅山。从 12 月到次年 3 月，相当干燥的东北季风从喜马拉雅山吹向印度洋。虽然季风的影响在不同地区差异很大，但印度农业总体上要面临着虽然规律但季节差异很大的风向和雨量。农业一直与蓄水、规划和组织联系紧密。人们相互依赖，作为农民只能互相依靠或者是在等级分明的组织内才能活下来。

南亚过去和现在的人口都比欧洲多。它的多样性体现在它拥有30种直到今天还各有百万以上人口使用的语言与许许多多规模较小的语言和方言上。它们大多（但并非所有）都属于印度雅利安（大多在北部）或达罗毗荼（更多在南部）语系。尽管存在这种多样性，但南亚为了统一次大陆所做的尝试比欧洲还多。这些尝试中只有极少数成功地保持了一代人以上，可能也是因为统一只有在接受重大差异的情况下才能存在，而这些差异很快又导致了帝国的四分五裂。在本章里，两个相对持久的帝国的形成应该会令我们尤其产生兴趣：孔雀（Maurya）王朝和笈多王朝。两个王朝的中心都在恒河流域——南亚的第二大河。但要理解它们的历史，我们必须从年代上追溯到这个次大陆的首个"高度发达的文明"。它位于南亚最长的河流——印度河河畔。

公元前2000年前后的印度河文明

印度河河谷在公元前2000年时就已经出现了拥有文字文明的大型城市，这点考古学家在20世纪早期才发现，并引起了轰动。换句话说，主要城市摩亨佐达罗（Mohenjo Daro）和哈拉帕（Harappa）位于今天巴基斯坦境内的印度河文明与很大一部分古印度历史一样被人所遗忘了。后来的统治者没有什么兴趣保留对此前信仰或者生活方式都不同的朝代的记忆。直到18世纪后期，几代学者和印度文化爱好者才开始致力于重新了解有关印度历史的知识。

考古学家猜测，印度河下游的摩亨佐达罗在全盛时期是当时世界上最大的城市定居点。它的居民应该也会这么认为，当然，他们以为的世界要小一些。城市的规划是有针对性的，城区有着清晰的结构。建立在小数制基础上的统一度量衡很可能为这种规划打下了基础。灌溉和排水系统令居民的生活更加便利。从当时其他高度发达的文明来衡量，印度河文明的影响范围是巨大的。从今天的伊朗—阿富汗边境到德里都有考古发现证明居民点之间的联系，这大约是1000公里的距离。正如我们在《巴比伦》一章中所看到的，与幼发拉底河和底格里斯河的苏美尔城市文明也存在着贸易接触。如果能够破译在印章上发现的文字，我们对于印度河文明的了解还会更多。但尚没有人能做到，这也是因为文字和语言随着印度河文明的结束而消失了。在此之后，印度有1000多年的时间没有本土文字。因此不管是语言史还是文字史都没有任何的连接线。

  印度河文明为何衰亡，我们并不清楚，因为没有了文字，历史学家就没有了最重要的文献来源。原因很可能是一系列环境问题的结合，其中也包括旱灾。印度河改变了流向，这可能导致了洪水和灌溉设施被毁。也有可能城市对周边的农村需求太大，资源耗尽，以至于到了某个时候它再也无法提供城市所需的食物。考古学家可能会指出，最后必须再加上抢掠、内乱和屠杀。然后，仅存的人口向东部地区迁徙。摩亨佐达罗和哈拉帕的最后几年肯定是非常不宜人的。只剩下石块和骸骨讲述着它们的故事。

  在考古学家进行更细致的研究之前，曾经有过一段时期，学者们根据语言史的发现得出结论，印度河文明的衰落与来自波斯地区的雅利安部落的"入侵"有关。德国民族主义者和国家社会主义者喜欢相信这个理论，因为此类的早期雅利安人的胜利非常适合他们的思想体系。19世纪的某些英国殖民者也支持这一理论，目的是把自己视为早期欧洲文明的继承人。如果雅利安人在几千年前给印度人带来了马匹、战车和一种欧洲语言——梵语，那么英国人就是在继续他们的文明使命。所有这些说法当中，正确的一点是，北印度语言属于印欧语系，因此它们至少是与兴都库什以外的地区存在着密切接触的。但是,语言的变化、迁徙移民和文化演变并不一定存在直接的联系。得到证据支持的对一种语言的吸纳不一定是某次入侵的结果,雅利安部族逐渐渗透的可能性更大。此外考古发现证明,印度河流域给人留下了深刻印象的城市在人们推测的雅利安人移居之前很久就已经陷入了严重的生态危机。最后,印度河流域的文字虽然消失了,但并不是全部城市文明都消失了。它们在农村地区以改变了的、简化了的方式继续存在着。尽管如此,印度河流域城市生活结束之干净彻底仍令人震惊。应该是又过了近1000年,东部恒河流域才出现新的城市定居点。

《吠陀经》和印度教

随着新城市定居点、一种新文字和新语言的出现,自公元前500年起还出现了考古发现之外的具有说服力的文献来源。人们最早可以追溯到《吠陀经》,它由诗句和圣歌结集而成,在被用文字记录下来之前就已经诵读和流传了几个世纪,因为有了文字记录我们才得以获得后来的副本。它分为四类:本集(颂歌)、梵书(祭祀的由来、意义等)、奥义书(哲学与宇宙原理等)和森林书(学术知识等)。在这一基础上后来形成了我们统称为"印度教"的信仰。但是印度的其他宗教也深受它们的影响。

学者给《吠陀经》的产生划出了一个特定的时期,这样在进行比较阅读时就会出现一部发展史。人们应当是如何生活的以及他们实际上是如何生活的,对这个问题的看法经历了变化。我们可以从文字中看到从乡村到城市文化的过渡。我们看到了种姓制度的发展。它给人分配了特定的任务(起初:婆罗门=祭司、刹帝利=武士和统治者、吠舍=商人、首陀罗=工匠和农民),并为这些职责规定了荣誉、权利、义务和生活方式,并令

它们可以世袭。换句话说，每个人都知道自己属于哪里以及他该做什么。人们可以逃避这些规定吗？这种制度在实践中似乎比理论上听起来更加富有弹性［相当静态的概念"Kaste"（种姓）来自葡萄牙语，它是否很好地转述了南亚语言所欲表述的内容，这存在着争议］。在实际生活当中会发生教义中没有规定的内容。来自祭司家庭的人（婆罗门）也从事贸易，商人成为国王，农民成了武士。和后来欧洲的等级模式一样，种姓制度似乎宣告了一个理想的社会，它以生活环境为主导，但却不一定受其束缚。因为社会不断变化，种姓制度本身同样一再发生改变。

《吠陀经》也显示，我们从一开始——或者直到今天也不应把印度宗教想象成统一的信仰体系。它关系到的不是僵化的学说、正确的信仰或者是一种教会等级制度。传承和聆听《吠陀经》的人应当对生活抱持一种特定的态度，他能够理解世界并相应地调整他的行为。对此，轮回的观念、对婆罗门的恭敬和对种姓制度的尊重、对当地十分普遍的仪式和朝圣之旅的参与、对家族和地方神灵的崇拜都有帮助。英国殖民势力在19世纪将印度不同的崇拜和宗教统一称为"印度教"。欧洲观察家对这一印度教的描写就好像它是一个统一宗教，甚至是一个教会那样。印度民族主义者至今都在努力将印度教确立为一种民族文化，以此来抵抗至今在印度仍同样强大的伊斯兰教。两者都因此而产生了与印度教传统根本不相符的唯一性。它们的特征是控制行为的意愿，但在内容上保持开放。

公元前3世纪的孔雀王朝和佛教

对公元前500年以来的政治史来说，授予圣职、荣誉时的题字或者是墓志铭都比《吠陀经》更加重要，因为它们包含了统治者的重要日期和事迹。和世界其他地方一样，这些题字很多在后来被毁、被用作建筑材料或者是其他用途。人们在一位印度建筑企业家那里发现了最重要的题字柱之一，而它被用作了道路轧辊！但是自19世纪以来所搜集的材料足以令人了解其他文献来源所没有提供的历史。英国的东方学家在19世纪初成功地破解了以婆罗米（Brahmi）文编写的阿育王（Ashoka）法令。因此，我们现在不仅知道这位孔雀王朝最重要的统治者在公元前232年去世，也知道其统治家族的政绩。尽管它令印度自公元前4世纪后期以来首次形成了一个大帝国，但它和印度河文明一样被人遗忘了。阿育王将父亲和祖父占领的领土扩大为一个从阿富汗到孟加拉、从恒河河谷到德干高原的帝国。

我们知道，这个帝国有一个以文字和规章为基础的管理机构，国家对农业和贸易征税，并组建了庞大的军队。古罗马作家老普林尼称，阿育王的祖父旃陀罗笈多（Chandragupta）有9000头大象、3万骑兵和60万步兵。人们可能会对此有所怀疑，这些数字显得太过夸张了。此外：该如何日复一日地喂饱被集中在一个地方的9000头大象呢？战役中的死伤数字也很有可能被夸大了。但只有在管理机构运转良好、军事打击能力强而且能够忍受巨大损失这三点的帮助下，三位孔雀王朝的统治者才得以赢得胜利并实现稳定。但我们不应把他们的帝国想象成一个现代的国家。核心地区通过道路相互连接并进行管理，每一个村庄都派驻了官员。灌溉系统得到扩建，林地得到开垦。但是在这些密集统治区及其周边生活的人虽然承认阿育王的主权（可能还要缴纳贡品），但除此之外他们是可以安静生活的。

我们能从阿育王的法令中获得对他个人的印象，在这方面他是南亚君主中的首位。在早期的军事成功之后，他肯定是对自己的征战造成了大量伤亡感到后悔，并开始学着重视佛教。通过遍布帝国各地的刻在石头和石柱上的题词（地方官员要一再诵读），他宣告自己告别了战争与暴力，并向民众宣告了他的佛教思想。此时距离佛陀去世已过去了两三个世纪（乔达摩·悉达多——后来被称为"开悟者"的佛陀的生辰存在争议）。他的"无神"和没有神职人员的宗教将人的行为和典范作为中心，从而控制欲望并对永无止境的轮回产生影响。贫穷、禁欲、悔过与平和是其核心价值，它们也体现在茹素上面。或许因为核心是个人的行动力而且等级没有任何意义，所以佛教很快就成为城市、商人和求知若渴者的宗教。是商人商贩把佛教带到了中国。在那里它很快就变得比在起源国还成功，这点我们会在接下来的《长安》一章中看到。

今天我们如此熟悉的图片和雕塑是在佛陀死后很久，当宗教创始人自己曾拒绝的神化开始的时候才出现的。他死后的舍利成为人们崇拜的对象。他生活过和有杰出信徒出现的一些地方成了圣地。不同的教派形成。某些与印度教相近。在某些印度教的神灵全景图当中，佛陀占据着显著的位置。阿育王吸收了佛教的流派并对它们产生了深刻的影响。他甚至召开了一次佛教会议来澄清争议。通过他的题词和日常政策，阿育王为佛教成为世界宗教助了一臂之力。然而，促进宗教发展和雄心勃勃的外交政策不一定是矛盾的。例如佛教在斯里兰卡的成功就是阿育王与这座后来被欧洲人称为锡兰的岛屿的统治者天爱帝须王合作的结果。这位孔雀王朝的统治者得以展示了其影响力之深远。阿育王不仅派使节到斯里兰卡、尼泊尔、不丹，也派他们到地中海地区和西亚的希腊统治者那里传播佛教。

给希腊人的信息是亚历山大大帝在几十年前迅速崛起的诸多延迟后果之一。这位年轻的马其顿国王（自公元前336年起）是令自己编织的线在历史织物中延伸得很远的人之一，它一直延伸至罗马、埃及、美索不达米亚和印度。亚历山大大帝在公元前334年从希腊开始经里海、今天的阿富汗和巴基斯坦一直推进到了恒河河谷。他因此而在短时间内以成功得不可思议的方式将政治上大多相互割裂的地中海、西亚和印度连接在一起。但是在恒河，他的士兵却拒绝再追随他。他们希望回到希腊。在他回撤到印

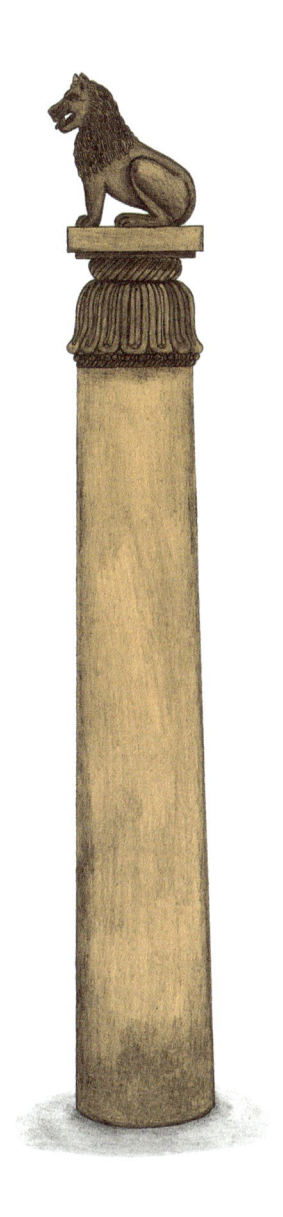

恒河

度河河谷和俾路支的荒漠后，印度与希腊之间仍保持着联系。起初它们是暴力性质的。亚历山大的帝国在他于公元前323年在巴比伦去世后迅速瓦解，瓦解的速度之快就和它占领的速度一样。在此时相互独立的多个地区的继任者或继业者当中，塞琉古一世（Seleukos Nikator）获得了亚历山大帝国的亚洲部分。

当他打算向印度扩张之时，阿育王的祖父旃陀罗笈多迎击抵抗。换句话说，孔雀王朝的建立是从在军事上成功地捍卫自己的领地免遭希腊人侵略开始的。塞琉古一世不得不从兴都库什撤退，并放弃所有向印度方向扩张的梦想。之后他开始致力于和平接触。毕竟，自亚历山大大帝以来，在巴克特里亚——今天的阿富汗北部以及今天的土库曼斯坦南部和乌兹别克斯坦就有希腊人定居，联系因为他们而产生。阿育王能从恒河看往西北方向、将希腊人视为对话伙伴也要归因于他们。

阿育王死后，孔雀王朝很快瓦解。在公元前3世纪将这个次大陆的种种离心力凝聚在一起一段时间——或许只有连续三位统治者都能力超强这样的巧合才令之成为可能。最后一位孔雀王朝国王在公元前185年左右被杀。他统治的疆域可能只剩下了一小块领土。在公元前200年和公元300年之间出现了大量的地方统治者。西北部遭到侵略，侵略者再次经兴都库什而入。亚洲大草原形成了大批的骑兵部队，对此我们会在《希杰拜》一章中进行探讨。先是我们刚刚在谈到亚历山大大帝时了解到的巴克特里亚希腊人为了逃避他们而逃亡印度，然后是帕提亚（安息）人、塞种人和贵霜人。最后在公元2世纪初迦腻色伽（Kanishka）王时期成功地形成了一个将北印度与中亚乃至里海连接起来的帝国。

此时，已经饱受几百年战争之苦的南亚西北地区享受了一段时间的和平、贸易与文化的复苏，这尤其有利于佛教的发展。贵霜是如何看待自己的，其统治者的称号就可以表明：他们自2世纪初开始自称大君（印度的君侯称号）、王中之王（与伊朗国王的称号类似）、天子（效仿中国皇帝的称号）和恺撒（效仿罗马的恺撒）。这不是妄自尊大，而是清楚自己位于多个伟大文明的势力范围之内。

印度南部从孔雀王朝形成后就相对处于边缘位置。亚洲内陆的威胁没有任何影响，经印度洋的对外接触更为重要。在阿育王统治结束后，政权一直局限在很小的范围之内。但在文化上，印度北部的影响变得更加明显了。佛教僧侣建立了寺庙。后来印度教的婆罗门重要性再次增加，他们在很多王府担当王府僧人或者顾问。

印度笈多王朝

笈多王朝在公元4世纪和5世纪将印度众多很小的地方政权再次统一起来。笈多帝国有一段时期在规模上不亚于阿育王时期的孔雀王朝，但它们却是完全不同的。笈多王朝的第二位伟大君主沙摩陀罗·笈多（Samudragupta）下令打造的金币就是这种不同之处的第一个标志。"众王之王在征服大地之后，又以不可阻挡的英雄气概征服了上天"，人们可以在金币上看到这样的文字。在金币的一面可以看到一匹马站在祭祀柱前，另外一面是国王的正室妻子。

钱币不仅是支付手段，同时也是宣传工具——不仅在印度是这样。打造钱币的人至少要声称能够保证钱币的价值。只有这样的声明得到信任，人们才会下定决心不再以物易物，而是兑换一块贵重金属，这是出于对有人会接受这块金属作为商品等价物的信心。打造有效钱币的人必须拥有权势。而且因为钱币一再易主，当权者不是简单地在钱币上印上价值或者是装饰，而是也印上了信息。相信这些货币的价值的人也会将这些信息铭记于心。

　　在印度，钱币作为支付手段自贵霜帝国时期起就扮演了日益重要的角色。因为这个帝国的范围超越了兴都库什山，这令印度次大陆经陆路与西亚和东亚的商业接触越来越紧密。很多地方统治者铸造钱币，大量的钱币同时流通。在远途贸易中罗马货币也是为人所承认和接受的。笈多王朝似乎是首批铸造自己风格的钱币并有意识地令其与印度以外的样板相脱离的印度统治者。和艺术界一样，钱币界也称之为一种"经典的"笈多风格。

　　钱币上可以看到一匹马站在祭祀柱前，对沙摩陀罗·笈多那个时代的人来说这其中已包含了明确的信息。这是马在印度河文明的图案中首次出现。但它们赫然出现在构成了印度教传统基础的《吠陀经》诗句和颂歌中。因此，马很有可能直到与雅利安文化接触以及／或者经兴都库什而来的移民出现后才来到南亚的。马从一开始就与印度教传统联系在一起。马匹祭祀属于印度国王最重要的统治仪式。相反，对佛教徒来说，杀死马匹来取悦神灵则毫无意义。因此在阿育王或迦腻色伽王时期，马匹祭祀变得不再重要。沙摩陀罗·笈多再次引入这一仪式，通过他的钱币来广而告之，这完全是有意识地将其纳入印度教传统。

　　对于南部地方王国以及后来北方也显示出来的苗头，笈多人明确表示：印度教传统没有败给佛教，也没有被它所吸收。它再次焕发活力，而笈多王朝给了它空间和时间。随着这一传统再次复兴的还有婆罗门的梵语。5世纪上半叶，笈多王室集中了最重要的梵语诗人。艺术和建筑进一步发展并起到了示范作用。经典的笈多风格在王朝核心地区以外也可以看到，而且不管是在印度教还是佛教的影响范围内。笈多王朝对印度教传统的促进并未将其他生活观与信仰排斥在外。

　　除图案外，钱币也包含称赞沙摩陀罗·笈多是征服了上天的世界统治者的文字。同时期的题词称他是"地球四个尽头的征服者"和"居住在人间的神"。这其中反映了印度教常见的将成功的君主神化的想法。它也显示，沙摩陀罗·笈多在军事上的确尤其活跃并且十分成功。

在两代人之前笈多还只是在恒河河畔争夺权力与影响力的众多家族中的一个。沙摩陀罗·笈多的父亲旃陀罗·笈多似乎在斗争中获胜。不管怎样，他给自己冠以"众王之王"的头衔并建立了新的历法，它实际上从公元 320 年他登基为王开始。此外他的婚姻也很巧妙：他的妻子来自恒河下游十分重要的离车（Licchavi）家族，在其发源地钵罗耶伽（Prayaga）——今天的阿拉哈巴德附近，该家族的地位很有可能比笈多家族都重要得多。沙摩陀罗·笈多在多场战役中坚决果断地扩大了父亲赢得的土地。但是大量题词记录的他的成就列表也在字里行间显示，他可能只在自己统治的核心地区——恒河河谷的中间位置成功地消灭了之前的统治者，后来派遣了自己的官员前去管理并把收入上交。在印度中部和南部，即便在与沙摩陀罗·笈多的军队对峙后，各地君主王侯仍继续进行着统治。他们承认其宗主地位并纳贡的可能性更大一些。如果这些君主不复存在的话，英国记者和作家约翰·凯伊嘲讽说，那么"众王之王"的头衔也就没有意义了。但是也可能有另外一种解释：在印度教传统中，统治不一定必须理解为某种专制制度，也可能是同等地位者对宗主地位的承认。不管怎样，我们必须要把笈多王朝设想得比 500 年前阿育王的帝国更分散一些。学术研究称之为一个"不同政治制度的联合"。

沙摩陀罗·笈多之后是旃陀罗·笈多二世，他将帝国继续向西扩大。通过联姻结盟，他巩固了自己在印度中部的地位。在鸠摩罗·笈多的统治下（大约在公元 415—455 年），帝国的文化影响力尤其突出。钱币上的图案显示，鸠摩罗·笈多是个优秀的（马和大象）骑手并且喜欢打猎。他那个时代有特别多的钱币为人所知。古币研究者从中得出结论，帝国当时比较富裕，但在印度北部城市的挖掘也显示，定居点变得更小了，城市规划的作用也更小了。地区间贸易减少。或许笈多的黄金时期有一个正变得越来越黯淡的阴暗面？

在鸠摩罗·笈多死后发生了争夺继承权的斗争。但比这些冲突更为威胁着帝国的是匈人的骑兵联盟，此时他们跨过兴都库什山步步逼近。变得软弱的笈多统治者要保持自己的地位越来越困难。有很短的一段时间，匈人在印度西北建立了自己的帝国。笈多帝国崩溃。它的影响在不同的地区差异很大。在以纳贡方式加入帝国的南部和中部，起初并没有太多的变化。未能从帝国那里得到安宁的其他地区受到的影响可能要更大一些。

在笈多帝国终结后，印度北部再度被戒日（Harsha）王（公元606—647年）统一。在帝国内部，宗教再度和平共存、蓬勃发展，文化经历了一个繁荣期。但是野心极大且天赋超群的戒日王没能在名义上统治南方。而且在北方他也遭遇了军事上的失败。换句话说，他的成就是有其限度的，它们指明了未来几百年的发展方向：地方变得越来越强大，并有了自己的身份认同。而南部的地方帝国不再只是因为它们距离北方遥远而自立，而是因为它们能够独立地进行贸易。在笈多帝国瓦解后地区间实现了平衡：除北部、南部外，此时还有中部和东部的孟加拉。与城市贸易和手工业相比，农业的重要性再次提高，而且在农业领域，土地主与土地耕作者之间的分别变得更加明显。种姓制度变得更加僵化。印度仍是多样化的，但是多样化的规则发生了变化。佛教的孔雀王朝和印度教的笈多王朝的辉煌成为过去。

6

长安

　　长安在公元 7 世纪和 8 世纪时是世界上最大的城市。它位于渭河河谷，邻近沣河的汇入口。而渭河则在 150 公里以外的地方汇入黄河，而且刚好是黄河骤然转向、不再向南而是转而向东并一路奔向黄海的地方。在长安古都中心以北不到几公里的地方是今天中国陕西省的省会。它叫作西安，是中国众多百万人口城市中的一个。它的前身长安在当时是唯一的百万人口城市，而且是全球唯一。这个中国都市在公元 600 年前后时就已经是座庄严的古都，同时也相当地新。它当时已有 1000 多年的历史，并且曾是中国多个朝代的都城。但是隋朝以及之后唐朝的皇帝自 6 世纪末开始把它打造成了当时世界前所未有的样子，后来它也成为朝鲜和日本都城的设计样板。城墙围起 84 平方公里的土地，大约是今天伦敦希思罗机场面积的 7 倍。城市内有大约 100 万人居住，某些那个时代以及后来的学者称人口有 200 万。可以比较一下：罗马当时很可能有居民 2 万人，欧洲中世纪最大的城市拜占庭在 1200 年前后达到了人口的最高峰——50 万人。

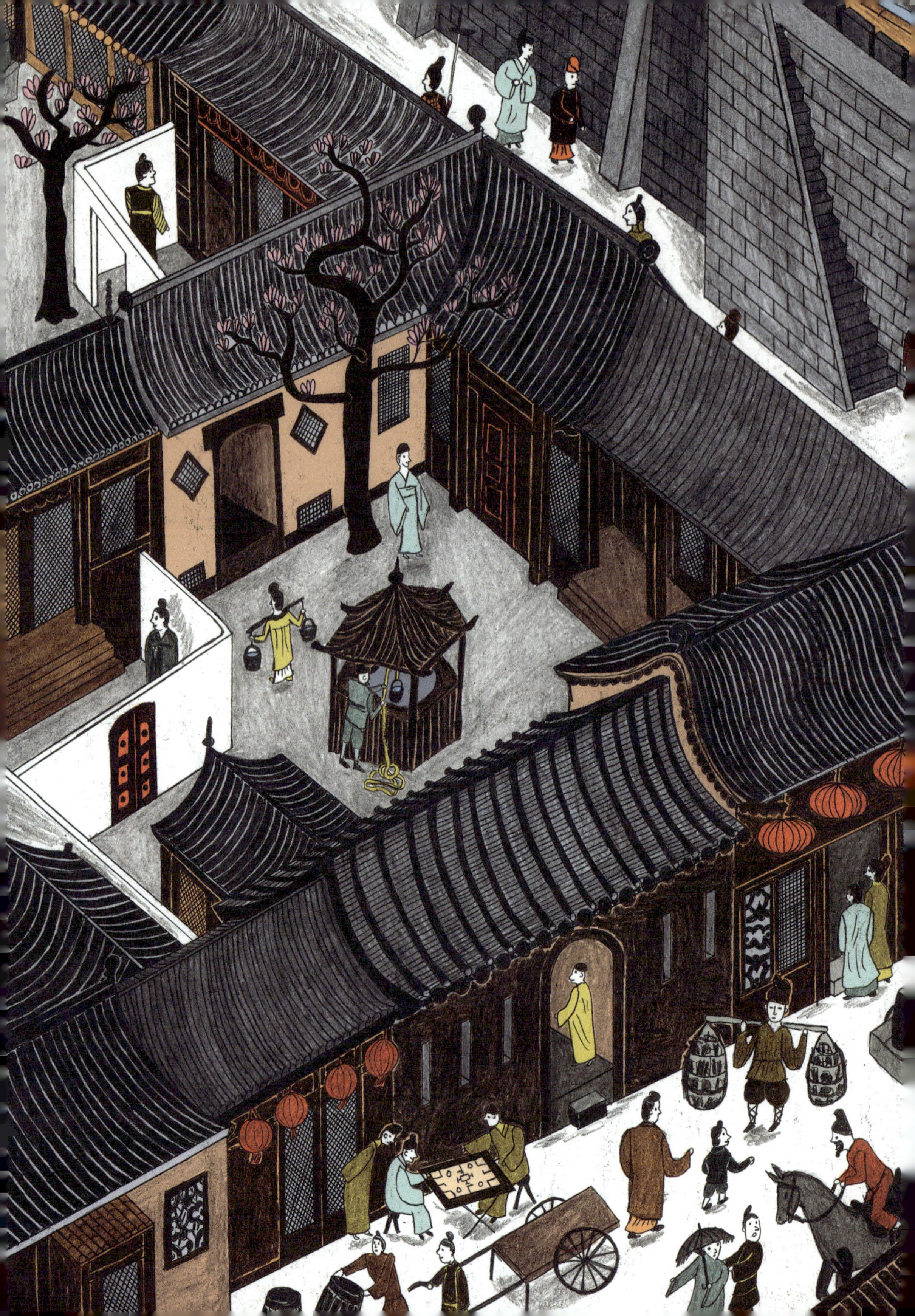

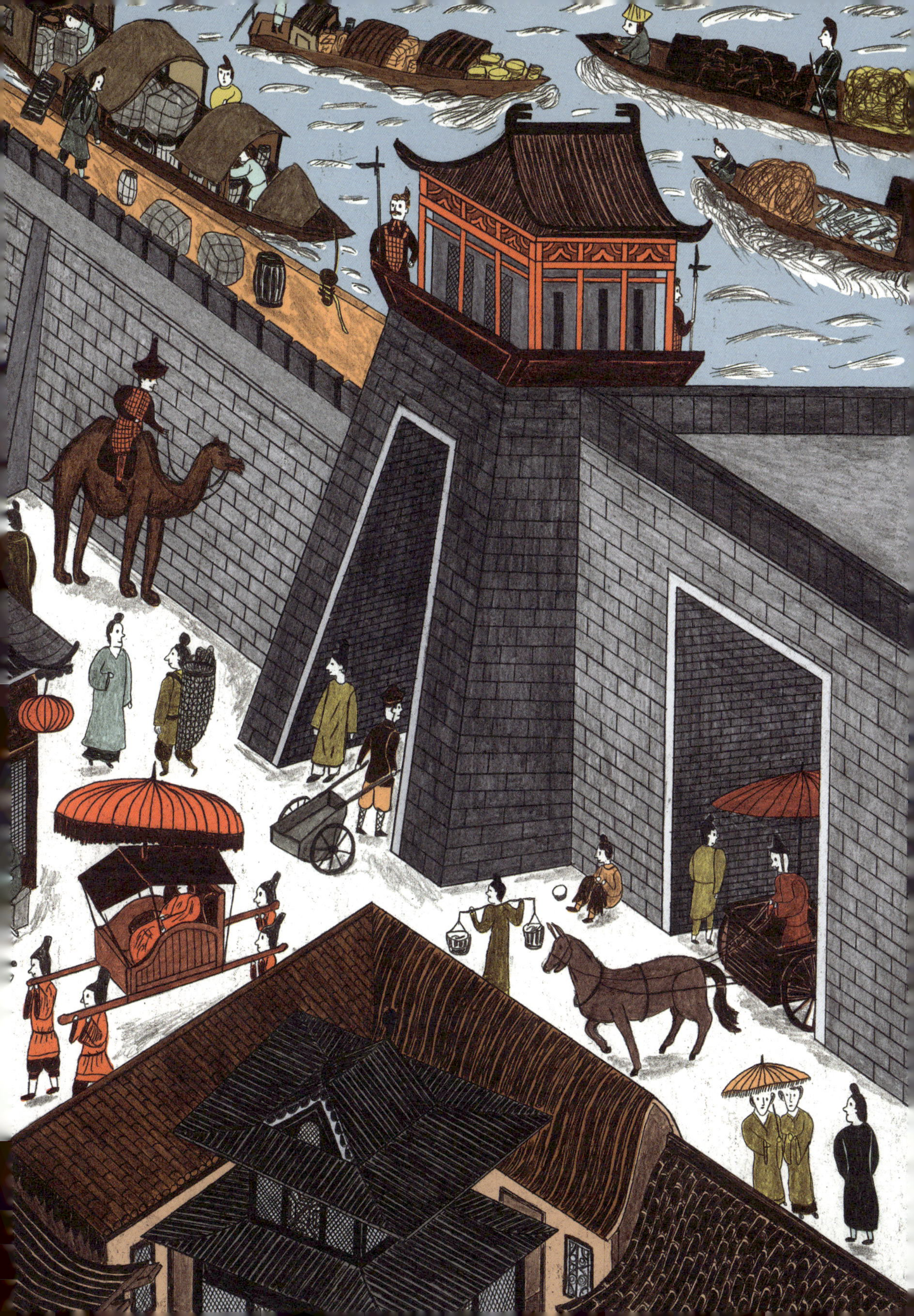

在公元 7 世纪的百万人口城市里生活

长安被称作是"御辇的轮毂"、"帝国之根"或者是"心腹"。这里居住着皇族及其奴仆。如果我们想到唐代开国帝王唐高祖有 22 个儿子和 19 个女儿，我们就能对宫廷和王室的规模有个概念了。此外，高官大臣及其亲属、仆人也居住在长安，而且，他们喜欢在这里居住。直到唐代的后期，在长安谋得一个职位仍被视为仕途的顶峰。地方官职在俸禄或职权上都无法与之相比。生活在这里的第三个群体是各个级别的武官，他们同样也带着家人和奴仆。第四个群体是在帝国中心忙于各种事务的人：其他国家的使节，已通过科举考试、追求自身仕途、协调地方事务或者是三者皆有的地方官员。再加上准备科举考试的年轻的书生。第五个群体是负责这座城市日常生活和各方面供给的那些人：小贩、商人、手工业者、妓女。然后还有在文献资料里只有当有麻烦时才会出现的大批人：乞讨者、骗子、短工、游手好闲的懒汉——也就是说，生活朝不保夕、不得不艰难度日的人。

长安是一座事先规划好的城市。19 世纪之前，中国所有特别大的城市都曾是统治和管理中心。位于中心位置的不是什么广场或者教堂，而是一座宫殿。到长安来的旅行者通常会从正门明德门入城，明德门宽近 60 米，有 5 条长近 20 米的门道。然后他就来到了 150 米（一个半足球场！）宽也被称作天街的朱雀大街——城市的主干道。访客可以沿着树荫一路顺着沟渠来到行政中心，然后再到北面的皇城——如果他被获准入内的话，这基本上不可能。朱雀大街是 11 条由南向北纵穿整座城市的街道中的一条，它们与 14 条横贯东西的街道相交。剩下的道路虽然比这条主干道狭窄，但即便是在 5 米高的城墙遮蔽下的最小的巷子宽度也有 25 米。这个精准的矩形道路网将城市分成 108 个有着吉庆名字的坊，像是"永和"、"休祥"或者"光福"。每个坊都被一条东西向和一条南北向的道路分成四份，再由小巷连通。巷子则不是由国家来规划的了。因为房子和土地会易主而且人们要量入为出，很快就出现了与矩形模式背道而驰的弯曲和很短的巷子。其他的一些规划也败给了现实。在设计范围极大的城市里，南部直到很晚才兴建或者干脆没有建设。那里长期从事农耕和畜牧。另一方面，特别是在9世纪时，有权有势的文武官员寻找地方建造新的具有代表性的建筑，他们发现了南城，在这里自行建造繁华的街道。

都城与农村的分别并不在于自由度更高，而是在于安全、秩序和监督的程度更高。城市居民不是自治的公民，而是受控的臣民。每个坊都有独立的城墙并有四个大门，连接两个坊的街道就在这里终止。每天晚上，一阵鼓声宣告大门很快就要关闭；每天早上，一阵鼓声发出开门的信号。翻爬3米高的围墙的惩罚是用粗棒杖打90大板。宵禁后在大街上被抓到会被杖打20大板。和经常发生的一样，在这点上我们也不清楚这些刑罚多久颁布一次，它们实际执行的频率又有多高。但在长安城的头100年里，这些主干道很可能到了晚上空无一人。相反到了9世纪初时，治安机构则抱怨已经没人再遵守宵禁规定。尽管有各种监督措施，但生活仍在坊内坊外进行着。类似出身或家境的人聚集到一起。城内有富人和贵族区，特别是在靠近皇城的东北部，西部和南部有平民区、穷人区和烟花巷。

几乎每个坊都有宗教建筑。最多的是佛教寺庙，它们代表着一个原本来自印度的宗教，它在长安再次兴起之前的暴力血腥和经济困顿的几百年里赢得了大量的信徒。到印度去的商人同时带回了佛教学说。像佛教徒修行或者是死后火化等思想原本是违背中国人的基本观念的。但是，首先，组织形式并不拘于宗教仪式的佛教思想与多神论能够与中国文化相适应；其次，面对政治乱象和日常生活中所遭遇的暴力，很多中国人愿意找寻新的方式克服日常生活的艰辛并获得精神上的支持。佛教在唐朝既是影响巨大的又是大众的和多种多样的。偶尔出现的有时也会粗暴实行的包括取缔

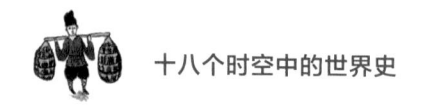

寺院在内的禁令也没能阻挡它的发展。

除佛教寺庙以外还有很多道教建筑，道教从一种吸收了民间宗教要素和炼丹术的中国智慧指南发展成为宗教。将它的诸多形式与佛教的各种变种区分开来并不总是一件容易的事。或许这也并不特别重要。每个中国家庭的一家之主在家中的供桌上就可以通过祭奠祖先来完成自己的儒家和国家祭礼。没有祭祀或神职人员。皇帝自己与精心挑选出来代表皇帝的国家官员通过宗教仪式和祭品在世界秩序与宇宙秩序之间建立起联系。神与世界的秩序都集中在皇帝这一职位和这一个人身上。这一方面将他从难免一死的普罗大众拔高至几乎遥不可及的位置，位于长安城朱雀大街一端的皇城则是它的象征；另一方面，在遭遇失败时人们就可以提出这个危险的问题：这位天子是否是真正的天子，然后他就会迅速并彻底地倒下。

因为国家崇拜是完全固定下来、仪式化和不可侵犯的，所以它也可以是包容的。在皇帝生辰之际，皇城内的儒家、道教和佛教代表会进行激烈的讨论，由皇帝来最终决定这一次获胜的宗教是哪个。在大的宗教以外，一些较小的本来是"外来的宗教"也在长安城内找到了自己的圣地：特别是聂斯脱利派基督教和源自波斯的琐罗亚斯德教（两者我们在《婆卢羯车》那章都讲到过）。总体上，唐朝在宗教领域显示出这样一个特点：除了偶尔的禁忌之外，探讨外来发明、思想和信念并将自身传统视为多种可能的解决方案之一的意愿很强。

城市规划者的设想是，长安居民应当在两个四周有围墙，因此容易检查的市场内购物——东市和西市。在那里，商贩的位置根据行业来确定：一排是辔具，一排是轻质丝绸，一排是华丽的外袍，一排铁器，一排卖肉，等等。这样的秩序实际上是否得到了遵守很难讲。很多行业无法集中到两个市场上售卖：客栈、小酒馆、糕点铺在长安城的很多坊里都有，还有书店，而且这是在欧洲发明印刷术数百年之前。中国在公元前2世纪就已经

发明的纸张直到 12 世纪才经波斯、阿拉伯以及西班牙和意大利抵达欧洲。有的坊成为特定手工业者偏爱的地方：像是珠宝商和金匠，或者是乐器制造者。此外还有流动商贩，他们带着糕点、油或者柴火在坊间走街串巷。公元 851 年，计划让两个官方市场重新成为唯一的商业地点的诏令以失败告终，并在两年后撤销。

　　商贩供应的商品五光十色。中国的很多农民已经变得专业化，有针对性地为大城市市场进行生产。除小麦、小米和水稻外，蔬菜和柑橘也得到了商业化种植。油以多种多样的方式获取。酒是一种重要的贸易商品。茶开始扮演更为重要的角色。大米和丝绸的供应尤其多种多样。有证据显示，在唐代的中国城市市场里有专卖白米、大米、无黏性米的区域，此外也有专卖窄幅轻质丝绸、丝线和丝织品、宽幅轻质丝绸、新式丝绸、小块彩色布料、麻料和头巾的区域。富豪试图以远涉重洋的商品——首饰、乐器、纺织品来赢得朋友和竞争对手的赞叹。中国的手工业者学习掌握了外国的加工技术，自行生产进口样式的金器、银器、玻璃器皿、陶器和家具，或者是将其进一步发展。

　　手工业者只能加工、商贩也只能销售来到长安的东西。食品、服装、原材料和成品必须先抵达都城。供应一个百万人口的城市即便在今天也不是件容易的事，而且中国人在公元 7—9 世纪时既没有铁路也没有卡车或者电话。取而代之的是，他们在水利方面有十分悠久的经验。长期以来，人们就借助堤坝、运河和水渠将大河流水系的水为己所用。例如水稻必须定期灌溉和排水，考虑到河流干涸、洪水和水位变化等因素，这不是个轻而易举的任务。农民之间和村子之间必须合作才能成功。运河也被用于地方之间的运输，并且人们为此进行了战略性的规划和建设。它们与河流一起形成了中国真正的交通体系。可以行船的河流肯定非常繁忙。公元 764 年的一场火灾在一夜之间烧毁了在中国中部长江江畔的一座城市抛锚的 3000

十八个时空中的世界史

107   长安

艘船。一座城市竟有 3000 艘船！

为了向长安提供供给，修建一个前所未有的运河系统变得必要。隋文帝杨坚（公元 541—604 年）开始了运河的规划和建造。他的继任者、被描述为十分残暴并痴迷于权力的隋朝最后一位皇帝隋炀帝（公元 569—618 年）令运河完工。根据当时的报道，500 多万人被迫参与了运河的建造。是否真的有一半人丧命，这仍存在着争议。不管怎样，当男子不足时女子也被招募参与建造。在这样的代价下，长安一面与长江下游相连，另一面与北方直至今天的北京地区相连。因为大运河与其他运河、河流和道路相连，这样，许许多多的农民得以把他们的作物送到北京。大运河不仅成为长安的生命线，也成为整个中国的生命线。今天，它与北方的长城一起成为上千年前中国令人惊叹的工程成就的代表，同时也是统治理想成为现实以及（不那么显而易见的）许许多多人的苦难的象征。

除运河外，道路对于运输也十分重要。当然，靠手推车（它们在中国的出现比欧洲早了上千年）、板车和雪橇没法像船、小艇和筏子那样运送太大或太重的货物。但不管怎样，它们可以在两旁种满树木的夯实的土路上行进。道路的中间加高，这样雨水就可以流到两边。较小的河流上架起桥梁，较大的河流则有渡船。大多数道路是从长安和洛阳向北，这是一个标志，它显示，对皇帝和官员来说道路的主要目的更多地是将军队和作战器械快速运送到动荡的北方，而不是为了从南方输入商品。但是经济上变得越来越重要的南方也因为这些道路而得到了进一步的开发。这些道路也有助于信息的传输。唐朝在主干道上每隔一定距离就设立一个驿站，由此形成了邮驿制度。借助马匹和驿卒，文书从长安送到中国最偏僻的城市最多只需 14 天。

看来人们可以从长安来讲述整个中国的历史：地理和人口、统治、官僚制度和社会、城市和农村、宗教与智慧指南、经济、基础设施和邮驿。但是皇城或者是明德门的样子可能也会具有欺骗性：它诱使人们把统治者

的要求当作是现实。有些邮件从未到达目的地，并不是所有的道路都安全。在某些地区，人们不欢迎国家派遣的官员，因此他们与当地有权有势者达成妥协是明智的选择。公元657年时，国家官员应该有13 465人，当时的人口约有5000万。约每3700个人中就有一个是官员。与7世纪欧洲、非洲或者是北美的情况相比，这当然算很多。尽管如此它仍意味着，地方上的大多数事情必须靠自己解决，而国家依赖臣民的合作。这不是个统一的群体。正如人们看到的那样，首先，他们从事的工作就存在很大的差异；其次，他们来自文化和习俗迥异的地区（水稻种植者对群体的依赖方式与小麦种植者或游牧民族不同，佛教徒对生死的定义与儒家不同，汉族瞧不起南方民族）；最后，他们因为出身各异而属于不同的联盟。虽然在唐朝时中国没有真正的贵族，但却有势力影响长达几百年的世家望族，皇帝及其官员对它们有所忌惮似乎也是明智的。在权势达到顶峰的时候，唐朝统治者得以将官衔与对国家和统治者的贡献放在贵族出身之前。后来新的等级制度产生，它建立在担当重要官职或者掌控军队的基础上。

对中国历史而言，中央和地方、统一与分裂十分重要，但是帝国和亚洲周边的势力中心也很重要。帝国统一并不是理所当然的。是什么造就了中国和中国文化，以及它尤其以众多地方文化中的哪些文化为基础，对此人们不得不一再进行重新定义。如果我们将长安城的历史和隋唐历史纳入更加广阔的中国历史背景当中，这会变得更为清楚一些。

长江和黄河

两条重要的河流以及因为这两条河而产生的农业和运输体系对中国产生了深刻的影响——在北方是渭河汇入的黄河，在南方则是长江，也就是

扬子江。扬子江发源于青藏高原，它穿山越岭，并且有大量的支流汇入，因此水量丰富。黄河从西部丘陵地带缓缓流过荒漠和农耕地区。它的名字源自河流中包含并一再淤积下来的沉积物，这导致了灾难性的洪水和河流的改向。在中国历史上，黄河入海口曾多次移动几百公里，很难想象它对相关的农民、农村和城市居民意味着什么。长安并不在不可预计的黄河边上，而是在它的支流渭河河畔是一个明智的决定。

中国的华北地区更加干燥、寒冷而且地势平坦，南方则更加温暖潮湿而且多山，它一直延伸至亚热带地区。人们在长江流域种植水稻——在7世纪和8世纪时就已经每年收获两到三季了。北方有小米和小麦，黄河以北的农民要与越来越少的降水做斗争，有的地方甚至没有农耕的可能。定居者在耕地边上和游牧民族做交易，中国统治者和藩王购买他们的马匹和骆驼。有时和平交易未必能够成功，这时就会出现游牧民族入侵的情况，长城本应防御他们的侵袭，但它并不是总是能奏效。中国有多个朝代是由游牧民族统治者建立的。也有人论证说，唐朝皇帝的祖先就是游牧民族。因此，北方是政治和军事权力中心。在这点上，百万人口城市以及都城长安的选址是正确的。政治精英们认为，直到后来才有汉人定居、在8世纪还深受其他民族影响的南方是次要的，而且文明程度是落后的，尽管它在经济上十分重要。

但是与以前认为的不同，大约在1万年前，向着农耕和畜牧的过渡是在南北方同时发生的——在黄河流域和长江中下游流域。此外，西南的四川盆地在新石器时代革命当中以及后来甚至更加频繁地发挥了独立的作用。在这三大地区内形成了不同的文化。中国历史从一开始就是多种多样的，而且在统一与分裂之间的反复也对它产生了深刻的影响。文字被证明在公元前1200年就已经出现，从这个时期起就有了朝代一览表，但是它们的势力范围和影响一个统一的中国社会的能力并不明确。可能从周朝结束到秦朝（公元前221—公元前206年）、西汉（公元前202—公元8年）统一中

国以及同一时期并存的多个朝代这段时间，在这政治分裂的几百年里，至少精英们在政治分歧之外形成了一种文化上的紧密联结感。而秦朝和汉朝又加上了官僚主义中央集权制度。

大概看一下唐朝的历史就可以知道，中国的统一是脆弱的，但又是坚如磐石的。这里有一种休戚与共的观念，文字、高度发达的文明、帝王思想、国家崇拜、官员组织和基础设施都推动了这种观念。但单纯是地域广大以及地理、气候、宗教和文化上的多样性也给了地方自我意识以空间。再加上外来影响令中国文化发生了变化。

新的朝代一再以各种象征来标识它们的统治要求：新的纪年、新的统治口号、新的都城。就像年历重新对时间进行衡量一样，都城在空间上塑造了新的强大朝代，并成为这个朝代的维系点。反过来，此前的都城被毁和新中心的选择则显示了朝代的终结。因此，中国有一系列可以自称曾是国家都城并对整个国家都产生了影响的城市。长安和位于长安以东 300 公里的洛阳（在公元 500 年左右重建之后有人口 50 万人）是北方传统的统治中心。南方的中心城市经常变换，但一个统一的中国极少从南方的都城来进行统治。今天中国的首都北京位于长安东北 800 多公里的地方。对隋唐来说，它根本不会进入政府所在地的考虑范围之内。对 7 世纪和 8 世纪的中国来说，北京虽然是北方边境军事防御的一个战略要地，但是从长安的角度来看，它与草原地区、游牧民族和蛮夷的距离太近了。北京的伟大时代直到唐朝结束时才开始，当北方游牧民族统治者的影响再次增大的时候。

中华帝国的隋唐时期

在独立程度不一的统治在内战中消耗了几百年后，隋朝（公元 581—

618年）在政治上重新统一了中国。隋朝希望将新旧相结合，因此回到了古都长安，但在建筑艺术上给了它新的面貌和新的名字——"大兴城"。这个名字是个宣传口号。它的意思应该是，隋朝希望重新与汉朝的辉煌时期联结起来，并结束几百年的斗争与分裂。这个信息是吸引人的。因为在汉朝（公元前202—公元220年）结束到隋朝获得成功的近400年里，动荡与武力占据了主导。现在隋朝再次承诺统一与和平。新都城大兴城应当成为它非凡的统一成就的象征。它将超越迄今为止一切的辉煌与伟大。

隋朝的开国皇帝隋文帝杨坚（公元541—604年）起初是随国公。他来自一个势力强大的将军家族，并与多个相互竞争的割据政权的统治家族有血缘关系。他于581年攫取了北周的帝位，在随后的几年里战胜了你争我夺的南方各国，并在此后宣布在汉朝结束400年后再度统一中国。在之前的几百年里已经有很多人这么宣称，在大量你争我夺的政权难以计数的战争和宫廷阴谋中，他们一度占据了上风。但是与他们不同，杨坚得以将自己的军事成功转变为长久的政治影响力，不管是在中国南方、北方还是对外。

杨坚尤其成功地令大量有游牧民族背景的北方大家族和生活传统完全不同的南方精英都融入了帝国当中。他重组管理部门，同时吸纳了不同地区的传统并小心地加以平衡。统一的科举制度开始，该制度持续了半个世纪，后来在唐太宗时期才基本定型。与贵族差不多的帝国不同地区的官员开始定居在新的都城大兴城（它在几十年后再次改名为长安）。不仅要做一个伟大的帝王，同时也做一个负责任的统治者——杨坚对此十分注重。他自己担任管理部门的最高领导，参与管理，纠正官员的错误，必要的情况下会痛打或者处死他们。他效仿过去的样板采用了均田制。每个成年男子都分得同等大小的土地耕种，但必须缴纳赋税。该制度在100多年的时间里发挥了尚可的作用，保证了定期的收入。

杨坚之后是隋炀帝杨广，他的统治从604年延续至618年。他继续了父亲的政策，而且还希望能够超越他——也因此而在隋朝建立还没多久之后就把它毁掉了。为了巩固南北之间的联系并为都城提供供给，他首先施加高压命人完成大运河——这项庞大的工程的代价和益处我们已经讲过了。其次，他决心不定都刚刚建成的大兴城，而是迁都位于大兴城以东300公里、更接近运河的洛阳，并进行了相应的扩建。他计划将长江下游的扬州立为第三个都城。为了保证帝国安全，隋炀帝在帝国的所有边境进行战争。612—614年的高句丽战争尤其艰苦并且伤亡惨重，上百万中国士兵丧生。此时各地爆发起义。大家族代表起兵反抗统一和确保边境安全的政策，这些政策似乎已经失去了分寸。隋炀帝已经无力遏制反叛，特别是国家此时已经破产，而外来袭击则显示，军事力量也已经消耗殆尽。帝国似乎再次面临崩溃。618年，隋炀帝被叛军杀死。

最晚从614年开始，隋朝很多地方的秩序已经瓦解。隋炀帝逃亡，他的部分将领发动了兵变。此外多个势力强大的家族试图证明自己建立新王朝、实行统治的合法性。这种情况持续了10年，直到军队将领李渊在616年成功地击败西突厥的威胁。获胜后，他调转部队向内，战胜了其他叛军，并在617年底攻取长安。随着招降纳叛，半年后他又攻下了第二个都城洛阳，然后称帝，是为唐高祖。唐朝由此建立。在接下来的几年里，他作为皇帝得到了广泛的承认，这是因为其军事成就与其他因素的结合——与帝国其他重大势力实现和平统一，在管理、军事和教育领域进行了适度的改革并建立了秩序。

高祖并没有太多时间为自己的成就感到自豪。他的儿子李世民（公元599—649年）在命人杀害太子和另外一个弟弟后于626年逼他退位。尽管开端有些不堪，但唐太宗李世民的统治被公认为是唐朝的两大鼎盛时期之一。唐太宗的军队令战争远离城市中心地带，并在遥远的西部夺取了中亚

草原地带，直至今天乌兹别克斯坦境内的撒马尔罕。唐太宗给国内带来了和平，确保并扩大了父亲的改革。面对强大的贵族家族，他令国家承担起规范治理的责任，整顿了国家吏治。通过公布儒家《五经正义》的考试教材，最终规范了科举制度。与隋朝的两位统治者不同，唐太宗能够听取重臣的意见并利用他们的所学。军事和外交成就以及国内的相对安全让中国成为东亚所了解的世界的中心，并让长安成为世界的首都。长安这个从隋朝接管过来的皇帝与大臣的城市在此时真正达到了它所规划的规模，成为可以想象到的所有使节、商品和神灵的汇聚点，以及最优秀的乐师、文学家和书法家大显身手的舞台。

7世纪的下半叶很难评价。西部，吐蕃的力量增强。西北，中亚的侵扰令唐太宗不得安宁。整个中国西部和北部几十年来都很难从军事上进行控制，它对国家收入和内在稳定的影响是灾难性的。对我们来说困难得多的是下面这点：那个时代的人和历史描述对这个时期最具影响力的关键人物——武曌（公元624—705年）充满了偏见。这个女人是谁？她从年迈的太宗的后宫嫔妃开始，后来，在高宗继承太宗之位并废掉皇后之后，她成为高宗的皇后。而高宗在660年中风之后，她便开始摄政，一直到683年高宗驾崩，之后她开始临朝称制。此时都城再次迁到了洛阳。690年，武曌称帝，宣告成立一个新的朝代周朝。史料描述这位女皇帝冷血无情、权势熏心、阴险邪恶且喜怒无常。但这似乎一方面与她大力推行佛教有关，这令儒家代表感到不满；另一方面她的统治方式或许被认为并不适合女性。毕竟，如果是男性统治者，她所显示出来的那种残忍（太宗杀死了自己的兄弟）绝对会被称作是强势和独立的标志。不管怎样，总体而言，她的统治并未对中国造成损害。

在武曌死去几年之后，玄宗（公元713—756年）的漫长统治开始，这是唐代第二个黄金时期。道路和运河再次得到修整和拓宽，人口得到统计

（这让国家可以更好地根据均田制来估计税赋），做官和向学受到鼓励。个人性格上，玄宗极可能非常谦虚，但是他的确命人把来自世界各地的奇珍异宝摆在皇宫中展示：异国风情的植物、动物、珍馐美馔、诗歌、音乐、书法的杰出代表，难得一见的消遣娱乐……玄宗自己还打马球。

安史之乱

如果玄宗的人生不是像影视剧里那样悲惨地结束的话，人们可能会认为他是少数几个真正特别幸运的中国君主之一：长期以来一直受他重用的将领安禄山在756年起兵造反，率兵夺取了洛阳，随后占领长安。玄宗被迫逃亡，先是缢死了爱妃杨贵妃，并下令处死曾被他任命为宰相的杨贵妃的堂兄杨国忠，之后他在自己儿子的逼迫下让位。最终在忧郁中死去。

长安和洛阳在757年就被重新夺回。安禄山被自己的儿子买凶杀害。到763年时，朝廷已重新夺回对国家的控制权。但是新皇帝不得不为此而利用中亚回纥人的帮助，后者在把两座城市还给唐朝之前对它们进行了大肆抢掠。长安的元气恢复缓慢，不得不在余下的150年里始终生活在对来自北方和东方入侵的忧虑当中。

怎么会发生这样的事？有的历史学家认为杨贵妃是罪魁祸首。曾是玄宗儿子妻妾的她令年迈的皇帝着迷、混乱，令其不理朝政，以至于失去对国家的控制。这可能没错。但是也有结构性的原因。玄宗统治的整个时期都深受西部和北部边境困境日益加剧的影响。为了阻挡吐蕃人、中亚的东突厥人、蒙古和东北的契丹人，玄宗不得不组建职业军队来取代农民武装。这首先是成本高，从而增大了税赋压力；其次他们必须听命于掌管一方的节度使，后者有成为地方不满的代表人物的倾向，从而对整个帝国构成威胁。这是安禄山造反的背景。

接着政府试图对结构性困难做出反应，这在这场生死攸关的危机中变得十分明显。军队被地方化，今后的很多事情都取决于中央能否与北方的军事将领和平相处。税赋制度没有了基础，因为在叛乱发生后很多农民死去或者流亡，土地荒废或者是被新的地主和佃农所占据。国家实力过弱，无法再次实行大规模的均田措施。只能靠地方征收并上交的收入和土地征税来度日。这是对地方的让步。另外国家还靠垄断获取收入，特别是对盐的垄断。这尤其对商业发达的南方产生了影响，负责专买专卖的官员变得越来越富有。为了保持对大家族和政府部门的独立，皇帝仰仗宦官的力量，后者很快开始扩大自己的势力并将权力转交给亲属和亲信。借助这些改革和多个权力中心的相互制衡，唐朝得以再度掌握权力百年以上，在9世纪四五十年代的时候甚至令人回想起了往日的辉煌。帝国在9世纪瓦解，同时长安城在904年被将领朱全忠（后来的梁朝皇帝）及其属下毁灭。

总体而言，唐朝中国在公元7世纪和8世纪时是世界上最重要的力量。中国经丝绸之路和海路与中亚、南亚次大陆、波斯、阿拉伯和欧洲保持着贸易联系。在技术和文化方面，中国人可以自认在几百年里都领先其他所有人。直到君士坦丁堡1453年陷落、交流关系瓦解之后，直到欧洲摆脱亚洲的束缚并且自15世纪末开始攫取美洲的财富，欧洲列强才得以一步步扩大它们的优势地位，并对19世纪和20世纪产生了深刻的影响。

7

拜占庭

西方的中国

地中海地区则是西方的中国。它也位于欧亚大陆的外沿，比它距离更远、位置更往外的只剩下可以担当日本角色的岛国英国了——但这样说来它的位置又有点儿太往北了。地中海地区也产生了高度发达的文明、改变世界的思想和全球性的宗教，它们在往往盘根错节的道路上留下了自己的足迹，到今天，这些道路已经延续了千百年。但是与中国不同，地中海地区集中在一个内海的周围。在铁路、汽车和飞机时代到来之前，这大大方便了人员、商品和信息的大范围内流动。水不是边界，而是最快捷的连接方式。因此，地中海地区深受航海和贸易的影响。迦太基、亚历山大港、泰尔（Tyrus）、安条克（Antiochia）、以弗所（Ephesus）、拜占庭、雅典、罗马、马赛和塔拉科（Tarraco）等重要城市都是港口城市或者与邻近的港口城市有稳固的交通联系。因此，贸易中心的竞争与合作在地中海地区历史上扮演了重要的角色。

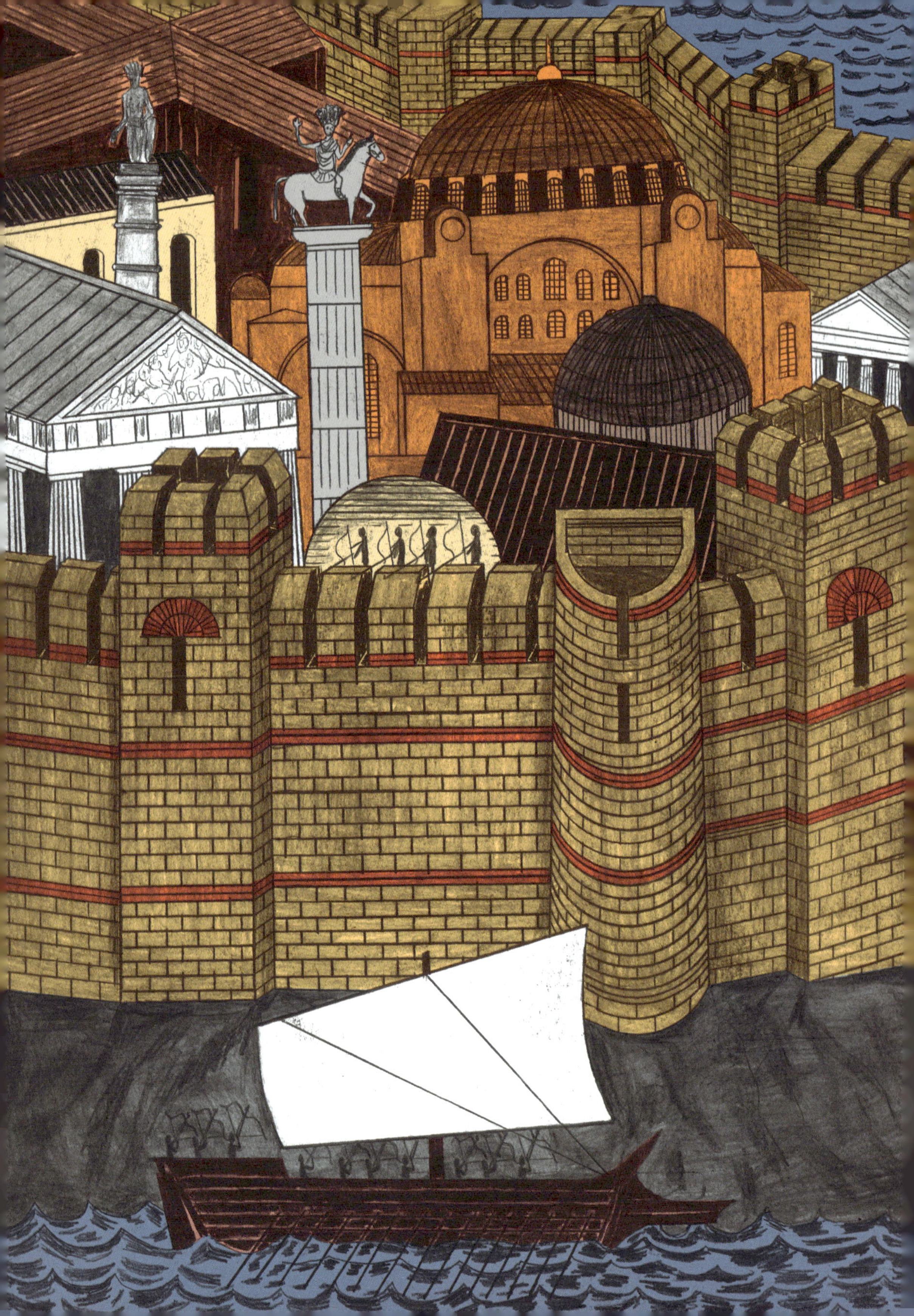

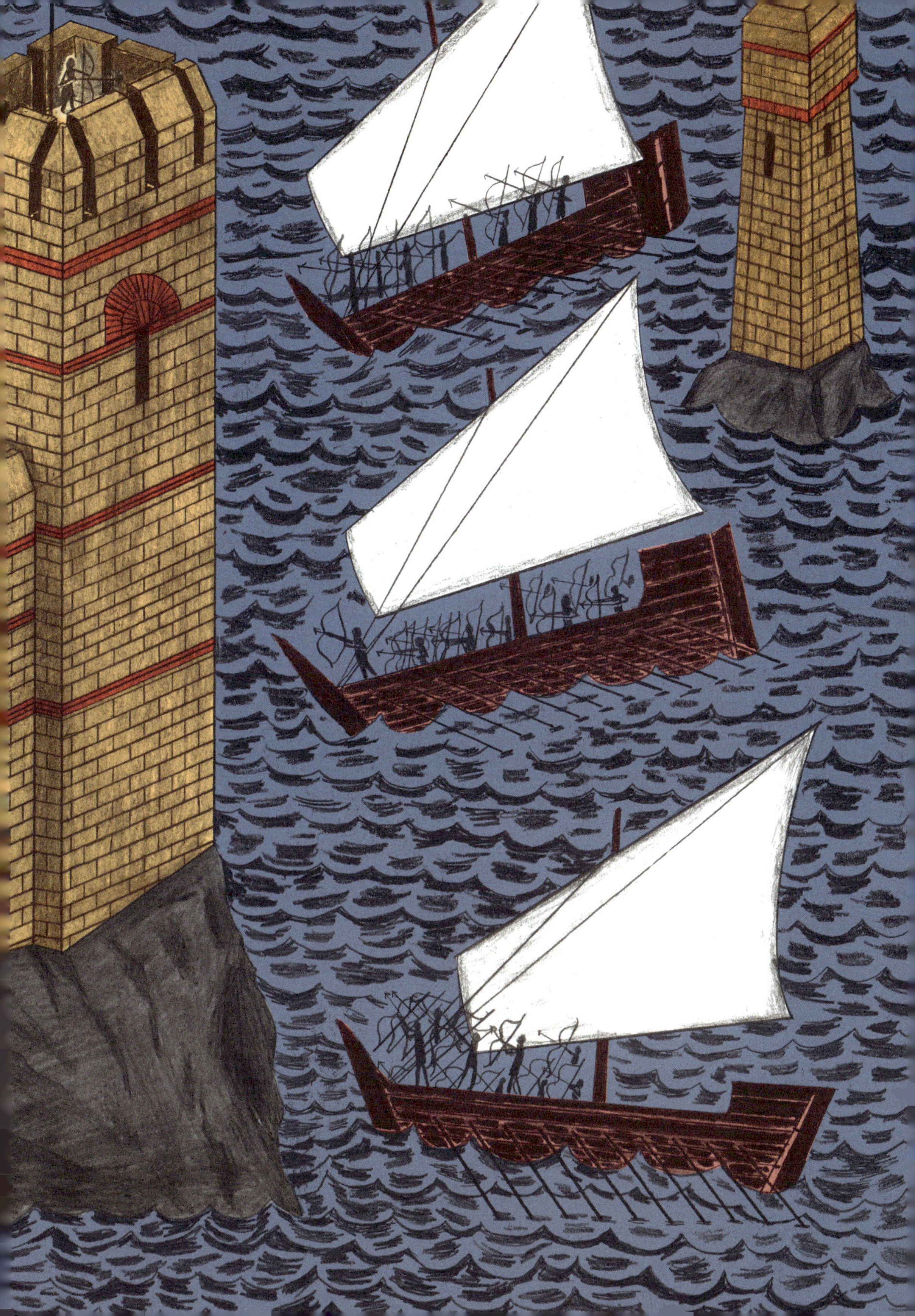

与中国不同，地中海地区在地理上并不是闭合的。虽然在1500年之前后，西边的大西洋一直是一个不可逾越的阻碍。南边是荒漠以及与定居的地中海居民保持着接触的游牧民族，它们扮演了中国核心地区以北的荒漠以及游牧民族的角色。但是地中海以北的比利牛斯、阿尔卑斯和喀尔巴阡山脉仍可以与虽然发达程度较低但同样定居的文明进行持久的接触——有时是战争接触，有时是和平接触。东边，与两河流域、波斯，甚至远至印度之间并不存在文明的差距。和后来在印度洋上航行的商人一样，亚历山大大帝在公元前4世纪进行远征的时候就已经确定了这点。对公元前500—公元500年之间的地中海地区历史而言，地中海东部与两河流域及波斯地区不断交替的统治者之间的接触和冲突具有至关重要的意义。欧洲西部和西北部的历史则更多地是个点缀。

对于位于西班牙和美索不达米亚、阿尔卑斯山和撒哈拉沙漠之间的地中海各个地区，我们的了解程度存在着差异。这有我们兴趣的原因，也有流传下来的文献资料的原因。我们对于小小的巴勒斯坦——发生《圣经》故事的"圣地"了解很多。它是埃及与两河流域之间一个不那么重要的地区，后来在罗马帝国时也不是非常重要。但是因为犹太教和基督教在这里诞生，人们一再对这个地区的历史提出疑问。针对这些问题，《圣经》这部经过几个世纪产生的历史宗教文集给出了答案，犹太教徒和基督徒令其代代相传并一直与时俱进。它一再被拿来与其他文献相比较。《巴比伦》一章中提及的巴别塔争端就很好地显示了它可能具有的爆炸性。

关于希腊我们了解的也非常多。这与古典时期早期的希腊城邦密不可分，当时它们寻找将政治权力限制在有限期限内的方式，并因此形成了在暴政、君主政体和贵族统治以外的制度。雅典和斯巴达等城邦的政治或军事状况一再成为讨论的对象。它们当中有的成为现代民主制度的典范。我们对希腊了解这么多也是因为我们对希腊诗人、智者、哲学家和学者的兴趣。他们的文字通过罗马、阿拉伯、西欧中世纪教会的抄写而保存下来，并得到了很大的关注。它们也进一步推动、启发了巴比伦、波斯和腓尼基人，这点往往为人所忽视。我们对该地区的痴迷不应掩盖下面这一点：希腊在公元前 500 年前后仅在波斯势力范围的边缘起了相对而言微不足道的作用。从强权政治的角度来看，直到亚历山大大帝时期它才在地中海东部变得重要，而那也只是很短的一段时期。

历史学家和考古学家对于罗马了解甚多，因为它曾是一个世界帝国的中心。他们对于埃及人也知之甚多，这要归功于埃及法老以及法老们的金字塔和莎草纸。但是看一眼地图就可以明白，在巴勒斯坦、希腊、罗马和埃及人之外地中海周围还有许多我们了解甚少的地区。那里也有人居住，甚至是非常多的人。

考虑到人们是以大海为导向而且影响力在地中海地区的分布与传承不一，选择东部的一个港口城市来作为公元前 500—公元 500 年间地中海地区短暂历史的观察点会比较适宜。我们选择从拜占庭——位于地中海和黑海之间狭窄水道上的今天的伊斯坦布尔出发。今天我们喜欢再加上一句，它位于欧亚大陆的交界处，但是对于此处讲述的历史而言这毫无意义。至关重要的是地中海联络区。

腓尼基人和希腊人

目前人们已经证实，亚洲这边的伊斯坦布尔在公元前 700 年左右曾是腓尼基人的贸易基地，接着在公元前 660 年时，今天欧洲这一侧曾有一个希腊人的贸易基地。它由来自墨伽拉（Megara）的商人建立，墨伽拉是在西南方向 600 公里以外的一个港口城市，位于雅典以西 30 公里。墨伽拉人的

这个基地以传说中的建立者拜占斯（Byzas）来命名，因此就叫作"拜占庭"（Byzantion）。这个名字是色雷斯语，换句话说在希腊人之前他们西边的邻居色雷斯人或许就已经到过那里——这点我们并不清楚。这个定居点有一个固若金汤的城堡和几座神庙。金角湾的北面是港口设施。拜占庭是希腊人自公元前8世纪起在本土以外建立的众多定居点中的一个，而且肯定不是最重要的一个。比这略早一些的时候，腓尼基人就已经开始在地中海沿岸设立固定的贸易场所——直到西班牙，甚至葡萄牙，因此他们在今天伊斯坦布尔地区的基地并非偶然。希腊城市的内部组织方式与腓尼基人不同：通常没有君主制度，没有势力强大的祭司群体，相对应的是，公民团体更为自信。这种普遍的差异是否也深刻影响了博斯普鲁斯海峡两岸的定居点，它对两岸的日常生活以及两岸关系有多大影响，我们并不清楚。

不管是希腊人还是腓尼基人，他们都没打算通过建立定居点来建立一个大帝国并控制地中海。关键是贸易。在家乡无法靠种田和饲养牲畜养活自己的希腊农民希望这里能提供新的生存机会。希腊人和腓尼基人传播了新式文字等文化成果，并且吸纳了他人的文化成果。仔细看一下希腊诗人荷马（Homer）和赫西俄德（Hesiod）的文字就可以理解这点。在公元前7世纪的希腊瓶画中，考古学家也可以看到一种"东方化的风格"。在这一时期，希腊人和腓尼基人肯定对地中海地区（这是他们的世界）的大小、当地人不同的生活方式和交流的机会有了某些概念。或许他们认为从政治上对整个地区进行控制是不可能的事。

共和国和皇帝统治：罗马统治地中海地区

小小的拜占庭先是受到波斯的影响，后来在亚历山大大帝时期则受到

马其顿的影响。自公元前 146 年起，拜占庭与邻近的城市一样，同属罗马帝国。它一跃成为地中海的统治力量发生在半个世纪之内，而且并不是有意而为的战略行动。罗马有几百年的时间都是一个有着世界帝国的城邦，而且令它取得如此成就的主要也是这种双重结构。一小部分精英通过领土扩张和对这些领土的管理来增加财富，但是他们很聪明，让被占领者以及自己城市里的下层人口也获得一点点好处。个人或者是整个群体跃升为罗马城市精英是很困难的，但原则上却是可能的。因此出现了对日益广阔的外部领土以及它所带来的收入源泉的争夺。

像拜占庭那样臣服于罗马帝国的那些地区不一定把这视为独立性的缺失——甚至是一场灾难。它们可以在帝国内相对不受干扰地生活，同时享受着安定与文明的成果。地方管理架构得以保留下来，或者适度地改变形式。罗马宗教是大度的，很容易就接受了各种神灵和学说的并存。当然，反抗罗马的人会体会到帝国雄厚的实力。这是一种由内部竞争驱动的权力机器，但是，从被占领者的角度来看，它可能也显得很有吸引力。巴勒斯坦的部分犹太人可能会有类似反罗马民族主义这样的东西。但这是特例。

通过这种方式，罗马在持续了一个世纪也包含了挫折和危机的进程中赢得了整个地中海地区。毕竟对大多数在那里生活的人来说，它就是整个世界。当然，自公元前 2 世纪末开始，城邦内部与不断变大的世界帝国之间的关系紧张加剧。结果是内部的权力斗争和内战。在对公元前 1 世纪产生了最长久影响的流血冲突的最后，元首制出现：元首盖乌斯·屋大维（Gaius Octavius）的统治。这是一个人与形式上继续存在的共和国机构的协同统治。元首本来的意思只是：地位平等者中的首席，而屋大维宣称，他在延续了几代人的内战过后重建了和平、统一和共和国。但是他的君主要求是不可忽视的。权力在各机构间进行分配，由元首来穿针引线，这样人们就不能采取反对他的行动。公元前 27 年，元老院授予屋大维"奥古斯都"

的称号——神圣至尊者。这个头衔开始用来描述头衔的获得者自身，屋大维成了奥古斯都。在他于公元 14 年死后，他的每位继任者都成了"元首"和"奥古斯都"。后来还加上了"皇帝"的头衔。

元首统治遏制了罗马精英自我毁灭的力量，他们几乎令帝国瓦解。这能取得成功只是因为精英没有被简单地夺权，而是将他们的野心转移了。元老院继续参与权力与财富的分配。元老和他们的子孙占据着最重要的职位，对地方进行管理，增加他们的财富与声望。元首或皇帝不是专制者，真正的君主制并未形成。当然皇帝们试图对继承人进行规范，确定由某个儿子或是养子来继承帝位。但是新皇帝要想长期留在位子上就必须为元老院、军队和罗马民众所接受。这方面没有一个固化的程序。在皇帝没有指定继承人就意外死亡的情况下，军事冲突出现。恰恰在这些情形当中，元老院和广大帝国精英作为帝国以及一直发誓存在的共和国制度的守护者发挥了重要的作用。

元首统治也遏制了罗马的权力机器。奥古斯都死后，帝国虽然偶尔还会扩大，但早已不像此前的几百年那样活跃。挫折也有：奥古斯都一直都把令莱茵河右侧和多瑙河以北的日耳曼尼亚成为行省视为目标，该计划在他的继任者提比略统治时期被放弃。而且，什么是扩张实际上并不总是很清楚。在帝国的边境地区有一些"友好"王国，事实上离开罗马它们就无法做出重要的决定。有时这样的王国会出于现实原因而转变为行省。有时行省又会成为王国。对地图绘制者来说这是一场噩梦。

在奥古斯都之后，地中海地区的人们习惯了在罗马帝国统治下的生活。这并不是特别困难。帝国保证了和平。特别是在城市稀少的西部和北部，城市中心的发展得到了推动。在后来的德国境内出现了特里尔、科隆和美因茨。罗马生活方式——罗马精神从这些中心传播开来。当然，特里尔的生活与拜占庭不同，与亚历山大港和迦太基也不同。气候不同，自然条件

拜占庭

不同，人们将对美好生活的不同见解带入罗马精神当中。但是士兵、官员和商人是跨地区流动的，他们把人们普遍接受的商品、信息和生活方式散播开来。当然，罗马帝国也是个阶级社会，有超级富豪、公民、农民、佃农和奴隶。不是所有人都能负担得起美酒和昂贵的首饰。但是它有一种共同的语言，有一个共同的管理部门、共同的水利和房屋建造技术、共同的艺术风格和共同的贸易商品。大多数人不愿与边境之外的野蛮人进行交换。广泛全面的网络令小人物也可以分享到一点点大人物的成功。这里有对青云直上可能的信心。居民的广泛承认解释了帝国长久不衰的原因。它也解释了为什么后来帝国的一部分直到19世纪还坚持自己是罗马帝国的合法继承人和传统的维护者这样的杜撰。

罗马帝国挺过了3世纪，看起来这不是因为它的统治者，而是在它尽管有那样的统治者的情况下。有几十年的时间，皇帝都不能真正得到罗马元老院、军队和民众的承认。小小的拜占庭在这段时间也经历了经济衰退，尽管2世纪90年代的皇位之争所带来的破坏逐渐得到了修复。但在"帝国危机"的背后实际上是根本性的问题，这不能怪到不幸的皇帝身上。（对罗马帝国来说）最糟糕的是萨珊人的崛起，他们作为波斯和美索不达米亚的统治者取代了东部的帕提亚人。从237年开始，他们让罗马军队损失严重。罗马皇帝瓦勒良（Valerian）在萨珊人的囚禁中死去，他的人皮被作为战利品四处展示。这是力量对比逆转的一个极端表现，它也体现在萨珊人赢得的领土明显增多上。因为北部莱茵河和多瑙河边境上的侵袭也增多了，很多饱受战争之苦的地区失去了对帝国的信心。为了实现和平就需要更多的士兵、更多的资金以及更高的税收。加税导致了不满、逃税，这又减少了农业收入并影响了贸易。与此同时，变得更加重要的军队首领对皇帝人选的影响力越来越大，他们提出自己的要求并因此加剧了危机。3世纪中期的帝国北部和东部可能的确危机重重，而北非对于危机很可能并没有什

么感觉。

随后情况发生变化。自 3 世纪 70 年代起，多名虽然在位只有几年但军事上非常成功的皇帝令帝国重新稳定下来。他们为帝国在 4 世纪初期焕然一新打下了基础。有两位皇帝尤其具有代表性——戴克里先和君士坦丁一世。

戴克里先、君士坦丁和 4 世纪的基督徒

戴克里先我们在谈到狄奥尼修斯·伊希格斯及其纪年方式时就已经认识了，因为在他之后，后来的古罗马时期就有了年代。这绝对有其合理性，因为戴克里先通过一系列改革重整了军队，改组了管理部门，改革了税收和钱币，从而令帝国建立在一个新的基础之上。他能这么做是因为，不管在外交还是内政上他都确立了安全性和可靠性。由四个在军队指挥中久经考验的人进行统治的四帝共治制就服务于这一目的，帝国东西各设一位奥古斯都和一个副手恺撒。这些由戴克里先一个个挑选出来的人在北部和东部边境取得了至关重要的军事成功。通过收养和联姻，他们相互之间建立起紧密的关系，并被通通推崇至神的高度。这应令他们免遭人类的指责。戴克里先认为自己和其他共同统治者很好地维护了罗马的传统。他眼前浮现起奥古斯都和恺撒在任的时间和继承规则。他自己以身作则，在统治了 20 年之后于 305 年退位，并归隐至一座新建的宫殿当中，今天人们在克罗地亚的斯普利特（Split）还可以看到它。他所在的东部帝国的恺撒接替他成为奥古斯都。新奥古斯都应任命一位新的恺撒，并在某个时候接替他的位置，如此持续下去。

戴克里先开启了罗马帝国对基督徒最后一次成系统的重大迫害，而

这一暴行与他的帝国改革密不可分。相信耶稣这位被钉上十字架的拿撒勒传道者会复活并且很快从天上返回的起初只是众多犹太教派中的一个。在受传教士保罗影响决定接受异教徒平等加入之后，他们在帝国东部赢得了大量的信众。基督教社区选举领导人（主教）作为最高权威。他们相互联系结成网络。他们在大量的内部冲突中形成一种共同的学说和一部具有约束力的文献集，他们称之为《新约》，并与犹太人的神圣文献——现在的《旧约》联系起来。他们在3世纪与罗马当权者爆发了多次冲突，因为他们拒绝为皇帝进行献祭。对帝国的绝大多数宗教来说，通过献祭证实皇帝的神圣不是个问题。反正它们信奉多神论或者认为自己的神是宽容的。相反，基督徒和犹太人都声称只有一个神，因此皇帝不可能是神圣的，因此为他献祭是不可能的。犹太人在帝国内只是少数，而且他们也不传教，因此对他们往往实行例外的规定。但是基督徒越来越多，而且在戴克里先看来他们对自己改革的两个思想基础构成了威胁：罗马传统和将四帝共治确定到神的范畴当中。

对基督徒的迫害和四帝共治失败了。基督徒在迫害的早期就已经形成了一种殉道崇拜，这也帮助他们度过了这场灾难。虽然信徒分裂为坚定不移者和妥协者两部分，而且将他们重新统一在一起花了很长的时间，但是基督教没有瓦解。311年，戴克里先的继任者伽列里乌斯（Galerius）结束了迫害，他期望基督徒"为我们的福祉、国家和他们自己的福祉向他们的神祷告"，对具有传统意识和信奉宗教的罗马人来说这一期望非常具有代表性。基督徒想要一种排他性的对神的理解，而罗马人伽列里乌斯并没有这样的理解。

四帝共治因为四位统治者的野心和家族意识而失败。他们的后代不愿为了一个相对抽象的统治和继承思想而放弃自己的野心。因此，在戴克里先退位后不久，很快就爆发了继承人之争，最晚到公元324年的时候，君

士坦丁就已经作为赢家脱颖而出。不管怎样，四帝共治中多名皇帝分别负责某个地区的想法保留了下来，它在此时再次复活，而帝国分为东西两部分的划分在 4 世纪时变得重要。君士坦丁继续实行了戴克里先的很多改革，因此要说哪些革新是他的、哪些是戴克里先的并不总是很容易。通过更多地根据当地情况来进行统治，应当可以确保税收、稳定物价并且为军队提供可靠的后备力量。这是否取得了成功存在争议。在一个世纪的时间里，帝国获得了新的稳定（这个时间并不算短）。但是帝国也很庞大。来自罗马的指令并不总是能够适合北非、巴尔干或伦敦的情况。缺乏贯彻实施的手段。人们回避国家的干预，按照他们自己的意愿来诠释法令。结果是更加地地方化而不是整齐划一。

在地方政策上，君士坦丁从对基督徒的迫害中吸取了教训。在这方面发生了人们经常提及的"君士坦丁转变"：君士坦丁正式允许基督教成为宗教，也对其进行推动并试图令其成为帝国的支柱之一。在一再出现的宗教内部问题导致分裂之前，他甚至曾致力于下面这些问题的解决：在迫害结束之后，坚定不移者和妥协者之间如何能够重新和解？如果耶稣是上帝与马利亚的儿子，那么他是神？是人？还是两者皆是？如果答案是肯定的，那么他身上作为神的地方在哪里、作为人的地方又在哪里？作为没有受洗的皇帝，君士坦丁主持主教们的会议（宗教会议），他们应当在和睦的气氛下澄清这些存在争议的问题。换句话说，他清楚这些问题的政治爆炸力。但他不得不经历了后来的统治者也未能避免的事情：宗教内部冲突虽然可以被赋予政治意味并被政治所利用，但是通过政治方式得到解决的却十分罕见。借助基督教，罗马帝国在此时有了一个唯一的神，而不再是罗马国家崇拜所拥抱或包容的众多个神灵和宗教。在君士坦丁死后又过了一代人的时间，基督教显然成为皇帝更为偏爱的宗教。

但是，基督教是在帝国知识分子中心以外产生的，而且各种群体信奉

的方式也多种多样。当用各种智慧与哲学手段来对其进行仔细研究并出于国家目的而对其进行统一时，它就分崩离析了。宗教会议与大公会议尝试用妥协和谴责诅咒来补救。它们并不总是能够成功。争论大多围绕着耶稣基督只是一个特殊的人还是神以及他与父亲上帝是什么关系的问题。有关个别定义和固定表达方式的争论如今在我们看来有点儿吹毛求疵。但是自从基督教和政治力量在"君士坦丁转变"中联系到一起，基督教便开始在世界史中扮演重要的角色。在5世纪和6世纪遭多个宗教会议谴责的聂斯脱利派在帝国边境以东非常地成功。因为这个原因，我们在《婆卢羯车》和《长安》两章中已经谈到它，在《希杰拜》一章中我们还会再次谈到它。

君士坦丁堡和拜占庭帝国

君士坦丁建立了一个以他的名字命名的城市，就像哈德良（Hadrian）建了哈德良堡（后来的阿德里安堡，今天的埃迪尔内），图拉真（Trajan）建了图拉真诺波利斯（Traianopolis）和奥古斯塔·图拉真纳（Augusta Traiana）那样——这两座城市分别在巴尔干半岛的东部和东南部。当然，可以追溯到亚历山大大帝的多个亚历山大城也是其榜样。君士坦丁的城市也在帝国两个最危险的阵线之间，一边是莱茵—多瑙河边界，另一边是萨珊王朝。它不应与罗马形成竞争，而是在罗马、特里尔和安条克之外形成另外一个政府所在地。这对4世纪早期的挑战来说是恰当的。君士坦丁选择了博斯普鲁斯。因此小小的拜占庭从324年起成为皇帝的城市君士坦丁堡。在君士坦丁337年去世时，城市还有很多工地在建造当中。不管怎样，赛马跑道、对应罗马大斗兽场的竞技场已经建成。但是第一座圣索菲亚教堂（Hagia Sophia）是他的儿子君士坦丁二世下令兴建的——今天我们所熟知的

圆顶建筑是这座教堂的第三个版本，是之前的教堂在公元532年被毁后建造的。与君士坦丁陵墓相连的圣使徒教堂也是在君士坦丁二世时期建造的。君士坦丁堡直到公元400年前后才成为真正的首都：有了多个宏伟壮观的广场和城墙，它一方面为进一步发展留下了大量空间，另一方面也令城市变得真正坚不可摧。这时才有了在罗马之外再立一个首都的决定，这样帝国就有了两部分，很快又成了两个帝国，它们相互支持，但必要时也可以独立行动。

为了理解这点，我们必须再次回到四帝共治上。戴克里先身边的人全部都是来自巴尔干西北的伊利里亚人。罗马精神的影响是如此之深入，以至于在屋大维时期还被认为是"蛮族"的人此时已经可以自认为是罗马传统和生活方式的维护者以及够格的帝国革新者了。在阿尔卑斯山以北也有很多"罗马人"，而且在正式边境的两边都有。此时在北部边境，文明的差异已经非常小。农民在边境两边定居并互相学习。蛮族在罗马军队服役。人和军队会变换立场，受邀到帝国边境以内定居，以保护帝国不受蛮族的攻击，尽管他们自己原本就是这些蛮族的一员。罗马人给这些人群起了名字：哥特人、汪达尔人、阿兰人。但是，他们是自认为"哥特人"还是说他们一度把自己归入一个（成功的）群体并也变换了群体归属，这并不确定。不管怎样，值得注意的是，所谓的哥特人或汪达尔人组成了大大小小的部队，他们的领导人不断变化并同时出现在不同的地方。到君士坦丁时期后很久，帝国已经能够要么将他们融合，要么将他们抵御在外了。大多数情况下这两者是同时发生的。

从4世纪的后四分之一开始，这些群体开始承受压力。原因是我们在《希杰拜》一章将会看到的匈人，一个骑兵联盟。他们很可能来自中亚，此时转向了东欧发展。哥特人、阿兰人、汪达尔人和其他族群对他们避之不及，不光是士兵，他们的所有家人和社区也都是如此。在争夺庇护权和

定居地点的斗争中，他们越过莱茵多瑙河边界，打击罗马士兵，抢掠城市。这是"民族迁徙"。匈人在4世纪末时抵达帝国边境。他们通常不会定居下来，而是要求贡品，以便通过分配财富来确保骑兵联盟的凝聚力。面对这一挑战，罗马皇帝绝望地为了帝国的存续而斗争。面对敌人难以预料、迅速多变的布阵，他们打造起联盟再背叛联盟，占领阵地后又失守。在整个帝国北部地区开始了一段军阀混战期。他们当中自认为是罗马人或者是站在罗马一边的那些人并不总是比他们的敌人更能令人信任。所有各方还都对帝国寄予希望，不管是打算守护它还是榨取它，不管怎样他们都以某种方式参与其中。但是帝国究竟是什么却越来越不清楚了。至少，北部不再是一个安全和生活方式开化的地方。

在这一背景下，将防御的重担分摊并在事实上将帝国分割是明智的。帝国东西两部分都立刻感受到了压力。但是东部在压力下挺了过来，而这也是君士坦丁地点选择巧妙的结果。拜占庭——也就是此时的君士坦丁堡实际上是无法攻克的。它有2/3被水环绕，剩下的1/3有日臻完善的城墙、沟堑和塔楼的保护。只要有一支罗马船队在，就可以从水上为城市提供供给。在罗马被多次洗劫一空的同时，君士坦丁堡却毫发无损。到7世纪时，罗马的人口减至其鼎盛时期的1/10，而君士坦丁堡的人口则增多了。到君士坦丁去世时，那里有近10万人生活；公元541年第一次大型瘟疫开始之前，人口接近40万；12世纪时估计有50万。与这个时期印度或中国的城市相比，这不是特别多，但是对地中海地区来说这是不同寻常的。

公元476年，奥多亚克（Odoaker）——西罗马帝国的军队首领、已故匈人王阿提拉（Attila）一名重要亲信的儿子——派了一个元老院代表团到君士坦丁堡。他们递交了皇帝的王袍，包括王冠和皇帝的披风。奥多亚克让代表团转达说，西罗马不再需要皇帝了。西罗马帝国的最后一位皇帝罗慕路斯·奥古斯都路斯（Romulus Augustulus）当时还是个孩子，奥多亚克

在坎帕尼亚给他一块领地,让他在那里度日,后者可能在那里生活了几十年。但奥多亚克下令处死了小奥古斯都路斯的一位叔叔。与这位孩子皇帝不同,他拥有军队,因此可能会构成威胁。西部帝制变成了闹剧。奥多亚克自命为意大利国王——这是西罗马帝国还剩余的部分。北非、伊比利亚半岛、莱茵河左岸的西欧和不列颠掌握在从"民族大迁徙"中脱颖而出的统治者手中。在接下来的几十年里,欧洲北部和西部的力量对比还会多次发生变化。只有基督教的组织结构在某种程度上保持了稳定。民众饱受其苦。虽然说的仍是有所变化的拉丁语,但是掌握读写技能的人越来越少,而且还在写拉丁语的人使用的是一种结构简单的拉丁语。虽然罗马生活方式继续存在,远在君士坦丁堡的皇帝还被视为权威,但是城市人口迅速减少,农业收入减少。这不是个适合易损的精致物品的年代。

帝国东部的情况略好一点儿。不管是多瑙河边境的重大问题还是西罗马帝国的瓦解它都安然度过。当罗慕路斯·奥古斯都路斯被推翻后发配乡间时,皇帝阿纳斯塔修斯(公元491—518年)重新稳定了帝国东部。波斯人的攻击再度对稳定了几十年的东部边境构成了挑战,但也被他击退。君士坦丁堡的居民理所当然地自称为罗马人,而且他们认为自己坚守了元首统治和共和国的传统。此时它的首都是世界的中心——新的罗马。皇帝定居在这里,而且是长期的。这是个富足的象征,因为人们也要负担得起可以满足各种排场和奢华要求的皇宫。在西欧的法兰克王国及其后来的国家,国王在9世纪、10世纪时还带着在东罗马帝国看来十分可怜的随行人员从一个行宫到另一个行宫,因为没有人能长时间地养活他们。这也是个稳定的标志。与西罗马的军人皇帝不同,东罗马帝国的统治者不需要亲自作战。没有将领能够罢黜得到人民和君士坦丁堡精英支持的皇帝。不然的话他最初也根本不会以此作为首都。

在6世纪的皇帝当中,查士丁尼(Justinian)一世(公元527—565年)

是其中的佼佼者：他的执政时间最长，胜利最震撼人心，造成的死亡人数也最多。查士丁尼一世改革了管理部门和税收制度。此外他组织编纂了罗马法律并令其系统化。他的《查士丁尼法典》直到欧洲现代时期都被视作罗马法的代表作。然而他的政府起初是相当糟糕的：在对波斯人的军事行动失败后首都爆发了人民起义，结果3万人死于血泊之中。圣索菲亚教堂、其他一些教堂、部分皇宫和重要街道路段被烧毁。通过在非洲取得对汪达尔人的引人注目的军事成功以及后来在意大利的艰难成功，查士丁尼重建起他的声誉。在他统治的后期，（东）罗马帝国看起来就像是真地重生了——从阿尔卑斯山到埃及、从直布罗陀到博斯普鲁斯。查士丁尼一世下令重建君士坦丁堡中心地区。新版的宏伟的圣索菲亚教堂直到今天仍令人想起这位统治者。但是首都的华丽和帝国的扩张并不能掩盖重新夺取的领土特别是意大利因为长达几十年的战争而被榨干耗尽的事实。到它们能为帝国带来收益要需要一段时间。541/542年灾难性的瘟疫以及其他自然灾害给查士丁尼一世的统治蒙上了阴影。为了克服这些挑战，查士丁尼一世寄希望于加强信仰，力求令其一目了然。他没有利用罗马的共和国传统。总的来说，人们对他的评价是毁誉参半的。

波斯人、穆斯林、基督徒：罗马良莠不齐的继承人

查士丁尼一世于565年去世后，帝国在意大利赢得的领土很快又失去。6世纪末与波斯人的冲突对帝国的存亡构成了威胁，而对非洲和西班牙的占领也没能长久。罗马人在查士丁尼一世执政末期经历的和平时光没能持续下去。后来，阿拉伯骑兵在7世纪以一种新宗教——伊斯兰教的名义在一代人的时间内一举占领了整个地中海南部地区。在公元700年前后，从

葡萄牙到阿拉伯和阿富汗都是由阿拉伯人统治。

  造成上述局面的原因存在着争议。波斯和罗马在几百年来都曾支持阿拉伯游牧民族，目的是鼓励他们与自己的竞争对手作战，这点肯定起了推动作用。这导致了长期的跨地区结构的产生，这与我们在中国北方和罗马帝国看到的相类似。但是这种结构与一种宣称神圣的宗教相结合却是全新的事物。这一宗教是穆罕默德——来自麦加的一名商人提供的。他自610年以来在沙漠洞穴的孤寂中所领悟的启示令他成为一种严格的一神教（只承认唯一的神）学说的先知。尽管他认可犹太教、基督教和非基督教的阿拉伯传统，但在贸易大都会麦加，他遭到了激烈的反对。穆罕默德回到亚斯利普（后来得名麦地那——先知之城）。从那里，穆罕默德开始与麦加作战，并最终取得了胜利。麦加朝觐成为伊斯兰教的五功之一（另外还有信仰的证信、礼拜、斋戒和施天课）。穆罕默德死于632年。他的继承人继续了活跃的游牧战争，而且他们成功地通过宗教稳定了占领地区。迅速占领并不是穆罕默德的宏伟规划之一，而且《古兰经》并不包含任何明确的使命。和基督教一样，人们必须把宗教创始人死后形势的改变考虑在内才能解释这一不同寻常的成功。与伊斯兰教飞速并且由战争推动的崛起相比（这点在《婆卢羯车》那章已经讲过），罗马帝国的基督教化简直是舒服惬意的。

  随着伊斯兰教的获胜，罗马与波斯两个超级大国的较量结束，这一较量几乎决定了地中海1000年的历史。波斯变成伊斯兰教的，罗马以及君士坦丁堡的地位降至中等程度，虽然它还顽强地控制着小亚细亚和巴尔干，但除此之外就没有什么影响力了。然而在政治上，穆斯林并不能完全控制地中海地区。西北部，他们的推进随着732年在图尔（Tours）和普瓦捷（Poitiers）对法兰克人的失利而告终。东部，拜占庭帝国在半个多千纪的时间里都不可战胜。直到1453年，奥斯曼才得以占领拜占庭。君士坦丁堡的堡垒工程在上千年里非常好地发挥了作用——它最终在新式火炮面前败下

阵来。罗马时期的拜占庭 / 君士坦丁堡成了奥斯曼的"伊斯坦布尔"。

在已经灭亡的罗马帝国西北部，属于"罗马"的意识仍继续存在。法兰克统治者查理大帝在公元 800 年获得罗马教皇的加冕（古罗马时期还从未有皇帝这么做过），目的是与自奥多亚克和罗慕路斯·奥古斯都路斯以来就处于休眠状态的罗马帝国联系起来。中世纪的德意志统治者将这个法兰克王国继续了下去。"德意志神圣罗马帝国"直到 1806 年才灭亡。

在伊斯兰教盛行的南部，罗马人和希腊人的文化遗产尤其受到重视。在医学、数学、天文学和哲学领域，伊斯兰学者继续发扬了罗马和希腊（以及年代更为久远）的传统。这些知识被传播到欧亚大陆不同的伊斯兰帝国，直至印度。很多希腊哲学家的文字通过伊斯兰记录者得到了保存，并随后通过西班牙穆斯林到了中世纪西欧的教会图书馆里。

存在争议的是，拜占庭人自认为是罗马人并且忠于罗马精神的传统有多久。无疑，到查士丁尼时还是如此。与过去的桥梁是在 7 世纪还是 8 世纪变得摇摆不定，对于这点人们存在争议。毕竟在那之后拜占庭人还自称是罗马人，尽管他们对于这其中含义的了解越来越少，也不再讲拉丁语，而且不再能说清保存下来的建筑上所有罗马符号和图形的意思。对罗马根基的所在之处——西部的文明优势又保持了很久。自身的优越感也同样持续了很久。查理大帝于公元 800 年在罗马加冕为皇帝被视为一个蛮族人的虚张声势。

在西罗马帝国灭亡上千年之后，地中海联络区依然存在，而且至今依然存在。对罗马的回忆仍存留在人们的记忆当中。但它被保留在了世界帝国当中，它们在罗马帝国灭亡后改变了它们的视线方向。16 世纪的西班牙人、葡萄牙人和后来的法国人都依赖着地中海并与地中海共存。这也适用于 1453 年灭亡之前的拜占庭人，以及地中海南部和东部的伊斯兰帝国。但是在这些帝国当中，希望从整体上深刻影响甚至控制地中海的却越来越少。他们的世界帝国幻想从罗马在地中海留下的遗产转向了新的世界。

8

希杰拜

欧亚大陆的地理中心位于希杰拜。这是哈萨克草原上的一个小地方，距离苏联进行核试验的地方塞米巴拉金斯克（Semipalatinsk）180 公里。这里的人口密度极低，在有核试验场之前就是这样。我们不习惯将哈萨克斯坦视为欧亚大陆的中心，更别说是希杰拜了。欧亚大陆早期的农耕地区都在边上：中国、东南亚、印度、两河流域、地中海地区，然后还有西欧、中东欧等气候温暖的地区。那里是欧亚地区早期发达文明的所在地，最早的城市就出现在那里。它们当中的每一个都有自视为世界中心的倾向，而且直到今天还有点儿这个意思。但欧亚大陆的中心是在希杰拜。

我们为什么应从地理中心的角度来看欧亚大陆的历史呢？首先，这个地方令人想到欧亚大陆的历史并未演化为高度发达的文明史。草原以北是森林，在俄罗斯境内是泰加林（Taiga），捕猎者和采集者就长期居住在那里。这是些很小的群体，他们对环境的影响可能小于其他文明。但他们也有历史。我们是不是会想到在西伯利亚北部靠捕猎和饲养驯鹿为生的通古斯人（Tungus）？他们是什么时候开始这么做的几乎已经无法断定，因为

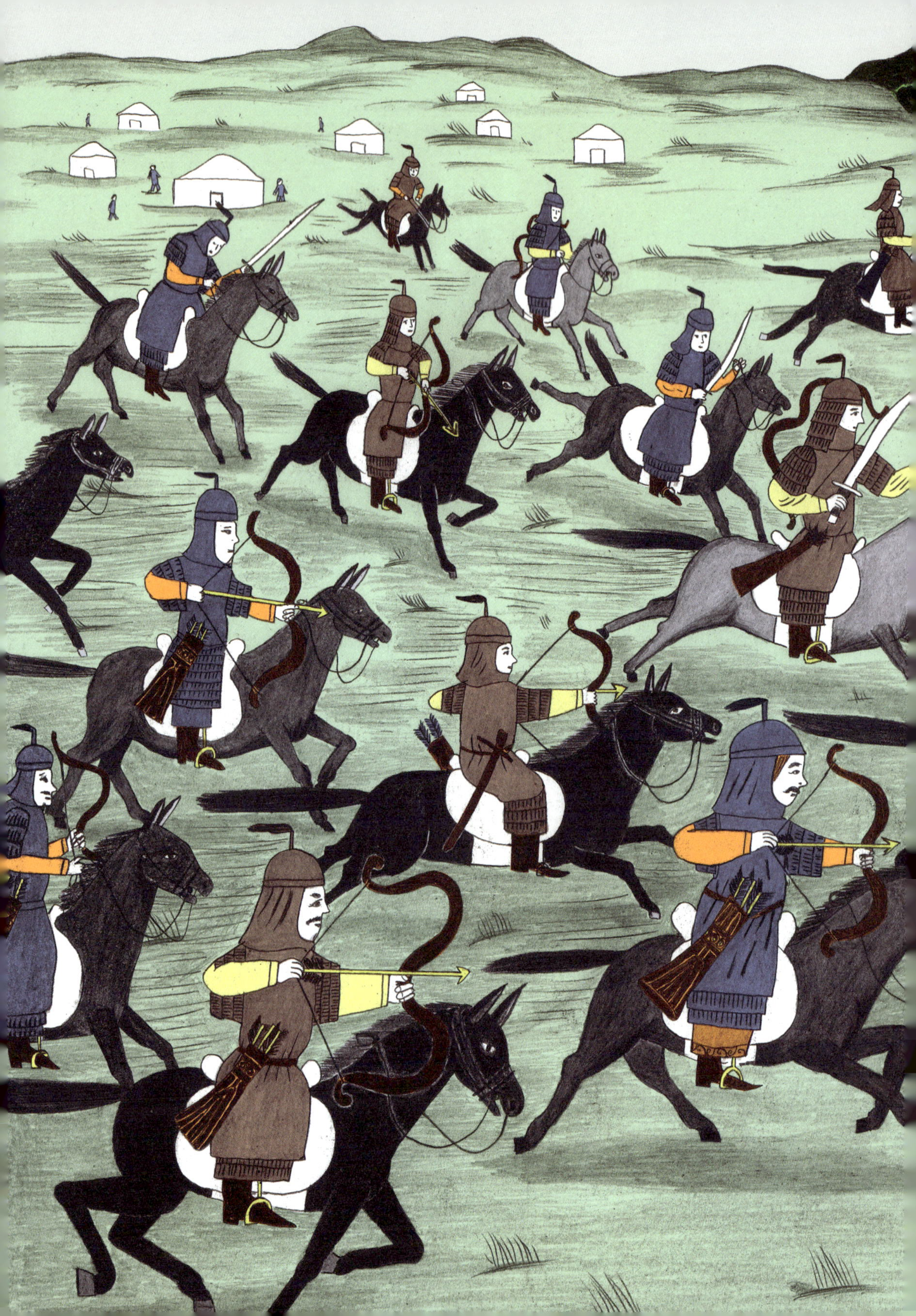

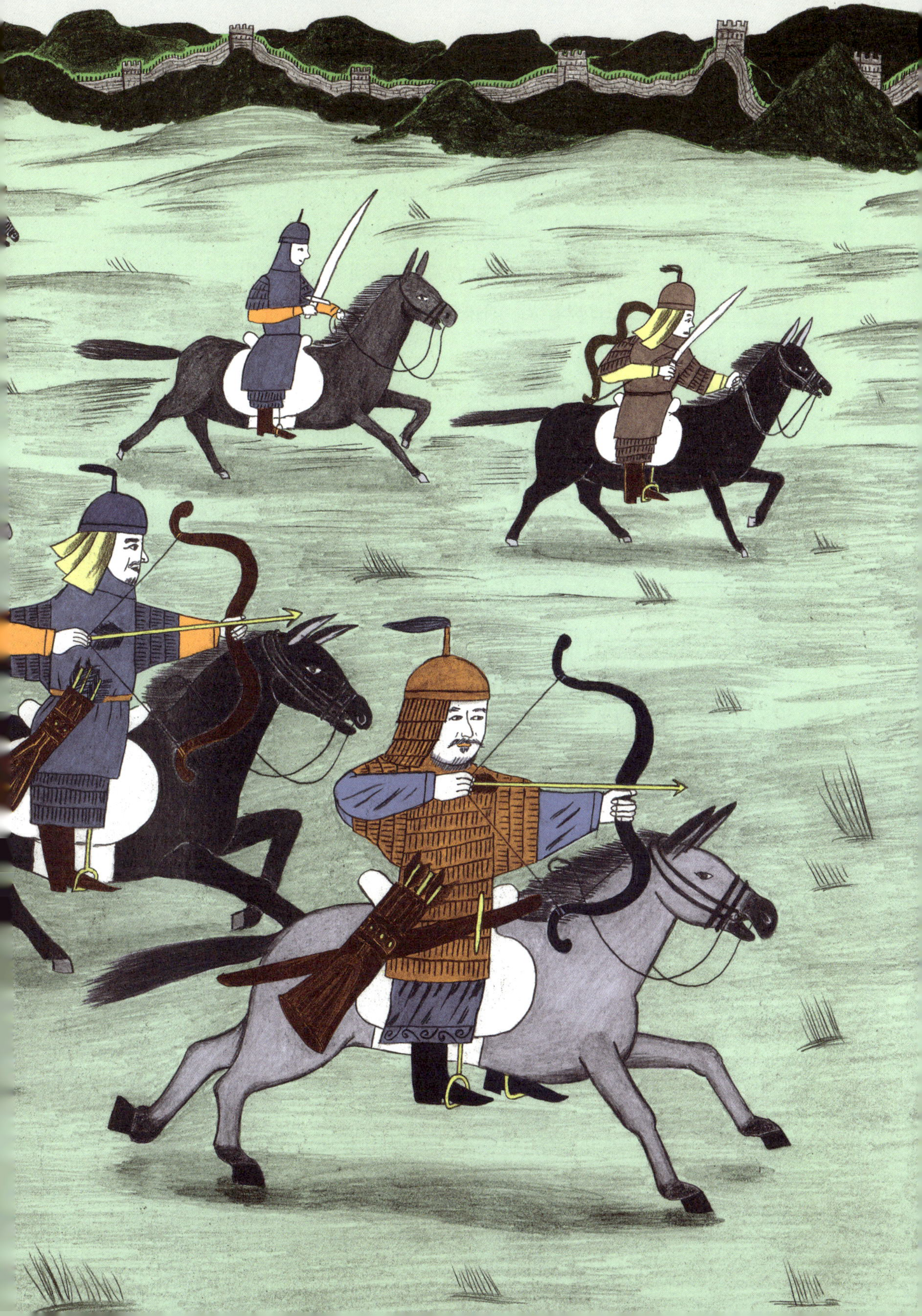

他们的生活方式没有给考古学留下任何的痕迹。在漫长和寒冷的冬季，他们生活在泰加林中。夏季，通古斯人迁往冻土地带（Tundra），在那里他们的驯鹿可以吃草和地衣。永久冻土解冻，沼泽形成，蚊子出现。为了驱赶这些昆虫，人们一直烧着火，烟味刺鼻。在欧亚大陆的北半边，人们与环境搏斗，过着艰苦的生活。

其次，欧亚大陆的中心将边缘的高度发达文明连接起来——以一种与印度洋不同但却可以与之媲美的方式。在看地图的时候，起初这可能有点儿令人惊讶，因为哈萨克斯坦是中亚——一个庞大地区的一部分，这里有着差异极大、有时并不利于人类生活的地貌。大多数河流不是汇入海洋，而是以内陆湖或内陆三角洲作为终点。因此，运输必须通过陆地进行，而且难度很大。除各种草原之外，荒漠和山区也是中亚的一部分。在这些山脉当中，最高的有喜马拉雅山，今天吉尔吉斯斯坦境内的别迭里（Bedal）山口或塔吉克斯坦境内的白马（Ak-baital）山口等山隘其海拔都明显超过了4000米。气候是大陆性气候，有着降雪不多的漫长、严酷的冬季与炎热的夏季。

但是尽管存在这样艰苦的条件，中亚仍得以将各文明连接起来。因为森林、草原地带和半荒漠以一条间或被山隔断的带状贯穿了整个欧亚大陆——从匈牙利到中国北部，而哈萨克斯坦的广大地区就属于这一地带。丝绸之路的很多个路段就经过这一草原地带和与之相邻的山区和荒漠。商品和消息、知识和病菌都得到了传递。游牧民族赶着他们的牲畜在该地区迁徙，与商队和附近的定居文明进行交易。文化接触是中亚的历史主题，这种接触由远途和本地贸易所决定，也由定居农民和牲畜饲养者、农村和城市居民以及游牧民族之间不断变化的边界所决定。在边界以及边界以外地区发生的接触和冲突则是中亚史的研究对象。

中亚草原的游牧民族骑兵

游牧民族不是狩猎者或采集者。后两者根据四季不同的环境条件寻找植物或动物作为食物的来源，而游牧民族是移动的，他们必须看管照料他们成群的牲畜。游牧民族不会跟在他们的食物来源后面，他们让他们的食物来源移动起来，以便能予以最佳的利用。因此，从历史上来看，人们先是过渡到农耕和畜牧。之后，在农耕达到生态极限时出现了游牧生活方式。在要么过干要么过冷或过热的地方，为了定期播种和收获，人们集中饲养特定种类的牲畜——山羊、绵羊、牛、马、骆驼。因为养活这些牲畜所需的草地面积远远超过人们能够从一个地方获得的，所以人们开始移动。他们以帐篷、蒙古包做住处，或者带着可以拆卸和组装的木屋。这样游牧民族就可以存活下来。但他们只有在牺牲别人的情况下才能变得富裕：为了不让使用的土地过度放牧，牧群的大小以及可以靠这些牲畜生活的人口数量都有其明确的限度。想扩大规模就需要更多的地方。如果瘟疫或自然灾害威胁到牲畜的存量，游牧民族就不得不到其他草场躲避，或者是利用定居者的资源。这两者都与冲突密不可分。定居者与游牧民族的边界永远都是进行交易和关系紧张的地方。这点我们在《巴比伦》那章中已经可以看出来了。

这种游牧生活方式具体什么时候产生的很难确定。考古发现让我们可以从公元前1000年起便将中亚的定居农民与游牧民族区分开来。我们发现，在一段时间之后，人们不再只是让马和骆驼来载重和拉车，而是也用它们来骑行。游牧民族骑兵诞生，这是一种流动性很强的文明。他们以一种特殊的方式对中亚产生了深刻影响。估计在13世纪蒙古时期之前，中亚的马匹数量占了全球的一半。而今天中亚已不再有野马。而我们下一章里所谈的则是另外一个世界了。

游牧骑兵的痕迹先是出现在考古发现当中。但是很快他们也出现在定居居民的文字记录当中——从中国到欧洲。这些文献讲到了蛮夷，他们神秘莫测、不可信赖，也无法预计。他们的饮食习惯未开化，举止粗鲁，行为没有教养。我们对游牧民族的了解来自怀有成见的作者，在他们那里游牧民族得不到什么正面评价。其实很多游牧民族文明并不是没有文字。然而由于他们流动的生活方式，他们记述较少，他们的很多文字记录正是因为这种流动的生活方式而没有保存下来。

很多描述游牧民族的文献资料源自危机时期。它们与袭击、征战和战争有关。文献中显然强调了差异与界限。但是日常生活较少以作战和不断的转变为特征。通常流动的畜牧者也顺带着从事农耕，而且在危机时期他们会尝试增加农耕的收入。"纯粹的游牧者是贫穷的游牧者"，英文研究文献这样说道。另一方面，定居的农民在农业危机时期转而从事畜牧并变得流动。所以说，两个世界的界限是流动的，而且它更多的是一个过渡区而不是一条明确的线。气候变化也促进了他们在地区内的流动。在过渡区内，游牧民族和定居者不断地进行交流，这对双方有利。城市和村庄里的人购买马匹、牲畜、肉类、皮毛和其他产品。通过北方的游牧民族，驴子到了中国，在此之前它们只存在于西方，但在此时则成了中国一种重要的驮载牲畜。游牧民族则需要他们自己不能生产的城市商品。在中国与北方游牧民族文化的边界地区有一些边境市场，它们由中国控制，同时也会根据政治意愿关闭。在中亚和西亚的城市绿洲里就没有这种严格的税收制度。

这些游牧民族是什么人？在斯基泰人和萨尔马提亚人的资料文献中提到了匈奴和乌孙、匈人、突厥人、鞑靼人和蒙古人。隐藏在这些名字背后的不一定是从历史的混沌中出现然后又消失的族群。现实要更灵活多变一些。中亚游牧民族形成了有着共同预算和帐篷的草原联盟。这样的群体从家族史上可以称之为血亲联盟，教父母关系、结拜兄弟和战略联姻都提供

了在原本没有家族的地方产生家族的可能。氏族可以因为政治原因结盟并由此形成更大的联盟，但它们保持着松散的结构并且大多与特定目的联系在一起。它们的背后没有一个共同的民族的概念。这样的联盟根据它们发源的地区或者是领导它们的首领来命名。当联盟瓦解时，各个草原联盟或家族可以加入其他的群体并随后使用它们的名字。因此，定居的文献记录者可能会有这种印象，突然受到了大量蒙古人或匈奴人的威胁，随后他们又同样突然地消失了。然后似乎很快又有另外一个完全不同的"骑兵民族"出现。

较大的政治联盟因为各种不同的原因而出现。它可能是为了贸易、作战，或者是为了抢掠。散发着领袖魅力和值得信赖的人发挥了至关重要的作用。这种魅力可以在家族中传递——相对于默默无闻的人来说，一位成功领导人的兄弟、儿子或者孙子实现领导权要求的机会更大。但是这样的要求必须得到其作为的佐证，作为一个集体服从他人应当是值得的。领导人必须是成功的。失败的损害和贪婪一样严重。领导人需要物品来进行分配。以优惠条件进行贸易是一种手段，掠夺和侵袭则是另外一种。耐心和等待不是可能的选项。因此，在定居者看来，草原上的富人掠夺成性、飘忽不定而且出尔反尔。在游牧民族看来，长久同样是件困难的事。因为在游牧民族的生活方式下，财富无法长久存储。因此大的游牧民族群体一再面临这样的问题：在取得一场对"高度发达文明"的富人的胜利后要怎么办。通常他们会选择不接管定居的富人，因为这将意味着游牧生活的结束。大多数情况下，他们满足于根据情形定期索取贡品，同时也指出，不然他们就会使用武力，强取商议好的贡品。

在非洲、欧洲、小亚细亚和两河流域，游牧民族和定居者之间的接触是在游牧民族之间没有出现较大的政治联盟的情况下进行的。相反，中亚的游牧民族则多次形成了大型的政治联盟，很有可能是因为受到了与中国

接触的挑战。中国是他们最重要的参考基准。中国有着悠久而且几乎没有中断的高度发达的文明传统。它的城市中心富庶，至少在游牧民族看来是这样。中国很早就形成了稳定持久的国家结构。当中国的力量向草原扩张时，它就迫使游牧民族做出反应。反之，中国也寻求边境以外的对话伙伴，以便让游牧民族变得可以预计，同时令他们的商品特别是马匹为己所用。在游牧民族这边来说，战争和贸易都可能导致较大的贸易或作战联盟的产生。这可能带来了一种动力，它的影响在中欧也可以感觉到，正如我们在《拜占庭》那章中看到的那样。反向的影响——也就是欧洲帝国形成、相互之间交织联系以及战争的反作用力（影响远至中国）直到现代才出现。在此之前，从欧亚大陆的中央来看，欧洲是十分遥远、很小并且割据分裂的。

第一个较大游牧民族联盟的例子与公元前3世纪末期中国的帝国统一密不可分。当时的汉朝对北方奉行一种咄咄逼人的政策。那里正在崛起的匈奴游牧民族眼中除了洗劫抢掠之外别无他物。作战行动与防卫努力交替进行，后者的核心是继续长城的建造。它应阻挡匈奴的偷袭。之后双方达成了约定，汉人提供丝绸、珍馐美味，甚至是公主来换取和平相处的保证。匈奴人同意了，没有人问公主的意见。汉朝边境上的平静以及获得汉朝的物品令匈奴人内外实力增强，他们在草原上扩大了自己的势力范围。汉朝人不愿看到这样的势力扩张，试图通过在遥远的西部获得领土以及与中亚游牧民族合作来阻止匈奴。游牧民族联盟最终瓦解。

在公元4世纪威胁波斯和欧洲的匈人是否与某个匈奴群体存在直接联系，对此存在着争议。和整个中亚游牧民族一样，匈人也不是一个"民族"，而是一个游牧民族联盟。欧洲人认为他们来自伏尔加河的另一侧，并遭到他们如末世般恐怖的袭击。匈人的骑兵作战和射箭战术是新事物，只要与作战有关，他们的表现就是极其残暴的。他们放弃在占领地区定居的行为也不会令欧洲人稍感欣慰。西罗马帝国缴纳贡品来安抚他们，甚至

可以雇用匈人部队。自 5 世纪中期起，匈人联盟瓦解。但他们的名声仍旧很大，在第一次世界大战时德国人还被法国人和英格兰人称作是匈人，以此来谴责他们的残暴和没有教养。

成吉思汗和 13 世纪的蒙古帝国

13 世纪的蒙古帝国是历史上最大的草原帝国。在扩张的顶峰期，它囊括的面积达到了非洲大小，从（蒙古人占领的）中国一直延伸至多瑙河和巴格达，从西伯利亚到阿拉伯湾和今天越南的北部边境。这个蒙古帝国毁灭了很多直到 13 世纪还十分重要的政权：中国的金朝和宋朝、巴格达的阿拔斯哈里发都包括在内。但是政权和国家也从它的崛起中直接或间接获益，它们在很长时间内对历史产生了深刻的影响，有的影响直至今日：例如印度的莫卧儿帝国和俄罗斯帝国。这个蒙古帝国曾在一段时期内令经中亚的商路更加安全，并令它更加巩固。中亚（即便不是希杰拜）对世界史的意义从未像 13 世纪时么重大过。因此，尽管这个草原帝国是历史上的一大例外而且也相对迅速地瓦解了，但更仔细地对其研究一下仍是值得的。

它的开端是，铁木真在 1206 年通过忽里台——重要人物大会被推举为大汗。从此他自称为"成吉思汗"，它或许可以译作"世界统治者"。关于他的本名和统治称号拉丁文献中流传着不同的叫法。铁木真虽然在 1204 年后下令利用回鹘文字创制蒙古文字，但是无疑它的运作方式与欧洲西部流行的文字不同。因此将蒙古文字转换成拉丁文字存在着多种可能。

铁木真很可能在 1162 年或 1167 年出生在一个重要但并不显赫的蒙古家族。我们不得不从极少的资料中重建他的孩童和青年时代，这些资料试图通过传奇性来加强他的重要程度。他的父亲在他 9 岁时被杀。接下来他

度过了一段非常贫困和艰难的时期,据说在这段时期里,他证明了自己的聪明、狡猾、意志坚定和无所畏惧。他的一个同父异母哥哥应该是很早就被他杀害了。他身边聚集着仰慕他并希望出人头地的年轻人。从这一小群人开始,铁木真一路青云直上,灵活地操控着各个联盟。早期的同僚从中受益,他可以分配的东西越来越多。相邻的联盟转而投奔于他,或者被击败和消灭。和匈人或匈奴一样,蒙古人这个最初很小的群体的名字也随着群体的扩大而得以传播。

在被尊称为成吉思汗之后,铁木真重新确立了周边环境的架构。上述蒙古文字系统的形成是管理机构改革的一部分。此外他还按照匈奴人已有的千户制来组织军队。对领地和家族的忠诚不能再带入军队当中,以此来制造一种整体的集体意识。此外,他重新规定了战利品的分配制度。每名士兵在战场的所得不再肯定归他所有,以前那样会加大追捕战败对手的难度。从现在开始,所有战利品都归可汗所有。由他来根据忠诚度和需要照顾的情况进行分配,这样统治制度就更加能够为自身服务了。当然,如此一来,他也让自己的统治和自身依赖这种战利品的分配。

接下来的20年显示,在一位足够勇猛的统治者率领下,这种来自统治、管理阶层和军队的游牧骑兵战可以焕发出多么巨大的活力。蒙古人统治的领土以迅猛的速度扩大。他们的军队活跃在中国北方与克里米亚半岛之间。蒙古将领哲别(在途中病逝)和速不台在1221—1223年的一次征战中跋涉了8000多公里,他们绕过里海,穿越高加索山,经克里米亚抵达伏尔加河,之后又回到咸海。他们打了多场成功的战役,而且速度是如此之快,以至于一位俄罗斯编年史作者在记录本国军队在黑海以北迦勒迦河的失败时根本不清楚对手是谁。他们是被某些人称为鞑靼人的陌生人。只有神知道这些人是什么人和他们来自哪里。后来,当他们真的打算进行统治时,蒙古人也继续快马加鞭地进行了抢掠征战。他们统治地区的前沿很多

希杰拜

都是荒漠地区，短期内不会有什么威胁。

单单是快速并不能解释蒙古人的胜利。他们的征战有着非常好的战略规划。不管是欧洲人还是中国人都被他们的战术所迷惑。他们总有新的马匹，马上射箭技术冲击着步兵和骑兵队。蒙古人不缺马匹。因为蒙古人的弓箭射程又远又锋利，它们可以击穿欧洲骑士的铁甲，而后者却无法对穿着轻巧灵活的皮制装甲的蒙古骑兵构成真正的威胁。因此，在比方让我们的俄罗斯编年史作者大为震惊的迦勒迦河战役中，双方死伤极其不成比例。因此哲别和速不台得以将大部分军队带回到咸海地区。在战役中，消灭敌军指挥官是主要目标，它旨在摧毁指挥体系。武士荣誉的观念（它将假装撤退和埋伏这样的特定计策排除在外）没有对蒙古人的思想形成束缚。此外，蒙古人学习新技能的速度非常快，比方说对严防死守的城市进行围攻。

这并不总是必要的。顽抗的城市居民受到极其残暴的对待。这使得其他人干脆放弃了抵抗。关于脸被砍成一块块和居民被逼为奴的消息不管是否属实都迅速传播开来，对蒙古人来说这再合适不过了。在向诸侯和地方官索要贡品的信中，他们一再强调，只有神知道，如果没有上缴要求的贡品会发生什么。

敌人的不统一同样对蒙古人有利。在讲拉丁语的基督教世界，在可恶的伊斯兰帝国另一边有一支基督教军队有朝一日会结果这个异端的想法挥之不去。因此最初当来自中亚的强大军队发动袭击的消息传来时，基督徒实际上是倾向于把蒙古人视为打击穆斯林的盟友的。最迟到1241年列格尼卡战役之后，这种错误的想法才打消。当时获胜的蒙古人把西里西亚公爵亨利二世的头颅挑在矛尖上带走，而且据称还运走了9麻袋的耳朵。也正是在此之后，教皇、皇帝才与地方首领商议，该由谁来担当起防御的责任。

1227年，成吉思汗在中国西北与西夏党项人作战期间去世。皇后孛儿帖所生的四个儿子中的第三个窝阔台被选为继承人。据说是成吉思汗选择了他。当时有怀疑的声音，但这一次一致的原则还是得到了贯彻。在这次以及未来的蒙古汗位选择中，只有成吉思汗家族的人才会得到考虑。只有他们才有开国皇帝的号召力。但是没有规定说明应当选择哪个家族成员：二哥？大哥？还是小儿子？人们力求选出最有能力的，但是能力是个可以加以诠释的概念。与统治继承权不同的是占领土地的分配。在这点上，很多家族成员都有机会。迅速扩大的帝国因此受到了双重夹击：横贯亚欧大陆的家族成员的领地要求，一定程度上还在发挥作用的税收管理部门和军队还必须得到发展。

因为嗜酒而名声不佳的窝阔台为后者做出了贡献。他对内巩固了帝国。他实行了一种可以迅速传递消息的驿传制度。他下令建造一座都城，于蒙古草原的喀剌和林（Karakorum）。它虽然地处有利的战略位置，却无法得

到地区的供给。如果从中国为这里的城市居民提供食物，每天需要几百辆牛车。窝阔台时期有了建立税制的初步尝试。被占领地区也被转交给非军事管理部门并任命了最高长官。以前的管理结构可以在这一层级以下继续存在，只要它们完成自己的主要任务——缴纳贡品和税赋，提供军队，并在需要时出现在统治者面前。蒙古人充分利用他们所遇之人的能力，不管他是文人、学者、管理人员、矿工还是武器技工。他们当中有些被招募雇用，另外的则被强制迁徙到其他地方。

窝阔台于1241年去世。接下来的10年里女摄政者——窝阔台的皇妃乃马真·脱列哥那（公元1241—1246年在位）和窝阔台继承人贵由的皇后海迷失后——斡兀立·海迷失（公元1248—1251年在位）发挥了关键作用，这令基督徒和穆斯林都大感意外。1251年，蒙古人再次一致推选出一位可汗：蒙哥（公元1251—1259年在位）继续了这种内部安排的方式。此后离心力在变得越来越庞大的家族内占了上风，它控制了越来越多和越来越不同的文化和政策。四个大的结构逐渐显现，它们对13世纪剩下的时间产生了深刻影响：中国的元朝，中心在今天的伊拉克、伊朗和叙利亚的伊儿汗国（Il-Khanat），从黑海经里海和咸海到贝加尔湖再从那里向北的金帐（Golden Horde）汗国，以及中亚和中国西藏的察合台（Chagatai）汗国。

四大帝国在14世纪的命运差别很大。在中国，蒙古人适应了下来——游牧民族长期占领一个帝国的极少数例子之一。都城由窝阔台时期的喀剌和林迁往南方。在往南大约200公里的地方和今天的北京附近分别建成了一个夏季和冬季行宫。1368年，在长达几十年的自然灾害、饥荒和人口下降之后，蒙古人再次被赶回草原，它们掩盖了蒙古统治者的成绩直到14世纪20年代都还是积极的事实。在南部和西部，伊儿汗国在1335年随着不赛因（Abu Said）去世而结束。不赛因近20年的统治作为黄金时期留在人们的记忆当中。这也是因为他没有留下继承人，而1335年之后的时期则以漫长的继承人争

斗为特征。北部和西部的金帐汗国是所有蒙古帝国中维持时间最久的。直到 15 世纪沙皇俄国、波兰和立陶宛的实力增强,这个蒙古帝国才瓦解。它的最后一个后续统治政权是克里米亚汗国,它直到 1783 年才为俄国叶卡捷琳娜大帝所亡。中亚的察合台汗国在 1338 年因为在与伊斯兰化和解还是保持成吉思汗传统这一问题上的分歧而瓦解。但不管怎样,帖木儿(大约公元 1336—1405 年)开始在后来的一个汗国里崛起,他在 14 世纪末时还再次建立起一个大帝国,并令其继承成吉思汗的传统。但是这个帝国并没有维持很久。

蒙古治下的和平——一个和平帝国?

针对 13 世纪和 14 世纪早期,学者提出了"蒙古治下的和平"这个概念,它令人联想到罗马皇帝奥古斯都时期的"罗马治下的和平"。因为一个大帝国控制着欧亚大陆的广阔土地,和平、稳定、贸易和文化繁荣成为可能。"蒙古治下的和平"这个概念对在列格尼卡战役中头颅被挑挂在矛尖上的亨利二世可能并不是那么地显而易见。从(位于今天乌兹别克斯坦境内、自亚历山大大帝时期就是重要的贸易绿洲之一的)布哈拉市来看,这个说法也没有什么意义。布哈拉在 1220 年被成吉思汗占领并且大部分被毁。1238 年发生了一次反对蒙古人的人民起义,但遭到血腥镇压。1263 年该城卷入争夺王位的冲突,据称有数千人死亡。1273 年布哈拉被伊儿汗国的蒙古军队占领,一部分居民被杀,另外一部分被迫为奴。3 年后,特别是布哈拉附近的农村人口成为另外一次占领行动的牺牲品。1316 年,城市再次被毁。在遭受这样的攻击之后,大多数水源不足地区的定居点周围高度发达和易损的灌溉设施再也无法发挥作用,因为它们被直接毁掉了,即便幸存下来也不能再保持原样。很多人饥肠辘辘。阿拉伯旅行家伊本·白

图泰（Ibn Battuta）在 14 世纪 30 年代称，布哈拉人口极少，到处都是废墟。

尽管此类无可否认的恐怖景象可以很容易地继续列数下去，但是"蒙古治下的和平"并非没有价值。因为在战争恐怖和标志性的残暴之外，蒙古帝国及其后续帝国为各种形式的交流提供了便利的条件。成吉思汗自身就已经对基础设施和贸易、语言、文字和文化感兴趣。直到当时，蒙古对远途商人来说还是个不太重要的附带目标，但自从它崛起之后就成为一个重要的贸易区。特别是窝阔台，他十分重视在大的贸易路线沿途设立常设站点和商队旅馆。巡逻队负责提高安全性。直到中华帝国和伊儿汗国瓦解，他的继承者无不致力于此，即便在大量的王位之争期间也保持着欧洲与东亚之间的商路畅通。这些长途路线在 13 世纪和 14 世纪早期相对安全很可能是因为统治的范围广阔并且严密。马可·波罗的旅行就发生在这个时期。相对于蒙古之前的时期来说，商人需要缴纳关税和贡品的地方首领少了很多。欧洲与亚洲之间的物品交流增多，奴隶贸易也是同样。丝绸之路沿途的商品价格下降。

今天伊朗最大的城市之一、距离阿塞拜疆和亚美尼亚边境 100 公里的大不里士可能是"蒙古治下的和平"福祉的象征，在这点上，它与布哈拉的不幸形成了对比。来自地中海地区、印度洋和中亚的商路在大不里士相交汇。这个生机勃勃的交易场所成了伊儿汗国的都城。它的统治者合赞汗（Ghazan Khan，公元 1295—1304 年在位）下令建造了新的乡镇、清真寺和市场。这座城市有大约 20 万居民。经历过变得破败的布哈拉的伊本·白图泰认为，这里的集市是世界上最壮观的集市之一，因为这里有如此多的、质量如此之好的商品。由于来自威尼斯和热那亚的商人以及大量来自其他地方的欧洲人在这里做生意，因此大不里士被称为中亚腹地首个重要的欧洲贸易殖民地。

"蒙古治下的和平"也包括宗教方面的包容性。铁木真在萨满教思想下长大，而且他身边有不同宗教的信奉者。欧洲基督徒一度希望与蒙古人结盟对抗穆斯林也是因为有些蒙古公主是聂斯脱利派基督徒。在他被推选为成吉思汗后，上天指定他来统治世界的看法流传开来。他是否相信这点并不确定，他的继承人窝阔台似乎对此更加确信一些。只要宗教不否认这一资格，它们在蒙古帝国的日子就不会太难过。在帝国的所有地区，神职人员都可以减税，可能是出于对每种信仰的"神圣人士"的尊重。对于基督教和伊斯兰教所提出的一神论要求，蒙古人是陌生的。对他们来说关键是各宗教之间的和平。它们的和平相处是中亚生活的一部分。他们并不想就神的叫法和名称进行争论。

13世纪下半叶，西部的蒙古统治者开始信奉伊斯兰教，东部的则是佛教。他们各自的宗教信仰对他们的这些举动起了什么样的作用，对此存在争议。当帝国扩张力竭时，宣告信奉本地区最为重要的宗教可能会增强内部的凝聚力。穆斯林统治者的皈依不一定意味着全体人口的伊斯兰化。并没有这个时期的平民改信伊斯兰教的报道。蒙古人是否总体上推动了伊斯兰教的发展扩张，这并不确定。在他们的早期和扩张阶段，起初他们的确打击过伊斯兰教。在中亚，有一段时间地方统治者不再推动伊斯兰学说的发展。在传授伊斯兰教的地区当中，中亚一直是比较落后的。

或许在19世纪之前的世界史上，从未有过一个时期的联系像蒙古时代那样紧密。从未有过其他一个时期，中亚对整个大陆的影响是如此重大和如此具有决定性（可能要排除匈奴时期）。在蒙古的世界帝国瓦解后，欧亚之间的商品与知识交流明显减少。14世纪中期的瘟疫病毒或许要算是欧亚商路最后的受益者之一。此后，商路的重要性下降。一度处于核心位置的中亚沦为边缘角色。或许正因为如此，我们才想不到欧亚大陆的地理中心会是在希杰拜。

9

莫切谷地

　　莫切谷地是由一条河产生的，这条河临近特鲁希略（Trujillo）城并在今天秘鲁的首都利马以北500公里处汇入太平洋。太阳金字塔（Huaca del Sol）和月亮金字塔（Huaca de la Luna）就耸立在这条河的附近，前者可能是南美建成的最宏伟的大型建筑。金字塔只有一部分保留下来，其他的都被西班牙寻宝者破坏了。两座金字塔都是由风干的黏土砖建成的。据估计太阳金字塔使用了大约1.4亿块砖。至少在一段时期内，一个文明的中心就坐落在环绕着日月金字塔的莫切河畔，在公元500年前后其影响力的顶峰时期，这个文明中心主导了中心位置南北300多公里的太平洋沿岸的河谷。

　　大量规模略小一些的城市中心在邻近的河谷分布，它们也有宫殿和金字塔，同样也是由黏土砖建成。这样的一个定居点最多可以生活1.5万人。道路将一个个定居点连接起来。有证据显示莫切河畔有覆盖范围很大的灌溉设施。那里有长达100多公里的运河和大型的蓄水库。通过巧妙利用河水，人们得以在十分干燥的平原种植玉米、大豆、花生、木薯、土豆、甘薯、南瓜和辣椒。能有建筑工程、灌溉系统和城市定居点这样的成就，不

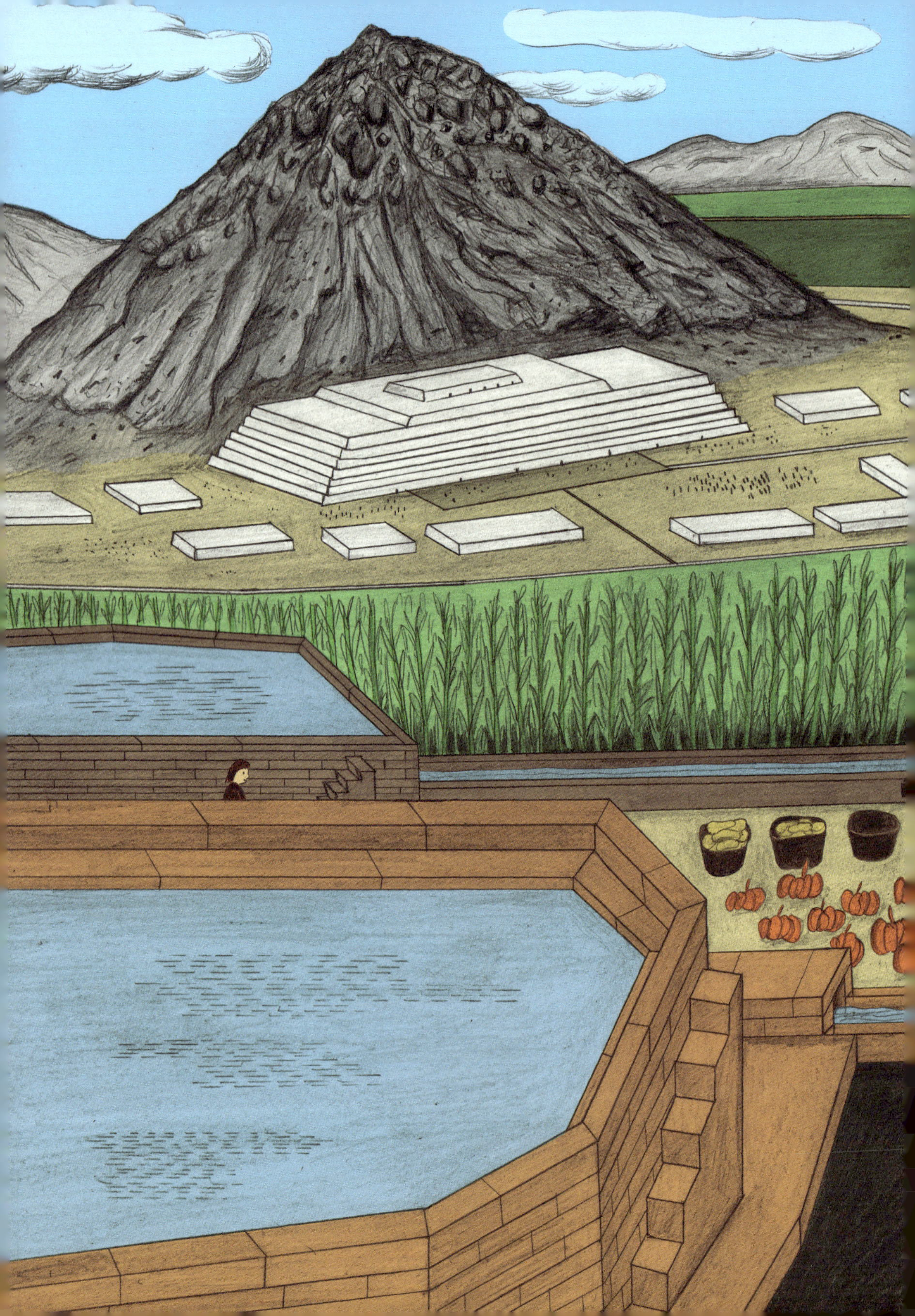

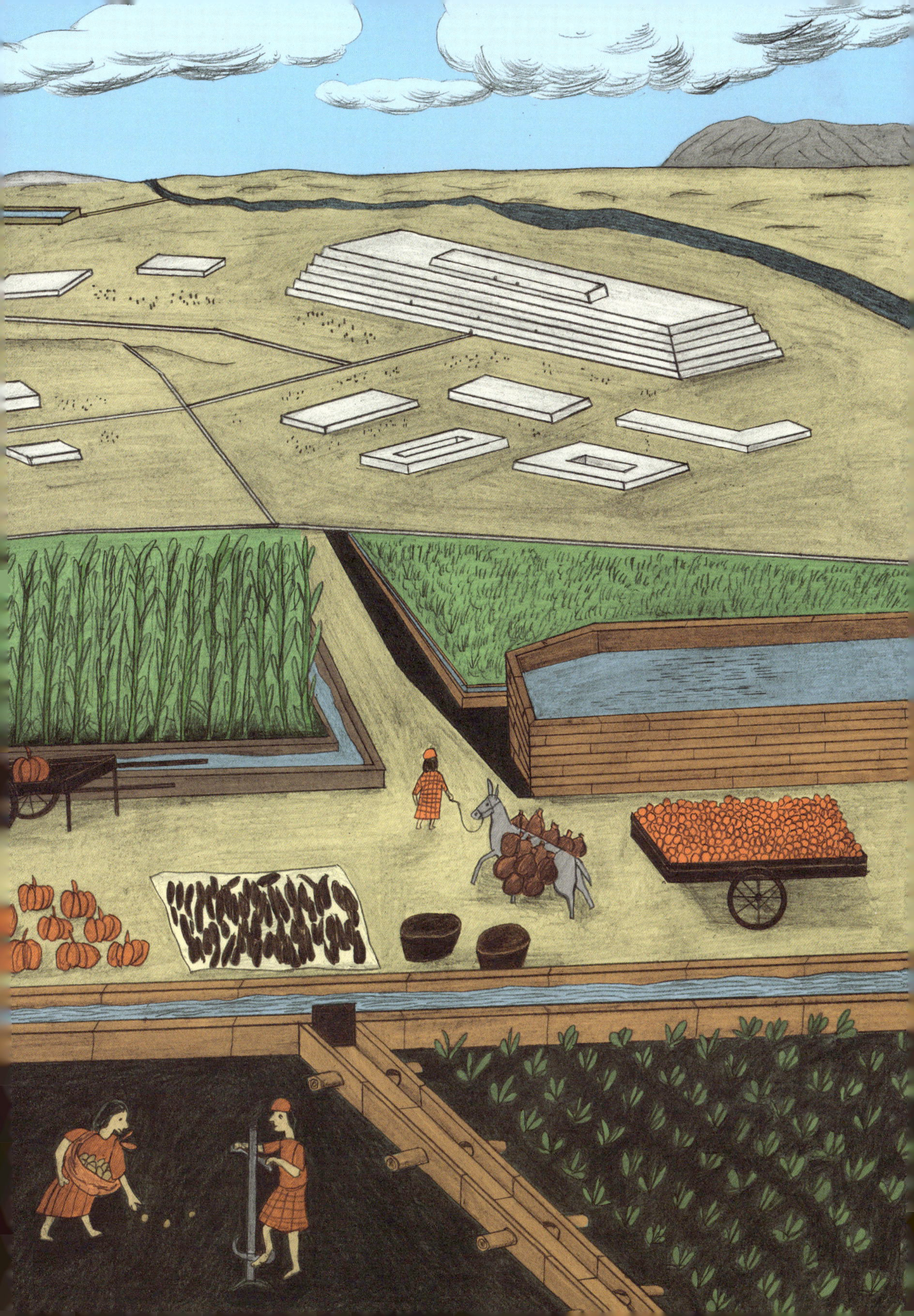

仅要求劳动分工，也要求长期可靠的组织。莫切（考古学家这样称呼整个文化和属于该文化的人——考古学家发现了这些人留下的遗迹）文明被公认为是南美首个具有与国家相类似的架构的社会。

公元1500年前：一个地球，两个世界

　　太阳金字塔、月亮金字塔、灌溉系统和道路令人想到，在我们之前所关注的欧洲—非洲世界之外还有另外一个世界。正如我们所看到的那样，中国与地中海地区在被欧洲历史学家称为"古典时期"和"中世纪"的整个时期内都进行着商品与信息的交流。交流并不是直接进行的——君士坦丁堡没有中国的丝绸商人出入，罗马在唐朝朝廷里也没有代表。但是有一个贸易和信息网不仅将欧亚大陆也将非洲囊括在内。欧亚大陆和非洲人对于（在欧洲人看来的）大西洋另一侧以及（在中国人看来的）太平洋另一侧的第二个世界毫无所知。反过来这也完全适用于莫切河谷以及南北美洲的居民。他们也拥有横跨南北美洲的广阔的贸易与信息网。同样，在这里也没有人亲自从今天的加拿大走到今天的智利，但是商品经过多次转手却可以跨越几千公里的距离。美洲人同样以为大西洋和太平洋就是世界的尽头了。

　　美洲世界也坐落着差异很大的社会。莫切文明是众多高度发达文明中的一个，它们有中央集权统治和劳动分工——贸易、手工业、农业和畜牧。但是与欧亚大陆不同，这里没有挽畜，只有耕畜、用于负重和骑行的牲畜。因此种植工具仍相对简单，与此相关的手工业也很简陋。分工明确的社会不仅存在于太平洋海岸，在安第斯山高原和中美洲也有出现。他们生产不同的商品并相互交流和贸易。而在安第斯山脉以东的庞大地区，从亚马孙

河地区到今天阿根廷境内的草原地区则以结构较为简单和规模较小的社会为主。他们有的从事农耕和捕鱼，有的靠捕猎采集为生。但正如广泛传播的贸易语言所证实的那样，他们也通过贸易联系在一起。

美洲的众多社会也有其历史——统治者和富人的崛起与衰落、知识的增长与遗忘、经济繁荣期与危机。但对我们而言，很多事情仍是神秘的，因为大多数社会没有文字。对很多南美社会来说，公元600年前后很可能是一个重要的变革期。放在今天我们会归咎于厄尔尼诺现象的一系列极端天气给他们造成了极大的威胁。起初是超过30年的旱灾——从公元562—594年。从高山地区流入今天巴西境内的巨大的亚马孙河地区以及流入大量比它短得多、向西流入太平洋的河流的水少了很多。这些河流中有很多干涸了。农田沙化，沙丘形成。接着在602—635年之间，强降水频繁出现，并造成洪灾。地质学家通过在冰川中挖凿深洞并对河流的冲积平原进行研究发现了这一点。

不仅是莫切人，秘鲁高地和太平洋沿岸的很多社会都面临严峻的挑战。考古学家发现，种植活动减少，房屋、道路、水渠和灌溉系统被毁，艺术传统结束。这些年里具体发生了什么，我们并不清楚。可以推断的是，社会内部发生了激烈的冲突，甚至是自我毁灭。在公元600年之后，太平洋和安第斯山脉的政治景象彻底改变了。新的大帝国出现，旧的统治结构和文化模式消失。最引人注目的牺牲者就是莫切文明。

陶器讲述美洲历史

莫切人如何称呼自己我们并不清楚。他们没有留下文字见证。这是值得一提的，因为在欧洲人看来国家与文字是相辅相成的。但是中南美洲很

多高度发达的文明在组织成就上达到了相当高的水平并完成了复杂的建造任务，却没有使用文字。他们是如何做到这点的，具体我们并不清楚，因为通常留下的只有考古学的见证和坟墓。再加上西班牙征服者和传教士在与本地人初步接触后所记录的内容。但是欧洲人往往没有真正理解这些对他们来说完全陌生的文化。此外，从公元1500年后写下的状况描述来推断很久之前的时期是什么样子——这是否可能？这也存在着很大的争议。

尽管有着种种的困难，我们仍可以相对较好地勾勒出莫切人的样子。这主要是因为他们的陶器，它们在我们所拥有的有关他们的考古发现中占了九成以上。它们大多是为死者陪葬的器皿。有些器皿描绘了人和动物的形象，它们色彩缤纷而且栩栩如生。另外一些则布满了细腻的图案与绘画。欧洲人是如此醉心于这些陶器，以至于盗墓者对它们的兴趣长达几个世纪。部分陶器被盗走、贩卖并再次出现在欧洲人的收藏当中。近100年来，考古学家在秘鲁寻找的目标更加明确了。他们将发现地点和发现物品登记在册。他们不仅收集个别物件，而且也对整套陪葬品感兴趣。他们根据发现的地点和制造年代对陶器进行分类，以辨别其中的地区与年代变化。

但莫切人并没有让我们的工作变得容易。他们的陶器不是为了向考古学家传递信息而设计的，它们绝大多数是用来帮助死者走向另一个世界或者是帮助他留在那里的。给人印象最为深刻的绘画讲述的不是日常生活的故事。它们也不包含任何的法规或者习俗，它们不会提供统治者或其他重要人物的画像。相反，它们关系到宗教和仪式的核心元素。人、动物以及半人半兽一再出现在类似的场景当中：战斗、比赛、（人的）献祭典礼、净化和殡葬仪式。梦境与现实、尘世与往生、生与死都交错到一起。流血的场景很多。深深沉浸在这些场景当中的人晚上会睡得很差。

这些人的生活、思想和死亡与我们今天完全不同——除了这一显而易见的发现，这一切还意味着什么？首先我们必须这样认为：至少有一个莫

切精英理解了这些画并知道与之相关的神话。在他们的世界里不可能给出文字的附加说明。因此，莫切人对自我和世界的认知关键就在这些画当中。但它们很难破解。献祭仪式是这些画所展示的宗教活动的核心，而人的献祭（在殖民时期之前的中南美洲并不罕见）是其中十分突出的部分。最新的挖掘发现，这种人的献祭的确是发生过的，而且的确有陶器上展示的那种服装，人套上它以便让自己看起来更像是想象中的生物。祭品献奉给不同的但数量并非无限的神灵。在莫切文明后期，重要神灵的数量减少。绘画中有两个群体十分常见——萨满和武士。武士的重要性在莫切时代提高。

虽然宗教主题处于核心地位，但是陶器也展示了一点儿莫切人日常生活的样子——服装、家具、武器和家畜都是什么样子。通过对风格的对比我们可以区分出不同的阶段：有的考古学家将其分为五个阶段，有的则分为三个。近几十年通过挖掘，人们也获得了其他一些证据，但这些挖掘的注意力不再集中在陶器上面，而是把墓穴、被埋葬者、房屋、寺庙、道路和水渠也纳入考虑当中。借助牙齿比对和基因分析等新方法，我们对莫切人生活和历史的认识变得更加直观，也更具活力。

证据显示莫切文明存在于公元前1世纪到公元7世纪。它的起源有可能就在莫切谷地。到公元500年时，它在太平洋沿岸达到了占地面积最大的时期。这不一定是由某个统一的中心通过军事占领完成的。最近的考古挖掘显示，当时有多个政治单位具有相同的文化基础。可能南方是通过从莫切谷地开始的扩张实现统一的，但此前的文明并没有立刻以及完全地消失。在北部，貌似有多个单位通过交换礼物和联姻联系在一起。有的考古学家认为，莫切文明不同的政治单位一再卷入武力冲突当中，战败者遭到拷打、侮辱并被献祭给神灵。但是对此的意见分歧很大。

在公元500年后，可能南方得以从军事上控制了北方。这也是武士在陶器绘画中比重增大的时期。一个类似国家的霸权单位出现，它很可能是由一个类似神的统治者率领，某个武士阶层占据了重要的地位，而萨满则连接了尘世与往生。谁来供养他们所有人呢？寺庙、宫殿、道路和运河的建造方式显示，一群群"熟练的"工人会服务一段时间，然后再被其他人替代。或许他们通过劳动来缴纳某种国家税赋。完全一致的砖、制造方式类似的陶器以及陶器上几乎程式化的绘画都暗示着一种紧凑的劳动组织方式，它虽然有例行程序但也有个人表达的空间。对城市定居点的考古发现显示，城市手工业者的食品供应是受到规范的。城市里有商人，也有广大的居民阶层，他们通过农耕、畜牧和捕鱼来生产食物。一个组织紧密、非常有效率的社会清晰可见。

正如在距离文明中心很远的地方发现的陶器所显示的，即便在其直接控制范围以外，莫切文明也给人留下了深刻的印象。反过来，考古学家在莫切人的坟墓和房屋里也发现了肯定是经历了遥远路途才来到这里的贵重物品和日用品。来自厄瓜多尔沿海的贝壳占据了重要的位置。殖民时期前的南美也有距离远得惊人的人与商品的联系。而且文明并没有严格区分开来，而是相互重叠、混杂，并在某些地区同时发挥作用。

在公元600年前后，莫切人突然放弃了南部的统治范围，并离开了莫切谷地的日月金字塔。在往北150多公里、距离海岸线50公里的地方出现了一个新的规划城市，它的面积为6平方公里（旧中心有2~3平方公里），宏伟的要塞金字塔（Huaca Fortaleza）是其精神中心。食物储存在新式的仓库里。同时陶器的风格发生变化。因为没有文字见证，我们不能肯定地说明是什么导致了这一彻底的割裂。很可能长期持续的旱灾给依赖灌溉的农业带来了困难。可能后来的年份降雨过多，超出了灌溉系统的负荷能力，毁掉了系统。这些灾害很可能被怪罪到精英的头上，显然他们失去了与神灵的联系。因此，人们转而寻求其他神灵和领导者的帮助。人们在月亮金字塔发现了超过75具成年男子的骸骨，他们在成为祭品之前肯定经历过残酷的暴力。或许这是莫切精英重新赢回神灵厚爱的一个绝望的尝试。它没有产生任何的效果。

新的规划城市出现在兰巴耶克（Lambayeque）河河畔，这条河在旱灾期间也没有干涸。可能长期受压迫的北方政治单位抓住了机会，以在兰巴耶克河重新开始的方式来对抗正在崩溃的南方国家。但是，将民众（他们由受到极大威胁的不同地区组成）重新紧密地组织起来可能并不容易，特别是新选址也要与气候的巨大变化做斗争。不管怎样，长远看来莫切文明没能重新稳定下来。最后肯定是发生了武力冲突。准备从今天的秘鲁南部建立起一个军事大

帝国的瓦里（Wari）人是否积极并通过武力方式参与推动了实行了改革的北莫切政体的崩溃，还是说它只是从它的瓦解中受益，对此还存在着争议。

莫切人与瓦里人以及后来的印加人主要区别在于，他们的政体一直局限在低地地区。他们的影响力最高只达到海拔五六百米的地方。他们并未争取向安第斯高地扩张。或许这也超出了其资源和能力所允许的范围。在这些范围之内，莫切人的成就直到今天都给人留下了深刻的印象。

奥尔梅克、玛雅和其他

莫切人只是中南美洲组织范围极大、建立了城市定居点并且产生了直到今天都还吸引着人们的文化产品的诸多文明之一。奥尔梅克人最早出现在中美洲的墨西哥湾，大约在墨西哥境内大西洋与太平洋之间最为狭窄的陆桥位置。他们在公元前1000—公元前500年之间建立了定居点，并创造了艺术作品，其中巨石头像尤其令人赞叹：它们高数米，重达30吨，但各有独具特色和鲜活的形象。奥尔梅克人的小型雕塑在墨西哥以南很远的地方、直到今天的哥斯达黎加境内都有发现。这是否显示它形成了一个帝国，还是说这只是相互独立的奥尔梅克中心构成的贸易网的结果，对此存在着争议。它甚至有文字和计年的痕迹。但是它们是否真的可以追溯到奥尔梅克人的时期还是说它们的年代要更短一些则不清楚。

在奥尔梅克人之后，中美洲没有一个突出的人群规模与之相当。我们在墨西哥中部、南部以及今天的危地马拉发现了曾在公元前500—公元1000年间形成了城市的中美洲文明，显然，它们是相互影响的。它们当中没有一个可以被视为奥尔梅克人的直接继承人。和莫切人一样，人们花费巨大精力建成了文明和宗教中心，然后又离开了。和莫切人一样，描述一种文明的影响比阐述它崛起和衰落（有时也可能是一场灾难性的崩溃）的原因要容易一些。这些文明当中最知名的是公元 300—900 年的"古典时期"的玛雅人，在被西班牙人征服之前中美洲历史被分为三个阶段，这是中间的一个阶段。玛雅文明的舞台是尤卡坦（Yucatán）半岛，今天它属于三个国家——墨西哥、伯利兹和危地马拉。

从公元 300 年起，尤卡坦就有一些领地拥有按照规划建成的城市中心。在图画以及题词中可以看到对统治者的崇拜以及一个多阶层的社会。玛雅人形成了一种将音节与象形文字相结合的高效文字。他们不仅在石头上也在纸上、纺织品或皮革上写字。有多少人可以读写这种玛雅文字我们并不清楚。在西班牙人占领之后，这些知识都遗失了。最近一个半世纪以来人们才费尽气力把它们重新找了回来。它并不容易，因为它关系到几百个符号，它们以各种变体出现，并记录了多种相互存在关联和渊源的玛雅语言。直到今天仍有一成的文字符号人们不清楚其含义。

在 6 世纪遭受一场严重危机之后，玛雅社会从 600 年开始经历了一次新的繁荣。它的前提是，因为人工灌溉而变得更加高效的农业此时已能够养活更多的城市人口。城市里有负责管理经济、政治和宗教的部门。一个贵族阶层掌管着重要的宗教和政治职位。慢慢地，上层中心形成，它们在 650—850 年将玛雅人的领土瓜分。之后，各地陆续停止了纪念碑和石柱的建造。国王统治的见证消失。描画得五颜六色的陶器也不再制造。为什么？来自墨西哥中部的移民可能是个原因，再加上战争增多。或许这毁掉了令城市生活成为可能的贸易网。

和中美洲一样，从厄瓜多尔到智利的南美洲西部也有一部高度发达的文明史可以讲述，莫切人构成了它的早期阶段。南美历史比中美洲历史更加复杂，因为这个地区的面积更大而且不管是地质上还是气候上的层次都更加明显。在的的喀喀湖周边地区，人们很早就在海拔 4000 米的地方从事农耕，在更高的地方畜牧。所有较低的地区都有农耕和畜牧。条件差异很大：地质上是因为土壤的种类不同，气候上是因为距离赤道的远近不同，而且在低地地区还有洋流的不同。因此，莫切人通过贸易、家族结盟或军事占领将不同农业地区的产出集中到一起的战略就有了合理的解释。与此相类似，在安第斯山脉的高处也可以看到，低地与高地在文化、经济和政治领域的差异并不是非常突出。新的研究也强调了安第斯山脉东侧的亚马孙地区的积极作用。这里最先制作了陶器，而且高地地区的艺术和绘画主题似乎受到了亚马孙低地前辈的影响。

除玛雅人这个特例之外，绝大多数中南美文明——从奥尔梅克人到莫切人——都没有或者没有具有强烈表现力的文字体系。尽管如此它们却是高效的和充满活力的，不管是在文化还是技术方面。即便没有文字，大型建筑、灌溉设施或是跨地域的社会体系等复杂问题都得以解决。莫切人、玛雅人和奥尔梅克人展示了人类的可能性，它距离在长时期内确定了基准的欧洲模式十分遥远。自从他们经西伯利亚、白令海峡和阿拉斯加来到美洲，美洲人与欧亚大陆分开了长达1万多年，并走了一条完全属于自己的道路。在公元1500年前有两大世界，它们由无数很小的、或多或少连接在一起的世界组成。在公元1500年后，他们在美洲的大都市里如宿命般相遇了。

10

特诺奇蒂特兰和库斯科

公元 1500 年后：两个大都市和它们的终结

特诺奇蒂特兰和库斯科分别是在奥尔梅克人、玛雅人和莫切人之后的几个世纪里统治中美和南美东部的两大帝国的首都。特诺奇蒂特兰是阿兹特克帝国的首都，它被埋在今日墨西哥城的房屋下。印加帝国的首都库斯科今天还在：它位于海拔 3000 多米的秘鲁安第斯山上，人口有 3.5 万人。今天库斯科很多房子的墙基都来自印加时期。它们的砍凿是如此精确，以至于它们即便没有砂浆或其他黏合剂也可以在西班牙人的攻击和多次地震中幸存下来。

第一批欧洲人来到这两个中南美大都市时纷纷为之倾倒。在公元 1325 年前后建立的特诺奇蒂特兰在 1520 年前后有居民 20 万，或许 30 万。城市位于特斯科科（Texcoco）湖的多座岛上，它们通过大坝互连接通并与陆地连接。西班牙征服者贝尔纳尔·迪亚斯·德尔·卡斯蒂略（Bernal Díaz del Castillo）曾兴奋地写道：

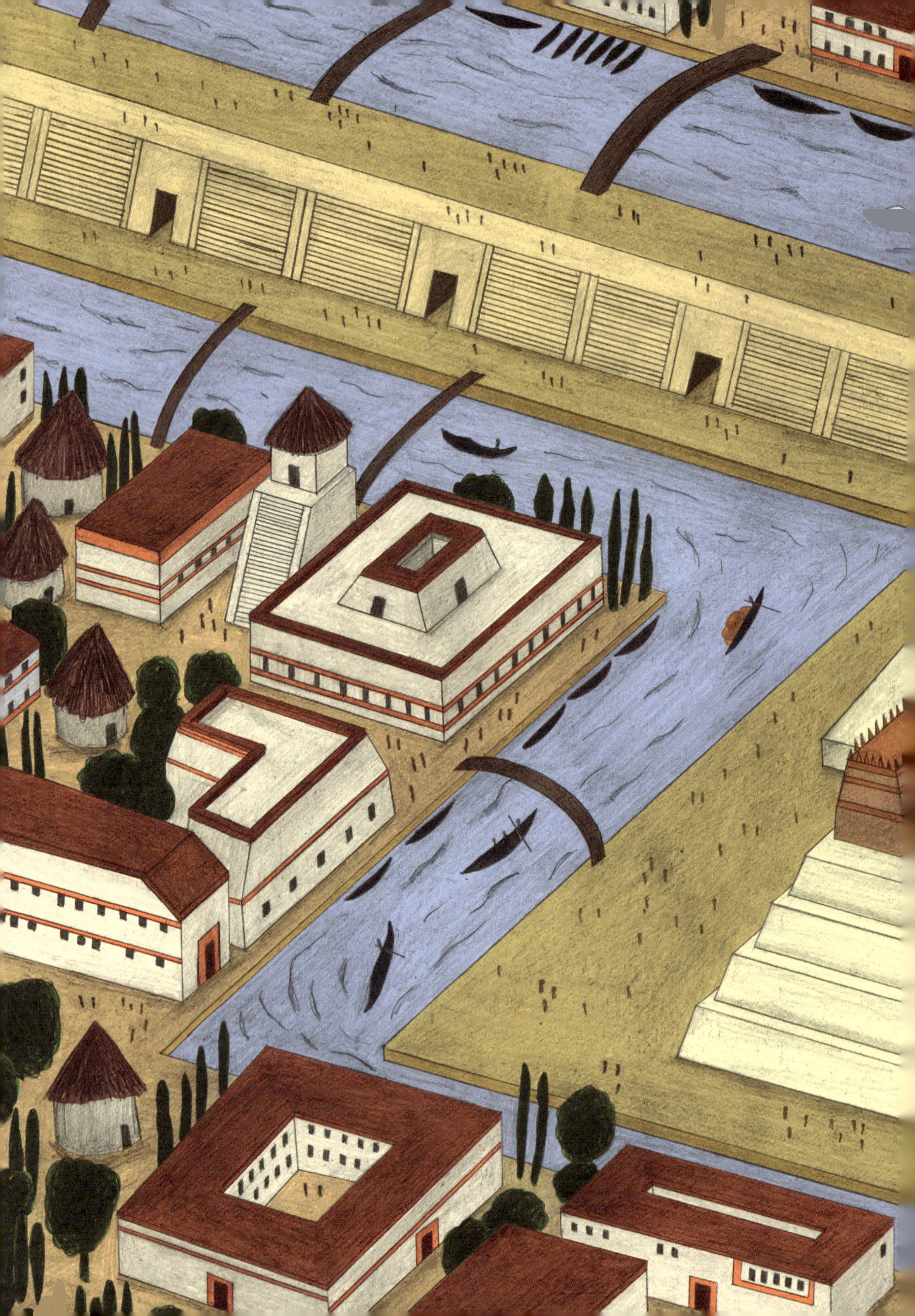

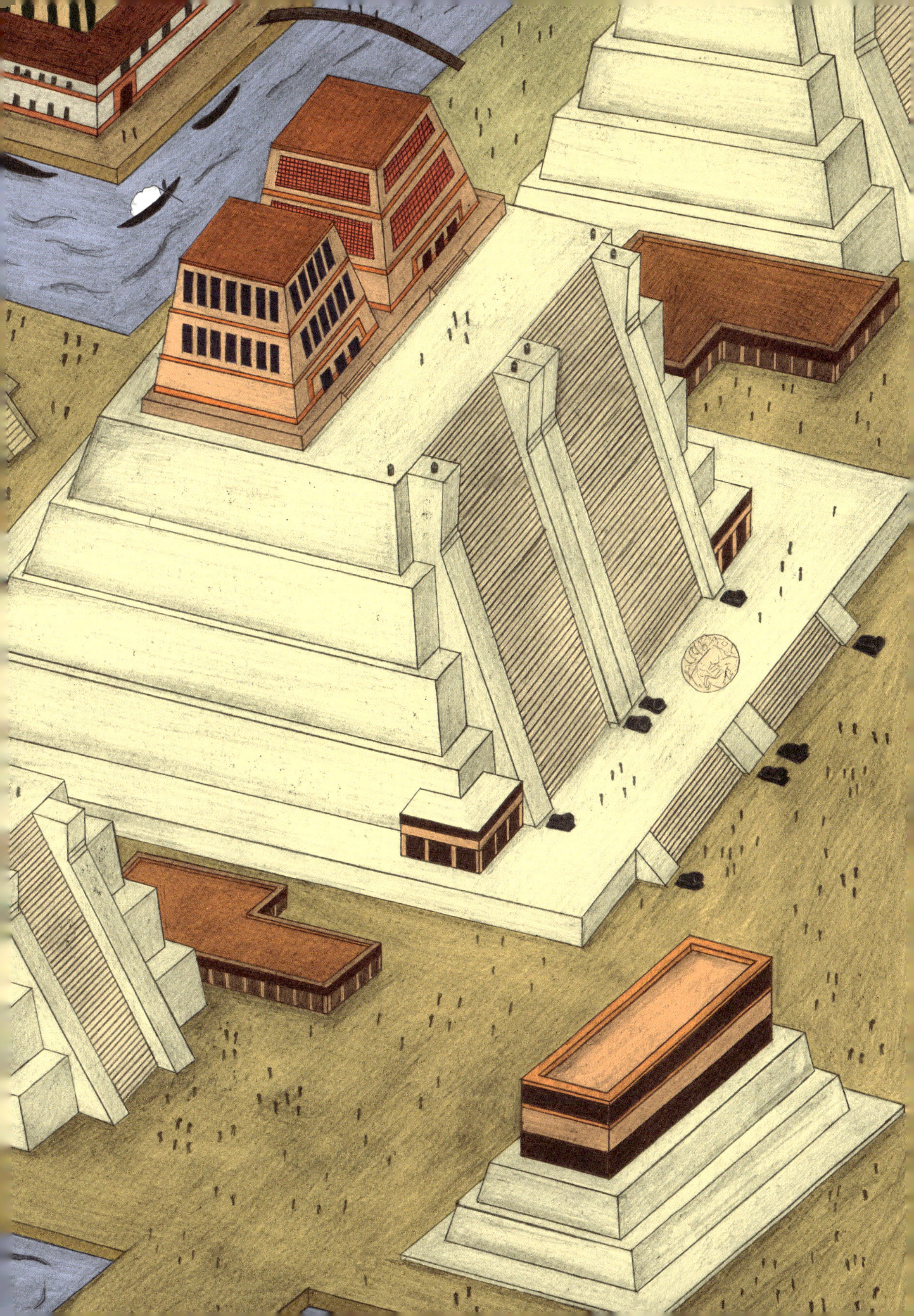

> 我们深深地为这个神奇的王国所震惊。结实的石制塔楼傲然耸立。神庙和房屋位于水的中央。我们当中有几个人以为这一切只是梦中的景象……这些富丽堂皇的宫殿有花园绿地，有许许多多茂盛的树木、玫瑰花篱和花坛，有果园和一个通过水渠与湖泊相连的池塘……各种各样的禽类动物在不同水面上游动……事实上，我相信在我们之前没有人发现过比这里更美的地方。

印加帝国的首都库斯科比特诺奇蒂特兰更加古老。但是在1440年后一位印加统治者对其进行了彻底翻新。所以说，它也代表着一个年轻的正在崛起的大国。当奥斯定会修士塞尔索·加尔贾（Celso Gargia）同首批欧洲人到达库斯科时，他为之赞叹不已。

> 房子几乎都是由石头建成，道路十分齐整。目光所及之处无不显示出富足，甚至是奢华。我后来得知，这里的居民有20万，在周边也生活有同样多数量的人……王宫也值得人们啧啧称赞。它们有丰富多彩的颜色，货真价实的艺术家用大理石来装点宫殿的大门。我必须承认，本地人在石头加工方面是强于我们的……广场是四条主干道的起始点，它们与帝国的主要道路相连。广场本身铺满了卵石。一条河蜿蜒流淌在城市中央，岸边镶嵌着石板。人们架设了不少于12座的桥梁。这些桥不是由柳条编成，而是由石头制成。

这两个大都市都有明确的规划，它们应体现统治者以及庇佑统治者的神灵的意愿。特诺奇蒂特兰的中心是供奉战神威齐洛波契特里（Huitzilopochtli）的神庙。在阿兹特克人眼中，他伴随并推动了他们的崛起。然而他是一位危险的神。要得到他的庇护就必须不断将人献祭给他。对于

特诺奇蒂特兰和库斯科

在此时此刻发挥作用的神灵的畏惧在阿兹特克宗教中起了举足轻重的作用。有几场战争只是为了获得给威齐洛波契特里的祭品而进行的。阿兹特克人并不总是受到所有臣民的喜爱，他们当中有一部分是相当新的臣民。

在比它大得多的印加帝国，不仅首都库斯科的建筑与富裕给人以深刻的印象，它的基础设施也是同样：道路和邮递服务、井然有序的管理部门、劳动责任，以及为长途跋涉的军队或者是因为歉收而造成的饥荒而准备的食物仓库等等。印加帝国直到1440年后才真正变得重要。所以说它比阿兹特克帝国还要年轻，但是发展更为迅速也更加显著。16世纪20年代时，它曾经达到过北至今天的哥伦比亚—厄瓜多尔边境、南到智利的范围。它因此而包括了安第斯地区以及与之相对的太平洋低地的所有文明高度发达的地区。

特诺奇蒂特兰和库斯科在16世纪二三十年代被西班牙军队占领并洗劫一空。西班牙人因为美洲内部的两场冲突而获益：在中美洲是阿兹特克人与被统治者之间的冲突，在南美则是争夺印加王位的不同候选人之间的冲突。与他们的印第安同盟者一起，西班牙军队首领埃尔南·科尔特斯（Hernán Cortés）和弗朗西斯科·皮萨罗（Francisco Pizarro）分别进军特诺奇蒂特兰和库斯科，直抵对方的权力中心。两人都取得了胜利，而且胜得非常彻底。数量很少的西班牙军队与印第安人军队结盟，迅速并全面地击败了阿兹特克人和印加帝国。统治者被杀，首都遭到洗劫和破坏，黄金白银被熔化。其他看起来还值钱的东西被征服者收入囊中并带回西班牙。

而地方和地区管理架构以及基础设施在很大程度上完好无损。西班牙人在一定程度上夺取了政府，将其洗劫一空，后来又让其为自己服务。在几个世纪后人们仍还能看到过去的帝国边界：以往由印加帝国和阿兹特克人统治的地方，西班牙人的日子也很好过。在旧帝国边界之外他们的统治也很困难。大多数情况下，他们在那里与酋长领导的村落或者是无法在军事上战胜的捕猎者和采集者遭遇，因为他们会消失得无影无踪然后再次出现。他们对西班牙文明的好处毫无兴趣。反过来，对西班牙人来说这些地区也没有什么财富可以获取。旧帝国范围之外的地方大多在名义上保持着西班牙人的统治直到19世纪，但实际上这并没有什么意义。

为什么西班牙人对这两个帝国取得了如此全面的胜利？这些帝国显然组织得很好，完成了恢弘的建筑成就并且同样通过战争扩大并巩固了它们的统治。主要原因不在火枪和大炮上。这只会在第一次令人瞠目，很快印第安人就知道，欧洲人补充弹药需要相当长的时间。欧洲人的技术优势倒不如说是在铁剑和有着铁尖的长矛上，它们杀起人来比印第安人的武器更有效。欧洲人可以使用适合远洋航行的船跨越很远的距离运输人员和物资补给。更重要的是马匹。它们给印第安人的印象肯定和1000多年前汉尼拔的大象给罗马人的印象差不多，分别只是在于，至少阿兹特克人真的不知道世界上有马的存在。它们令士兵成为巨人，高度、速度、作战范围和杀伤力都完全不同了。还有疾病。在特诺奇蒂特兰被占领期间，一种输入型天花瘟疫蔓延，造成大量人员死亡。

技术和生物学虽然能说明欧洲人的一场胜利，但并不能解释现实发生的这场突然和彻底的灾难。它是误解和错误诠释的结果。它与下面这点没有太大的关系：据说阿兹特克的统治者蒙特祖马（Moctezuma）以为欧洲人是羽蛇神派来的使者。当然，欧洲人在阿兹特克人看来肯定是像外来生物：穿着全套的奇装异服，皮肤苍白并留着胡子，讲陌生的语言，有船、枪炮和马匹。但是阿兹特克人和印加人都相信神灵会在世上显灵，而与神灵的斗争也是生活的一部分。更重要的是，在美洲人看来，欧洲人完全不遵守规则。送给客人的礼物也不能令他们满足。他们不尊重宾客的权利。他们不遵守约定。国王的不可侵犯他们也毫不放在心上。等到阿兹特克人

和印加人发现这是些高度发达但是嗜血并且只对掠夺感兴趣的野蛮人时已经太迟了。秘鲁高地早期的印第安作家瓜曼·波马·德·阿亚拉（Guaman Poma de Ayala）直到1600年前后才写成的编年史中这样写道：

> 西班牙人弗朗西斯科·皮萨罗和迭戈·德·阿尔马格罗（Diego de Almargo）以及其他士兵发现了所有隐藏起来的财富、金银珠宝，并把它们送给西班牙双王……而且他们每个人都把财宝送回到帝国和卡斯提尔的家，送给自己的妻子、孩子和亲人。出于贪欲，很多神职人员和西班牙人、女人和商人来到秘鲁……在最初的160名西班牙人和一名刚果黑人之外又加入了大量西班牙人、商人、交易商、杂货商和大量皮肤黝黑的人……西班牙人蔓延至帝国的每个角落，他们三三两两或者是孤身一人，把印第安人当作仆人，每个人都在寻找生计和好处，同时给印第安人以极大的痛苦和损失，向他们索取黄金白银，拿走他们的服饰与食物，而这些人看到从来没见过的新奇人种被吓坏了，因此他们隐匿起来或者四处躲避这些基督徒。

对黄金的欲望、贪得无厌和肆无忌惮（瓜曼·波马对此的描述令人难忘）只是西班牙人获胜原因的一部分。他们带着这样的信念作战，他们是在传播正当的信仰。神在他们这边，敌人是没有神的，是野蛮的。他们用人来献祭他们的神灵！西班牙人不了解对方的仪式与规矩，他们也不想知道。他们大多数人被带到美洲的未知世界来是为了赌把运气并大捞一笔的。因为西班牙人数量少，他们利用每个机会来为自己制造优势。不管是科尔特斯还是皮萨罗都不是愚蠢的屠夫。在战役的开始，他们就摸清了敌人的优劣势。他们在印第安人中寻找合作伙伴。他们的行事方式恶毒，但在战略上十分巧妙。

征服大西洋

在特诺奇蒂特兰和库斯科，此前对彼此毫无所知的文明、思想和军事组织发生激烈的碰撞。这是西班牙人征服大西洋的结果。这个大洋不再是西边（对欧洲人而言）和东边（对美洲人而言）的世界尽头。此时大西洋有了边界、形状和故事。对印加人来说，大西洋十分遥远，他们对太平洋也没有什么兴趣。他们的权力中心在高高的安第斯山上，虽然他们从那里对低地进行着统治。阿兹特克人对沿海地区的了解更多一些，当然他们也吃鱼。但是，在海上进行扩张以便占领比方说加勒比海岛屿的想法不在他们的设想范围之内。在加勒比岛屿上生活着酋长社会，它们对自己岛屿以外的东西毫无兴趣。从今天的哥伦比亚到阿根廷，大西洋沿岸的南美人有的是以村为单位的酋长社会，有的是捕猎者和采集者，他们同样不会到茫茫大海上航行。在中美和南美，没有人想到还有人在大海的另一边生活。

在欧亚大陆这一边，对大西洋的兴趣有很长一段时间也没比彼岸多多少。在沙摩陀罗·笈多、唐太宗和唐玄宗、成吉思汗或者是君士坦丁时期，大西洋对欧洲来说就是世界的尽头，正如太平洋对中国来说也是世界的尽头一样。欧亚大陆的交流、贸易和征服是经河流、地中海、印度洋、南海和东海进行的。中亚的草原和荒漠也十分重要，但是大西洋或太平洋却不是。虽然在这个被欧洲称为中世纪后期的时期，地球是球体的猜测得到了承认，也就是说中国和西欧肯定是在同一个大洋的两端，但这是个没有任何实用价值的认识。这个大洋显然是巨大的。要跨越它似乎比今天到火星去探险还要鲁莽。为什么有人要冒这样的险呢？

在奥斯曼帝国于1453年占领君士坦丁堡之后，地中海沿岸基督教国家的冒险意愿增大了。这是世界史上的一个重大转折。正如我们在《拜占庭》

那章中所看到的，虽然君士坦丁堡自身的世界霸权地位在几个世纪来已经下降，但是这座城市被视为抵御伊斯兰教的堡垒。它的陷落令人大为震惊。随着奥斯曼人的扩张，伊斯兰教的扩张势力跟着一起复苏。至少它向中欧进一步扩张是可以设想的。欧洲是世界上仅存的大片的基督教地区，而这个大后方似乎也受到了威胁。1529年，奥斯曼军队围攻神圣罗马帝国的都城维也纳。"对突厥人的恐惧"成为欧洲的一个话题。此外穆斯林在此时控制了利润丰厚的印度贸易。

伊斯兰教在地中海东部和中亚传播并向着印度扩张的同时，在欧洲西部却完全处于撤退当中。伊比利亚半岛在8世纪随着伊斯兰骑兵部队的重大胜利而穆斯林化。但是自10世纪起，基督徒就从最北端开始慢慢重新占得上风，他们在多个分裂又重新统一的王国中组织起来。15世纪，葡萄牙显示出与半岛其他地区长期分裂的迹象。但是剩下的在面积和人口上都比葡萄牙大得多的地区被统一到一个帝国当中。伊莎贝拉（Isabella）——后来的卡斯提尔女王和费迪南（Ferdinand）——后来的阿拉贡国王在1469年的联姻令这点变得清晰，尽管他们还必须在军事上击退竞争者。

伊莎贝拉和费迪南将西班牙基督教化作为他们的共同计划。有鉴于君士坦丁堡的命运和欧洲人对"突厥人"的恐惧，这是可以理解的。最早的牺牲者是犹太人。新成立的机构对皈依者——正式改信基督教的犹太人的正统性进行审查。1492年，一项法令给了西班牙犹太人这样的选择：要么皈依基督教信仰，要么移民到别的国家。此后很可能有20多万犹太人离开了西班牙。同一年，格拉纳达（Granada）被吞并，这是穆斯林在西班牙的最后一个堡垒。卡斯提尔和阿拉贡联合王国成为一个完全的基督教国家——至少对外是这样。费迪南和伊莎贝拉确实应当获得"天主教双王"（Reyes Católicos）的荣誉称号，该称号是教皇亚历山大六世在1496年授予他们的。伴随着基督教化的是对统治和管理部门的改革，它们应加强统治者在国内对地方、贵族和神职人员的权力。

在西班牙逐渐实现单一基督教梦想的同时，已经得到巩固的小一点儿的葡萄牙则在以另外一种方式致力于基督教的再度兴起。葡萄牙船在非洲海岸线不断地向南推进。它们希望绕过非洲，从而在某种程度上通过这个后门在地中海以东和以南壮大基督教并重新复苏印度贸易，这同样是对君士坦丁堡陷落的反应。这个计划似乎相当大胆，但我们必须想到，当时欧洲没有人知道非洲一路往南要走多远。

葡萄牙人一再派新的探险船出海。船上有来自整个地中海地区的船员、船长和专家，他们往往是热那亚人或威尼斯人。今天我们会把这些行动称作是"公私合作"。个人提供知识或许还有资金，国王提供保函（在危险情况下可能会——也可能不会有帮助），可能还有船、船所需要的资金以及成功后的奖励或者是利润分成。具体条件会根据每次的具体情况重新商定。载有来自整个地中海地区的船员和专家的"葡萄牙"船发现了亚速尔群岛、马德拉岛，并于1444年发现了佛得角群岛。非洲奴隶贸易开始。奴隶们也在马德拉岛崭新的甘蔗种植园中辛苦工作，该岛在被发现后立刻就带来了收入。将廉价并且可以一再替换的劳动力生产的蔗糖拿到欧洲销售可以带来丰厚的利润——这种在马德拉岛得到验证的商业模式很快就在加勒比和巴西大范围普及。1483年，葡萄牙船抵达刚果河入海口。1488年最终抵达今天南非开普敦附近的好望角。人们到达了非洲的最南端。10年后，葡萄牙船长瓦斯科·达·伽马（Vasco da Gama）从里斯本经好望角和东非沿海抵达印度西部的卡利卡特。他于1499年胜利地回到里斯本，通往印度的航线被发现并且同时得到了实际的印证。几年后，葡萄牙、阿拉伯和印度船只开始就阿拉伯海的贸易权展开武力冲突。葡萄牙人的火炮更好，赢得了胜利。从此以后，他们对印度洋的远途贸易产生了深远的影响，并从中牟利甚多。

哥伦布的错误

在葡萄牙人绕行非洲的同时，伊莎贝拉和费迪南则在令他们的西班牙基督教化。直到穆斯林在格拉纳达的失败开始显现，信奉天主教的国王夫妇才得以真正关心起大西洋和印度贸易的问题。然而葡萄牙人在此期间获得的优势已经太大了，西班牙人已经不能真正与其形成竞争。此外，教皇在1454年确认了葡萄牙人在非洲沿海的特权。在这种情况下，"天主教双王"想起了热那亚人克里斯托弗·哥伦布，多年来他就在马德里和里斯本介绍这样的想法：要抵达印度，无须麻烦地向南行驶，只要直接向西即可。地球是一个球体，而这个球体比想象的要小。从加那利群岛到与中国相对的齐潘戈岛（Cipangu，今天的日本）只有6000公里。从那里人们可以前往印度。哥伦布在里斯本遭到了拒绝，因为人们不相信他说的这个距离。中国比他认为的要远得多，对一艘船来说太远了，更别说是印度了。但是西班牙国王此时相信了哥伦布的话。或许国内的成就令他们忘乎所以了。或许面对葡萄牙的优势他们也实在绝望透了，这足以令他们相信这个可能性极低的想法。哥伦布在当时十分普遍的公私合作协议条件下得到了三艘船。他获得了非常诱人的承诺——如果他发现印度或者其他领土并建立起贸易联系的话。这也说明，费迪南和伊莎贝拉并不认为他们需要兑现他们的承诺。

当然，葡萄牙人是对的。哥伦布的距离证明错得离谱。他从未能够经茫茫大海抵达日本、中国或者是印度。他和西班牙国王夫妇的好运在路途中间的未知领土上。它没有出现在《圣经》当中，而且也没有出现在任何航海论述当中。因此，欧洲人花了几十年时间才明白，在他们眼前的是全新的事物——一个完整的大洲。他们长期采用传统模式来对这一信息进行加工。当然，哥伦布遇到的人不是中国人，这点西班牙人立刻就看到了。他们可能是次大陆某个半岛或者是附近群岛的印度人。也就是说，另一个马德拉岛或者是与佛得角差不多的地方。哥伦布在四次美洲航行之后、直到到 1506 年去世时仍相信（至少是宣称）他发现了隶属于印度的国家。因此，美洲原住民直到今天仍被叫作印第安人。加勒比岛屿被叫作西印度群岛，因为它们被认为是从欧洲经西线抵达的印度的一部分。印度本身则成了东印度。

一得知哥伦布发现新大陆的消息，西班牙和葡萄牙于 1494 年就在《托尔德西里亚斯条约》中确定了各自统治范围的边界。葡萄牙人在西经 46 度以西活动，西班牙则在西经 46 度以东活动。这给了葡萄牙人绕行非洲和在印度洋活动的自由空间，并确保了西印度归西班牙人所有。西班牙人由此而取得了几乎整个大洲的领土，而葡萄牙人则赢得了东边插入大西洋的巴西的领土，这是签订条约的双方所没有预想到的。直到缔结协议时，对他们来说这还只是今天加勒比海的一部分而已。但是这一《托尔德西里亚斯条约》正是为什么今天巴西人讲葡萄牙语而南美其他地方讲西班牙语的原因。

哥伦布和其他欧洲航海者启程向西，期望发现陆地和人。他们为自己的发现感到惊讶，但对自己发现了什么这一事实并不惊讶。相反，加勒比海的人肯定是被欧洲人完全吓着了。我们只能想象他们的想法。与墨西哥的阿兹特克人不同，他们没有文字可以将他们的想法保存下来。与印加人不同，他们没有空间也没有跨越地区的凝聚力可以令他们避开欧洲人幸存下来从而讲述他们的经历。在一代人之内，加勒比地区几乎全部居民都被消灭。只有加勒比海南端、非常小的向风群岛有印第安人幸存了下来。很多人死于欧洲人带入的传染病，这些疾病在加勒比从未出现过，因此他们也不具备抵抗力。很多人在欧洲人的袭击中丧生。很多人没能在欧洲人强加给他们的工作和工作条件下活下来。很可能他们的营养状况转差，因为欧洲人占据了最好的位置并且摧毁了他们之前的生活习惯。很可能出生并长大成人的孩子减少了很多，因为女性健康状况不佳而且营养不良。16 世纪中的时候，在古巴、牙买加、伊斯帕尼奥拉岛和波多黎各几乎已经没有人的祖先是在 70 年前来到岛上的了——除了与西班牙男子生下孩子的印第安女子的后代。对加勒比地区的人来说，时间都不够讲述他们的灾难史的，更不要说是学习一种文字并将它们记录下来了。

然而岛上的居民并不只是被动的牺牲者。当哥伦布在 1493 年的第二次航行期间再次探访他于 1492 年建立了首个欧洲人定居点的地方——拉纳维达得（La Navidad）时，他发现，堡垒已成为一片废墟，所有的 39 个人都已经死亡。附近的村庄也被摧毁。这与此前哥伦布对原住民爱好和平的印象不符，而且他也没能弄清究竟发生了什么。哥伦布在今天海地和多米尼加共和国所在的伊斯帕尼奥拉岛建立的第二个定居点也没能长久。这一次是地点选择不佳。农耕没能正常运作。头 10 年里的死亡率对欧洲人来说也非常高，因为原住民进行了抵抗，而欧洲人不得不学着适应加勒比地区的气候与环境。

从 1500 年起，欧洲人在伊斯帕尼奥拉岛的定居点才得到认真和有规划的推动。家属们到来，这里不再只是船员和冒险家。一个管理机构开始运作。本地人的反抗被击溃，德高望重的酋长被杀害。之后不久定居者就扩大到大安的列斯群岛：牙买加、古巴、波多黎各被占领，而西班牙人在古巴的行事方式尤其血腥残暴。征服的一个关键动机是劳动力的匮乏。西班牙人认为，印第安人会在"他们的"土地和"他们的"矿山工作。但是很多人并不愿意，而且很多人也已经不能工作了。对哥伦布抵达之前伊斯帕尼奥拉岛人口的估计差别很大：在 20 万至几百万之间。不管怎样，1509 年时这里还有 6.2 万人，1518 年时则只有 1.56 万，其中具有工作能力的男性只是极少数。对于仿照马德拉岛模式（自 1515 年以来它被证实非常有利可图）的甘蔗种植园工作来说，这个人数实在太少了。定居者开始从非洲大批购买奴隶担当劳动力。

奴隶贸易与种植园经济之间的关联在 16 世纪早期就已经在大西洋形成了一种黑三角贸易，它迅猛增长至 1800 年，并令欧洲商人、定居者以及他们的欧洲国家变得富有：欧洲船将商品拉到非洲，在那里交换奴隶；非洲奴隶被卖到加勒比地区，在那里为欧洲市场生产某种特定的十分畅销的经济作物（蔗糖、烟草、咖啡、棉花等）；船再将这些经济作物从加勒比地区运到欧洲，再在那里装载商品运到非洲。

新西班牙和新卡斯提尔

在加勒比地区，西班牙人有了与葡萄牙人在非洲相类似的经历。南美东海岸早期的探险者同样谈到了与非洲人类似、过群居生活的人。然而亚美利哥·维斯普奇（Amerigo Vespucci）在描写其发现之旅的文章中认为，西印度不会是一个岛屿的集合，而是一个新世界、一个新的大洲。因此，这块新大陆（它的北部他根本不知道）就以他的名字命名为"亚美利加"。但是这个"亚美利加"不仅比最初设想的要大，而且也更加多样、陌生和富庶。特别是阿兹特克和印加帝国并不符合人们因为非洲和加勒比岛屿而产生的预期。所以首批到达特诺奇蒂特兰和库斯科的欧洲客人才如此得震惊。

因此，征服这些印第安大帝国的不是西班牙的将领和国王，而是贪得无厌的军官。负责任的行动者很可能会更加谨慎，不会寻求与印第安大国的冲突。而埃尔南·科尔特斯、弗朗西斯科·皮萨罗等人则是孤注一掷地要赢得一切。他们是幸运的，因为在两个完全陌生的世界的遭遇战中，欧洲赢得了胜利。西班牙人把他们的胜利归因于上帝的帮助和文明的优越性。

事实上，正如我们已经看到的那样，决定胜负的倒不如说是病原体和铤而走险。而胜利又先让西班牙再让欧洲变得富有。

在征服阿兹特克和印加统治者并抢掠、毁灭特诺奇蒂特兰和库斯科之后，胜利必须长期持续下去。西班牙人的解决方案是：与旧帝国幸存下来的精英合作，并将此前的税收规定和劳动分工为西班牙人所用。在本土地方管理机构之上——或者更好的情况是之外——实行西班牙人的管理。此时到南美的西班牙人人数已经增多，他们生活在城市当中。16世纪时有40多个城市建立，它们和以前的达特诺奇蒂特兰和库斯科一样，绝大多数是有规划的城市。

人们从这些城市进行管理。两个总督辖区构成了最高管理层：首府在墨西哥（之前的特诺奇蒂特兰）的新西班牙也负责掌管加勒比地区、今天的委内瑞拉，此外还有菲律宾——此时西班牙人已经从中美洲的太平洋沿岸抵达此地并将其据为己有。新卡斯提尔则主要包括原来的印加帝国。它的中心不是库斯科，而是在战胜印加帝国后建立的利马。它位于太平洋沿岸，因为西班牙人不愿在安第斯山高地生活。这在南美西部导致了这种局面：西班牙人在平原地区生活，印第安人在山区生活。这两个辖区下面划分为多个州，并有各自的州长。除总督和州长之外，施行裁判权的王室法庭慢慢出现。它们成为真正的核心管理机构并可以更加容易地从西班牙进行控制。

总督辖区最重要的商业分支是采矿业。对黄金白银的求索驱动着征服者。阿兹特克人特别是印加帝国宝藏的原料肯定是来自某个地方，而这些源头肯定是可以开采的。越来越多的征服者和探险者踏上在旧帝国内外寻找金银的道路。1530年，墨西哥中部的银矿开采开始。1545年，在今天的玻利维亚发现了波托西（Potosí）银矿。1546年，又在墨西哥发现了萨卡特卡斯银矿。印第安人被迫在矿山工作，死亡率很高。采矿的地方很容易识

别：烟雾、气味、污浊的水、噪声、许许多多的人、处处彰显的财富和令人痛心的贫穷。波托西市在16世纪末时是美洲最大的城市。但它不是最美的城市。除白银之外，人们主要在安第斯山脉找到了黄金，在墨西哥则要少一些。

仅16世纪从南美运往欧洲的贵重金属就价值3万亿德国塔勒。欧洲银价下跌。在西班牙和后来的比利时——拉丁美洲白银的主要接收国，商品价格上涨，因为铸造钱币的原材料——白银的价格降低。通常人们称之为16世纪的一场欧洲"价格革命"，然而究竟是白银的输入还是货币经济（而不是物资交换）的增多以及人口增长造成了这一结果则不确定。

新西班牙的第二种重要出口产品也存在地域上的局限性。用于出口的蔗糖主要在加勒比地区生产，而且经过几百年的时间成了这里的主导产品。墨西哥和秘鲁也有甘蔗园，但是它们的生产主要针对美洲市场。欧洲移民称，已经在美洲定居了更长时间的西班牙人像印第安人一样喜欢吃甜，至少是比欧洲人更嗜甜。这一现象背后的一小段世界史我们将在《法兰西角》一章中进行更具体的探讨：甘蔗源自东亚或东南亚，在罗马帝国时期经印度洋贸易传播到印度和阿拉伯世界。从那里，它又征服了地中海南部地区。葡萄牙人尝试在马德拉岛以更大的规模种植。西班牙人则将它带到了新世界。现在，非洲奴隶因为它而在加勒比岛屿生活和死去，而美洲的西班牙人和印第安人则发现了一种新的享受并患上了牙痛。当然，除贵重金属和蔗糖之外，16世纪的中南美还有很多其他经济分支：布料和服装的制造，各种食品的生产。但是这些主要是为了自给自足，或者是供应本土市场。

殖民地经济的中心议题是劳动力，因为我们在加勒比地区所看到的印第安人的灭顶之灾在大陆地区重现了。死亡是无所不在的。死亡人数比自然死亡高很多，但是这一次则有人活了下来。想在这里进行具体说明则很困难，因为殖民时期前的帝国不进行人口统计，而且在1520年之后也没有

整个大洲的数据（欧洲这个时候也没有）。但是估计今天墨西哥所在的地区在1490—1650年间的人口从大约1200万减少至100万以下，秘鲁人口则估计从900万减少至90万。整个中南美人口的降幅应在85%至90%之间。在1800年前后，中南美的人口数量还不到1492年的一半。

人口急剧减少的原因与加勒比地区类似，只是在大陆地区一再出现的瘟疫起了重要得多的作用。今天的流行病学家认为，给印第安人带来灾难的疾病在欧洲已经存在了几个世纪，而且可以在未被注意的情况下在人与家畜间传播。欧洲人和他们的动物已经形成了抗体，而印第安人却完全没有。英国传教士托马斯·盖奇（Thomas Gage）曾在1648年描写过这样一场传染病（可能是斑疹伤寒）的影响：

> 整个国家都感染了一种传染病，它几乎和瘟疫一样致命，他们把它叫作鼠型斑疹伤寒；它是一种身体内部和脏器的高烧，它极少会持续到第七天，患者大多在第三天或第五天就告别人世进入坟墓了。患上这种病的人散发出的不健康的气味和恶臭足以让整幢房子和所有访客都染上。[疾病]毁掉他们的口、舌，让他们在死前变得像炭一样黑。只有极少数西班牙人染上了这种传染病，但印第安人却普遍受到影响。

鉴于这样的经历，不管是西班牙人还是印第安人，产生这是神的旨意、印第安人至少是另外一个人种的想法并不出奇。只是他们得出了完全不同的结论。西班牙人的想法一点儿都不统一。很多矿山和甘蔗园的经营者没有显示出对劳动力的同情心，在他们看来，这些人对任何可能的疾病都没有抵抗力。在他们看来，艰苦的劳动和恶劣的条件并不会令他们本来已经糟糕的身体变得更差。个人对利润的追逐和这些人属于另外一个类别的想法在这里悲哀地联系到一起。

而大多数的牧师和神职人员则不同。他们虽然支持殖民化，但是对他们来说重要的是其他动机。他们希望传播基督教信仰，令印第安人变得开化并成为天主教国王的臣民。传教士学习本地语言，尝试理解规矩和仪式，不是因为他们是人种学者，而是因为他们希望有效地改造印第安人。因此，他们抨击矿山和种植园的恶劣条件，称这违背了他们心目中殖民化的决定性目标。他们提醒欧洲人，这些印第安人要么已经是基督徒要么可以成为基督徒，因此必须以基督徒的方式来对待他们。特别是耶稣会信徒要求从空间上将欧洲人和印第安人隔开，因为只有这样后者才能得到拯救。位于马德里、拥有殖民地全权的印度等地事务委员会试图走一条中间路线。基督教化和文明化是它关心的核心要务，但是毫无疑问殖民地也必须赚钱。它的某些法律和规定毫无帮助。它实在太过遥远了，以至于它无法真正理解自身决策的前提条件，也无法控制它的影响。

印第安人自己是如何看待 16 世纪的发展的则很难说。他们肯定不是听天由命。也有骚乱和起义发生。他们将外来的知识变成自己的。基督教教堂被装饰上了图画，它们将本土的宗教传统与基督教象征结合起来。印第安人的法制观念进入殖民地法律制度当中。自 1540 年起，墨西哥的特拉斯卡拉市就有议会备忘录，它是用点缀以西班牙语的印第安语纳瓦特语写成的。其字母是拉丁字母。印第安人是牺牲者，但也是参与者，这两者都是拉丁美洲历史的一部分，并成就了今天。

葡萄牙人的巴西

在西班牙人从支柱命脉开始占领"他们的"大洲并将其殖民化的同时，葡萄牙人在很长时间里不知道该从哪里着手这块因为《托德西利亚斯

条约》，更确切地说是在1494年偶然分到手中的区域。1500年，首次有葡萄牙船抵达美洲的土地。但是直到今天它是否一个偶然还存在着争议。或许佩德罗·阿尔瓦雷斯·卡布拉尔（Pedro Álvares Cabral）的船队选择环绕非洲的弧形路线只是为了利用有利的大西洋风势，这条弧形路线对当时的印度航行而言十分普遍，只不过这次的弧形太大了一些。卡布拉尔宣告新陆地为国王所有，但并不知道它有多大。直到几年后葡萄牙人才确定，它是此时已被称作"亚美利加"的一部分。他们并没有为这一属地做些什么，他们的主要兴趣在印度洋。他们发现那里生长的巴西木很好用，因为可以从中提取染色剂。此前他们都是从东亚进口这种红木，而这在奥斯曼人占领君士坦丁堡之后变得越来越困难了。他们根据这种木材将他们这部分的美洲命名为巴西——巴西木生长的地方。

自1550年起，殖民化开始，相对于美洲大陆的模式，它更多的是效仿了加勒比模式。这里没有阿兹特克或印加帝国这样的本土大国让葡萄牙人抢掠。可以作为商业模式的只有种植园经济。黄金直到18世纪才在巴西发现，然而它的数量是如此之多，以至于它彻底改变了这个国家。在1550年前后，葡萄牙人先是开辟了甘蔗种植园，之后是烟草种植园，19世纪又有了咖啡种植园。印第安人也被迫在这里劳动。这里也爆发了武力冲突，因为早期瘟疫入侵而变得虚弱的印第安人在冲突中败下阵来。在16世纪的最后1/4时间里，蔗糖取代巴西木成为最重要的出口商品。因为原住民死亡，自16世纪末期起殖民者开始大肆从非洲购买奴隶。但是与加勒比地区不同，这里没有出现黑三角贸易：巴西的船直接在非洲奴隶市场上用烟草、酒和黄金来换取奴隶。西班牙和葡萄牙投资者从中受益，他们的国家也是同样，但大多数船在欧洲是从来见不到的。在这里，人们只见到从巴西运来的蔗糖、烟草，到了19世纪还要再加上咖啡。或许这也是奴隶贸易在英格兰成为丑闻而在西班牙和葡萄牙即便在1800年前后也未引起什么讨论的一个原因。

西班牙人和葡萄牙人名副其实的黄金时期并未持续很久。法国人、荷兰人和英格兰人——北方正在崛起的欧洲大西洋列强也希望在利润丰厚的大西洋生意中分一杯羹。因为西班牙人和葡萄牙人可以搬出教皇和条约来撑腰而且什么都不愿让出来，其他国家尝试使用武力。在葡萄牙人占领巴西的早期就已经发生过与法国人的斗争。今天在巴西的北边有三个圭亚那——一个法属、一个荷属（叫作苏里南）和一个英属并非偶然，而是这些斗争的结果。加勒比地区错综复杂的战争行为（国家与私人部队携手合作）给了很多小说作者以启发。系列影片《加勒比海盗》就以这一历史为依托。最后，这些岛屿被各种力量瓜分，因此今天加勒比地区西班牙语、英语、法语和荷兰语都有——具体要视哪座岛而定。

拉丁美洲仍是西班牙人和葡萄牙人的——三个圭亚那除外。1800年后，拿破仑将西班牙王室监禁起来并扶植自己的弟弟成为西班牙新国王，葡萄牙王室面对步步逼近的法国军队而逃亡巴西，这时，拉丁美洲宣布独立。西班牙帝国瓦解。结果产生了大量的独立国家，从北边的墨西哥、危地马拉和伯利兹到最南边的智利和阿根廷。葡萄牙帝国保持了完整，因而巴西今天是南美最大的国家。

后来者北美

北美在哥伦布时期也已经被发现了。但是欧洲人对它不感兴趣。那里没有类似印加帝国或者是阿兹特克这样高度发达的文明。虽然北美西南和东南的印第安人建立了定居点，从事农耕、制陶和织造，但在欧洲人看来，这仍远远落后于阿兹特克人的文明成就。此外在欧洲人眼中这些文明没有

任何真正有价值的东西。黄金那时好像还没有发现。虽然西班牙人在北美南部、法国人在北部听说在大陆内部的某个遥远地方有个富庶程度惊人的黄金国，但却无法找到这个国家。探险者的各种航行也显示，并不存在什么西北通道可以让人们更容易抵达中国或者印度。从16世纪30年代开始，还在组织意图加深对北美了解的探险的就只剩法国人了。但是除了鱼和毛皮动物，这里似乎没有任何可以利用的东西。两者都可以借助商业点和夏季海港来开发利用。殖民化最初并不是个好选项。

到了17和18世纪，情况发生了变化，这有两个原因：强权政治方面的原因和宗教方面的原因。首先，大西洋沿岸国家西班牙、法国和英格兰之间的竞争增强——葡萄牙人的精力集中在巴西和印度洋，在北方并不重要。三个竞争者不再只是从经济角度而是也从强权政治的视角来看待北美。因此，它们愿意为殖民化付出些代价。西班牙扩大了它在北美南部的势力范围，以保护它在中南美利润颇丰的领地。法国宣称今天的加拿大东部为其所有，并形成了沿大湖区和密西西比河南下直到新奥尔良的势力范围。英国在从北部的新英格兰到南部的佐治亚的大西洋沿岸建立了多个殖民地。

其次是从德国开始的西方基督教会的分裂。这样的分裂在古典时期非常常见并且产生了相当大的政治影响，正如我们在《拜占庭》那章中所看到的那样。聂斯脱利派对中亚乃至中国的影响我们在不同地方都看到了。后来，西欧基督教——逐渐在教皇的领导下——越来越能避免或是压制这样的分裂了。但是后来奥斯定会修士马丁·路德在1517年发起了一场改革运动，人们已经无法再对其进行打压或者将其消灭了。它不仅导致了一个而且接着导致了很多个新基督教社群的形成。它使得《圣经》不再只有拉丁语版本，也有了大众通俗易懂的语言版本。它不再唯教会传统和教皇的马首是瞻，而是以教义和个体的个人伦理选择为中心。

这是一个轰动性的事件。西班牙"天主教双王"以武力方式在西班牙形成信仰和民族的统一并将其输出到美洲才不过两代人的时间,现在欧洲君主们就不得不决定自己对这些新信仰形式的立场了。法国、西班牙和葡萄牙保持了原样,选择了忠于"天主教"信仰。在德国则是地方统治者说了算,而他们的决定各有不同。欧洲北部的斯堪的纳维亚选择追随路德。英格兰形成了一种自己的新的信仰形式——圣公会。没有一个国家显示出对所有基督教信仰的包容。从1618—1648年,一场残酷的三十年战争在欧洲中部肆虐,它作为宗教战争开始,并造成神圣罗马帝国的人口从1600万减少至1000万。在梅克伦堡、波美拉尼亚、图林根、法兰肯和普法尔茨,人口甚至减少了70%。

有些在此时因为自身信仰而遭到迫害的教徒在略微平稳一点儿的时期移民北美。其中比较著名的有1620年随"五月花号"到来的"清教徒前辈移民"(Pilgrim Fathers)。在西班牙控制的南美天主教地区不会有这些激进的基督教改革派的立足之地,人们嘲讽地把他们称作是"清教徒"、净化者。而北方——特别是大西洋沿岸英格兰人的势力范围则成为不同基督教多多少少可以和平共处的地方。

与中南美相比,北部的殖民化进展缓慢,各地并不同步而且充满了挫折。比军队和征战更重要的是探险者、商人、有防御工事的地方和希望在陌生环境中生存下来的宗教团体。因此与本地原住民的关系也差别很大。这里出现了疾病和瘟疫造成的人口减少。它们的规模难以判断,但估计比南美的要小。特别是在英国的控制范围内出现了暴力活动,因为英国人希望大范围定居并为此而侵占印第安人的土地。人们可以区分出英国人定居的三个侧重点。从佐治亚南部到弗吉尼亚以种植园经济和国际贸易为基础。纽约和宾夕法尼亚周边的中部地区在教派、人种和经济上都是多种多样的。从波士顿大区到加拿大边境的北部则以农业家族经营和新教的清教徒习俗为特征。再往北则是致力于毛皮贸易的法国人。他们的势力范围内有着牢

固的交易关系。边境在一段时期内保持了稳定。印第安人迎合欧洲人的需求并以此来维持生计。17世纪上半叶，休伦人和阿尔冈昆人因为谁可以向哪些欧洲人供应毛皮并从欧洲商品中获利的问题与易洛魁联盟进行了一场激烈的战争。

哥伦布在1492年无意中"发现"的这个新大陆彻底改变了世界。它让在君士坦丁堡沦陷后处于守势的基督教有了一个新的基础。它让欧洲有了新的自信并让它变得富裕。具体到对"亚美利加"中部和南部的大多数人来说，欧洲人的到来则是一个坏消息。加勒比地区和南美在一两代人之间改变了面貌，北方的变化则不大。但是这段历史并没有被中断。这表现在特诺奇蒂特兰和库斯科仍旧存在并获得新生上，虽然它们遭受了种种劫掠和瘟疫。

11

基卢瓦

非洲在哪里？

西班牙人于公元 1500 年前后在加勒比地区定居下来，而葡萄牙人则调转方向对非洲地形进行了测绘。和西班牙人一样，他们起初对这个新世界并不感兴趣，而是对新世界后面的大有价值的旧世界——印度感兴趣。当然，与美洲不同，非洲早在 15 世纪时就已为人所知。毕竟北非是罗马帝国的一部分。一位罗马元老给这个行省起了"非洲"的名字，对于它的含义有着不同的猜测。但是北非以南是撒哈拉沙漠，而那里正是罗马时期人们所知的终点。和其他边境地区一样，在这里罗马人也认为，在他们的控制范围以外生活着野蛮人，野蛮人的后面则是十分神秘的传说中的生物，它们用手行走，有两个脑袋或者其他不可思议的特征。这样的幻想在关于北欧、东亚、南亚以及撒哈拉以南非洲的文字中都可以看到。

早在罗马时期就已经有了穿越沙漠的道路。来自撒哈拉绿洲的盐也曾经在地中海交易。但是这些盐是用牛、马或者是骡子经过一个个绿洲运到

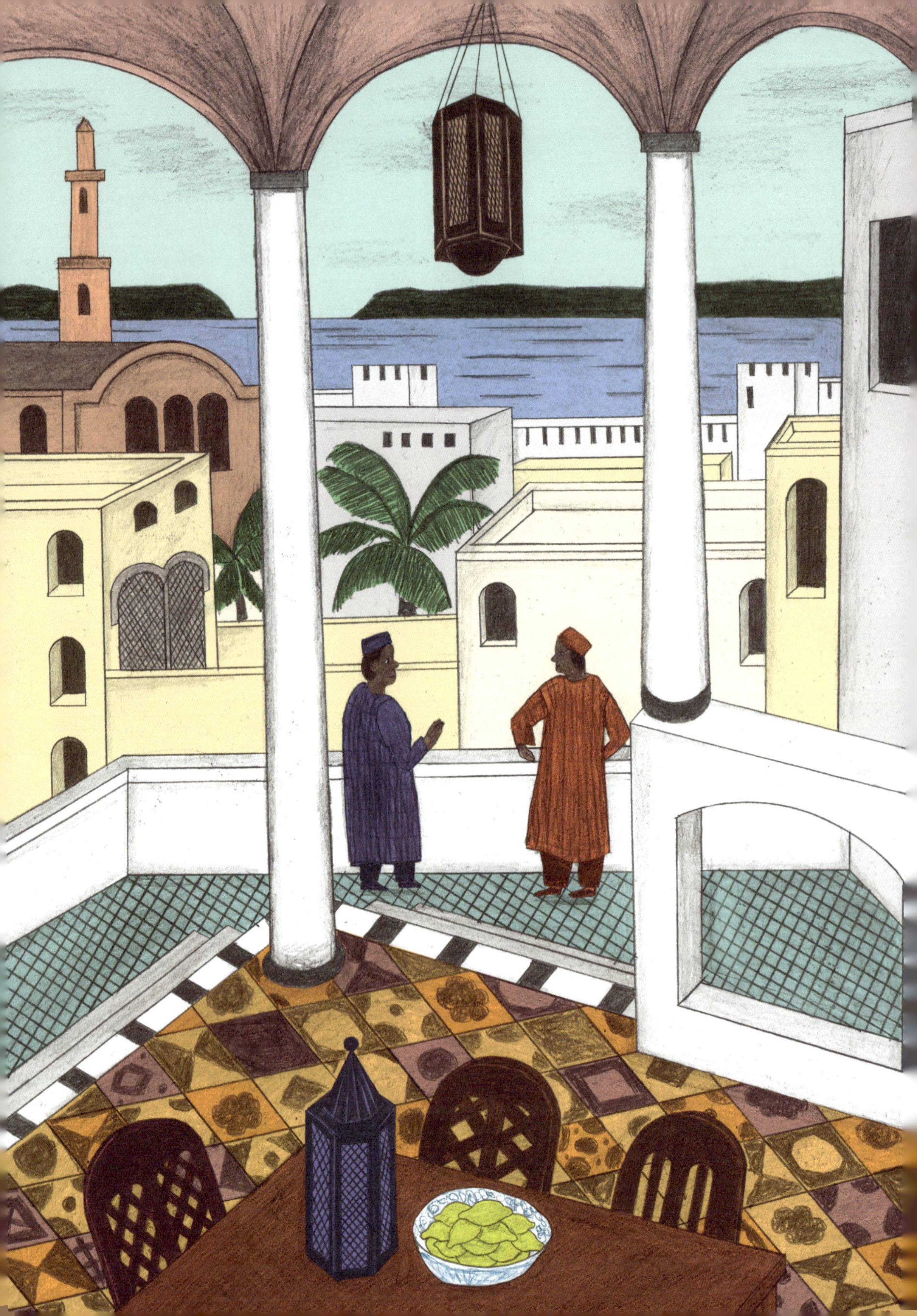

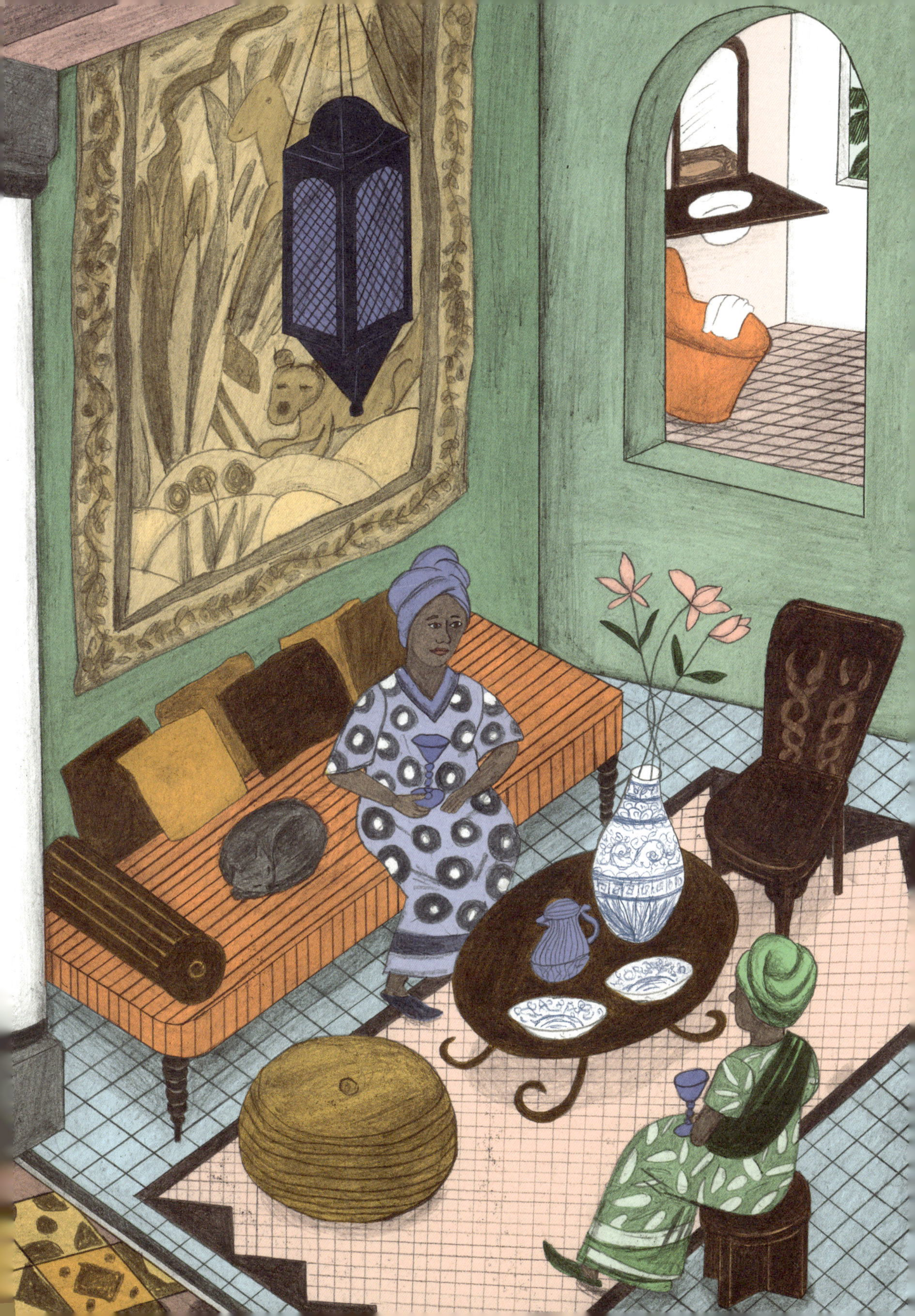

地中海的。没人敢完成穿越撒哈拉的旅程。罗马人确信，在沙漠的彼岸另有一个世界。但所有关于这个世界具体情形的说法都建立在传闻的基础上，因此只是臆测。

　　罗马时代过后，信息基础有所改善。原因是骆驼，它自公元4世纪起令沙漠贸易发生了变革。柏柏尔（Berber）人和图阿雷格（Tuareg）人从亚洲经波斯、埃及来到北非后发现了单峰骆驼。它可以比马、牛或骡子拉载更重的货物，比上述动物更耐热和耐寒，也更擅于在沙漠中行走，特别是在没有水的情况下骆驼可以存活的时间要长得多。借助骆驼，不仅是绿洲之间的贸易变得更容易了，也出现了商队可以行走的穿越整个撒哈拉沙漠的贸易路线。沙漠城市繁荣发展。可以运输的商品更多了：黄金和奴隶来到北方，织物、玻璃珠和马匹来到南方。

　　随着商品和商人一起流通的还有知识。自从伊斯兰教在7世纪和8世纪早期征服北非以来，大多数商人都是穆斯林。通过他们和他们的见闻，伊斯兰教也在沙漠的另一边站稳了脚跟。先是撒哈拉以南与沙漠相近的草原地区——萨赫勒（Sachel）地带的商人接受了新的信仰，后来则是政治上有影响力的人和统治者。农民是慢慢才被争取过来的，对他们来说这样做风险很高，因为他们的生活取决于下次收成——天气以及神灵的赐福。西班牙人巴克里（11世纪）和来自今天摩洛哥地区的法学家伊本·白图泰（14世纪）等伊斯兰学者在游记中搜集了很多关于沙漠另一边的人、城市与大自然的见闻。这些见闻比罗马时期的臆测要具体多了。但是它们主要在阿拉伯地区流传。

　　对大沙漠另一边感兴趣的人也可以走水路绕过撒哈拉沙漠：经红海和亚丁湾，然后经过非洲之角沿非洲东海岸航行。这一路线作为大印度洋贸易网的一部分在罗马时期就已经为人所知。基督教就是经这一路线在4—7世纪传播到埃塞俄比亚和努比亚的。伊斯兰教则更为成功一些。它自8世纪起深刻影响了阿拉伯、北非和波斯，并借此阻挡了基督教在撒哈拉东边的海上传播路线。

很快它的影响在非洲东海岸也可以感觉得到了。最初的接触通过商贸城市进行，它们是罗马时期以来在东非沿海形成的为数不多的几个天然港口。我们在《婆卢羯车》一章中认识的《厄立特里亚航海记》的作者就曾描述过东非沿海（但是相当具有乡土气息）的贸易市场。在公元后的首个世纪至伊斯兰化期间，这些市场发生了明显的改变。它们变得更大，更加城市化，更加生机勃勃。伊斯兰化本身的进展过程与萨赫勒地带差不多。商人，然后是统治者，最后是平民成为穆斯林——一个由贸易和知识支撑的渐进的过程，而不是一下子强迫进行的大规模皈依。伊斯兰教给这些城市带来的改变有多大，学者们对此的看法不一。有人认为是一个明显的跳跃式发展，因为当拥有文字、数字和书籍文化时，人们可以以全新的方式从事和规划他们的生意。此时城市生活才出现。其他人则认为城市化是一个渐进的过程，对此伊斯兰化只是众多促进因素中的一个。不管怎样，当首批葡萄牙船在指挥官达·伽马的领导下于1498年靠近非洲东海岸时，这里已经完成了穆斯林化。葡萄牙人清楚这一点。他们的航行是为了考察通往印度的航线，同样也是为了传播基督教和打击其他宗教的信仰者。

斯瓦希里——13—16 世纪的贸易与变化

葡萄牙船长达·伽马环绕非洲前往印度的发现之旅在后来备受赞誉。1498 年，他在旅行中停靠的第一个东非港口城市也是这个时期最为重要的一个——基卢瓦。在今天还有渔民生活的尚吉巴（Sansibar）以南 300 公里一个临近陆地的小岛上，目前还可以看到这个曾经的东非最为重要的贸易大都会的遗迹。它被联合国教科文组织列入世界文化遗产。它的第一批葡萄牙访客中有一人在1502年这样写道：

> 城市一直延伸至下面的海岸线，并被一座城墙和多座塔楼环绕，里面生活着大约1.2万名居民。街道十分狭窄，两边是三四层高的房子，人们可以沿着顶层的阳台行走，因为它们的距离是如此之近……港口里停泊着很多船。

对葡萄牙人来说，基卢瓦是陌生的，但却是壮观的。它的文明程度不输给欧洲的任何一座城市。富裕的商行和宏伟的公共建筑给城市打下了深刻的印记——浴室、清真寺和统治者的宫殿。所有建筑都由珊瑚石制成，一种对我们来说不同寻常的材料，但对在东非沿海地区坚固耐用并具有代表性的建筑来说是最为适合的。这种源自珊瑚礁石的原材料在切割后被立刻打造成想要的形状，然后在阳光下硬化定型。在葡萄牙人到来的两个世纪前，伊本·白图泰的游记中还称基卢瓦是座由木头房屋组成的大城市。在13—15世纪之间发生了很大的变化。考古发现显示：财富增多了，自1200年起这里也开始使用石头建造，到了14世纪，基卢瓦达到其影响力的顶峰。清真寺和一座宫殿得到大规模重建，重建的风格反映了它与海外的联系。

商人决定着城市的基调。他们生活在豪华的石头房子中，有很大的会客室，墙上挂着昂贵的挂毡或是木雕作品。他们用中国的瓷器吃饭，其中最为贵重的他们会骄傲地摆放在会客室的壁龛中展示。他们在浴室中洗澡，并拥有自己的洗手间。他们的妻子身穿金丝镶嵌的棉质和丝质长袍。他们讲斯瓦希里语，一种有很多阿拉伯语外来词的非洲班图语，东非大部分地区都可以听得懂。他们用阿拉伯字母书写，这是非洲为数不多的文字之一。

基卢瓦居民用斯瓦希里语创作了典雅优美的诗歌，其中一些一直保留至今。

这种语言的特征也显示出基卢瓦居民的出身。那里有阿拉伯、印度和波斯商人，他们都十分具有影响力。但大多数居民是从内地来到沿海的农民和手工业者的后代。他们先是捕鱼，后来发现经商可以作为额外的收入来源。当他们成功地涉足地区间的大宗贸易时，他们当中的某些人变得富裕起来。他们参与到印度洋的物质文明当中。他们将阿拉伯、波斯以及印度的风俗、阿拉伯文字、阿拉伯宗教与他们的传统结合起来。有的人甚至声称自己有阿拉伯或波斯血统，并制作相应的族谱。斯瓦希里文明是非洲的，以前的学者以为它只是阿拉伯的一个边缘地区，这是不合理的。但它是一种被融入海上网络当中并深受这些网络影响的文明，同时还受到来自阿拉伯、波斯和印度地区的影响。它与非伊斯兰教的内陆显然距离十分遥远。

除富足和美好的一面之外，基卢瓦当然也有不那么富有的和贫穷的人。即便是富有的贸易城市也需要渔夫、农民、小商人和各种手工业者。平民和一无所有者生活在用黏土和藤制品建造的房子和茅屋里。考古学家在基卢瓦的遗址中发现了非洲、阿拉伯、印度和中国陶器的碎片，但质量差别很大。这显示当地与地理跨度很大的地区保持着联系，也显示了当地的界限，它显示了奢侈消费，同样也显示了平民的日常生活。但是，考古学家表示，穷苦一些的人在1500年前后也不再是简单地共用一个罐吃饭，而是每人都使用自己的碗。基卢瓦是一个开化文明的城市，葡萄牙客人得以在这里再次见到了家乡的那种社会差别和紧张关系。

在基卢瓦与其他建有城墙的港口城市之间分布着大量的小城市和村庄。它们没有城墙也没有石头房屋，但至少有个集市、一些店铺和咖啡馆。居民靠务农为生，他们把自己剩余的农产品拿到大城市的市场上卖。城市和村庄相互依赖。但基卢瓦不只是从周边地区采购食品，像大米就是从马达加斯加进口的。

政治上我们必须把非洲东海岸想成是影响力参差不齐的城邦的集合。一个中央集权的斯瓦希里帝国是不存在的。城市之间知道彼此的存在。它们认为自己在文化上是同属一体的，并且优于非洲内陆。它们互相争夺贸易商品以及来自阿拉伯和印度的商船——使用和平或者不那么和平的手段。但是它们认为，想在军事上进行统治是没有意义的。外国船长不会喜欢到一个剑拔弩张的城市，他们可能会选择其他的港口，而很多事物都取决于这些船长的定期到访。宗教分歧似乎也不是什么大问题。伊斯兰教虽然是占据主导的宗教，但是来自非洲内陆的移民、外国船员和商人所带来的信仰也必须宽容以待，以免威胁到做生意。

大津巴布韦遗址

和非洲东海岸的其他城市一样，在基卢瓦交易的商品同样难以计数：黄金、象牙、奴隶和琥珀等非洲产品与亚洲的织物、服装、陶器、珍珠等商品汇聚一堂。对位于斯瓦希里文明南部的城市来说，黄金贸易非常具有代表性。这些黄金来自内陆的一个帝国，它在1300—1500年间曾在非洲南部繁荣兴旺，而且它的都城直到今天还令人着迷。位于基卢瓦西南大约1500公里、今天津巴布韦首都以南仅300公里的大津巴布韦是殖民地时期之前非洲撒哈拉以南地区最大的城市，人口有1.1万~1.8万人。19世纪欧洲学者重新发现石制遗迹时（它的居民在1500年后离开了这里），他们以为曾在这里生活的是来自也门的外来者、《圣经》人物的子孙、失散的希腊人、腓尼基人或者是外星人。非洲人根本没有能力完成如此大规模、如此精准以及华丽的工程。当然这是错误的，然而它不仅显示了欧洲人的狂妄自大，同时也显示，即便是这个帝国的遗址,仍散发出威严和财富的魅力。这座城市的面积有 180 公顷。山上的一座宏伟建筑首先映入人们的眼帘,欧洲人称之为"卫城"。每块石头加工得是如此之细致,以至于它们在没有使用水泥的情况下经过了近 800 年也仍牢牢地粘在一起。山下的一段围墙保留了下来,它有 12 米高、5 米厚。这座墙有什么用途我们并不清楚。

关于大津巴布韦的生活我们可说的比基卢瓦少多了。它没有文字,也没有欧洲客人可以留下他们的描述。这里也有穷人和富人。富人住在靠近山上统治中心的地方。在那里发现了中国瓷器和印度珍珠等奢侈品。下面的山谷则是平民的住所。鸟对于当地宗教崇拜而言肯定是占据了重要的角色。祭礼中心内鸟的皂石雕塑得以保存下来,自 19 世纪起它们就一再令很多人激动不已。其中一个鸟的图案成为津巴布韦国旗上的装饰图案。

大津巴布韦是一个影响范围极大的帝国的中心。已得到证实的小一些的、用石头建造的中心有 300 多个。它们当中较大的成为帝国各个省的省会，而帝国的荣耀在大津巴布韦身上最为明显。正如这些奢侈品所显示的，这座城市与沿海地区联系紧密并融入远途贸易当中。或许进出口生意是其占据统治地位的一个重要原因。自 1200 年起，基卢瓦控制了大津巴布韦利润颇丰的黄金交易，与此同时这个港口城市不断发展壮大并发生变化。除黄金外，津巴布韦的象牙也通过基卢瓦与中国、印度、波斯和阿拉伯的商品进行交换。直到 15 世纪中期，这个贸易大都会和帝国的首都一直互惠互利。之后大津巴布韦的地位下降。地方城市不再有求于它，其他帝国的影响力增大。它失去了对通往沿海地区的贸易路线的控制权。最后，这个仍然十分宏伟的首都被它的居民放弃。原因并不清楚。很可能是人为造成的环境问题（森林砍伐、土壤侵蚀、过度放牧）产生了重要影响。也可能是瘟疫令城市人口大幅减少。有考古学家则认为，原因是大津巴布韦对外贸易赖以为生的黄金大动脉已经枯竭。不管怎样，终结来得相当之快。

基卢瓦的灭亡

大津巴布韦的衰落与灭亡也很有可能拖累了基卢瓦。在 14 世纪早期的繁荣期过后似乎发生了一场危机，但城市在 1400 年前后恢复了元气。大清真寺得到重建，很可能还有其他新的清真寺出现。15 世纪下半叶的情况不如上半叶。基卢瓦失去了对来自非洲内陆的黄金流的控制权，附近的贸易城市开始在规模和彰显财富上赶超。这与大津巴布韦的最终衰败有关。但城市也有可能安然度过了这场危机——这点我们并不清楚。在此期间，葡萄牙人来了。

达·伽马指挥的三艘船于1498年靠近非洲东海岸，它们需要斯瓦希里城市提供淡水和储备。它们得到了它们需要的东西，此外还收到了礼物，其价值超出了葡萄牙人能够给予的一切物品的价值。但是斯瓦希里人的慷慨并没有得到回报。葡萄牙人再次返回，带着更多的船、更多的大炮，以及打击其他信仰、为基督徒贸易作战的意志。到1510年时，多支葡萄牙船队占领了斯瓦希里所有的港口城市，如果它们没有自愿投降的话。这些城市毫无机会。它们没有形成一个整体，起初每座城市各自为战。它们没有任何与欧洲人作战的经验。过去几十年来，它们的作战技能与经验充其量不过是针对内陆非穆斯林居民的突击行动。通常它们没有军队，只有民兵组织。眼下葡萄牙人的炮弹击穿了它们宫殿的珊瑚石墙壁和港口。斯瓦希里武装不管是在意志上还是在贪欲上都比不了基督教圣战者。不管是基卢瓦还是别的斯瓦希里城市都不能自保。1510年，葡萄牙成为非洲东海岸的主人——从基卢瓦向北直到摩加迪沙（Mogadischu）。

葡萄牙舰队不仅在东非作战，也在印度西海岸作战。它们本应在印度洋实现贸易垄断。从今以后，商品应当只用葡萄牙船来运输——一种诱人的商业模式。这个目标未能实现，因为葡萄牙船太少了，而且能够监督城市间贸易往来的葡萄牙人实在太少。但是，即便这个建设性的目标未能实现，繁荣的斯瓦希里文明仍旧结束了。基卢瓦在1505年被洗劫一空后幸存了下来，接着葡萄牙人设立了一个要塞并利用这个地方来监控贸易并把它当作前往印度的中途补给站，但斯瓦希里商人的生意不再繁荣兴旺。他们只剩下要么与葡萄牙人合作（然后葡萄牙人会拿走大部分利润）要么走私这两种选择。两者的收益都不丰厚。1571年有文字写道，基卢瓦以前是一个非常大而富庶的城市。眼下大多数石头建筑只剩下了废墟。考古学家只发现了一座在16世纪新建的建筑。它是基卢瓦苏丹的墓地。该建筑的材料完全来自更为陈旧的房屋的废弃物。东非沿海需要几个世纪才能从葡萄牙人的"发现"中恢复过来。而基卢瓦则从未复元。直到1843年时基卢瓦还有苏丹。最后受他统治的只剩下了某个岛上一个广阔的村子及其两三千名居民。没有一幢石屋还可以住人。

1843年时,葡萄牙人在非洲东海岸的统治无疑早已成为历史。他们的军事优势虽然足以成功地挫败任何反对其统治的抵抗,但却无法深刻影响这一地区。伊斯兰民众不想成为基督徒。语言、文化和经济继续游离于地区之外。后来,崛起的欧洲列强英格兰和荷兰开始在印度与东非之间活动。他们也在军事上让葡萄牙人陷入困境。17世纪末,阿曼苏丹占领了非洲东海岸。

非洲的帝国

创造了斯瓦希里文明的东非是非洲6大地区之一,在其鼎盛时期基卢瓦有很多城市并且统治着很大的面积,这里生活的人也比非洲其他地区多很多。这6个地区包括靠近地中海的北非(1),阿斯旺与开罗之间的尼罗河下游(2),埃塞俄比亚山区(3),以维多利亚湖、坦噶尼喀湖、爱德华湖、艾伯特湖和许许多多其他湖泊为中心的东非内陆地区(4),东非沿海地区(5),以及从今天的塞内加尔到喀麦隆的西非(6)。在这些定居点稠密的地区之间以及之内有一些人烟稀少甚至毫无人烟的地区。不管怎样,对1500年前后的非洲来说,与外界没有联系的自给自足的酋长社会并不是非常典型。这样的社会也有,但是定居点和村庄的变化与迁移以及它们与其他村子或者(少数)城市的联系往往更为常见。有用的信息和技术迅速传播。亚洲大米和香蕉的变种通过斯瓦希里港口输入非洲,很快被大量农民所采用。东非较大的湖泊四周在17世纪早期就已经种植了玉米、木薯、大豆和土豆——在哥伦布发现新大陆之后才来到非洲的南美农作物。和在欧洲一样，这些南美作物在非洲也大大拓宽了食品供应。

只是非洲人口增长十分缓慢。这一方面与地理条件有关：撒哈拉沙漠和卡拉哈里沙漠不适合人群密集定居，热带雨林也是同样。另一方面人们也要克服危险的疾病。采采蝇传播致命的昏睡病，蚊子传播疟疾，蜗牛令一种吸虫有机会存活，后者会导致血吸虫病。这三种疾病加在一起使得人们几乎不可能在某些热带和草原地区存活下来。因为这些采采蝇只出现在热带湿润的森林地区和有一定海拔的温暖草原，它成了一个政治现实。西非伊斯兰帝国的向南扩张没有因为另一个帝国的边境或者是围墙而停止，而是到了采采蝇的生活空间而停止。在其他地区，这三大疾病明显遏制了人口的增长。

直到19世纪的时候，非洲人的平均预期寿命很可能还不到20岁。当然，鉴于高企的婴儿死亡率和显著的地区差异，这个数字说明不了太多东西。但是它毕竟体现了生活有多么地艰难以及人们距离死亡有多近。无疑，热带病也阻碍了欧洲人向内陆地区的推进。与美洲不同，非洲的疾病在撒哈拉以南对所有人都是平等的。欧洲人直到进入20世纪才明白热带病的传染途径。在此之前，很多白人船员、士兵、探险者和传教士已经失去了他们的生命。

非洲的"帝国"是如何产生以及如何维系的呢？无疑这在不同地区、不同时期是存在差异的。但它们仍有几个共同之处。正如我们在基卢瓦看到的，人们可以在不同基础上感受到归属感：作为穆斯林（宗教）、商人（职业）、男子（性别）、某种文化和语言群体的成员（斯瓦希里）、某个家族或者是宗亲氏族、某个村子或者城市的成员（基卢瓦）、某个庇护群体（富有商人＋仆人＋食客）的成员、某代人的一员。这些群体大多可以改变：人们可以学习另外一种语言或者职业，变换宗教。某些改变需要时间并且持续了几代人的时间（伊斯兰化）。另外一些则会更快完成（更换庇护人或者是客户）。人们同时遵循着不同的身份。他们可能效忠于某个宗教领袖、同僚、政治领袖或者是庇护者，要么就尝试自己在某个这样的领域里身居高位。这样就产生了人们可以——或者不可以利用的完全不同的行动可能。在基卢瓦，统治者是苏丹，他不得不与富有商人达成妥协以确保他的统治。尽管有着共同的语言、文化和宗教，但非洲东海岸并没有出现一个斯瓦希里帝国。很可能经济上的考虑不允许它出现。欧洲人在很长时间内都没有理解这种身份与忠诚的多样性。他们借助"部族"、"首领"、"民族"或"国王"等概念制造单一性（但实际上它们根本不存在），然后又抱怨非洲人缺乏忠诚而且混乱。

大帝国与身份认同和忠诚密不可分。它可以是伊斯兰教、基督教或是其他宗教为主的帝国，它将同有一个传说中的祖先或者一种共同语言的成员集中在一起。帝国形成的契机往往是军事上的革新，它给个别群体带来优势，比方说在跨撒哈拉贸易增多后将马匹引入撒哈拉以南地区，或者是欧洲人在交易非洲奴隶时所使用的军火武器的普及。大津巴布韦是另外一种契机的典范：远途贸易的繁荣给地区内部带来财富上的差距，从而提供了统治与臣服的理由。这样的帝国有一个统治者及其家族定居的中心。虽然他的职务通常没有法律限制并且在家族内继承，但他并非不受限制的统治者。他必须顾忌重要的人物或者家族，而且他必须成功。否则，他就可能被罢黜或者是失势。在大津巴布韦，1400年后有很多人背弃了统治者和他的城市，而把对其他因素的忠诚放在了前面。这样从中心的角度来看就出现了崛起与衰落的故事。而在大津巴布韦300个较小的中心当中的任何一个看来，这倒不如说关乎忠诚、接触和身份认同的转移，以便令自己的未来更加安全。

当然统治者试图避免他们的势力发生这样的崩溃。有的采用一支常备军。有的在依附地区任命官员，索取贡品并贯彻统治者的权益。有的打造一个光彩耀人的宫廷要求依附者来觐见，并建造彰显统治象征的宫殿。有的建设道路以证实其统治的务实性。通过这种方式，有的帝国维系了几个世纪——与苏联或者大英帝国相比这是很长的一段时期。1—9世纪，阿克苏姆帝国对今天的埃塞俄比亚产生了深刻影响。它出现在《厄立特里亚航海记》——我们在《婆卢羯车》那章看到的游记当中。8—12世纪，加纳是西非最重要的帝国。它的崛起与跨撒哈拉贸易以及使用骆驼进行运输密不可分。马里帝国从加纳的衰亡中获益。12—18世纪，豪萨（Hausa）城邦控制了包括今天的乍得、尼日尔和尼日利亚北部在内的地区。在尼日利亚西南，约鲁巴（Yoruba）人的城邦繁荣兴盛。11—15世纪是大津巴布韦的繁荣期。除它之外其他几个帝国也留下了遗迹和故事。它们变成了传奇。"二战"后非洲国家独立的时候，有几个国家想与这些传奇挂起钩来。因此，它们给自己起名马里、加纳或津巴布韦。但它们与历史上的大帝国并没有直接的联系。它们的领土也并不重合。像今天的加纳就在8—12世纪的加纳帝国以南很远的地方。其原因将在《沃尔特湖》一章中予以揭示。

奴隶制与奴隶贸易

非洲的政治统治随着葡萄牙人以及之后其他欧洲人的到来而发生了变化。这点我们在基卢瓦和斯瓦希里文明上已经十分清楚地看到了。但这原本是一个例外。欧洲人直到1800年时没有到非洲或印度攫取土地。他们大多数时候都留在他们的船上：因为热带病，因为非洲大的河流在邻近海岸时会有很急的湍流，船舶无法行驶，同时也是因为没有什么欧洲人对到距离家乡遥远的地方定居感兴趣。大多时候他们停靠在可以用作战略阵地的各个港口。最初只有葡萄牙人大胆走入了刚果内陆和东非，但结果却并不是非常鼓舞人心。此外17和18世纪时荷兰人从好望角开始在非洲南端定居。比获得土地更重要的是基督教化，但是除了零星的成绩之外，沿海地区直到1800年时也没有什么成果。只有当时的刚果帝国（今天的安哥拉）在15和16世纪时就已经有本地主教。但对欧洲人来说关键是生意。葡萄牙人与斯瓦希里城市作战也是为了这个原因。它关系到贸易，首先是黄金贸易，后来则是越来越多地关系到奴隶贸易。

奴隶是作为财产属于他人的人，并且可以像物品一样对待、买卖。在欧洲人到来之前，奴隶制度在非洲很多地区（但不仅限于那里）已经存在了很久。但它是非常多种多样的。人可以因为成为战俘、欠债或者陷入其他困境而成为奴隶。所有者可以让他的奴隶做农活、家务，可以训练他，让他做工头或者是从事某种专业劳动，或者只是用奴隶的数量来唬人，实际上根本没有什么用处。奴隶主可能会善待或者虐待他的奴隶，折磨他们或者给他们报酬，让他的孩子与他们成婚并/或释放他们。所有这些都有发生。在某些非洲社会，奴隶也属于家人。这时在日常生活中区分谁是奴隶谁是自由的就不是很容易。

从撒哈拉和基卢瓦的例子中我们已经看到，在欧洲人到来之前非洲内部以及非洲与外界就已经在从事奴隶买卖。人们经商路将奴隶带到北方。他们坐船从斯瓦希里城市抵达印度和阿拉伯，乃至拜占庭。在购买奴隶的国家，他们的命运并不确定。有的被活活累死。其他的则被慢慢融入家族联系当中，并得以在一两代人之内获得自由。在公元7—20世纪之间，很可能共有1200多万人经撒哈拉和东非港口像物品一样被"出口"了。

葡萄牙人到来之后经大西洋运走的奴隶数量大致也差不多（估计在1100万至1500万之间浮动），他们先是被运到马德拉岛，然后是里斯本，16世纪中期那里的人口有一成以上是黑奴。但是真正的生意是和其他目标地区进行的：加勒比地区、巴西、西班牙控制的美洲地区，以及后来的北美。这一人口买卖对非洲社会的影响集中在特定地区，而且比经撒哈拉和东非进行的持续时间更长且更稳定的贸易要严重得多。它的时间更短：从15世纪后期到19世纪。其中，到1600年为止共有近40万人抵达美洲，17世纪有190万，18世纪610万，19世纪330万。需求也更特定：在美洲，奴隶绝大多数被用于从事艰苦的农田体力工作，这也是具有工作能力的年轻男子价格最高的原因，而女性则在阿拉伯贸易中更值钱。

葡萄牙人——后来的法国人和荷兰人，特别是靠买卖奴隶赚了最多钱的英格兰人在非洲西海岸购买内陆"提供的"奴隶。当时有由贸易公司经营的易货站，"商品"集中在这里，直到船长把他们买下或者被拒绝。由于需求是如此之大，以至于奴隶猎头在远离沿海地区的地方活动，为中间商组织运输，中间商则与较大的奴隶商人合作，向易货站和欧洲船只供货。欧洲人用布料、织物、烟酒、武器、弹药、铁和铜支付。有时也用货贝作为支付手段——一种用贝壳制造的货币。欧洲人认识到，他们的非洲商业伙伴是非常难对付的谈判对手，可以像糊弄孩子一样用廉价的玻璃珠打发他们完全是后人的无稽之谈。

这门生意给相关人士带来的痛苦我们很难想象。奴隶被认为是物品，他们也是这样被对待的。决定他们命运的不是他们作为人的权利，而是他们作为商品的价值。被运输的人当中大约有1/5没有抵达美洲，因为船上疾病传播，看守发飙，或者是绝望者自杀。传染病或坏血病给船员带来的损失并不比这小。做水手也不是件令人高兴的事。有多少人在抓捕奴隶和将他们运到沿海地区的过程中丧生很难估计。所有这些死亡直到18世纪时还不是丑闻，而是计划和投资这一买卖的那些人的经济账的一部分。年轻男子在美洲的用途要比阿拉伯地区固定许多。种植园必须产生效益，而对奴隶而言这就意味着：沉重的工作，以及几乎没有机会摆脱奴隶的身份。

奴隶贸易对非洲人本身意味着什么？人口统计学方面的影响很难估计：年轻男子不断消失，家庭以及组建家庭、农业、手工业都缺少年轻的男子。再加上因为非洲人自身参与买卖奴隶而产生的影响。对奴隶的围捕不断地将暴力、不安和恐惧带入西非社会。欧洲人用来支付奴隶价格的步枪和其他武器提高了这种暴力的效率。因为围捕和买卖要求高度的组织性，西非和刚果出现了以奴隶买卖为支柱并从中牟利的国家。这些国家并不是特别地稳定，因为那里有很多军阀。他们也可以联合起来对抗国家。

18世纪，西欧对奴隶制度的批评声音加剧。在持续了几代人的辩论之后（其间也有人辩论说，奴隶制度不符合基督教教义），英国在1807年决定取缔奴隶贸易。因为英国舰队此时控制着世界海域，它们也得以给其他国家的大西洋贸易造成了困难。但以巴西和古巴为目的地的奴隶运输继续持续了一段时间。1815年，欧洲列强在原本应在拿破仑战败后对欧洲地图进行重新规划的维也纳会议上就废除奴隶制度整体达成一致。此后西非的奴隶价格下跌。奴隶猎头和交易商试图在非洲建立一个新的市场，实际上在非洲内部奴隶制度在19世纪倒不如说是加强了。当欧洲人在19世纪的后1/3开始将非洲殖民化时，他们把奴隶制度称作是未开化国家的一个可怕机制。而他们自己则是受命来结束这一非洲传统的。从基卢瓦衰败之后的这段时期来看，这显得很狂妄骄横。

从基卢瓦身上我们看到了一个与内陆帝国密不可分的港口城市文明。我们的焦点落在贸易和非洲内外的商人的影响上。欧洲人没有发挥很好的作用，但他们在16世纪发挥了重要的作用。在建造城市并建立了较大帝国的6个地区，每个地区的行动者所面临的局面都是不同的。那里根本不会谈到其他地区。非洲历史是复杂的，但却是以与南北美洲、中国、印度或者地中海地区不同的方式。

12

沙贾汉纳巴德

在上两章里,我们跟随着西班牙人和葡萄牙人到了美洲和非洲。现在我们可以继续跟随葡萄牙人到印度去。毕竟印度是"发现者"种种努力的目标。就像我们在不幸的斯瓦希里人的例子中看到的,在达·伽马取得成功之后,葡萄牙人显然改变了印度洋的贸易,他们在印度洋沿岸设立了交易场所。欧洲海员在印度南部沿海安家落户,他们主要追求贸易利益,因此可以成为印度当权者实用的合作伙伴。到1700年时,印度的重大变化还不是源自欧洲航海国家,比它们重要得多的是西北的穆斯林帝国——德里苏丹国、苏尔王朝和莫卧儿帝国。它们从阿富汗和中亚的穆斯林中心地区开始,占领了印度河和恒河肥沃河谷的大片土地,并从那里对整个印度史产生了深刻的影响。最重要并且对印度历史起了长久的决定作用的是16—18世纪的莫卧儿帝国。

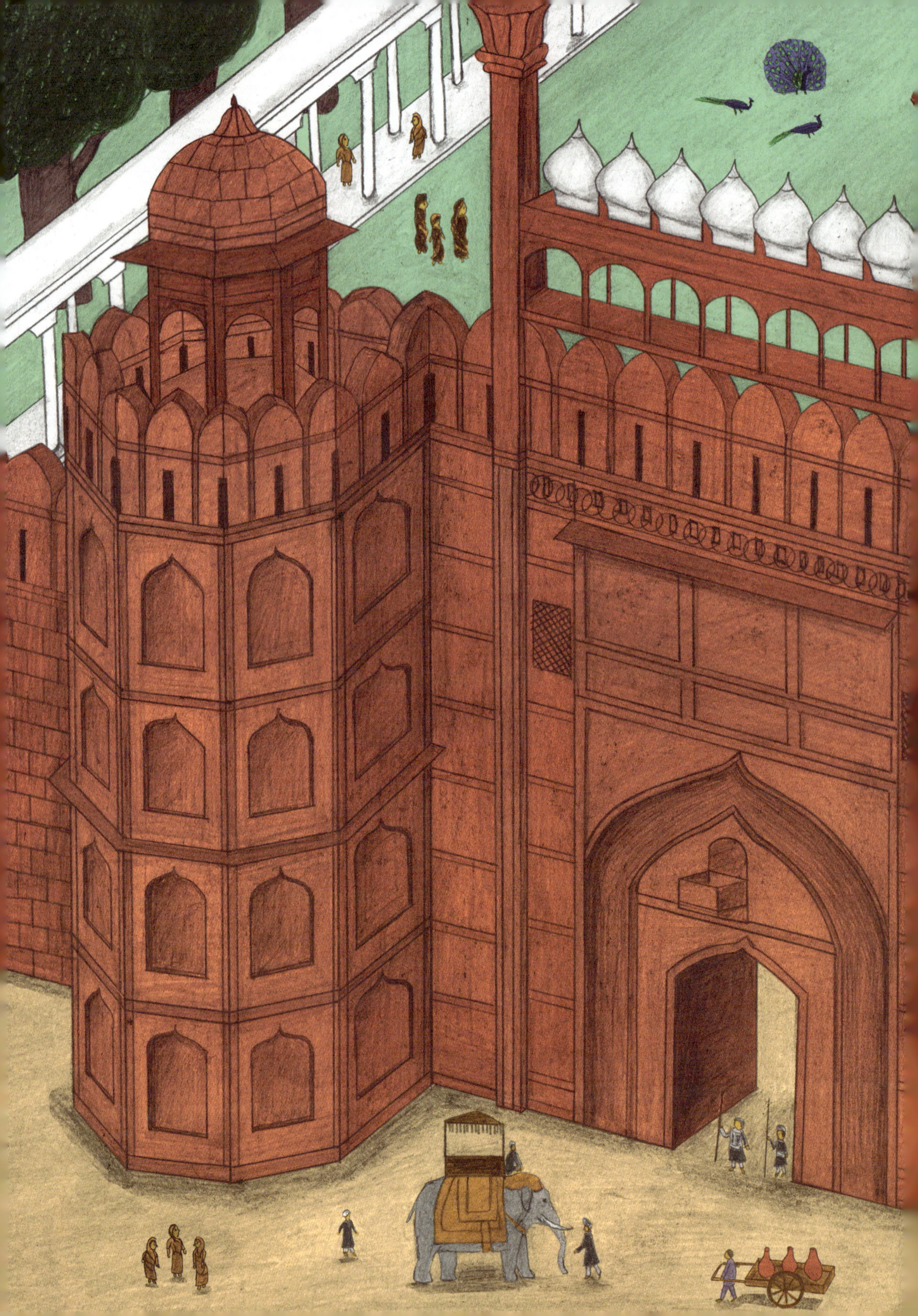

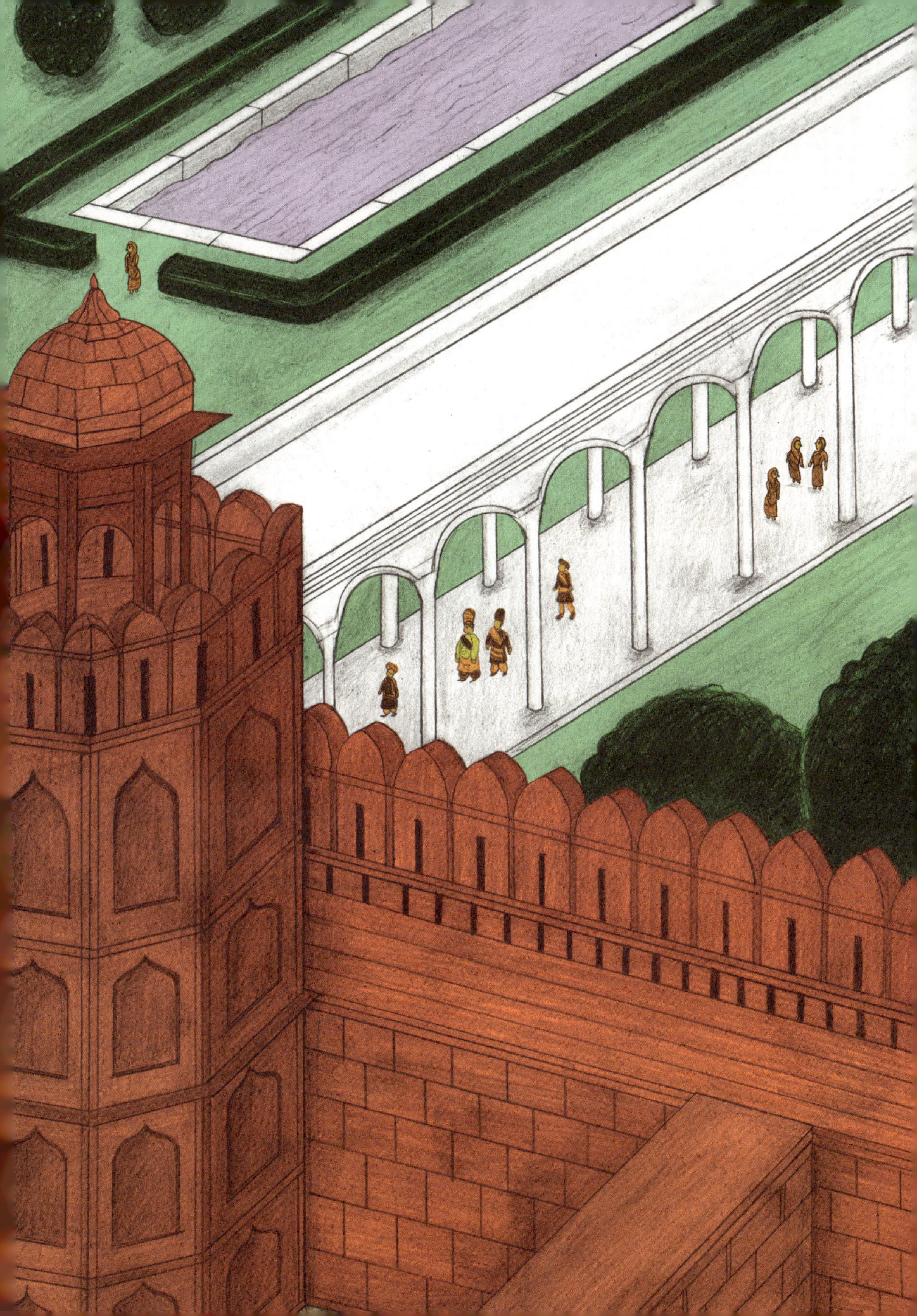

印度莫卧儿帝国

莫卧儿帝国会有这个名字是因为它被视为蒙古人的帝国。莫卧儿就是蒙古人。这并不全错，因为帝国创始人扎希尔丁·穆罕默德·巴布尔（公元 1483—1530 年）自认为是帖木儿的后代。后者在 14 世纪末继承成吉思汗的传统再次建立了一个蒙古帝国，这点我们在《希杰拜》那章中已经了解了。巴布尔的皇后（至少是这么声称，可能也这么认为的）甚至就直接来自成吉思汗家族。隶属"世界统治者"家族的号召力不止一次在巴布尔建立帝国的计划中给了他很大帮助。当然，巴布尔和他的继承人没有让人们称自己为"莫卧儿"，而是"帕迪沙"、"万王之王"，也就是皇帝。

为了理解莫卧儿帝国，我们不应随着这个外来名称将其理解为蒙古帝国的后续。跟随"帕迪沙"这个称号并将其理解为自 15 世纪起从众多实力参差不齐的力量斗争中脱颖而出的三大伊斯兰帝国之一要更合理一些。与莫卧儿帝国同时期，地中海东部地区的奥斯曼帝国和波斯的萨法维帝国都可以作为迅速崛起的故事来讲述。总有某个王侯在短时间内从众多王侯中崛起，达到在世界史上举足轻重的地位，并且成功地为了自身利益而让一个帝国长期持续。公元 1500 年前后不仅以欧洲基督教的扩张为特征，也以阿拉伯—波斯—伊斯兰扩张为特征。而且伊斯兰教的扩张开始得更早一些：就像我们在《特诺奇蒂特兰和库斯科》一章中看到的那样，直到奥斯曼人占领君士坦丁堡才真正激发出葡萄牙人的扩张力量。

所有三个伊斯兰帝国都管理着由成吉思汗帝国瓦解而来的蒙古后续国家的一部分。当"蒙古治下的和平"于 13 世纪和 14 世纪早期瓦解时，小亚细亚和中亚之间一系列大大小小的统治者为了权势和影响力——有时也是干脆为了存亡而斗争。三大伊斯兰帝国的创立者最初也不过是出身可疑的军阀，他们试图在战争中打败其他军队首领，攫取领地，失去再将其重新夺回。所有三个帝国最终都建立在更为古老的非穆斯林帝国的领土上。所有三个帝国都明确利用了先辈的传统。奥斯曼统治者在占领君士坦丁堡后自称是恺撒，他们采用了拜占庭人的罗马传统。萨法维统治者自称"伊朗帕迪沙"，因此采用了萨珊王朝和波斯的传统。莫卧儿统治者再次唤起了人们对笈多王朝的记忆，该王朝是《恒河》那一章的重点。所以说，在所有的三个例子当中，后来者都不愿仅仅是在混战中脱颖而出的那些人的继承者，只有通过与已有的传统挂钩他们才能避免再次爆发争斗。只有这样，他们才能获得在纯粹的实力之外的继续占领的理由。

莫卧儿帝国的创立者巴布尔终其一生都将印度视为某种安慰奖。他来自中亚费尔干纳盆地，而且本来也乐意留在那里。因此，他曾想利用他的亲属关系延续帖木儿的传统在中亚河中地区以布哈拉和撒马尔罕为中心建立一个帝国。但这看似会成功却没能成功。在充满了希望的胜利之后则是惨败。更多的是出于困窘的原因，从1519年起他把努力集中在了在此之前他只偶尔抢掠的印度西北地区。后来他在自传中写道，这是还对他开放的唯一可以触及的土地。此外它很富庶，但并不美丽。人们面目可憎，没有贵族和侠义之气。没有品种优良的马匹和狗，没有葡萄、甜瓜，没有像样的面包、冰、冷水，也没有蒸汽浴室。但是，由于没有太多的选择，巴布尔在1520年一场至关重要的军事胜利后仍将首都设在了今天属于巴基斯坦的拉合尔。他下令部队不要再抢掠战败的印度城市，而是对其征税。

在进行了更多的大多获得成功的战争后，巴布尔于1530年去世，此时他给后人留下了一块从喀布尔、坎大哈经拉合尔、德里和阿格拉（Agra）直到差不多今天孟加拉边境的领土。征税、行政管理和军事都是在印度传统基础上重新组织的。但是统治却没有稳固下来。此外，巴布尔有四个儿子，他们本应一起好好利用蒙古传统令帝国继续发展。自然，围绕帝位的继承问题发生了争斗。没被完全打压下去的巴布尔的对手趁机介入，意图重新

赢得独立。此时帝国貌似在一代人之内就要瓦解了。是巴布尔的孙子阿克巴（Akbar，1556—1605年在位）的伟大成就令（从今天的阿富汗到孟加拉的）北印度重新统一到一起。在他的三位继承人贾汉吉尔（Jahangir，1605—1627年在位）、沙·贾汗（Shah Jahan，1627—1658年在位）和奥朗则布（Aurangzeb，1658—1707年在位）领导下，莫卧儿帝国继续向印度南部发展，直至超出了古笈多帝国的边界。孔雀宝座上的统治者的强大、辉煌与文明变得众所周知。18世纪，莫卧儿王朝势力大减。此时才开始普遍而言的欧洲人，尤其是英国人的时代。但是他们的统治就和今天印度次大陆的文明一样，只能从四位杰出统治者领导的近200年的莫卧儿繁荣期来解释。

税收与统治：曼萨卜制度

莫卧儿帝国行政管理、征税和军事的基础是曼萨卜制度，它在四大莫卧儿皇帝中的第一位皇帝阿克巴时期就已经开始实行。它的基本理念是让征税成为一种贵族义务。"贵族"征税官可以保留固定比例的收入，但他们必须为骑兵队提供士兵和马匹，骑兵队是成本最高和最重要的军队。有33个贵族级别（曼萨卜），各意味着高低不同的税俸和大小不一的骑兵队规模。级别的持有人（曼萨卜达尔）由莫卧儿亲自任命。曼萨卜达尔必须在几年后重新交出他的封地，从莫卧儿那里获得新的封地——这本应避免地区势力集团的形成。一个中央税收部门应保证曼萨卜达尔不会掠取得太过分。毕竟人们很快就发现，这些人在某个地区逗留的有限几年里会尽可能地搜刮。后来阿克巴还下令，税俸和提供骑兵的义务可以单独变更。这令他可以进行更细致的奖赏和惩罚。

曼萨卜制度在一个半世纪内构成了莫卧儿的权力基础。在奥斯曼人建立起耶尼切里军团奴隶军并让管理部门利用个人的依附关系工作的同时，莫卧儿发现了一种更适合其多姿多彩世界的制度。正如孔雀王朝和笈多王朝所表明的，在印度，一位中央统治者虽然原则上是可以设想的，但他必须设法应付在人口密度、土地产出、手工业、贸易、宗教和文化上的巨大地区差异。对这一目的来说，曼萨卜制度是非常合适的。首先，它建立在细致规划的基础上。阿克巴和他的手下起初非常仔细地研究了不同地区可以产生的税收，从而让薪俸适合当地的水平。专业书籍、统治者传记和回忆录都显示，莫卧儿皇帝和他身边的人对于国内的情况了然于胸。甚至当代历史学家对税收收入或者人口数据的研究都要从他们的说明着手。

其次，曼萨卜制度在执行上是灵活的。它给强势的统治者与贵族周旋的可能，前者可以从战略考虑出发来安排势力强大者的职位，让他们升职或者贬职并且不允许任何人变得过于强大。不那么强势的统治者可以给予更大的自由但自己仍是核心人物。势力过大需要削权的那些王侯在帝国边境获得很高的曼萨卜官衔，这样就无须让他们交出官衔或者是在地区间不断变换。事实上他们因此而成为有税赋义务的相对独立的统治者，但不会进一步干预莫卧儿的管理。在帝国建立者巴布尔时期就已经十分强大的帝国中心地区，税收和再分配制度的运作与计划的差不多。等级最高以及收入最多的曼萨卜官衔由莫卧儿的家族成员获得。他们效忠统治者并成为其在地方的权力代表。

最后，该制度可以进行各种各样的安排。至关重要的一点是，地方统治者承认皇帝的权威，给予其尊重，征缴并上交税收，在皇帝有疑虑的情况下也能听命于它。这样的模式在地区内部也继续着。当阿克巴实行改革时，整个帝国有1827名官员，他们提供了14.1万匹马以及骑手，并因此得到了大约82%的国家收入。如果我们考虑到1600年前后印度次大陆生活着大约1.5亿人（当然不是所有人都属于莫卧儿帝国）的话，就会清楚，这

1827名曼萨卜达尔不可能亲自到每个村子去收税、买马装鞍。他们肯定是与精心挑选的下属达成了协议，由后者出人这样一层层传递下去。尽管形式上、行政整体上还以统治者为主导，但地方统治者发挥了重要的作用。

结果可能是在中央明确指导下的地方差异，就像四大莫卧儿皇帝中的第一位伟大的皇帝阿克巴时期那样。但地方也可以独立自主，甚至最后以自己的名义征税并且不再上交。如果莫卧儿皇帝不阻止这种现象，他的钱就会越来越少，只在表面上还是领导者，实际上与地方统治者是平起平坐的。到时他真正可以决定的就只剩下他的核心区域，同时也有势力强大者背弃这位不幸的人的危险。这种地方化的趋势在最后一位伟大的莫卧儿皇帝奥朗则布时期就已经越来越明显，并在18世纪变得普遍。

沙贾汉纳巴德和其他奇迹

换句话说，成功与失败是相辅相成的。一个叛逆的地方统治者成功了，其他人也会尝试。因此"抵抗"一再出现，不愿（再）听从命运安排的那些人的武力斗争也是同样。但是，如果势力强大者根本不想挑战莫卧儿，那就比武力更可取了。因此帕迪沙通过宫殿、坟墓、花园和景观园艺、绘画、诗歌和编纂历史来显示他们的权势与辉煌。四位伟大的莫卧儿皇帝中最重要的是沙·贾汗，我们知道他主要是因为他下令建造了泰姬陵。这座白色大理石建成的陵墓是他为爱妻慕塔芝·玛哈尔（Mumtaz Mahal）所建，她于1631年在生他们的第14个孩子时去世。被四座尖塔包围的圆顶泰姬陵直到今天仍是全球最著名的建筑奇迹之一，它的周围还环绕着其他宏伟的建筑、花园和水渠。它被视为不朽的爱的伟大标志，这甚至可能是真的——尽管对这一浪漫故事的怀疑一直不绝于耳。对沙·贾汗来说或许

沙贾汉纳巴德

关键是对他的财富以及他实现奇迹的能力的体现。

在建筑学方面，沙·贾汗给同时代人的最重要的信号是一个新首都和国都的建造。如今，以他的名字命名的沙贾汉纳巴德构成了旧德里的中心。帝国创立者巴布尔定居拉合尔，沙·贾汗的父亲贾汉吉尔扩建了阿格拉，他的祖父阿克巴曾经在阿格拉西南 40 公里的地方建了一座新城法塔赫布尔西格里（Fatehpur Sikri）。沙·贾汗认为这些城市都不合适。仅仅 14 年后，阿克巴自己就失去了对法塔赫布尔西格里的兴趣。沙·贾汗认为拉合尔和阿格拉现有的城市和宫殿规模过于狭小。此外，他认为，用宏伟的建筑来令同时代的人和后世瞠目是一位伟大君主的责任。德里的地理位置合适是因为它地处肥沃的恒河河谷和亚穆纳（Yamuna）河河畔。此外它是个古老的皇族所在地，因此被认为是圣地。这里有圣人的坟墓以及大量令人联想到旧帝国和统治者的建筑。在这块由亚穆纳河与阿拉瓦利山余脉形成的大致为三角形的土地上，多个王朝为它们以各种新名称开始的新朝代找到了场所。但最终它们都被称作"德里"。沙贾汉纳巴德也将是这样。莫卧儿皇帝们得以在这里被载入印度历史，但也在这里被历史所淹没。

沙贾汉纳巴德最初是一个很大的规划城市。高度超过 8 米、厚近 4 米、整整 6 公里长的城墙环绕着整整 600 多公顷的土地。起初人们以为黏土结构就够了，但是它在 1650 年的强季风中倒塌流失。人们建了一个专供统治者及其家人使用的内城和一个更大的外城，帝国的王侯在这里盖建房屋，仆人、手工业者和商贩也居住在这里。在内外城之间是花园，它是这一时期印度建筑工艺上的一个重要元素。花园在炎热的夏季提供阴凉和清爽。花朵和枝繁叶茂的绿色植物、溪流和喷泉点缀的花园成为上天的象征。在外城以及城墙的四周形成了郊区，那里几乎没有什么中央规划。

重要决策都是在内城的宫殿内做出的，统治者的典礼仪式也在这里进行。只有权贵显要可以进入这里。日常决策是在外城做出的。这里是买卖、生产和许许多多的人日常生活的地方。内城最基本的建筑规划要素也反映在外城上。沙·贾汗为了建造他的都城雇用了波斯建筑师。宫廷的联络往来和书面语言是波斯语，不断有波斯知识分子和军官到北印度来碰运气。和在他们的家乡类似，这些波斯建筑师希望在他们的作品中表达统治者与帝国的理想关系。统治者和他的宫殿是一种秩序的起点，城市和世界都要以此为准。例如，同一时期欧洲的凡尔赛宫等宫殿的设计也传达了类似的讯息。但是莫卧儿皇帝将这种秩序带入他统治的城市当中，不仅将贵族也将普通百姓包括在内。

然而这只是个计划。现实却是另一番样子。与譬如说几个世纪前的长安完全不同，这里的中央规划就到重要街道、城门和广场为止了。当人们开始定居城市时，居民很快就接管了主动权。他们按照自己的需求自行建造较小的街道。富有的商人和王侯根据情况建起府邸，他们的仆人则住在周围较小的房子或茅屋内。有权有势者盖起清真寺和寺庙。有的是奉行这样的想法：为公众进行建设是王侯的职责。有的则希望为自己所属的宗教社区做些事。当然也有特定职业、信仰或者社会阶层集中的城区。但这是自然而然出现的结果，而且也会发生变化，它们并不是统治者规划的一部分。

沙贾汗纳巴德吸引了很多人。一位那个时代的人称当时有土耳其人、尚吉巴人、叙利亚人、英格兰人和荷兰人。他也看到来自也门、阿拉伯和伊拉克、中亚大呼罗珊（Chorasan）、花剌子模、中国和克什米尔的人。从两座主城门进入城市，人们会身处两大市场中的一个，并可能被琳琅满目的商品和形形色色的人所震撼。此外城市中还分布着小一点儿的专门商品市场，它们的地点一再改变。城市在建立的头几十年里有大约 40 万居民。但人口的数量存在波动，虽然对于波动的幅度存在争议。一位同时代的人说，1679 年后，当沙·贾汗的儿子奥朗则布在印度南部打了 20 年仗不再到访他的首都时，此时沙贾汉纳巴德的人口只剩下了原来的 1/6。这种说法是否过于夸大了，对此学者意见不一。可以确定的是，莫卧儿皇帝有很长时间都不在这座国都。1712 年之后，当政治上比较软弱但会定期在沙贾汉纳巴德逗留的莫卧儿皇帝执政时，这座城市再次变得繁荣。

17 世纪总的来说是一个城市密集增长的时期。城市在印度已经存在很长时间了。虽然生产和生活方式在笈多王朝末期越来越农业化，但从 12 世纪起趋势就开始向着城市逆转。当莫卧儿站稳脚跟后，这一趋势得到了有力的推动。此时的城市更多了，而且它们也更大了。在 1670 年前后，帝国创立者巴布尔的首个都城拉合尔有 70 万人口，往南 200 公里的阿格拉有 80 万人。可以比较一下：巴黎在 1700 年前后有居民 50 万人。还有其他一系列城市的人口超过了六位数。此外还有很多小一点儿的市场和管理地点。它们大多位于河流附近——它们是最重要的交通大动脉，并经陆路与商路连接。关于 17 世纪全球城市化不太确定的统计显示，印度莫卧儿帝国的城市密度可能高于欧洲，当然不管印度还是欧洲，我们必须估计到地区之间的显著差异。斯堪的纳维亚或者乌克兰的城市化程度比佛兰德或意大利北部低，而恒河河谷和西边的古吉拉特（Gujarat）与南部德干高原的景象也是不同的。

16 世纪和 17 世纪的荣耀

特别是在沙·贾汗时期流传下来大量卓越的诗歌文学和建筑，这点并非偶然。17 世纪上半叶在经济上也被公认为是莫卧儿帝国最伟大的时期。此时它得以收获了一段较长的、相对平静时期的成果。农业和贸易经历了繁荣发展。人口增多并可以得到充足的食物。开垦令更多的土地得以耕作，精心的灌溉增加了农业产量。人们测量了更多的土地，得以为征税做出更好的评估。除农业外，纺织业也得到发展。生产的特别是棉质、丝质的织物受到全球的推崇。

全球联系得以产生，因为莫卧儿、奥斯曼和萨法维帝国给一个此时绝大多数是穆斯林的区域带来了和平。总的来说，该区域从匈牙利经赫拉特（Herat）、喀布尔直到孟加拉，从埃及经巴士拉和苏拉特（Surat）直到印度南部。在这个一定程度上比较安全的贸易区内，经水路陆路进行的远途近途接触增多。道路得到建设和改善，常设旅馆或客栈兴建。专业的保险机构为意外和袭击提供保障。在这一时期可能是最为重要的印度港口城市——印度西部古吉拉特的苏拉特，大商人与阿拉伯乃至印度尼西亚都有商业往来。他们利用欧洲商号与阿拉伯商人的利益竞争在两者之间巧妙周旋。他们甚至敢于公开反抗莫卧儿的官员，如果他们认为自己的利益受到威胁的话——而且他们也取得了成功。

在这一背景下，为什么印度人没能抵抗住自1500年起开始驾船出现在印度洋的欧洲人这个问题是多余的。面对贸易的成功、1.5亿人口以及在紧急情况下可以召集起来的高达六位数的骑兵数量，在16和17世纪伟大的莫卧儿统治者眼中，欧洲船长、船员、商人和传教士并不是个需要认真对待的威胁。

在葡萄牙人和西班牙人变得重要的同时，莫卧儿、奥斯曼和萨法维帝国的重要性也增大了。因此，对他们来说问题是：这些发展中的帝国是否以及如何能够相互协调，如何能够从中获益。当葡萄牙人将印度洋贸易揽入怀中时，他们与在红海和波斯湾势力越来越强的奥斯曼人爆发了代价高昂和损失惨重的战争。奥斯曼得以将葡萄牙人阻挡在红海之外，但不得不接受他们赢得印度洋垄断地位的事实。相反莫卧儿帝国则更多地从葡萄牙人以及后来的荷兰和英格兰等其他国家的欧洲人那里获益。不受莫卧儿控制（特别是南部沿海地区）的较小的印度执政者输掉了与外国航海者的小规模战斗，后者随即建立起固定的贸易市场，这点并非不受莫卧儿的欢迎。海上贸易可靠运行符合他们的利益。欧洲人可以保障这一点。他们定期接收印度对欧洲及其殖民地最重要的出口产品——纺织品和香料。巴西的非洲奴隶从16世纪起就开始穿印度产的衣服。再加上特定的地方产品，每个印度港口以及印度土地上的每个欧洲易货站或者贸易基地的物品都不相同。

在欧洲贸易公司的帮助下，印度——用我们今天的话说——取得了巨大的贸易顺差。欧洲人用马来支付——曼萨卜达尔的商队需要马，而且马是一种人人渴求的奢侈品。他们也用欧洲的武器支付。但他们尤其带来了从日本或者南美安第斯山区银矿获得的白银。一个自己没有银矿的次大陆开始使用银制卢比作为流通货币并以此在地区范围内进行贸易！有欧洲游客在谈到印度的富有时说，世界上的黄金白银消失在这个大"深渊"中。当然这种财富的分布极其不均。欧洲游客和本地作者都描述了很多人的贫困，他们靠大米、小扁豆和一点点蔬菜生活，买不起运往欧洲的香料和服装。城市不仅是富人宫殿的秀场，也是很多平民的家，他们不得不住在十分简陋的住所里。有沙贾汉纳巴德的人报道说，穷人的黏土房子在季风严重的时期干脆化为乌有。只留下了无家可归者。在极其干燥的年份，火灾危险增大。1662年仅首都就有6万人在三场大火中丧生。富人的石头建筑通常无论水火都可以安然度过。当然，和欧洲一样，许许多多人的贫困和不幸在这个时期是常态。

对外来影响的独立自主以及与此同时对它们的开放也体现在宗教问题上。随着巴布尔以及他的孙子阿克巴来到印度的穆斯林征服者不得不与各种各样的印度教大多数、后来也不得不与其他很多宗教的信徒共同生活。他们十分理性，没有争取伊斯兰教化。伊斯兰世界本身正处在不断变化的过程当中。随着首个穆斯林千纪的结束——1592年临近，末日预言家的支持者增多。以兄弟会为组织形式的神秘主义者苏菲派开始凌驾于与之竞争的教派（什叶派、逊尼派）以及教法学派之上。伊斯兰帝国对此的反应不一。在奥斯曼帝国，什叶派受到迫害；在萨法维帝国，逊尼派的日子不好过。四位伟大莫卧儿皇帝中的第一位阿克巴也有穆斯林传统的背景，并意识到了这点。他亲自进行了朝圣之旅，进行祈祷练习和冥想。他从苏菲派的观点出发，但对不同的穆斯林教派以及其他宗教保持开放的心态。从1570年起，他下令在宫中进行宗教对话。他先是聚集了苏菲派和伊斯兰教学者、先知的后人和全球达官显贵。后来他也偶尔邀请基督徒、印度教徒和琐罗亚斯德教的信徒参加。得到阿克巴邀请、来自葡萄牙人控制的果阿地区的耶稣会信徒希望统治者改变宗教信仰。但这并没有发生，而16世纪葡萄牙人在印度传播基督教的努力很大程度上也失败了。

阿克巴距离让自己融入一种宗教模式还远得很。他逐渐有了这种信念：需要一种"新的"宗教以避免伊斯兰教以及其他宗教的错误并集中它们的长处。他形成了一种包罗万象的宗教，它尤其吸收了伊斯兰教和印度教的要素。他自己是与神类似的世界以及宗教领袖。新宗教宣告成立导致了严守教义的穆斯林的反抗，他们与阿富汗部族达成一致，宣告阿克巴的同父异母兄弟为新的统治者，并在1580—1582年间在大范围内赢得了支持者。阿克巴下令以血腥方式平定了抵抗。

新宗教虽然引发了严格正统的穆斯林的抵抗，但在精英当中极其受欢迎。这可能与印度教学说对新影响的开放态度密不可分，与伊斯兰教的变革或者是想做出一番事业的那些人的机会主义密不可分。对不是穆斯林的大多数人来说，重要的是阿克巴帝国境内对宗教的这种宽容。针对非穆斯林的特殊税收取消。阿克巴要求王侯跨宗教通婚。他自己很早就娶了一位印度教公主。与曼萨卜制度一样，对宗教独立自主的态度也令大范围的统治变得更加容易。阿克巴的儿子贾汉吉尔也坚持了这一政策。尽管是外来

的，但莫卧儿就这样成为一个印度王朝，它的统治对印度教也具有吸引力。两大宗教、其他小一些的宗教以及新宗教在宫内都有代表。宗教之间的界限是流动的。

继承人之争和王侯的影响力

深刻影响了 17 世纪后 1/3 的沙·贾汗和奥朗则布却将新宗教忘在脑后。他们致力于伊斯兰教正统并再次以一个穆斯林帝国为目标。这一政策显示出完全的成功。穆斯林所占的人口比例上升，伊斯兰教被重新诠释为统治合法性的来源。但这一政策也是危险的。因为奥朗则布也下令摧毁了贝拿勒斯（Benares）和马图拉（Mathura）的印度教神庙，以便在废墟上建造清真寺。他对印度教商人征收特别税，禁止印度教人士担任高官并重新实行了曾被阿克巴取缔的对非穆斯林的人头税。大规模骚乱出现。这不仅关乎宗教问题，也事关税赋、对地方领袖的承认，以及奥朗则布的统治方式。帝国的统一处于危险当中。

在奥朗则布统治的最后 20 年里，他在动荡的帝国南部进行了连续不断的战争。几乎所有征战他都赢了，没有一位莫卧儿皇帝的统治范围比 1700 年时更大。但是当他在残酷的战斗、围攻和占领之后胜利撤退时，反叛往往再次爆发。为了让盟友和逐渐构成威胁的新兴力量满意，奥朗则布分封了比可支配的税俸更多的曼萨卜官衔。帝国不得不实行轮候名单制，该制度失去了吸引力和说服力。在南方，起义者自行征收的税收简直就和不加掩饰地勒索保护费差不多。古吉拉特的大型港口城市苏拉特一再被洗掠一空。富裕的商人破产。如果莫卧儿不再能保证和平、安全与富裕，那么他的中央统治还有什么意义呢？

继承人问题是国内紧张关系和裂痕变得清晰的经典时刻。帝国没有明确的继承规定，而且因为统治者有多位妻子，通常有多名儿子提出继承要求。有的学者声称，这也有好处，因为在生与死的残酷竞争中，只有最优秀的那个人才能成功。但是，首先，最优秀的斗士不一定也是最好的统治者。其次，儿子们的战争可能与帝国的问题联系在一起并随之导致近似于内战的状态。

沙·贾汗的儿子们在他还活着的时候就已经开始了争斗。他们的父亲病得很重，可能的继承者们担心，如果他们等到最后自己的机会就会变小。两年后，四个儿子中的两个死亡，第三个逃亡并在不久后死去。第四个就是奥朗则布。在帝国权贵当中，四个儿子都各有其支持者。奥朗则布没有以权力竞争者的名义杀害两个兄弟，而是以异教徒的罪名下令处死他们——他们对印度教过于友好了。这令经过残酷战斗取得的胜利得到了上天的祝福与信众的肯定。但是这得罪了印度教和其他宗教的信众。此外沙·贾汗的病又拖了几年。奥朗则布下令将父亲囚禁，直到他于1666年在阿格拉堡去世。

奥朗则布死后的五年之内发生了两场继承人之争。不仅是儿子们，与他们有关的帝国权贵们也丢了性命。之后再也没有一位莫卧儿皇帝能重新赢得对整个帝国的控制权。反过来，权贵们对在德里出现的兴趣也越来越小。很快他们当中的很多人就不再上交赋税。一个大帝国变成了很多小帝国的集合，它们仅还在名义上承认德里莫卧儿皇帝的优先地位。但德里也没能幸免。它多次遭到洗劫。1739年，在波斯结束了萨法维王朝的纳迪尔沙（Nadir Shah）在对德里进行偷袭时甚至抢走了莫卧儿的孔雀宝座。它后来成为波斯彰显其统治的一部分。

对沙贾汉纳巴德和德里的居民来说，18世纪总体上并不是个无忧无虑的时期。太多的抢掠，太多的动荡。尽管如此，并不是印度所有地方的人的生命都受到了威胁。虽然有内战和无政府状态，虽然不仅是德里的人们感觉生活不再安全、经济长期饱受折磨，但是也有形成了稳定的地方帝国（土邦）的地区，它们在莫卧儿制度基础上实行了可靠的管理。那里的生活水平并没有下降。

印度成为大英帝国的一部分

  区域化和地方战争是欧洲人在 18 世纪下半叶地位迅速上升的原因。人数少但武器技术上占优的欧洲军队介入地方帝国（土邦）的冲突当中，与此同时完全是顺带着改善了自己的地位。商人愿意利用英国东印度公司某种程度上十分可靠的全球联系，这对他们有利。英国人首先对贸易和金钱感兴趣，而且不像后来的莫卧儿那样根据宗教来区别对待他们的生意伙伴，印度人十分看重这点。因此，在英国人在印度次大陆卷入的绝大多数战斗当中，印度人没有和欧洲人对立作战，这种情况一直持续到 1859 年。不同印度群体相互作战，而根据利益状况或者煽动或者平息此类冲突的英国人在大多数情况下成了一锤定音的人。反之，英国人和法国人在 1756 年后也在不同印度军队的支持下在印度土地上进行了七年战争。随着英国人在法国—印第安人战争中获胜，未来他们将是主导这块次大陆的欧洲力量这点变得清晰。在此前的三个世纪里，分别有不同的欧洲人主导了与印度的贸易。16 世纪属于葡萄牙人，17 世纪属于荷兰人。18 世纪的头 2/3，英国人和法国人竞争，此后英国人以及按照他们意思行事的英国东印度公司占据了主导。

  利用地区间的斗争和各种利益矛盾，英国人在 1760 年前后占领了莫卧儿帝国的东部省份孟加拉，它尤其因为其纺织品市场而利润丰厚。执政的莫卧儿沙·阿拉姆二世（Shah Alam Bahadur）在1764年正式委托英国人为其征税。这样，东印度公司就正式成为莫卧儿的官员，当然事实上他几十年前就已经不再行使权力了。此时其他的印度地方力量将英国人视为印度权力斗争中的一个重要力量。结果是联盟不断地变化和持续不断的小型战争。欧洲冒险者带着小型军队来到印度，加入其中的某一方作战，试图碰碰运气。长远来看，英国人赢了。到19世纪中期，他们控制了次大陆。他们对一部分地区实行直接统治，比方说孟加拉。其他地区则保留了印度地方官员，英国顾问将他们的政策引导到自己认可的路线上。

对印度来说，工业革命的影响至少与英国人接管统治一样重要。工业革命在英国作为纺织业革命开始。纺织实现机械化并集中到工厂内。除女工、童工外，漫长的工时也降低了生产成本。英国制造商由此而慢慢将印度生产商挤出了世界市场。从19世纪初开始，甚至在印度，英国的纺织产品都比印度的便宜。孟加拉自19世纪头几十年起就不再出口纺织品，而是出口棉花、黄麻纤维和靛蓝。印度不再进口马、武器和奢侈品，而是进口纺织品，很快又加上了其他制成品。印度被去工业化。但印度此前没有工厂化的工业生产，"只有"繁荣的手工纺织业，眼下它也陷入了严重的危机。与此同时，英国人用他们自己在印度收缴的税收来支付他们对殖民地进行管理和从印度出口的费用。欧洲的黄金白银不再流入印度这个深渊。反之，这个次大陆变成了令英国致富的税收与原材料的来源。与此相对应，此时城市得到发展，英国的经济与管理部门都集中在此——加尔各答、马德拉斯（后来的钦奈）、孟买。穆尔斯希达巴德（Murshidabad）和勒克瑙（Lakhnau）等靠旧精英奢华消费生存的城市其重要性下降了。

英国人的统治在1857/58年印度爆发第一次重大抵抗期间再度陷入严重的威胁，它在很长时间内被淡化成印度士兵的"兵变"。此后最后一位莫卧儿皇帝被正式罢黜，开始流亡生活。形式上还是英国在印度统治的代

表——东印度公司被撤销。印度成为英国女王的一个殖民地，英国最高长官的头衔是"总督"。尚存的地方土邦得到保证，它们可以存续下去。1876年5月1日，维多利亚女王接受了"印度女皇"的称号。整整70年之后，1947年8月15日，英国人结束了他们在印度的殖民统治。他们的伟大时代并没有像16和17世纪4位伟大的莫卧儿皇帝那么长。

13

法兰西角

革命的大西洋：1770—1850 年

英国人在 1763—1858 年接管印度权力并令印度洋成为其帝国的核心，这不仅是欧洲的一部成功史，也是一场革命失败的结果。在 1770—1830 年间，多个大西洋沿岸国家爆发了革命并因此给欧洲的近代海外帝国划上了句号。

13 个北美殖民地吹响了所谓的大西洋革命开始的号角，它们声明从英国独立，组成一个美利坚合众国并决心对英展开独立战争。不久之后，先是法国人在他们的王国发动革命，然后则是欧洲。在加勒比地区——更确切地说是在海地发生了世界史上唯一一次成功的奴隶革命。最终西班牙和葡萄牙在中南美的统治瓦解。葡萄牙人控制的拉丁美洲地区以巴西的名字保持了统一，而属于西班牙帝国的地区在血腥战斗后形成了一系列的独立国家，从智利、阿根廷直到墨西哥。除加拿大、几个加勒比岛屿和巴西东北边的圭亚那之外，美洲对欧洲殖民主义而言已经是失败之地。即便经济

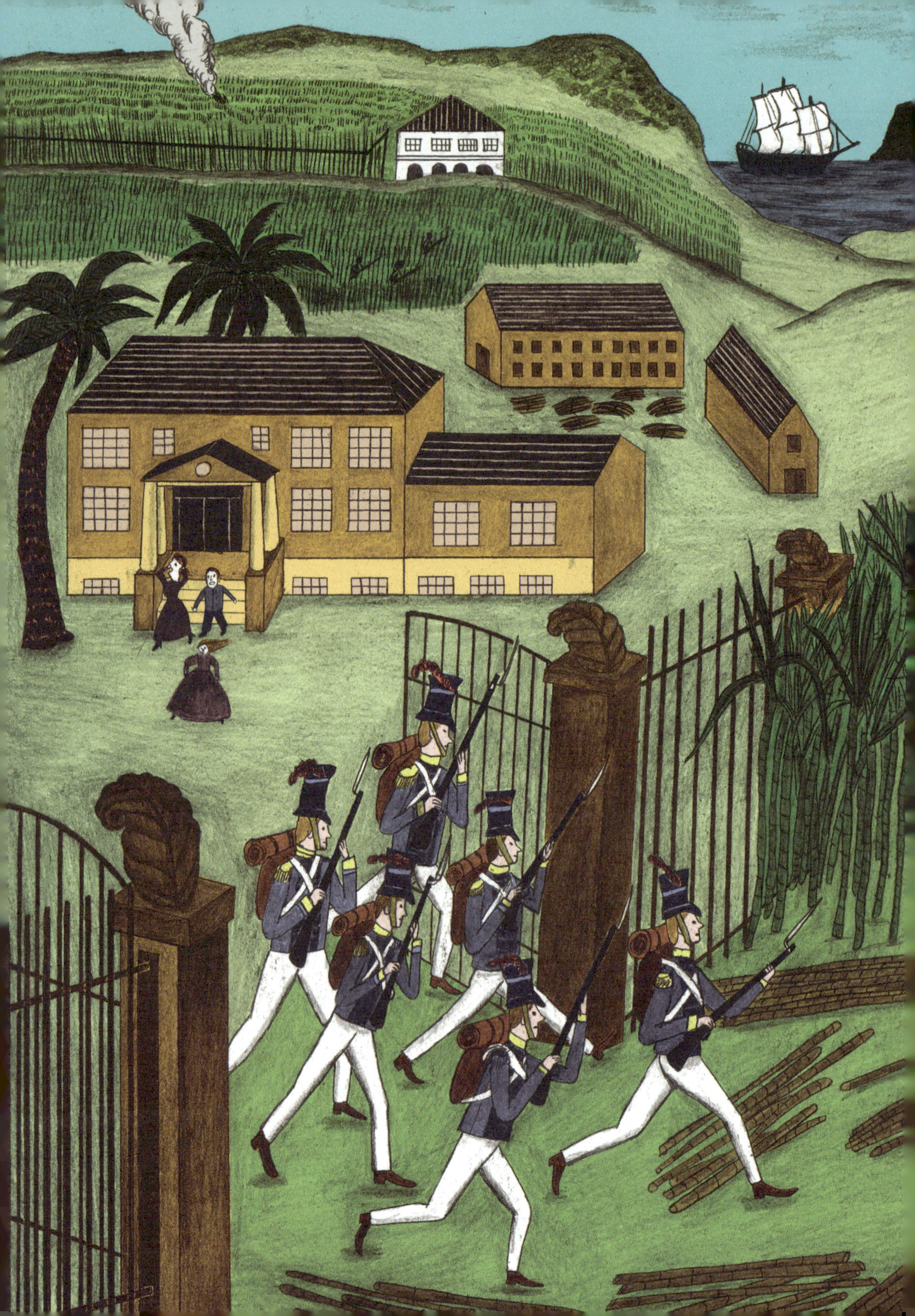

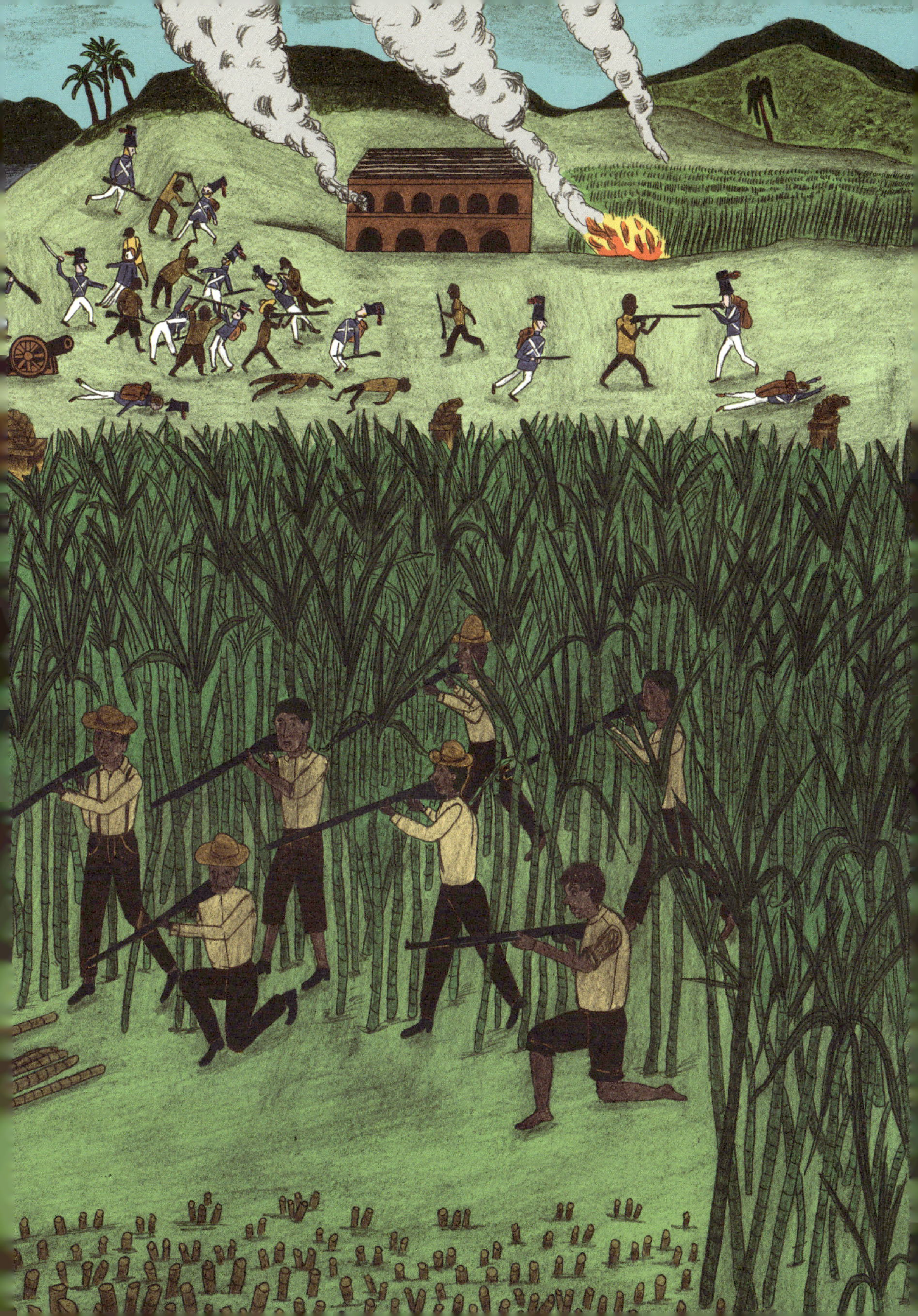

合作继续以新的形式进行着，但自哥伦布时期以来建立的大西洋帝国已经成为历史。

与此同时，在欧洲本土，威尼斯贵族共和国和德意志人的神圣罗马帝国等令人崇敬的政体在法国军队的冲击下瓦解。当1815年维也纳会议给持续了20多年的先是革命战争后是拿破仑战争画上句号时，旧欧洲的贵族们已经无计可施。未来属于君主立宪制政体，人民参与政治决策的情况逐渐增多。当然这对欧洲人的权力欲没有任何影响。英国、法国、俄国以及西班牙、葡萄牙、德国和比利时（规模略小一些）都在19世纪将其殖民统治从美洲转移到亚洲，之后则是非洲，或者是在那里新建殖民统治。英国维多利亚女王在1876年加冕为印度女皇，这象征了这一重心转移的高潮。但是自20世纪开始以来，欧洲帝国的屋梁开始嘎嘎作响。第二次世界大战过后，欧洲在大西洋帝国结束后于1800年前后在亚洲和非洲建立起来的统治地位也随之告终。

因此，大西洋革命与西班牙人、葡萄牙人在1500年前后在美洲的长驱直入，以及穆斯林帝国自15世纪起在亚洲和欧洲的迅速扩张同等重要，这些我们在《特诺奇蒂特兰和库斯科》以及《沙贾汉纳巴德》等章节中已经描述过了。但是这里有一个重大的区别：对大西洋革命者来说，关键不是宗教救赎，而是自由与平等，当然它也结合了经济动机。因此，它直到今天仍吸引着人们。美国、法国、海地和玻利维亚（也就是南美）革命是具有积极意义的事件。提及它们总是可以令民族统一，令战争合法化并赢得选举。

然而，革命事件本身相当地不透明。大多数早期的优秀革命家都有着明确和崇高的目标，它们建立在18世纪的政治哲学和纲领之上。但是新社会群体的介入令他们惊讶。小市民、农民、一无所有者和奴隶遵循着自己的十分实际的目标，它们产生自压迫与磨难的日常生活经历。它们与早期革命者的政治理想并没有什么共同之处。结果产生了一种无法预计的动力。从最初的目标来衡量，美国、法国、海地和南美的革命成果是出人意料和令人失望的。喝彩欢呼直到后来才出现，而且它们往往是针对最初的理念和声明，它们很快就被历史的车轮所碾压，直到事后才被拔高为革命的遗产。现在让我们来更具体地观察一下（从地理角度而言的）中心事件。加勒比地区的海地奴隶革命与其他所有革命交织在一起，并因此而成为发现"革命的大西洋"的起点。

但在此之前我们必须认识到，大西洋曾经是18世纪的交汇区。英国人、西班牙人、葡萄牙人，甚至是荷兰人、丹麦人的帝国都经大西洋延伸自己的势力。行政机构的官员、定居者和碰运气的人跨越大西洋变换居住和工作的地点。咖啡、蔗糖、烟草、靛蓝、木材、皮毛等殖民地商品经大西洋交易，装载白银、奴隶的船只和海盗擦肩而过。与这些商品一起流通的还有书籍、宣传册、消息和传闻。文化模式被重塑。在欧洲城市里，平民咖啡馆与旅馆在18世纪纷纷出现。柏林在1800年前后不仅有11家一级旅店、13家二级旅店和14家三级旅店，数不清的酒吧和餐厅，还有53家咖啡馆。在维也纳，冷静下来的和被咖啡唤醒的理性公民可以在70多家咖啡馆中选择，在那里讨论最新的消息并参与到公众的民主化当中。他的咖啡是奴隶艰苦工作的产物，但这点他就无须考虑了。

来自加勒比地区的蔗糖和咖啡

18世纪下半叶，欧洲大陆饮用的咖啡大多来自伊斯帕尼奥拉。伊斯帕尼奥拉岛的西边部分自1804年起改名海地，它位于古巴、牙买加和波多黎各之间，自16世纪起就被西班牙人占领。17世纪法国海盗在这里安身，西

班牙人没能有效地驱散他们。1697年，西班牙人承认法国人对西伊斯帕尼奥拉的宗主权。自那开始法国人就用法语来称呼他们的属地——圣多曼格（Saint Domingue）。后来蔗糖和咖啡的兴起改变了一切。在一个世纪之内，大大小小的种植者、行政管理人员和军人将这块大小和比利时差不多的领土变成了法国最具价值的殖民地。

在1500—1600年之间，向欧洲供应的蔗糖增加至原来的10倍，之后又在1600—1800年间再次增长至此前的10倍。原因很简单。咖啡、茶、可可等殖民地生产的享用品本身是苦的。这些物品的消费增长导致1800年前后每年销往欧洲的蔗糖达到了20万吨，而欧洲传统上是靠蜂蜜和糖浆来做甜味剂的。咖啡、茶和可可生产推高了蔗糖的需求，反之也是同样。白糖在16世纪时还是一种奢侈品，国王和王侯命人用糖组成巨大的桌上雕塑，向宫廷名流炫耀。200年后，白糖以及更便宜的红糖已成为更广泛民众阶层的享用品。享受是重要的。在18世纪时，欧洲人愿意做更多和更艰苦的工作，以便能购买咖啡和蔗糖等殖民地生产的享用品，以及更精美的面包、更精致的餐具和更漂亮的家具。这被称作是"勤勉革命"。当海地革命导致法国糖价上涨时，1792年初巴黎爆发了骚乱。

带着对些许消费快感的渴望，欧洲人建立起一个迅速增长的市场，投资者、种植者、商人和政府对此做出反应。在已经从事出口的巴西或巴巴多斯等供应地之外，人们开辟了新的热带种植区。它们当中就包括海盗的老巢圣多曼格。1710年它的蔗糖产量将近1000吨，1789年是6.4万吨。同年，它供应的咖啡占了西方世界消费的60%，而18世纪七八十年代咖啡贸易的发展比蔗糖贸易还要活跃。此时圣多曼格成为全球利润最高的殖民地、法兰西帝国的核心。交易经波尔多、南特、拉罗谢尔（La Rochelle）、勒阿弗尔（Le Havre）和巴约讷（Bayonne）等港口城市进行，在那里，部分商人和投资者大发横财。他们当中有很多都在这个加勒比海岛上拥有种植园，让管理者来经营。

　　法国在七年战争中将加拿大和路易斯安那殖民地输给英国之后，法国的海外投资更是集中在圣多曼格身上。土地开垦与生产变得更加活跃。在18世纪80年代初从英国获得独立的13个北美殖民地，饮用咖啡（而不是备受唾弃的英国茶）成了一种爱国主义声明。就这样，欧洲以外的另外一个市场打开了。价格上涨。种植者和法国殖民地管理部门开始就应对市场准入进行多大程度的监管进行争论。平民和碰运气的人带着很少的资金从法国的大西洋港口向圣多曼格出发，希望作为咖啡种植者碰一下运气。并非所有人都愿望成真了。社会矛盾极大。

　　所有的财富都是非洲奴隶生产的。18世纪80年代末时，圣多曼格生活着50万名奴隶，超过了同一时期的年轻的美国。在18世纪30年代末、40年代初时每年输入的奴隶就已经超过1万人，在1760—1780年间数量增至每年近2万人，1783年北美独立战争结束后每年增加3万人，最后到1790年每年贩卖到圣多曼格的达到了4.6万人。这些人当中很可能有一半没有活过在圣多曼格的头三年。除奴隶主和人贩的虐待之外，陌生的气候、艰苦的工作、不习惯而且往往也不充足的食物和疾病都是导致死亡的主要原因。活下来的奴隶根本不认为自己是非洲人。他们是卓洛夫（Jolof）、班巴拉（Bamana）、阿散蒂（Ashanti）、约鲁巴、伊博（Ibo）、班图人等等等等。从今天的毛里塔尼亚到安哥拉，它们都遭到了强征，而在18世纪末时遭到强征的则主要是南部地区。然后还有本身是在圣多曼格出生的少数人。90%的奴隶在地里工作，其他的在室内、城市和船上工作。在人种分别之外还有工作范围的分别、技能的分别、在圣多曼格逗留时间长短的分别或者是种植园的分别。这些奴隶的共同之处是不自由的工作、没有法律的保护以及他们的宗教——伏都（Voodoo）教。这种被白人轻蔑地称为骗术和魔术的多样化的宗教取向中也融入了非洲传统和基督教思想。

只有 5% 的人口是白人。大种植园的主人构成了上层阶级。但他们很多都完全或者是绝大多数时间住在法国，其他的自认为是一个根在法国的家族或者企业联盟的代表。只有一小部分产糖大王形成了类似于殖民地精英的阶层，他们与殖民地行政部门、军方和民兵组织的高层一起构成了当地精英阶层。训练有素的武装人员是必要的，因为所有加勒比种植园殖民地都处在长期的不安当中：对其他殖民力量入侵的担心，对奴隶起义的担心，毕竟整个体系就建立在对他们肆无忌惮的剥削之上。

在数量上比富有的白人上层阶级（grands blancs）精英更为重要的是大量贫穷的白人下层阶级（petits blancs）——奴隶人数很少的小咖啡种植园所有者、手工业者、商贩和愿望没有成真的人。再加上港口城市里被称为"水陆两栖"的人：他们有时在陆地上有时在船上生活，没有船的水手，沿岸小船、小艇的所有者，他们在大型远洋港口与适合远洋航行的奴隶船与商船无法靠岸的较小的海滨地区之间从事贸易和人员的接送。

18 世纪，"有色人种"（gens de couleur）——被释放的黑奴或者是白人男子与非洲女子的后代——数量增长比总人口增长还快。在 1790 年前后，他们同样占到了人口的 5%。他们当中的部分人取得了成功，经营着不大的种植园，拥有奴隶，从事手工业和贸易。这引起很多贫穷白人下层阶级的嫉妒，他们觉得自己在人种上更优胜，因此希望保持与新晋阶层的距离。因此歧视有色人种并希望将他们与白人分隔开来的法律规定增多。结果是有色人种的怨恨。他们当中有很多人已经明确脱离了占人口大多数的奴隶阶层，以便成为殖民地社会中自由、地位平等的成员，在这个社会中起决定作用的应当只是经济上的成功，而不是肤色。而此时他们的成功恰恰成了他们的阻碍。

圣多曼格在 18 世纪 80 年代时本不是一个殖民地，而是多个。三座由西向东延伸的山脉将其分为平原、山腰和高度达 2000 米以上的山峰。道路和河流自西向东，并将种植园与邻近的贸易市场连接起来。与山以外的接触几乎没有。这里缺少一个殖民地范围的道路网。这三片地区分别面向北部的法兰西角、西部的圣马可以及南部的太子港和莱凯等魅力四射的港口。一切都是新的，因为居民绝大多数也是在不久之前才移民来的。土地的开发是从北向南、从平原向山腰、从蔗糖到咖啡生产进行。大的、富裕的、收入非常高的蔗糖种植园位于平原地区。北部的蔗糖种植园更早、更大、技术设备也优于南部。通过大多比较小、年轻和不太贵的咖啡种植园，山腰地区得到了开发，同样也是从北向南。南部在18世纪80年代时还多少有点儿前沿和先锋社会的意思，而北方则显得更为古板一些。

这也体现在重要地点的对比上。北方的法兰西角在1789年之前是欧洲本土以外的法国最富有的城市，仅仅1.5万名居民中就有90名法官、律师、公证人和执法人员，以及100多名珠宝商——白人3500人，奴隶1万人，有色人种1400人。生活成本据说是欧洲的三倍。大多数房屋由石头制成，高两层。这里有剧院、共济会会所、桌球厅、公共浴室和一个生机勃勃的周日市场。不仅是主干道，大多数道路和行人路都已经硬化。巴黎最新的流行式样几个月后就骄傲地出现在这里。只有很少量的孩子生活在法兰西角——负担得起的人都把后代送到法国去接受教育了。

相反，圣多曼格没有一个名义上的首都。位于南部的太子港自1749年建成以来已经经历了多次地震和一次商业区大火。1790年前后这里生活着6000人（白人1800人，有色人种400人，奴隶4000人）。大多数房子由木头制成。很多道路仍没有硬化。地方行政长官和军事长官（总督）每年会在法兰西角度过一段时间。战争时期他们会完全住在这个秘密首都，因为它更好防守。

两座城市都靠施政为生，但尤其是靠港口。和其他加勒比港口城市一样，很大一部分生意是非法的，但这点实际上所有人都清楚。一位较为严

格的法国行政长官在 18 世纪 80 年代末断言，抵埠船只装运的商品中按规定纳税和交关税的只有 1/4 到 1/2。他对此大为恼火，并想采取正确的做法，因此而点燃了这场我们马上将要探讨的革命。同时代的人发现，法兰西角的港口部门即便对加勒比地区的状况来说也是极其腐败的。但是将圣多曼格的这两大重要地点与其他加勒比港口城市区分开来的尤其是极高的奴隶与士兵比例。这两个城市都养着一支千人军队，用来防御外来的攻击，但它们也是为了向九成的居民——奴隶彰显力量。

互相交织的革命：在法国……

海地革命是一个相当杂乱无章的事件。为了更好地理解，我们必须越过大西洋简短地看一下同一时期发生的法国大革命。它是三场革命运动相互作用的结果。第一个是扫除了等级社会的公民宪法革命：它的象征是 1789 年 6 月 20 日的《网球场宣言》，第三等级公民阶层借此宣告成立国民议会，以此宣布只有他们是国家的代表，而不是贵族、教士或国王。这场革命的象征还有《人权和公民权宣言》，直到今天它仍被公认为这场革命的成就。第二个是平民的城市人民革命，他们不愿再挨饿，并要求社会公平：它的象征是 7 月 14 日（直到今天它仍是法国的国庆日）攻占巴士底狱以及为了让国王、王后到巴黎并让他们成为人民一部分的凡尔赛游行。第三个则是农民的反封建革命：它的象征是 1789 年夏季的农民起义，它们被用"大恐慌"这个概念来概括，8 月 4 日晚上，农村大地主的封建特权被取缔，只剩下了赤裸裸的经济上的不平等。

这三场革命相互影响：没有公民革命，农村的封建秩序就不会消除；没有城市人民革命，公民的自赋权力就不会得到承认……三场革命的每一场如果单独进行都不会成功：如果是单独作战的话，农民起义和城市人民革命可能会遭到血腥镇压，而公民革命没有街头的压力就会告吹。但是作为整体而言的这场革命远不止是三个部分相加，它的动力是这样产生的：活动分子在巴黎街头、公民集会和村子里互相观察，对其他行动的消息和传闻做出反应，并试图利用他人的成功与失败。自1792年春季起，战争令法国大革命更加激化。普鲁士和哈布斯堡帝国缔结联盟，希望以武力方式结束邻国不断升温的骚乱，尤其是拯救未能成功逃亡的国王。1792年夏天，普鲁士指挥官不伦瑞克公爵在以国王以及哈布斯堡皇帝的名义进军法国期间公开表示：

> 如果杜伊勒里宫被攻破或者是被破坏，如果国王、王后以及所有王室成员遭受哪怕一丁点儿的侮辱，如果没有立刻照顾好他们的安全、生命与自由，我们将采取绝无仅有的、对任何时代来说都是令人难忘的报复，巴黎城将遭受一场军事处决和彻底的毁灭，罪犯本身将得到他们应得的死亡。

通过这一威胁，不伦瑞克公爵启动了一系列挑衅行为，它们最终埋葬了法国君主制度。大规模动员民众服兵役和国内暴力活动相互激化。这里说的是从1792年夏季开始的第二场革命。1793年，国王和他的家人被处死。

接下来的18个月是地方起义和巴黎权力斗争的时期。它们演变为律师马克西米连·德·罗伯斯庇尔（Maximilien de Robespierre）领导下的"救国委员会"革命专政。在1794年6、7月恐怖统治的最后几个星期，有16 594人成为被国家赋予合法地位的恐怖主义的牺牲品，其中1376人是在巴黎。罗伯斯庇尔及其105名亲信于1794年7月28日被捕和被处决之后，恐怖风暴逐渐减弱。18世纪90年代后半期由一个不稳定、没有什么吸引力但相对可靠的督政府统治。它回到了1789年宪法革命的思想上，但不得不

一再顶住城市人民革命的压力。1799 年，这个督政府因为年轻的革命将领拿破仑发动的政变而垮台。接下来发生的则是一场纪律鲜明、长度超过 10 年的战争，法国在这场战争中对欧洲旧列强取得了惊人的战绩。它变革了这个大洲的整体面貌，但在拿破仑的战争机器于 1814/15 年瓦解后它也令君主制在法国复辟。在四分之一个世纪的革命与暴力的尾声，1815 年维也纳会议未能在欧洲重建 18 世纪的状态。革命彻底改变了欧洲。但是三场革命最初的目标也没有以早期活动家在 1789 年所希望的那种方式实现。

……和圣多曼格

圣多曼格同样是多场革命相互交织，而且这里也是因为一场战争而令事情变得更糟了。这里有多场革命首先是因为地理、历史和经济方面的众多差异所导致的。圣多曼格作为一个整体对所有人来说都是难以掌握的。他们以利益和令他们来到这里的欲望为导向。他们的导向框架是他们的种植园、村庄、要地、省再加上闪耀着光辉的港口城市。大一点儿的比较紧凑的群体——比方说公民、平民、农民——没有出现，财富和财产的分布过于多种多样，日常生活中根据职业、肤色、宗教或者自由程度的划分也是同样。此外人们对自己的社会角色并不熟习。因为多数人，不管是奴隶还是白人都不是在加勒比地区出生的。是 18 世纪七八十年代的繁荣以这样或那样的方式把他们带到了这里。对他们来说所有的社会关系都是新的。奴隶和他们的主人大多都是陌生的。他们甚至不讲同一种语言。

最后，外部因素也令圣多曼格的形势无法预计。首都位于巴黎的宗主国法国在 1789—1804 年间因为各场革命交织而一再发出不同的信息。从巴黎来的使节（有时带兵有时不带兵）追求的目标不同，世界观也不同。此外还有外国的军事干预：控制了岛屿剩余部分的西班牙人，在1793—1798年间将半数可支配军事能力投放到加勒比地区；英国人占领了太子港。两国都试图接管这一法兰西帝国皇冠上的宝石。虽然两国都失败了，但是在他们进行干预的时候是没人知道这点的。

圣多曼格革命与法国宪法革命类似，都在1789年开始。它们也都采用了北美革命者在15年前所采用的理由。这并不意外，因为大西洋周边的人读报，听旅行者、船员和官员带来的消息，知道彼此的存在并且相互学习。殖民地代表没有被获准参加1789年路易十六在凡尔赛宫召集的三级会议，在此次会议上产生了国民议会。这引起糖业大亨们的不满。圣多曼格三个省的精英不顾殖民地行政部门的意愿召开了秘密选举会议，推选出代表并将他们派往巴黎。他们在那里遇到了一个"缺席者"组织，他们是住在法国、自认为是圣多曼格的真正代表的大投资者。他们也遭遇了"废奴主义者"——奴隶制度的反对者，他们出于道义上的原因而否认加勒比奴隶所有者拥有政治参与权。

在此期间，圣多曼格殖民地行政部门与农场主之间爆发了冲突。自1785年开始担任行政长官的弗朗索瓦·芭尔贝·德·马尔布瓦（François Barbé de Marbois）对殖民地的税收、关税和财政做了重新规定。以此来对腐败以及港口周边很多人赖以为生的灰色经济形成威慑。他计划对道路桥梁进行大规模投资，以改善岛上三个省之间的联系。但是种植园主却要为此提供资金和奴隶（他们必须提供奴隶来修路），但却不会获得直接的收益。简而言之：绝大多数白人对短期利润的兴趣比长远发展的兴趣大得多，他们一致认为要摆脱这位改革者。骚乱出现。一场武装抗议游行从法兰西角开始不断推进，它的参与者明确表示，他们无法保证马尔布瓦的安全。后者最终在10月精疲力竭地放弃，从太子港返回法国。白人将这诠释为与攻占巴士底狱相类似的行动。人民取得了胜利。

然而，随着马尔布瓦的离开，行政部门也失去了将殖民地凝聚在一起的能力。马尔布瓦的反对者除了摆脱他的目标之外没有任何的共同利益。1790 年以军方总督、意见不一的三省代表会议、社区会议和不同种植群体的自我组织之间的矛盾冲突为主。来自法国的革命消息并未有助于事态的平息。在有色人种是否也可以参加选举的问题上出现了矛盾，它在贫穷白人对有色人种动用私刑时达到了顶峰。有色人种团结起来并开始武装自己。首批白人种植园农场主把奴隶武装起来组建了私人军队。备受尊敬的有色人种商人樊尚·奥热（Vincent Ogé）领导的起义 1790 年秋在法兰西角失败。为了杀一儆百，白人对他和他的同谋者让-巴蒂斯特·沙瓦纳（Jean-Baptiste Chavannes）公开施以车磔之刑———一种在欧洲因为极度残忍而很久都不再实行的刑罚。但是这种具有象征意义的暴力也无法令国家实现和平。到 1791 年中，圣多曼格大部分地区的公共秩序崩溃。税收不再征缴，债务不再偿还或者只有在打手的帮助下才可以收回。

所有这些冲突都发生在 10% 的非奴隶人口当中。利益分歧导致地方和地区层面组建起军队，暴力到处可见。1791 年 8 月，北部省份的奴隶利用机会起义。他们的组织是网络式的，没有严格的领导等级，他们迅速取得了初步的胜利。他们的军队像雪球似的越来越大，他们有针对性地攻击奴隶憎恨的农场主的种植园，摧毁他们的糖厂和田地。忠于主人的奴隶的抵抗被击溃。白人的军队和民兵组织把力量集中在守卫法兰西角和其他城市上。农场主藏匿到防御设施当中，继续组建私人军队。结果是一场血腥的僵局。奴隶无力占领城市，军队和农场主的力量也不足以控制大片土地。

1791 年 12 月，奴隶代表向法兰西角的白人提出一项和平建议。他们要求：实行大赦，为回到种植园的奴隶提供保护措施，保证叛乱领袖及其亲信的自由。白人拒绝了这个实现和平的机会。他们认为，奴隶的失败马上就在眼前，并将提议理解为示弱的信号。人们不能"与手拿武器起来反对法律的人谈判",他们说。人们充其量愿意"对悔恨地返回其职责的那些人显示出仁慈"。此后奴隶撤退到山中,开始采取游击战术。

在起义在北方继续酝酿升温的同时,西部和南部贫穷白人与有色人种之间的冲突激化。建立了自己的私人军队并作为雇佣兵活动的黑人军阀在收取酬金的条件下介入战斗。1792 年这里也爆发了奴隶起义。当法兰西共和国宣告成立的消息到来时,很多白人认为自己与革命是统一战线的,并认为他们与奴隶的斗争是为实现(白人的)自由而做的贡献。相反,很多奴隶团结在国王一边,把他视为打击白人当权者的希望。

这一判断是错误的,当法国专员在 1792 年 9 月抵达圣多曼格时,这点便显现出来。他们迫使种族主义的农场主流亡。反正他们当中的很多人已经在流亡当中,特别是附近的牙买加。在那里,他们要求英国人介入冲突,并承诺如果成功就会把岛交给他们。1793 年,英国人占领太子港并在那里一直待到了 1798 年。西班牙人也从他们那半边的岛屿介入斗争,他们先是为叛乱的奴隶提供撤退区和武器,随后则是更加积极和自主地介入。在此期间,革命派的巴黎使节致力于将反叛的奴隶和有色人种纳入到一个新建的旨在维持秩序的军事力量当中。1793 年 8 月,专员宣布在北部省份取消奴隶制度。此时大多数白人都离开了法兰西角。而黑人则从附近地区搬到这个秘密首都,它的建筑结构因为一场城市大火受到了重创。半年后,国民公会在罗伯斯庇尔领导下宣布法国的所有殖民地结束奴隶制度。

在圣多曼格,文职的专员没能结束战斗。太多的武装人员认为,只有获胜——哪怕是在其中一个地区获胜才能发财致富。在这种完全跑偏的情况下,杜桑·卢维杜尔(Toussaint Louverture)——"黑人拿破仑"开始崛起。他是有色人种的一员,是一个有着少量奴隶的土地所有者。他曾加入奴隶叛乱,指挥北部省份的军队,而且他父亲在被贩卖到圣多曼格之前曾是西非一个王室家族的成员,这也可能令他受益。1794—1797 年间,他多

次变换立场，非常善于巧妙地利用各种势力集团来相互牵制，直到法国最终承认他是圣多曼格的总督。他成功地在一定程度上令这片土地实现了和平。甚至西班牙和英国入侵者也在谈判之后撤走。

但是现在该怎么办并不清楚。满足于获得总督职位的"黑人拿破仑"的荣誉？还是争取一个独立的国家？可是这个国家该如何在维持奴隶制度、属于不同欧洲列强的加勒比产糖岛屿之间保持军事和政治上的自立？经济前景的不明朗程度也不比这低。很多以往的奴隶眼下已经把种植园瓜分。他们在小企业经营和以村子为团体的基础上从事耕种和畜牧，可能也是为了纪念非洲的祖先。但是殖民地无法在这样的基础上重新盈利。杜桑·卢维杜尔希望重新启动蔗糖和咖啡产业。出于这一目的，他邀请白人投资者并下令实行强制劳动，但它与奴隶制不同。这一政策彻底取得了经济上的成功。当然，这个被战争摧残的国家的利润远远落后于18世纪80年代的数字，当然，在不愿回去从事种植园工作的前奴隶中也发生了骚乱。此外前奴隶和有色人种之间的冲突继续发酵。在1789年之前就已经在白人世界中站稳脚跟的那些人往往认为自己更适合来管理国家。

1802年，拿破仑采取军事干预，监禁了因为内部冲突而力量被明显削弱的杜桑·卢维杜尔。一年后他在法国的狱中死去——这位西非王室家族的儿子和一个加勒比奴隶共和国的统治者被埋葬在瑞士边境的德茹城堡（Chateaux de Joux）。拿破仑希望与革命前的殖民帝国的繁荣联系起来，并出于这一目的重新实行了奴隶制。当这个消息在圣多曼格传开、起初十分成功的法国军队也试图推行这一计划时发生了抵抗。法国人的反应极其强硬。指挥的勒克莱尔（Leclerc）将军写信给拿破仑说，除了将所有12岁以上的有色人种都杀死之外别无选择。虽然这没有发生，但在几个月内仍有数万人因为法国采用了极端暴力的"平定"而死亡。相互之间不能达成一致的叛军相互以牙还牙、以眼还眼。1803年11月，法国军队撤退。他们损

失了 4 万 ~5 万人，部分因为疾病，部分因为作战行动，部分因为深刻影响了该岛日常生活的个人暴力行动。

1804 年 1 月 1 日，圣多曼格宣布独立。现在这个国家名为"海地"，这是印第安泰诺人最初给他们的岛起的名字，后来他们遇到了哥伦布并在一代人之内衰亡。名字的变化明确显示，白人时代永远地过去了。在接下来的几个月里，剩下的白人或被驱赶或被杀死。前奴隶和有色人种之间持续不断的冲突导致在海地的土地上形成了两个国家，它们直到 1820 年才重新统一。尽管专制统治者做了各种尝试，但种植园经济没能重新复苏。平民自由和独立经营的愿望过于强烈，为此他们愿意忍受财产的极度稀少、贫困和匮乏。与相邻岛屿建立正常关系也太过困难，因为它们还停留在种植园体系，并且与发生奴隶革命的岛屿保持着距离。

海地奴隶革命的成功很可能是延缓而不是加快了美洲其他地区的奴隶解放。从圣多曼格逃亡的农场主在其他岛上、南美大陆和奴隶制的美国南部散播这样的看法，奴隶解放带来骚乱和暴力，并毁掉了经济。法兰西角这个加勒比地区闪耀的重要地点自1791年起就失去了商业。太子港的情况好一些，这主要是因为英国人在1793—1798年占领期间在这里从事贸易。两座城市都遭遇了战争毁坏和城市大火。在1820年后它们看起来与1790年完全不同了。这对1790年时法兰西角收入丰厚的90名法官、律师、公证人、执法人员和100多名珠宝商来说是个坏消息，但对加勒比岛屿和美洲大陆的大多数黑人来说，法兰西角和太子港却是希望之地。

拉丁美洲革命

在西班牙和葡萄牙统治的中南美庞大地区，人们密切地关注着圣多曼格发生的事件。那里有大量的紧张关系：欧洲西班牙人和在中南美出生的白人（克里奥尔人）之间；要求政策符合美洲（而不是西班牙）利益的"爱国者"和殖民地行政部门之间；白人、印第安人和非洲奴隶之间（根据经济制度的不同，地区差异很大）。西班牙和葡萄牙政府的改革加剧了这些关系的紧张程度。殖民地的管理理应更加严格并带来更多利润以填补欧洲的国库。但这也令此前没怎么受到扰乱的殖民地居民生活艰难。再加上印第安人的起义。自封的印加王图帕克·阿马鲁二世（Túpac Amaru II）号召支持者在秘鲁和玻利维亚聚集，但他的叛乱在1780/81年被挫败。尽管对殖民政权有种种不满，南北美的精英最迟到1791年时还一致认为：在西班牙帝国范围内争取更大的自治权，甚至是独立必须小心谨慎准备。要避免奴隶革命以及奴隶与印第安人团结起来。

因此，拉丁美洲的革命是从欧洲开始的。1808年，拿破仑囚禁了西班牙王室，并扶植自己的哥哥约瑟夫·波拿巴为国王。葡萄牙王室希望避免类似的命运，因此乘船前往巴西。在西班牙，法军和西班牙支持者与组织了西班牙抵抗运动的地方军人集团开始了一场游击战。这些军人集团在卡迪斯（Cádiz）召开议会，拉丁美洲也有代表参加。1812年卡迪斯宪法通过，它在19世纪上半叶对地中海地区和拉丁美洲的革命运动与建国产生了重大影响。拿破仑下台后，西班牙国王费迪南七世重返王位，他令人大失所望地废止了宪法，重新作为专制统治者进行统治。

因为西班牙自1808年起就存在相互竞争的政府，拉丁美洲的殖民管理机构一定程度上也悬在了半空。它们该听命于谁？与此同时，不同社会群体利用权力问题未得到澄清的机会呼吁成立共和国——不是西班牙控制的整个中南美地区，而是各个省。成果差异很大。在阿根廷，克里奥尔共和国得以实现；在智利和秘鲁，保皇派占了上风。1815年后，费迪南七世出兵拉丁美洲，意图重新占领这个殖民帝国。此后发生了旷日持久的军事冲突，期间涌现了西蒙·玻利瓦尔（Simón Bolívar）等拉美历史英雄。西班牙军队战败。1820年，甚至原本要被派送拉丁美洲的军队也大胆起义。最后，费迪南七世让步，重新恢复了卡迪斯宪法。在此之后事情就已经很清楚了：西班牙在美洲的统治告终。只剩下在不久后继承了圣多曼格遗产的古巴。该岛成为19世纪最重要的制糖产地以及奴隶制在美洲的最后一个堡垒。直到19世纪80年代那里才取消奴隶制度。

在拉丁美洲，西班牙威胁的消失并不意味着武力的结束。在共同的敌人消失之后，各精英群体之间，不同帝国观和民族观的支持者之间，黑

人、印第安人和白人之间的旧有矛盾倒不如说再次抬头了。战争、围绕宪法的斗争和新国家内部与之间的边境冲突给 19 世纪上半叶打下了深刻的烙印。墨西哥在 1824—1857 年间换了 16 位总统和 33 个过渡政府。在秘鲁，1821—1845 年间的政府平均每届都不超过一年。中美洲联合省在 1839 年后变成了危地马拉、厄瓜多尔、哥斯达黎加、洪都拉斯和尼加拉瓜共和国。军队的重要性在拉丁美洲很多地区都增大了。强势的大土地所有者可以在较长时期内影响各个共和国的命运。巴西的变化进行得更为和平一点儿，在这里，葡萄牙王室和紧接着的巴西帝国令巴西向着巴西国家温和过渡。

圣多曼格或者海地对大西洋革命的看法肯定是片面的。它强调了社会变革、肤色的重要性、暴力的角色。如果从巴黎或者华盛顿来看，我们看到的包括宪法、选举、人权在内的革命启蒙的一面可能要比被各种战争耗尽、现在叫作海地的法兰西角要更加清晰。但是，从哪个角度看已经无所谓了：大西洋革命改变了世界。许许多多的人在大量战斗中丧生。但这并不是最重要的。平民、农民、手工业者、工人和奴隶在知识分子和大市民身边——有时也与他们一起介入了历史。帝国瓦解，王冠跌落。历史的进程的确可以通过很多人的努力而改变，现在这变得显而易见了。而且这些斗争也催生了传奇：国家作为跨越等级和阶级的单位，人权和公民权，拿破仑、玻利瓦尔和杜桑·卢维杜尔等伟大将领的声望。自那之后，当要说明新思想、新政权的合理性时，欧洲人、北美和南美人就会从 1770—1830 年的革命经历中汲取。法国人把自 1789 年以来所发生的一切都视为当代历史并不是没有道理的：它们是对我们来说历历在目的当代史。

14

美国!

1770—1800 年美国革命

当海地革命爆发时，13 个北美殖民地刚刚开始让它们的胜利长期稳定下来。大西洋革命从新英格兰和佐治亚之间开始，1776 年《独立宣言》是它开始的信号。这场针对宗主国英国的战争的到来对所有人都是个意外，而更加令人意外的是它的成功。殖民地人民多多少少是误打误撞地实现了独立。直到 1775/76 年军事对抗升级之前，殖民地人民一直觉得自己是世界大国英国的一部分。他们也没打算改变这一点。马萨诸塞、弗吉尼亚、佐治亚和其他殖民地的居民各自与伦敦保持着因为农业、畜牧、手工业和贸易的特殊影响而产生的经济联系。这要追溯到各个地区的移民史。不同的移民群体在北美遇到了不同的气候与地理条件，以及不同的印第安文化。由此产生了完全独立的生存战略并形成了自己的英国—北美身份认同，而且定居者也认为这样很好。马萨诸塞的农场主不会愿意与佐治亚的种植园主交换，反过来也是一样。对双方来说，来自伦敦的消息比来自其他殖民

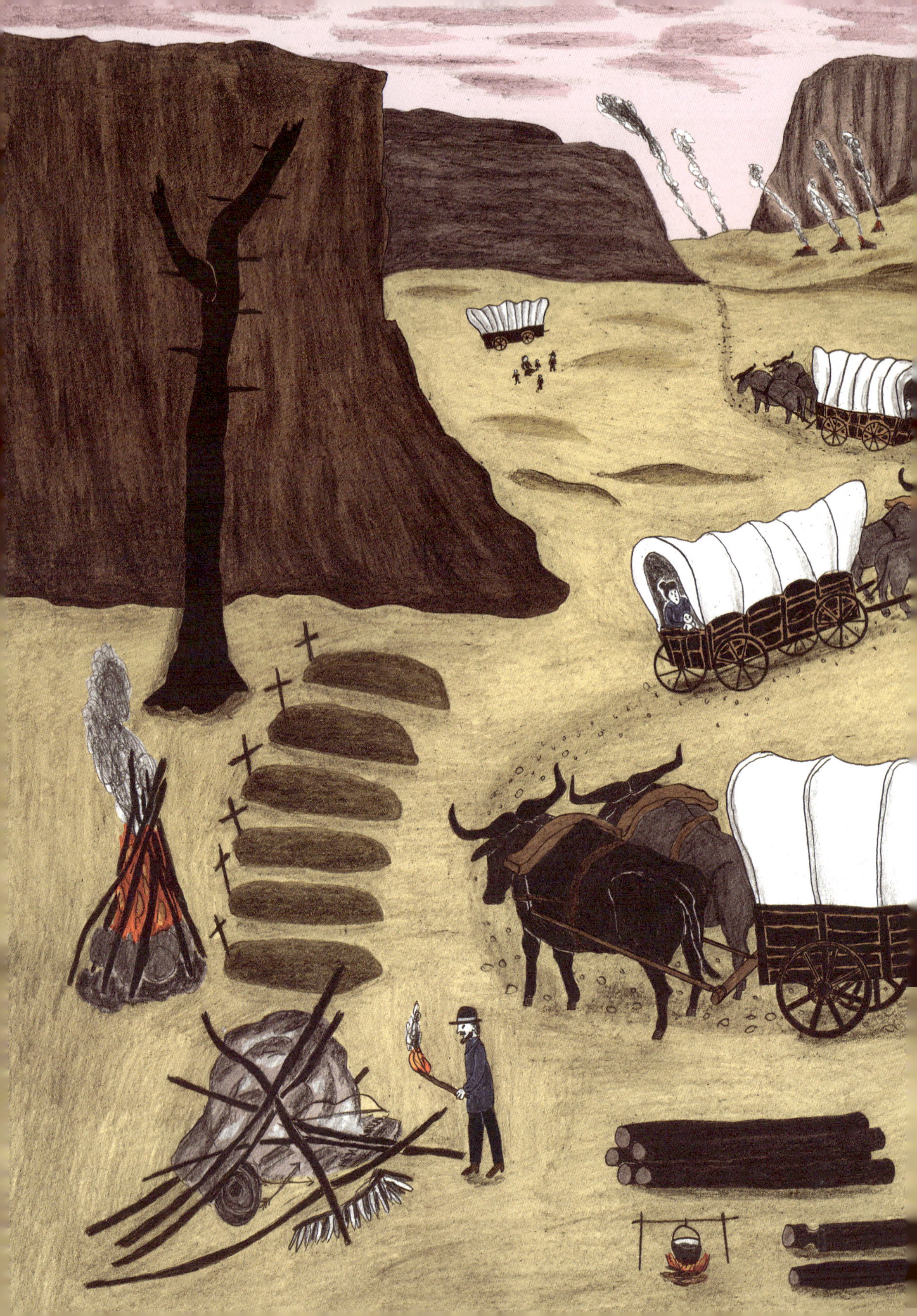

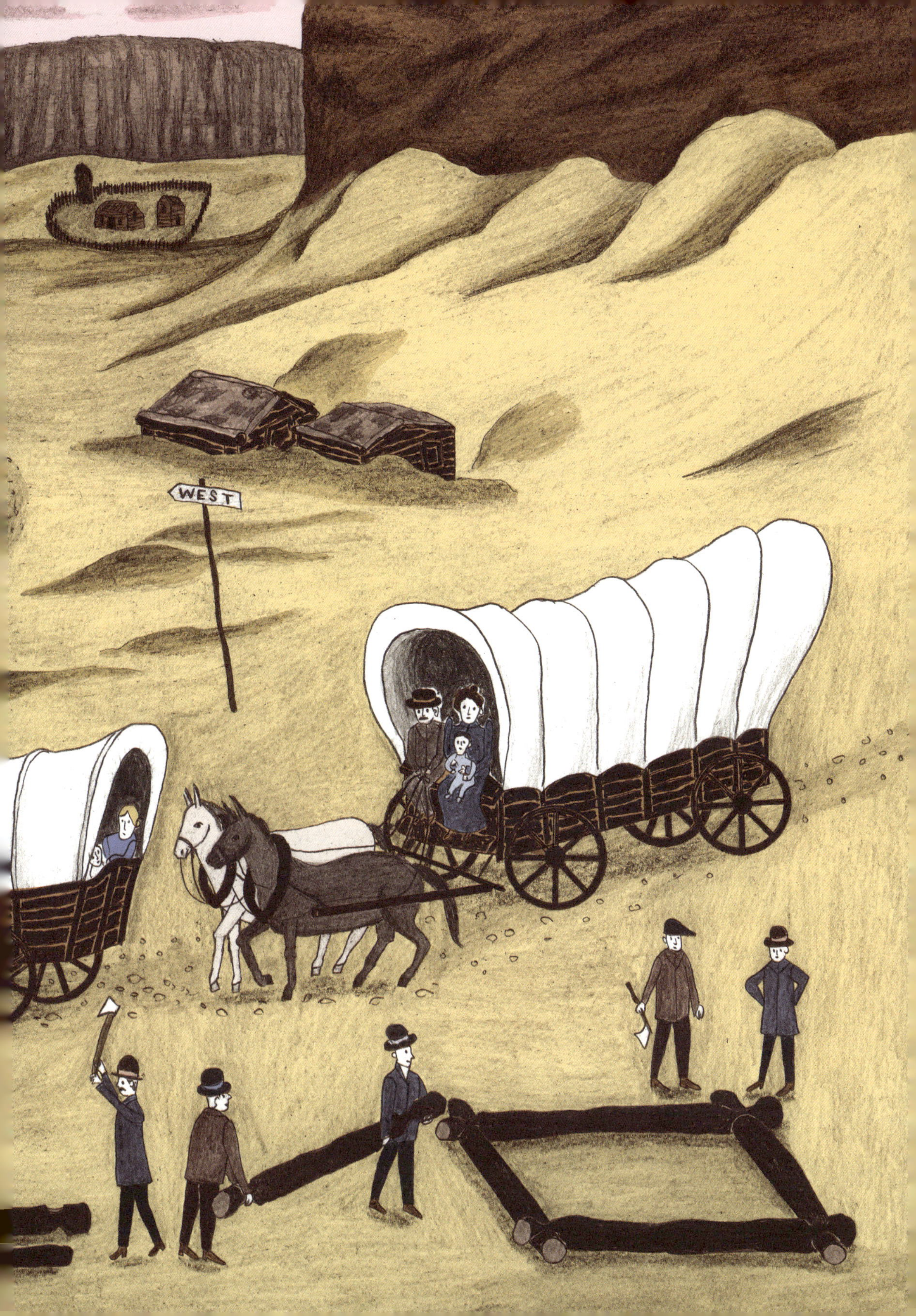
WEST

地的消息要重要得多。

　　北部以波士顿为核心的新英格兰殖民地的早期定居者是清教徒式的新教徒。耕种自己的土地、饲养牲畜、养育很多孩子的基督教家庭是他们的理想。殖民地保持了新教传统而且非常英国化，这里有家族农场、强大的地方自治机构并且（因为圣经读物的关系）有着很高的识字率。中大西洋地区殖民地原本是斯堪的纳维亚人和荷兰人定居，这也是为什么纽约最初叫新阿姆斯特丹的原因。后来，不仅是英格兰人，德国人、法国人、爱尔兰人和苏格兰人也移民这里。他们靠家族农场、种植园经济赚钱，此外也从事手工业和熙攘的海上贸易。因此，中大西洋地区的殖民地在宗教、经济和人种上都比新英格兰更加多种多样，而且这也是居民自我认知的一部分。在最南边占据重要地位的是种植园经济以及与此相关的贸易。对佐治亚、南卡罗来纳、北卡罗来纳和弗吉尼亚来说，奴隶制度性命攸关。土地所有权的分配比中部或者北部要不均衡得多。除了充其量有 5 名奴隶的小农场主之外就是大地主，他们自认为与圣多曼格或牙买加的加勒比种植园主是一个级别。

　　鉴于这样的差异，1774 年的第一届大陆会议没有谈到美利坚国家的问题并不奇怪。来自 12 个殖民地的代表在费城召开会议，但只是为了协调抵抗运动。每个殖民地的力量都太弱了，无法抵挡英国。它们对宗主国都有不满的原因是：因为战争而负债累累的伦敦收紧了帝国结构，以整治国内预算。这是可以理解的：1756—1763 年胜利不断但却代价高昂的法国—印第安人战争令美洲殖民地摆脱了法国的威胁。现在加拿大是英国的了，印第安部落与法国人结盟对抗英国定居者的威胁不复存在。自那之后殖民地人口和经济迅速增长。它们不再因为加勒比岛屿而黯然失色，此前它们曾向其供应食品和纺织品。眼下波士顿、纽约、费城、巴尔的摩和查尔斯顿的生意也非常好。因此，殖民地人民为英国债务减少做出贡献似乎是合理的和成本低廉的。

而殖民地人民则首先将对法国的胜利视为自己的胜利。接下来经济的繁荣和人口的迅速增长增强了他们的信心，他们希望强化殖民地自治机构，并且能在英国议会中拥有适当的代表比例——在被要求出钱之前。因此，他们的口号是："无代表不纳税！"而英国议会则予以拒绝。它声称，所有英国人都通过议会得到了代表，不管他是否参与了选举。毕竟其他殖民地在伦敦也没有议员代表，而且英格兰的农民和平民在很多地方同样没有选举权。

中央与殖民地的冲突不只涉及财政。英国王室在1763年确定阿巴拉契亚山脉为白人定居范围的西部边界，以求与印第安人保持和睦并减少兵力。但殖民地人民希望越过阿巴拉契亚山脉到肥沃的俄亥俄河谷定居，而且不明白为什么远在伦敦的政府不与定居者商议就确定了边界并阻止他们前进。他们完全可以对付这些印第安人。

这一矛盾不断以新的方式体现在关税和税收问题上并且不断激化。从1775年起，它开始以暴力的方式进行。与此同时，一场越来越激烈的声明与传单之争也在进行当中：殖民地人民威胁要彻底抵制英国商品。国王宣布殖民地人民为反叛分子。1776年7月4日，大陆会议通过了《独立宣言》。它的《引言》中说：人人生而平等，造物者赋予他们若干不可剥夺的权利，其中包括生命权、自由权和追求幸福的权利。这一说法与仍在继续实行的奴隶制度不太相符，这点在当时人们就已经注意到了。

独立战争不是注定会成功的事。英国军队的组织、训练都更加完善。他们拥有世界上最好的舰队并且可以指望大量印第安人军队的帮助。此外，并不是所有的殖民地人民都希望独立。忠于国王的武装在某些地区造成了类似内战的状态。战争结束时有大约10万名保王党（忠于英国国王的殖民地人）移民加拿大或者被驱赶到那里。他们在一个此前只有法国人定居的地方令英语成为日常使用的语言。

尽管得到保王党和印第安人支持的英国人实力更强，但"美利坚人"仍旧获胜了，为什么会这样？嗯，他们无论如何都一定要获胜，因为他们都是反叛分子而且不能再回头了。而且他们很难被打败，因为他们无所不在而且必要时可以采取游击战术。尤其是他们成功地令战争国际化。法国赶来救援，为了对1756—1763年在印度和北美的失败进行报复。最后一点，这场战争对英国人过于漫长，代价过于高昂了。他们同意13个殖民地独立，在北美大陆上仅保留了加拿大。可能英国人希望，如果发现占领市场和让印第安人远离自己的代价过于高昂，殖民地人民就会懊悔地回来。但这并没有发生。

13个殖民地独立了会怎么样？它们会与英国、欧洲保持多远的距离？本章我们会顺着美国在19世纪走过的道路探寻，并从中获得一个已经有人阐述过的观察角度——人们说，现代世界在19世纪诞生。按照普遍的观点，这一根本性改变是在主导了19世纪的欧洲开始的，而且这一主导是前无古人后无来者的。在第一次世界大战之前，单是大英帝国就控制了地球四分之一的面积。法国人、俄罗斯人，甚至是德国人、荷兰人、西班牙人和葡萄牙人在欧洲以外的统治领土都比本土的面积要大。但是日本或美国等欧洲以外的列强也在19世纪末成为帝国。在经济产出方面，北美人在第一次世界大战之前超过了英国。为了能够理解欧洲统治世界的原因、范围和持续时间，选择一个位于欧洲以外但与欧洲密不可分的观察角度是有意义的——美利坚合众国。

美国和欧洲的政府

13个独立的殖民地按照英国模式制定了宪法（虽然没有国王）——上

院和下院、选举出来的州长、基本权利目录。它们只希望以松散的形式进行合作：一个由各州派遣代表组成的国会应代表着一个既不能征税也没有执行权的邦联。在差别极大的殖民地看来，这是有意义的，实际上却不能正常运作：邦联很快就接近于破产，而且面对外部势力和军事威胁毫无行动能力，因为要在代表组成的国会上做出决策需要花费很长时间而且往往没有定论。

10年后人们得以找到一个更为切实可行的解决办法。位于此时成立的政府最顶端的是通过选举人间接选出的总统。国会分为上下两院：参议院每个州派两名代表，众议院则直接选举，而选区的人口数量应当大致差不多。这样，一方面人民得到了代表；另一方面，小殖民地（此时的州）也得到了保护，以免大州的优势过大。联邦州获得了自己的职权范围，原则上有征税权。即便这样它也还不是一个民族国家，而是一个目标共同体。但是此时它已经具备了实现财政独立和采取外交行动的结构。这个解决方案大致上直到今天还在发挥作用。

1791年宪法中加入了《权利法案》，它确保了个人的基本自由权利，这是有所增强的中央权力仍面临强烈猜疑的一个明确信号。因此，美国政府在接下来的几十年里不是作为强大的官僚机构而是作为服务者出现的。它对有能力通过国会或者是其他影响渠道与之说上话的那些人的呼声、愿望做出反应。例如它组织了邮政，修建了运河和公路。司法机构负责规则的应用。但是即便没有政府，人们也可以应付。这是这个北美国家与欧洲大陆政府不同的地方。它有很长的担当税收征收者、军队组织者、法律执行者、信仰和教会忠诚维护者的传统。它是在民众之上的。而欧洲政府直到19世纪才进入日常生活和村子当中，当它实行农业改革、要求义务教育并重新规定对贫民的救济时。换句话说，政府模式上并没有原则上的差异。

与海地革命和欧洲革命不同，美国革命使得选举权得以大范围普及，而且是长久地。在爆发了革命的法国，普遍选举权只是暂时实行而已，之后就变成富裕阶层的特权了：只有纳税在一定金额以上的人才可以参与投票。这样的逻辑在美国不起作用。进行过抵制、在武装组织中作战并赶走了忠于国王的邻居的人不容许自己被人像下人那样对待。从19世纪30年代起，美国差不多所有男子都有了同等的选举权——奴隶除外。选举权也得到了运用：1840年有八成的男性也真的去选举了。每天印刷的报纸有30万份——一个政治大众市场产生，而此时普鲁士和哈布斯堡帝国还没有宪法，普遍选举权在整个欧洲不过是乌托邦而已。

在整个19世纪，这一现象在澳大利亚或加拿大等其他英国殖民地也再次出现：普遍选举权很早就实现，在1900年前后也实现了女性选举权，但种族主义盛行，白人以外的人种被排除在外。美国的早期民主发展与稍晚一些的欧洲民主发展有着密切的关联，就这点来说它有点儿特殊。欧洲改革运动对美国产生影响，反过来也是同样。不管是反奴隶制运动还是禁酒运动，思想很容易在新教和天主教环境下传播。19世纪在欧洲和北美是一个宗教——一个基督教改革的世纪。将北美与欧洲区分开来的是宗教信仰的多样性和原则上对宗教的宽容。

移民对定居者

随着宣布独立，西部开发开始——农耕、畜牧和种植园经济。定居者跨越了英国划定的阿巴拉契亚山边界并涌入俄亥俄河谷。到1850年的时候，密西西比河成了新的定居边界。之后白人开始跨过这条河定居，直到落基山脉和太平洋。这块大陆的开辟也有一个外交因素：西部并不属于年轻的美国。密西西比河以西的土地在1803年路易斯安那购地案中从拿破仑处购得。佛罗里达在1819年从西班牙人处买下。正如我们在《法兰西角》那章中看到的那样，他们此时正在为维持自己的殖民帝国作战，所以不希望北方再出现一个战场。因此，他们乐于拿钱，特别是美国明确表示，不然的话它也会占领佛罗里达。后来的得克萨斯、新墨西哥、亚利桑那、犹他、加利福尼亚和内华达等西南各州的领土是美国在19世纪40年代通过欺诈和战争从年轻的民族国家墨西哥那里夺来的。墨西哥失去了一半的国土，但它的人口非常稀少。而在东北部则必须施加些政治压力，才得以在1846年将俄勒冈地区（它比今天美国的同名州大得多）分割并把英国人赶到北纬49度以北地区。

通过攫取领土，美国的国际地位发生了变化。1776年时它只是因为巧妙地利用了英法竞争而实现了独立。到拿破仑时代结束时，它还是欧洲列强争斗的一部分。1812—1814年，它甚至还与英国进行了一场战争，在这场战争中，这个移民共和国最后一次面临了生死存亡的威胁。西班牙殖民帝国瓦解之后，门罗总统在1823年宣布美国未来不会再容忍美洲有任何的欧洲殖民帝国。这一"门罗主义"最初想让自己看起来像是对年轻的拉丁美洲国家发出的一个解放信息（美洲是美洲人的美洲！）。到19世纪末时，它逐渐被理解为对统治地位的要求（美洲是美国人的美洲！）。此时美国开始作为世界政坛上的活跃分子出现，作为南北美的霸权力量，它与在亚洲和非洲扩大势力范围的欧洲帝国平起平坐。它自己也在美洲大陆以外攫取领土：吞并夏威夷，从西班牙人手中接管菲律宾、波多黎各和关岛。

开辟土地和影响力增大或许只是因为到北美来碰运气的人是如此之多。1790年时年轻的美国有近400万居民。到1815年时，这一数字主要是因为内部原因而翻了一番：儿童数量众多，预期寿命提高，死亡率下降。在拿破仑时代结束后移民的比重增大，在19世纪40年代后这一趋势进一步增强。19世纪20年代末时每年大约有2万人移民美国，30年代末时则有7万人。之后这一数字出现爆炸式增长：19世纪40年代末时为每年约30万人，1854年则达到了427 833人——接下来的几年都没有打破的一个纪录。四分之三的移民是英格兰人、爱尔兰人和德意志人。德意志人来自各个阶层。他们集中抱团定居，也成群地来到定居边界地区。他们成立德式教堂、报纸、学校、体育协会和唱诗班。但是，与某些人担心的不同，他们并没有作为国家中的国家孤立出去。在一到两代人之内他们被完全同化。只留下了他们的名字和啤酒厂。相反，大多数爱尔兰人则是穷困的难民。因为缺乏资金，他们的活动范围往往不超过东部城市的范围。为了活下来，他们不得不接受各种工作。爱尔兰工人在骚乱中扮演了重要的角色，他们也为了在迅速壮大的城市社会中的地位而与自由黑人斗争。

在19世纪来到美国的不只是欧洲人。中国移民也经旧金山（圣佛朗西斯科）抵达这里。他们当中有很多人在横跨大陆的铁路线上工作。和澳大利亚和新西兰一样，美国很快就颁布法令限制来自亚洲的移民，并在之后停止了移民。排华法案的经验在世纪之交过后也得到了利用，当时在移民问题上的整体氛围发生了逆转。自19世纪70年代中开始，从大西洋来的移民潮发生了变化。来自南欧、东南欧和东欧的移民越来越多。针对他们也存在着偏见，而且这种偏见也越来越具有种族主义色彩。

欧洲人在19世纪不仅移民美国。他们也前往澳大利亚和新西兰定居，而且欧洲在南美和南非也有大批定居者。与此同时，欧洲本身的人口也大幅增长。因此出现了比方说为了工作和定居而从德国西南部经多瑙河到巴尔干去的移民，从加利西亚向鲁尔地区迁移的移民，等等。大西洋两岸的流动性都非常高。

19世纪，欧洲和欧洲殖民地在世界人口中所占的比例升高，而亚洲的比例在1800—1900年间从66%降至了55%。但是最大的输家不是亚洲人，而是全球的原始社会和游牧民族。他们在短短一个世纪内被农民和畜牧者大范围毁灭，后者拥有武器而且必要的话可以组建军队。在澳大利亚它影响的是原住民，在美国和阿根廷是印第安人，在日本——正如我们之后会看到的——则是阿伊努（Ainu）人。在英国人的统治范围，白人用土地属于定居者的借口来驱赶原住民。他们耕作、种植土地。"治理这地"，《圣经》中要求。游牧民族、狩猎者和采集者恰恰没有这么做，这是为什么他们所生活的土地不属于他们的原因。在过了一段时间之后，委婉点儿说，这听起来……有点儿荒谬。从欧洲来的移动着的人们声称自己定居下来，而几个世纪以来就在这里的那些人被称为是移动着的并遭到驱赶。

不管来自哪里，所有新来者在年轻的美国都需要空间并且也宣告某些空间为自己所有。定居赐予他们的大洲、传播自由与民主是美国人的神圣使命——"昭昭天命"，记者约翰·L. 奥沙利文（John L. O'Sullivan）在1845年这样宣告说。大批人向着陌生疆土的迁移极其活跃，而且对印第安人来说是个威胁。1900年的人口统计记载，在定居者及其政府近300年的暴力推进后，剩余的印第安人只有大约24万人。很多语言和文化不复存在。白人以为，人口大大减少且意志消沉的原住民接下来会灭亡。他们认为这是不可更改的命运。但是事情却并非如此。印第安人的数量在20世纪再次明显上升。和澳大利亚原住民或新西兰毛利人一样，事实证明他们的抗打击能力和适应能力也比白人以为的要强。

在移居者和原住民相遇的地方产生了介于"还未"与"不再"之间的边界区域。权利和习惯都是灵活的。在这个"边疆"（frontier），人们必须以某种方式与不同出身和文化的人相处，或者是暴力的，或者是和平的。政府的力量太弱，关键是个人及其家庭与关系网的手腕。18世纪时边疆相对稳定。毛皮狩猎者主要在加拿大的白人与原住民之间穿梭。由此形成了一个独特的梅蒂斯（Métis）人群，他们有自己的语言，由欧洲和印第安要素组成。因为19世纪时边疆不再以捕猎和贸易而是以农耕为基础，而且它有力地西移，此时就不可能再有此类的中间人群了。但是和以往一样，在边界定居的日常生活不仅由冲突组成，也由和平的接触与交流组成。野牛比尔、牛仔和印第安人、温内图（Winnetou）和"老破手"（Shatterhand）等"狂野西部"故事已经令19世纪后期的边疆铭刻在美国人以及欧洲人的记忆当中。一般认为，个人主义、平等和民主等美国最根本的特性都是在边疆经历中形成的。随着19世纪的结束，与印第安人的斗争以及土地可自由支配的时期结束。迅速发展的城市早已成为大多数人的体验空间。

北对南：1861—1865年美国内战

　　1815年后，美国在经济上成为一个非常有活力的国家。运河、公路和此后不久铁路数量的迅速增长将西部的农场主与东部的城市中心连接起来，并保证了他们的市场机会。东部城市增多，因为它们可以集中于工业、手工业和贸易。早期的工厂生产鞋子和纺织品，但很快也开始生产工具和机械。农业从业者比例大幅下降。纽约成为美国的国际贸易中心。

　　南方棉花种植园繁荣兴旺。烟草、水稻和蔗糖同样也有生产，但棉花占了绝大多数。英国正在兴起的纺织厂主要从美国南方采购最重要的原材料，而且它们永不满足。产量从1800年的7.3万锭、1830年的73.2万锭增至内战前的450万锭。此时的种植园已经离开失去利用价值的东南地区的土地向西迁徙，从佐治亚向得克萨斯州方向发展。美国奴隶的数量增加了三倍，而这是在英国人继续实行进口禁令的情况下。与加勒比地区的甘蔗种植园不同，在美国的棉花地里工作的有男有女。奴隶组成家庭，生育后代。他们形成了宗教社区及自己的文化。自从哥伦布把奴隶从非洲带到美洲以来，只有 5% 的奴隶来到北美殖民地以及后来的美国。但是在海地和其他岛屿衰败以及禁止奴隶买卖之后，美国成为奴隶经济的首要中心。与大多数宪法制定者以为的不同，奴隶制度并没有消失。它繁荣兴旺并成为南方的核心要素。大种植园主宫殿似的建筑和马车令他们看起来就像是世袭的贵族。事实上他们是没有传统、在全球活动的农业资本家，他们的奴隶为世界纺织市场工作。

北方不需要奴隶制度，因为工业化和欧洲一样通过有偿（工资）工作进行。奴隶制度似乎是不合时宜的，在国际上是丢脸的，同时对清教徒的新教徒文化也是件麻烦事。在南方，奴隶制度是经济和社会的重要组成部分，因此也是不容商议的。1815 年的国内斗争很大一部分都与奴隶问题密不可分：在南方看来，至少要在保留和废除奴隶制的州之间保持一种平衡。这导致每次接受新的州加入联邦都会发生争论。北方则寻求一条结束已成为国际丑闻的奴隶制的道路。它不能因为在南方各州的核心机制中占据关键位置而继续下去。但是亚伯拉罕·林肯 1860 年首次在北方的支持下当选为总统，在南方他却根本没有出现在选票上。此后南方 7 个州在 1860/61 年冬天退出联邦，成立了"美利坚联盟国"。林肯没有在奴隶问题上采取任何行动，对他来说这并不是时刻记挂在心的事情。但他强调，联邦不可分裂，因此独立是无效的。1861 年 4 月，军事冲突爆发，此前一直保持中立的联邦州不得不做出选择。国家分裂了。一场为期四年的内战开始。

没人料到会发生一场如此漫长的战争。在北方，很多人认为，人口更少、工业落后的南方不可能在战争中坚持很久。南方各州则以为，纽约的商人和北方的工业家不会容忍战争给自己的生意带来损失，会迫使林肯寻求和平。他们都错了。

62 万美国人在这场内战中丧生，死亡的美国人数比 20 世纪的任何一场战争都多。南方有更优秀的将领，得以进行了一场防御战，并且清楚这关乎整个经济和社会模式。最后南方 4/5 的男子都拿起了武器。这足以让他们在财力、物资和人数上都占优的北方面前惊人地坚持了 4 年之久。但是林肯并不放弃。他的将领最后推行了一种焦土政策，借此打破了最后的抵抗。1865 年 4 月 9 日，南方被迫投降。5 天后，亚伯拉罕·林肯被一名支持南方州的极端分子在华盛顿枪杀。战后的和解并不容易。

内战给从《独立宣言》开始的美国国家的形成画上了句号。此时国家已不可分割，它取消了奴隶制度，以共同的进步为目标，人们聚集在一面共同的旗帜——星条旗之下。对奴隶而言，这些成果并不怎么令人满意。与同一时期得到解放的俄国农奴不同，他们只获得了人身自由，却没有获得土地。社会变革并没有发生。很多黑人再次陷入对前奴隶主的依附关系当中，因为他们没有其他的就业机会。同时，战争结束后，获胜的北方作为占领力量立刻致力于对南方社会关系的重新规范。"重建"成为关键词。不管怎样，黑人在政治和教育方面有了新的机会。学校成立并得到了使用。各州的议席中当有 600 多个为黑人所占据。15 名非洲裔美国人入选美国国会。

然而与此同时，三 K 党——一个不惜动用武力、意图维护种族主义秩序的秘密组织站稳了脚跟。它形成了白色恐怖，造成的人员损失达到五位数。战败者希望尽一切努力避免社会的彻底改变。白人的统治地位必须得到维护，"黑鬼统治"必须结束，对于这点南方白人无论贫富都是一致的。在北方，为了黑人平权而容忍牺牲的意愿降低，特别是那里的日常生活中也存在着种族主义。不管怎样，奴隶制度废除了，人们说。19 世纪 70 年代中期，北方放弃在南方实行代价高昂的占领统治——"重建"。南方各州的白人通过大量地方与州一级的法令、法规，甚至是修宪重建了他们的统治地位，直到世纪之交。根据种族划分的学校获得的资助差异很大。通过读写测试和其他很容易遭到操控的方式，有色人种刚刚赢得的选举权再次被剥夺。几乎不按法律办事的私刑为新规则赢得了尊重。与古巴和其他加勒比岛屿或是同样有着漫长奴隶制传统的巴西不同，美国直到 20 世纪中期还存在着严格的种族束缚，它们对政治和日常生活产生了深刻影响。

南方的经济发展因为种族主义的作用而一直受到拖累和阻碍。棉花种植业没有重现其过去的辉煌。在世界市场上，竞争对手占据了南方州的地位，而且不再轻易地将其交出。棉花价格下跌。在 1860 年前如此充满活力的南方被边缘化。很多以前的奴隶迁移到东北部的新工业中心。

繁荣与大企业

从内战结束到世纪之交，美国以飞快的速度从一个农业社会发展成为一个工业社会。先是煤矿开采、钢铁行业，从 19 世纪 80 年代起化学和电力也作为核心技术令年均经济增长率达到了 4%。工业就业人数增加了三倍。城市发展迅速。芝加哥在 1870 年时只有 30 万人，到 1900 年就已经达到了 150 万。从 19 世纪 80 年代起有了电梯——雄伟的高层建筑的一个前提。从 19 世纪 70 年代起，纽约的摩天大厦就引领了全球最高建筑的榜单——只有 1885—1893 年例外，宏伟的布鲁塞尔司法宫以硕大的圆顶取巧进入了榜单。1900 年前后时，美国在工业生产上超过了英国——工业革命的发源地。

工业化最初是作为地区性事件开始的，具体来说是从英格兰北部兰开夏的纺织工厂开始。之后出现了蒸汽机、蒸汽机的煤炭供应以及相应的机械制造，所以也有了钢铁生产，最后是铁路建设，等等。工业间谍活动和自身的发明将英国人的推动力带到了欧洲大陆。先是比利时和法国北部，然后德国和瑞士也出现了最早的工业岛。工厂意味着城市发展。城市发展产生了新的农业需求。铁路和不久之后的蒸汽船令农业和工业产品可以运

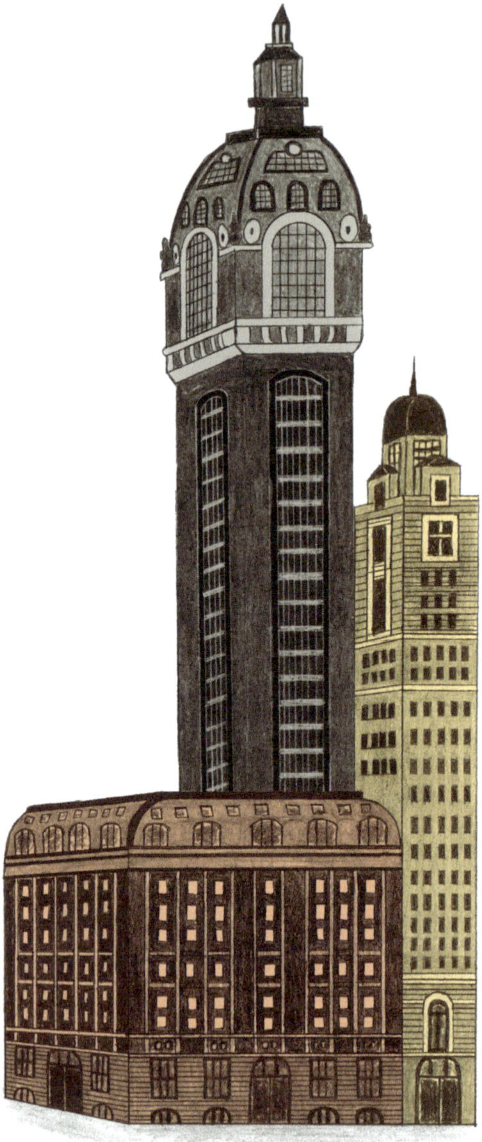

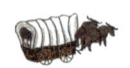

输到很远的距离之外，交流和贸易网产生。荷兰和丹麦就这样成为没有工业的工业社会：它们为英国市场供应农产品。巴尔干和俄国大片国土等其他地区暂时没能与工业时代接轨。工业社会以持续的经济增长为特征，它影响了生活的各个领域，虽然它经常出现危机。在19世纪末，即便是中西欧城市的穷人生活也比100年前要好。在社会阶梯的另一端，克虏伯和蒂森等企业家家族在德国积累的财富令近代早期贵族的财产相形见绌。

美国的工业化开始得相对较晚，但发展很快，因为巨大的国内市场由于移民和拓殖而不断地增长。19世纪上半叶的运输业革命已经令国家得到了很好的开发，铁路网在1865年后继续扩大，到1900年，美国的铁路已经占了全球可用铁路总长的一半以上。市场之间的联系跨越整个大洲并超越了这个大洲：西南部的牛仔搭乘拉载牲畜的火车将要屠宰的牲畜送到芝加哥的大型屠宰场。从那里再用冷藏车把肉运到繁荣的东部沿海城市。中西部的农场为欧洲市场生产粮食。

与欧洲不同，美国没有社会主义工人运动。为什么？工人自己在不同人种、种族、受教育与未受教育者之间划出了界限，所以也不寻求联合。高度的流动性加大了罢工的难度，但另一方面也让找到新工作变得更加容易。很早就普及的选举权和对很多要求持开放态度的两党制令人们有可能采取远离激进政党的政治立场。州和大企业对劳工组织特别是罢工持敌对态度无疑也是工会运动受到压制的原因之一。

内战结束后，工业化（和其他很多事情一样）最初没怎么受到国家的引导。此外经济问题的权限掌握在每个州手中，虽然工业化很快就产生了不只是对单个州的影响。这让税收变得困难。国家的谨慎态度导致了大企业的产生，托拉斯、卡特尔和控股公司的成立，它们试图控制整个生产领域或者是某种商品的整个生产渠道。铁路大亨科尼利尔斯·范德比尔特、钢铁大王安德鲁·卡内基和石油巨头约翰·D. 洛克菲勒等经济界领袖的财富变得不可估量。他们把他们的一部分财产转移到基金会。纳什维尔的范德比尔特大学、卡内基国际和平基金会和洛克菲勒基金会直到今日仍是作用显著的基金会的典范。直到19、20世纪之交前后，联邦政府才开始加大干预经济的力度。

大型企业、后来还有配备经理人（而不是由股份所有人进行管理）的股份公司对以机械制造、化学和电力行业为核心的第二次工业化浪潮来说是非常典型的。自19世纪80年代起，第二次工业化浪潮对美国、后来也对德国产生了深刻的影响。这些新的企业在全球活动，开辟并控制原材料的源头，将它们的产品投放到利润最为丰厚的市场。它们有的与政治家联系密切。但是大企业控制政治的情况并未出现。

工业化在英国开始，在欧洲大陆继续，很快又跳到了地球的另一边。在美国它以一种特殊的方式获得了成功，因为那里有所需的原材料、巨大的国内市场、积极性高而且愿意为之做出牺牲的移民人口，而且国家致力于扩建基础设施。人们能够从工业化中看到他们的巨大机遇。国家没有干涉他们。社会艰难就那样被忍受下来。

而对其他国家的精英来说，对丹麦、荷兰、澳大利亚、新西兰或者南美地区的人来说，不亲自建立工业而是为工业中心供应产品完全可以是有意义并且能够盈利的。美国南方各州精英的做法也与此类似，他们直到内战时都是这么做的，而且一直做得不错。当第二次工业浪潮的大企业在1900年前后在全球进行扩张时，它们把海外的种植园或矿山与本国的加工中心连接起来。因此，在南美、非洲或亚洲出现了生产岛。对于在欧洲以外建立竞争企业，大企业与它们的帝国政府一样没什么兴趣。印度和中国自19世纪下半叶起就有独立的工业岛。然而它们对区域的影响同样有限。相反，日本在19世纪末完成了自身的工业化，并成为一个世界大国，它在1905年作为首个非欧洲国家赢得了对一个欧洲大国——俄国的战争。欧洲的工业化优势不会长久了。

15

北海道

日本蛮荒北部的殖民化

　　北海道是日本四大主岛中最北面的一个，也是第二大岛，四大主岛与6800多个小岛一起构成了日本。面积上北海道比爱尔兰略小一点儿，比伊斯帕尼奥拉岛略大一些，后者的西边部分是《法兰西角》一章的主要探讨对象。宗谷海峡在北面将北海道与目前属于俄罗斯的库页岛分开。东北方向，根室海峡横亘在北海道与千叶群岛最南端的国后岛之间。日本宣称这些岛屿为自己所有，但它们自1945年起就由苏联以及后来的俄罗斯占领。南面，自1988年起人们就可以乘坐火车经青函隧道抵达日本最大的本州岛。在此之前则需要搭4个小时的船。西面，日本海将北海道与俄罗斯和中国东部连接。东面则是北美的俄勒冈州——中间隔着6500公里宽的太平洋。

　　实际上北海道自1868年起才属于日本。尽管在此之前日本宣称对虾夷地（本州岛以北岛屿的统称）拥有类似宗主国那样的权力，而且北海道最南端也有一个松前町城堡，由松前氏在那里维护着日本的统治要求。实际

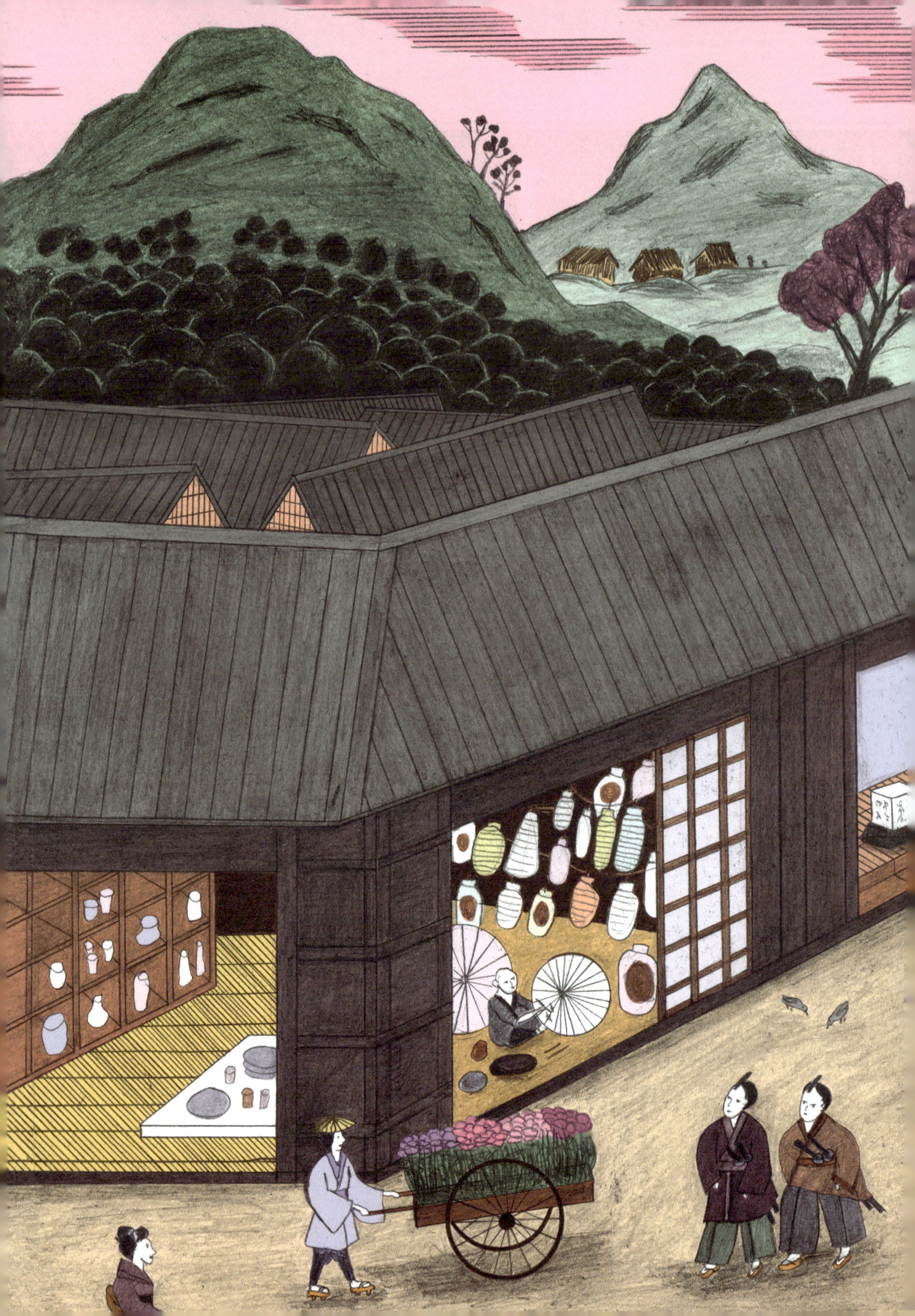

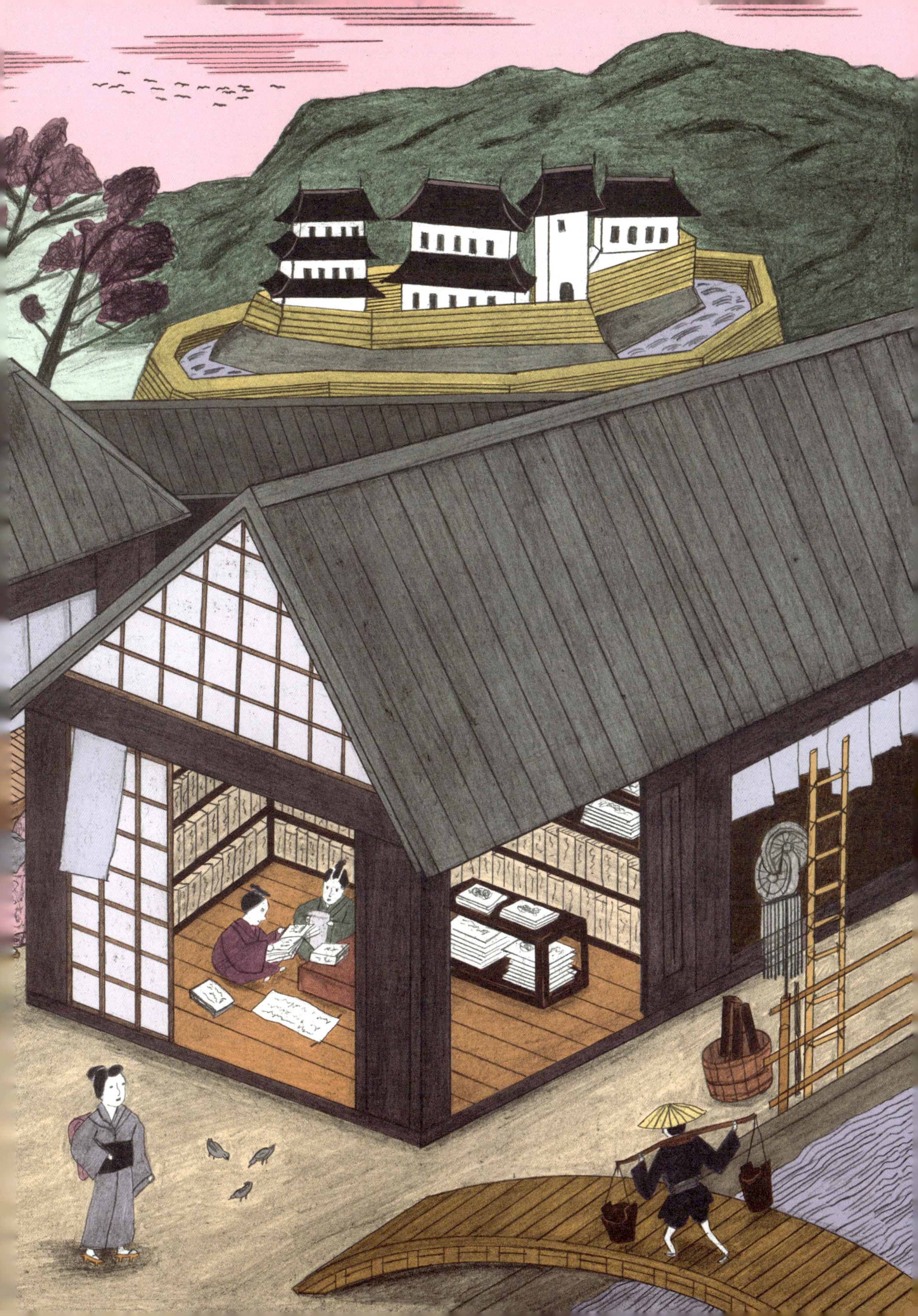

上这个城堡的居民大多与阿伊努人——几千年来就在北海道定居的捕猎者和采集者——从事贸易。刀、大米、米酒和衣服运到北方，鲑鱼和动物毛皮运到南方。日本的淘金者和定居者到来，1800年前后，在虾夷地生活的日本人可能首次超过了阿伊努人的数量（估计有2万人）。如果日本人推进的幅度过大或者是粗暴地伤害了阿伊努人的利益，抵抗就会出现，随后它们会在松前氏的领导下被镇压。日本人最初并不想将蛮荒的北方殖民化。

但是，为了能够抵御咄咄逼人的欧洲人，日本在1868年对自己进行了重塑：重塑为一种中央集权的民族—宗教君主制度，正如我们马上将会看到的那样。这一重塑被称为"明治维新"。这一概念中隐含着回到过去的意思。但与此同时，1868年被公认为日本的1789年——也就是说相当于法国大革命的地位，是向着现代化的一大突破。与（英国殖民地）印度、（法国殖民地）越南或者是（受所有欧洲列强侵略蹂躏的）中国不同，日本没有被欧洲帝国主义打垮。它是自己改变的。蛮荒的北方就体现了这点。虾夷地被改名为北海道，意思是"北海地区"。此时北方从概念上成为日本的一部分。一个新的规划城市——札幌成为殖民化的起点，先是农业，然后是通过重工业。阿伊努人很快就被挤走。1899年，日本政府颁布法令，对"北海道旧土人"进行保护。在这里，对掠夺土地这一不正当行为的良知和美国白人或者是在澳大利亚的英国定居者一样罕见。

大约在将虾夷地改名为北海道的同时，日本在其他地方的势力范围也得到了更加明确和广泛的定义。最南边的琉球群岛王国在1872年成为日本的一部分。琉球国王先是作为藩王留在琉球，后来在1879年流亡。台湾在1895年、库页岛南部在1905年、朝鲜在1910年成为日本殖民地。此前受不同力量影响的地方此时被咄咄逼人的日本划定了边境，设立了管理部门，并建设了基础设施。日本的所作所为就像是个欧洲殖民大国一样。这些在1900年前后都以条约的形式得到了欧洲人的承认。

一个亚洲国家在欧洲人的挑衅面前获得了独一无二的成功，这场冲突的代价和好处在虾夷地／北海道体现出来。我们必须始终把这一视角的特殊之处考虑在内。即便是今天，以日本的情况来说，北海道的人口密度也是非常低的，而在17、18和19世纪时与南部地区的对比就更加明显了。江户（后来的东京）——贵族的居住地和幕府的权力中心在17世纪末时就已有110万人，是当时世界上最大的城市。中部贸易重镇大阪在18世纪中期可能有整整40万人，京都则有近35万。除这三个重要的大都市之外还有50座城市人口过万。18世纪初，在城市生活的日本人共有380万，相当于总人口的12%——对工业化之前的时期来说这是非常多的。相反，只有孤零零的松前町和2万阿伊努人的虾夷地——后来的北海道在日本人眼里则是蛮荒之地。但恰恰在这里，在日本的边际，一个自给自足的国家政体迅速发展成为一个帝国列强这点变得尤其明显。

17—19世纪德川幕府时期的生活

我们先大概了解一下19世纪中期时的情况。200多年来，日本就由江户进行统治。那里居住着德川家族的将军，他在对其他家族的一系列战争中获胜。同时也有一位日本皇帝，或者叫天皇，他是日本国教神道教主神天照大神的后裔，也是国家统一和不朽的象征。他所在的城市一直是京都。但他的活动以及与人员的接触由将军规定和控制。天皇代表整个日本，因此不可以卷入权力争斗。江户的将军同样大多并不自己执政，而是通过身边一些有权有势的人来执政。

国家绝大多数领土由大约250个藩主统治，他们引领着对国家统治的争夺。他们在封建统治领地（这些领地组成了日本）内进行统治，并负

责推动当地经济、道路建设和军队。当时有大大小小、税收负担各异的"藩"。与此相对应，藩主的声望和势力也各不相同。衣着、饮食和家宅建筑就显示了这点。比方说富有的加贺藩主，他在江户西北300公里的金泽有一个城堡，同时在江户长期保留3000名仆人。他以此来显示他的势力和人们对他的敬重。因为将军要求藩主每隔一年就要到他的权力中心江户居住。这样他就可以监督、调遣他们，必要的话甚至彻底剥夺他们的藩位。而当藩主待在自己的城堡时，他们对待旗下武士颐指气使的态度也是差不多的。

日本城市和乡村社会深受来自中国的儒家思想影响，这点我们在《长安》那章中已经有所了解了。社会总体分为四个等级：武士、农民、工匠和商人（即"士、农、工、商"）。也有没有等级的人。他们被认为是没有固定职业和一文不值的。等级最高端的武士从武夫阶层产生，在地位上与藩主平等。他们可以携带武器并获得某种月俸，以便为国家服务。在相当和平的17—19世纪，服务国家不再只是由军事生活也越来越多地由官员活动和学问学识组成。农民理论上特别受尊重，因为他们从事生产。事实上全部的税收重担都在他们肩上。为了把他们留在地里并且保持工作，持续的监督以及偶尔的军事武力是必要的。农民一起生活在村子里，自己进行组织并集体承担税收。税收根据收成计算，并用大米支付。武士也获得大米作为薪俸。但大多数其他开支藩主必须用钱来支付，所以他们拿大米到大阪中央市场上去换钱。很快就形成了商品期货交易和贷款协议，这使得商人阶层处在了一个关键位置上。这是儒家理论里所没有的，因为他们根本不产出任何东西，所以儒家并不重商。因此也没有对他们征税。有些商人变得富有，但却不需要对不愿看到他们重要性的国家承担任何义务。对着装、行为和建筑的规定本应当令不断壮大的商人力量化为无形。

日本是一个"以卷宗为基础的社会"。这里的人们搜集、誊写并传播知识。将军保有一个庞大的线人和情报网。但求知若渴的不只是藩主和他们庞大的武士官僚阶层。19世纪中期时很可能有近一半的日本男性和10%的女性可以读书认字。19世纪在江户有出版社900家,京都和大阪各有500家。1832年仅江户就有租书铺800家——那时没有公共图书馆。当时有儒家和宗教书籍市场,文学、戏剧作品、游记、星象、演员、运动员排名以及广告也有市场。阅读圈子、信息网以及学术和艺术讨论也不鲜见。

书籍和其他商品一样通过一个完善的渠道网传播。最初铺设远途道路是为了快速调遣军队以确保统治,但很快经其运输的就主要是人员、商品和信息了。步行者可以在沿途的树荫下行走。晚上会亮起石灯。河流和峡谷架有桥梁,不然的话也有渡船和筏子提供服务。途中的驿站可以租用马匹和轿子——车辆行驶直到1862年都是禁止的。此外那里有客栈、酒馆、浴室、纪念品商店和妓院。服务和质量则根据往来的人流而定。

到19世纪时,贸易和早期工业的重要性增强。在大阪,棉花以及棉制品在19世纪头三分之一超越大米成为最重要的贸易商品。某些藩主很早就推动正在形成的手工制造业,或者建立放料生产制度:商品,比方说纺织品在农村某个地方由贫穷的农民或者雇农生产,而原材料的采购和成品的销售则由一个中心来进行。

与莫卧儿时期的印度相反,日本在很大程度上与外来影响相隔绝。与中国的接触保持在很小的程度上,因为中国自认为是世界的中心并将日本视为附庸。这与将军及其藩主们的自我认知不符。17世纪早期,欧洲人和他们的基督教被视为对将军以及神性天皇单一统治的威胁。因此,西班牙人、葡萄牙人及其传教士被禁止踏足日本的土地。日本基督徒必须用脚踩踏钉在十字架上的基督或者是圣母马利亚的画像,以此来公开表示放弃自己的信仰。否则就有遭受酷刑或者被害的威胁。后来,英国人和俄国人的接近尝试也失败了,但他们的兴趣不是非常大。只有荷兰人保持了与将军的联系。他们的殖民地荷属东印度（今天的印度尼西亚）位于西班牙人占领的菲律宾以南，距离将近4000公里。这个距离足够安全，但也足够近——值得进行贸易。此外荷兰人的兴趣纯粹是商业性的。因此在长崎（日本所有的对外关系都经它进行）——最西南端的一个海港，除中国商人外还有一个荷兰的贸易站。港内专门填了一个人工岛出岛，这样外国人就不会踏上日本的土地。在日本人眼中，荷兰就代表着整个欧洲。当时有专门研究从哲学、医学到武器技术等欧洲知识的"兰学学者"。

组织性颇高并且经过200年闭关锁国而变得非常独立的日本社会在19世纪陷入困境。一方面，很多藩主负债累累，因为参觐交代再加上修路、推动经济和军备都消耗了大量的资金；另一方面，特别是在临近城市的村子里，社会差异增大。税收负担沉重。有经营手腕或者肆无忌惮的农民买下没那么成功并因此而陷入困境的那些人的土地。在其他地方，这种阶级模式也不再适应现状。经济条件较好的商人以及与他们合作的武士已经无法再适应。其他武士变得贫穷，因为藩主不能如约付给他们薪俸。1730—1850年，人口增长停滞——这与同一时期的欧洲完全不同。庄稼歉收也起了推波助澜的作用。多地的藩主下令凡事从简，并集中力量发展农业，以此来对抗危机。这实际上没有产生很大的帮助。

蛮夷来了

在这种整体非常困难的情况下，日本人看到来自遥远的欧洲的船只越来越多，开始担心。商业捕鲸船在19世纪20年代出现，这些麻木不仁的家伙在同一时期也令新西兰非常恐惧。将军下令驱赶他们，必要时抓捕或者击毙他们。更困难的是如何应对外来国家的兴趣。俄国人加强了在他们

的"远东"地区的活动。美国人发现太平洋可能是未来的经济区。英国人在1839—1842年与中国的第一次鸦片战争中表明，他们对西北太平洋的兴趣非常强烈。因为日本有煤——蒸汽船这种未来交通工具的燃料。它的港口是非常实用的食品和燃料仓。而文明程度很高的居民也令人期待吸引人的贸易利润。只是：日本人既不想要贸易也不想做仓库。

因此，在1854—1869年间先是美国后是俄国和其他欧洲列强以军事武力相要挟，迫使日本港口对欧洲船只开放。幕府将军在犹豫了很久之后同意，因为军事抵抗不再有意义。此时双边协议对贸易进行了规定，外国人确定了进出口关税并得以借此肆意为自己谋取好处。外国人获准在开放的港口逗留并自由传教。条约也包含了最惠国条款。某个外来国家谈判达成的有利成果自动对所有他国有效。这是"不平等条约"，很快人们也是这么称呼它们的。接着，日本人开始出口生丝、蚕蛹、茶、植物油、海产品、铜和石煤，同时糖、金属、武器、军舰和机械进入日本。因为日本金、银的价格与西方以及美国的价格存在明显的差异，大量的白银流入日本，而黄金则流出日本。结果是钱币贬值和通货膨胀。基本食品大米的价格在1859—1867年间增长了8倍。

"尊王攘夷！"反对将军开放政策的那些人这样呼吁。将军在欧美人——也就是蛮夷的要求面前太轻易让步了。他没有问仍还是国家统一和骄傲化身的天皇的意见。日本人应从外国文明中挑选出最好的，与自身文明融合并以此来完善自己。而将军非但没有这么做，而是干脆出卖了国家。19世纪60年代是一个围绕着正确道路和权力展开的痛苦、有时也不乏武力的斗争期。它是藩主之间的斗争，有时也是与将军的斗争。这是武士的最后一次斗争。农民、工匠和商人更多地是在边上被卷入了冲突。因为没人愿意为蠢蠢欲动的外国列强提供干预的契机，因此斗争一定程度上是拉着手刹进行的。指挥官这样解释他们不战就交出江户城的理由：他们"没考虑自己的优势，目的是令我们的遭遇不会像印度或者是中国一样"。近1万名士兵和3000名平民在这场内战中丧生。最终，在1868年1月发生了一场由天皇许可的对将军的政变。将军交出权力。他的最后一批支持者撤退到东北地区，在北海道建立了虾夷共和国。但这只是一个插曲。1869年6月，位于旧藩地松前町东北将近70公里外的最后堡垒——箱馆市沦陷。德川幕府时代结束。

始于1868年的明治维新

新的执政者希望重建日本的独立自主并摆脱不平等条约。为了实现这一目的，天皇在重焕活力的神道教支持下重回权力中心。天皇很容易受人影响，因为1868年时他才15岁。他从京都前往江户。将军的城堡成为他的住处。他仔细挑选的执政口号"明治"（顿悟清明的统治）赋予变革以名称。江户改名为东京（东边的都城），以打消人们对幕府的记忆。可能有南北两个都城的中国也起了榜样的作用，或许日本北部和东部的人也该有这样的选择。那里曾是将军最后堡垒的所在地。新的当权者大多来自南部和西部。

一位强大的天皇、国教的复兴和国家重新赢得独立——这是一个年轻群体的共同理想，他们大多三四十岁，成为新制度的精英。他们是旧制度下的武士或藩主，但此时在寻找着新的道路。他们很快就意识到，只是拒绝外国人是不行的。整个19世纪七八十年代都是以深入的改革以及围绕改革的争论为特征。哪条才是重新实现国家强大与独立的正确道路？从1871到1873年，一个由高官组成的庞大的日本代表团遍访了欧洲和美国。他们希望就不平等条约重新进行谈判并对异邦的成功模式进行深入研究。条约保持了原来的样子。欧洲和美国人宣称，日本不够发达，不足以要求平等。但是代表们顺带搜集了宝贵的信息。官僚制度、军队、议会、工厂、学校、监狱、医院和贫民窟是如何运作的？到19世纪90年代时，宪法和行政问题得到了欧洲专家的解释，工业企业在薪水高昂的西方顾问的帮助下建成或完成改造，之后西方人尽可能迅速地被本地人替换。目标不是效仿，而是因应日本的条件，从而重新具备竞争力：经济上、军事上以及政治上。

到1890年时，日本已经发生了全面的转变。一个有着47个行政区的集权国家取代了藩主国。往往负债累累的藩主获得了补偿，他们的武士也是同样。他们失去了佩戴武器和组织防御的特权。日本仿照普鲁士建立了一支义务兵军队。很快日本就能够在紧急情况下发动起一支50万人的军队。一个贵族、平民结构的公民国家取代了原先的四个等级。1875年所有日本人都被强制取一个姓氏——在此之前这是武士的特权。普遍的义务制教育开始实行。陆军和海军实现现代化并升级了军备。国家铁路、电报和电话网建立。一场土地改革令土地成为商品。土地税取代了此前的收成税。这种征税方式可靠而且可以估算，但却把歉收的风险转嫁给农民。它成为明治时期国家的主要收入来源，并为很多改革提供了资金。1889年的宪法在头16条中强调了天皇的不朽和全权，之后却借议会对其进行了限制。1890年45万名25岁以上并且直接纳税在15日元以上的日本人首次选出了一个日本下院。上院席位是世袭制并由天皇任命。议会很快就成为政治讨论的中心。然而决策往往是在院外做出，在来自明治精英阶层的一群有权有势的人——元老的会议上。

改革是惊心动魄的，它也引起了抵制。藩主不愿被剥夺权力，武士不愿失去他们的特权，农民不愿送他们的孩子去上学或者参军。但是各种抵制没有拧成一股合力，因此得以消弭。此外改革被包裹上延续性的外衣。天皇和神道教象征着新事物原本就是旧的久经考验的事物。新当权者本身

就来自旧的制度，并且能够显示出统一性。而且因为工业化不久就开始进行，而且是在19世纪中早期的架构基础上，并利用了日本的资金、日本的人员和技术，只是在开始得到了欧洲专家的支持，所以人们有种自己创造、自己实现的自豪感，这与一直留在殖民地或者是半殖民地状态的中国人和印度人不同。

明治维新的目标和局限在蛮荒的日本北部十分明显。虾夷地或者此时的北海道成立了一个殖民机构。在接下来的几年里大量资金流入该岛的发展。一方面欧洲人应当看到，日本能够自己实现文明并建立秩序；另一方面这也是要在虎视眈眈的俄国人前面抢得先机。所有可利用的土地都被国有化并便宜地发放给前来定居的日本人。政府有针对性地招募武士，一方面是为了消除日本中心地区的不稳定因素，另一方面则是为了防御被从捕猎和定居地区赶走的阿伊努人。人们请来美国的农业专家。他们逗留的时间不长，成绩也存在着争议。但不管怎样，札幌农业学校——今天北海道大学的前身的成立要追溯到那个时候。争取定居者的努力成绩非常有限。19世纪70年代初，每年到来的日本人有1万人，到70年代末、条件有所好转时则有5万人。并非所有人都留了下来。当煤被发现的时候，北海道形成了重工业。到第二次世界大战爆发之前这里有近200个煤矿。最后一家煤矿在2002年关闭。

19世纪90年代初，日本政府决定将慢慢陷入赤字的北海道殖民机构私有化。开拓使将很大一部分属地以低得离谱的价格卖给了一位老朋友，同时与负责的政府官员达成一致。当出售及其骇人听闻的条件为人所知后，批评如冰雹般接踵而至。出售不得不取消。反对者要求，这样的项目只能在议会中决定，以便在未来避免此类的欺诈行为。政治公开起了作用。

北海道的例子显示，明治维新不是经过精心设计的飞跃。新的执政者下定决心要令日本重新与欧洲人平起平坐，而且他们为此动用了大量的资金。然而并不是所有的想法都发挥了作用，而且并不是所有的外国专家都是合适的。有些面向未来的改革以政治争端告终。明治时期的寡头政治集团并不是无私的，而且绝对也把钱放入了自己的腰包。他们宣称将日本从僵化的幕府统治下解放出来并令其实现了现代化。实际上他们的成功也建立在自17世纪以来所形成的架构之上。欧洲和美国发展理论学家会在20世纪宣称，日本以理想的方式成功地在一代人之内令一个传统社会现代化，坚定地选择了农业和重工业并为之投入了大量资金，但这是个误判。日本既不"传统"也不"现代"。比矛盾更重要的是过渡、加速以及被伪装成重返传统的新开端。它们令日本有可能在19世纪末的时候在某种程度上出人意料地作为帝国登上了世界舞台。

平起平坐：日本帝国

在19世纪末的时候，帝国和民族国家是全球主要的权力组织形式。在《基卢瓦》那章中我们已经看到也有其他权力组织形式的存在。但是对城邦、村落联盟或者是游牧民族结盟而言，此时只剩下了雨林、沙漠和天寒地冻之地。其他地方都是民族国家和帝国占据主导，当然旧的社会组织形式仍可以在它的屋檐下继续存在。

帝国比民族国家更大。它们也更多姿多彩，因为帝国内有很多种语言和文化并且可以继续存在下去。它们是专制的，因为其民众对其没有内在归属感。人和国家通常不是因为他们认为帝国是重要和正确的才成为其一部分，而是因为被征服。但权力中心的精英们往往不仅试图利用武器的力量保持帝国统一，也试图形成促进统一的思想。罗马人谈论罗马生活方式，英格兰、威尔士和苏格兰人谈论英国生活方式。权力中心的精英们几乎总是声称他们会令外界的人变得文明、开化并且整体上更加幸福，必要时也会在违背他们意愿的情况下这么做。与此同时，精英们也充分利用了占领领土的资源。

帝国主导了19世纪。民族国家也有，但并不是很多。它们几乎全部都在欧洲和美洲。从欧洲角度来看主要是民族国家及其帝国：英国及其世界最大的殖民帝国，这其中包括了印度和加拿大、南非、澳大利亚以及新西兰的定居者殖民地；法国及其主要位于北非和中南半岛的领地；俄国与中亚、西伯利亚和（1867年前的）阿拉斯加；荷兰及其在1945年后被叫作印度尼西亚、给它带来很大收益的殖民地。德国后来才在非洲有了殖民地，而且作为帝国一直处于次要位置并且十分短命。奥匈帝国是一个特例，它有两个国家和全部都位于欧洲的依附地区。

从亚洲视角来看，帝国则是历史常态。中国在很多个世纪里都是一个帝国，奥斯曼帝国也是，成吉思汗的蒙古统治、萨法维王朝和莫卧儿王朝也都曾是帝国。在亚洲看来全新的一点是，19世纪的帝国中心全都不在亚洲：它们在伦敦、巴黎、圣彼得堡和阿姆斯特丹。只有中华帝国还存在，尽管它不得不向欧洲人做出了很大的让步。日本是暹罗——后来的泰国——之外亚洲唯一的民族国家。在暹罗小心翼翼地在英国人和法国人的占领愿望间周旋抵抗并保持了独立王国身份的同时，日本则在19世纪末着手成为一个拥有欧洲模式的帝国的民族国家。

日本人先是坚持不懈地致力于摆脱不平等条约。在有了宪法、议会和法典而且工业化也在进行之后，欧洲人已经无法再声称日本必须发展政治和经济了。英国最先看到了承认日本伙伴地位的机遇。作为结盟伙伴，它尤其可以遏制俄国人在西北太平洋的野心，并且它完成英国人的业务比英国人自己干还便宜。1895年日本与英国签订了新的贸易协议。其他欧洲国家和美国陆续跟进。19世纪90年代，日本在亚洲成为与欧洲人平等的竞争对手。它把目光投向了希望摆脱与中国密切联系的朝鲜。为此，1894/95年战争爆发。日本赢得了土地，虽然不是朝鲜，而是中国的台湾和辽东半岛——对中国殖民目标而言的首个陆地落脚点。但是俄国、法国和德国介入，日本不得不交出辽东半岛。之后俄国将其租赁。日本感觉自己的胜利果实被骗走了，再次受到了欧洲人的伤害。它在1902年与没有参与干涉还辽的英国人签订了一份条约，日本在条约中首次作为平级的大国做出了外交和军事约定。

这一约定增强了日本的信心，此时它开始在朝鲜以及中国加大追逐自身利益的力度。结果是在1904/05年与俄国爆发了一场战争，日本人在艰苦作战后获胜——对国际社会来说这是一个巨大的震动。一位德国战争观察员称之为"欧洲的世界末日"。遭受殖民统治的亚洲人民爆发出欢呼声。日本显示，亚洲人有能力解放自己。但对日本来说，关键不是亚洲的解放，而是自身势力的增长。俄国不得不让出（北海道以北的）库页岛南部和辽东半岛。它将南满铁路的控制权交给日本并承认其在朝鲜的特殊利益。对日本公众而言这太少了。它动员了上百万士兵，近10万人死亡——就这样缔结合约似乎太和善了。一场内政危机爆发。不管怎样，与俄国的协议令日本有可能在1910年占领朝鲜，并长期驻扎在朝鲜以北的中国东北。这些成就给人留下了深刻印象。美国、澳大利亚和加拿大开始谈论"黄祸"。反过来，日本则打造了一种由殖民主义和基督教布道组成的"白祸"，人们必须起来反抗。外交上的警觉必须伴随着文化上向着自身独特性的回归——神道教、天皇和儒家的基本价值观。

对日本而言，第一次世界大战的意义不如1894—1895年和1904—1905年的战争重要。在与英国人达成一致的情况下，德国人在中国的占领区以及德国在赤道以北占领的南太平洋岛屿被日本人取得。战争是个刺激经济的计划，因为军工业为欧洲战场从事生产，而且亚洲市场向日本人开放。

到 20 世纪 20 年代中期，日本成为一个工业化的民主社会。随后在 1929—1932 年经济危机的影响下，一种极端民族主义长驱直入，它将（靠天皇和神道教统一并被理想化的）日本民族放在一切事务之上。

军方在 20 世纪 30 年代初成为主导力量，政界几乎已经无法再遏制。它利用朝鲜和中国东北的危机，意图在中国东北建立一个日本的傀儡国，但它未获国际承认。日本退出了在第一次世界大战后成立、旨在和平解决未来国际争端问题的国际联盟。1936 年，日本与纳粹德国缔结条约，意大利随后加入。三大"轴心国"一致同意反共产主义，一致同意各自的民族具有优越性，并寄希望于战争和扩张。与德国不同，对于日本来说反犹太主义没起任何作用。但是它有"反华主义"，对所有中国人的蔑视，它以此来为其在中国东北以及后来在中国其他地方的暴力入侵辩护。与意大利或者德国不同，日本没有"领袖"或"元首"。天皇仍在幕后，台上的政治家在民族主义上一个赛过一个。1937 年，全面侵华战争爆发，军队在战争中取得了重大的成就。1940 年，日本宣布目标是，通过将欧洲殖民统治者赶出亚洲来实现世界和平。首先应建立一个"大东亚共荣圈"。这个目标于 1942 年初，在英国人在新加坡、美国人在珍珠港被打败后实现。一个庞大的统治区产生。它从中国东北直到差不多澳大利亚北部，从缅甸直至马绍尔群岛。

但是日本军队的战线超出了它的能力。它也得不到亚洲人民的支持。日本人虽然宣称，自己把他们从白人殖民者的奴役下解放出来，但是所谓的被解放者感觉日本的统治是压迫，认为与欧洲人的统治相比情况并没有改善。日本人强迫欧洲、北美、澳大利亚和新西兰战俘去从事修建铁路以及其他大型项目的工作。欧洲殖民者对亚洲人的不公平统治因此而逆转：现在欧洲人成了强制劳役的对象。但是亚洲囚犯的条件并没有比他们更好。日本"大东亚共荣圈"的构想无法以这种方式说服别人。直到今天中国和

北海道

韩国对日本占领时期的悲惨回忆仍历历在目。

从 1942 年 3 月开始,战争的幸运之神改变了立场。日本在与从珍珠港灾难中恢复元气的美国人的战斗中遭遇了一连串败绩。自 1944 年 10 月起,美国空军开始对日本城市进行轰炸,后者很快就化为一片片废墟。1945 年 4 月,争夺琉球群岛中最重要的岛屿——冲绳的惨烈战斗开始。美国地面部队抵达日本。苏联宣布放弃中立,转而开始进攻日军。很快,日本就失去了库页岛和千叶群岛。北海道仍在日本人手中。

1945 年 8 月 6 日,刚刚可以用于作战的原子弹摧毁了广岛。8 月 9 日,幕府时代荷兰人的贸易城市长崎被另外一枚核弹摧毁。8 月 14 日,日本投降。美国人在此之前同意,日本可以保留其天皇统治制度。8 月 15 日,天皇亲自在他的第一次广播讲话中向国民宣告战争结束。神说话了。日本帝国结束了。

16

柏林

城市中的后起之秀

  柏林在 1800 年前后是欧洲城市中的新贵。18 世纪只有我们在下一章将看到的圣彼得堡增长比它还快。但圣彼得堡是庞大的俄罗斯帝国的首都，并且位于交通便利的波罗的海。而柏林则是勃兰登堡–普鲁士（一个从莱茵河畔的韦塞尔到普列戈利亚河畔的柯尼斯堡的并不连贯的领土集合）的主要城市。这里多的只有士兵。柏林地处勃兰登堡荒漠的中央。历经苦难考验的旅行者一再抱怨这里没有硬化的公路，只有不平坦的车道可以通行，这既令邮政马车的乘客四肢酸痛也令他们头痛。富有的贵族簇拥在神圣罗马帝国皇帝的身边，不断用新的更加华丽的宫殿、花园、教堂和坟墓来装点维也纳这座城市，而柏林则是普鲁士国王的杰作。贵族和市民阶级力量太弱，不足以对城市产生巨大影响。城市四成的土地属于国王，而普鲁士的国王是 18 世纪最重要的建造者。当然，与富有的维也纳贵族家族不同，如果他们要让所有街道都显得体面，他们必须要特别节省。它的结果令人

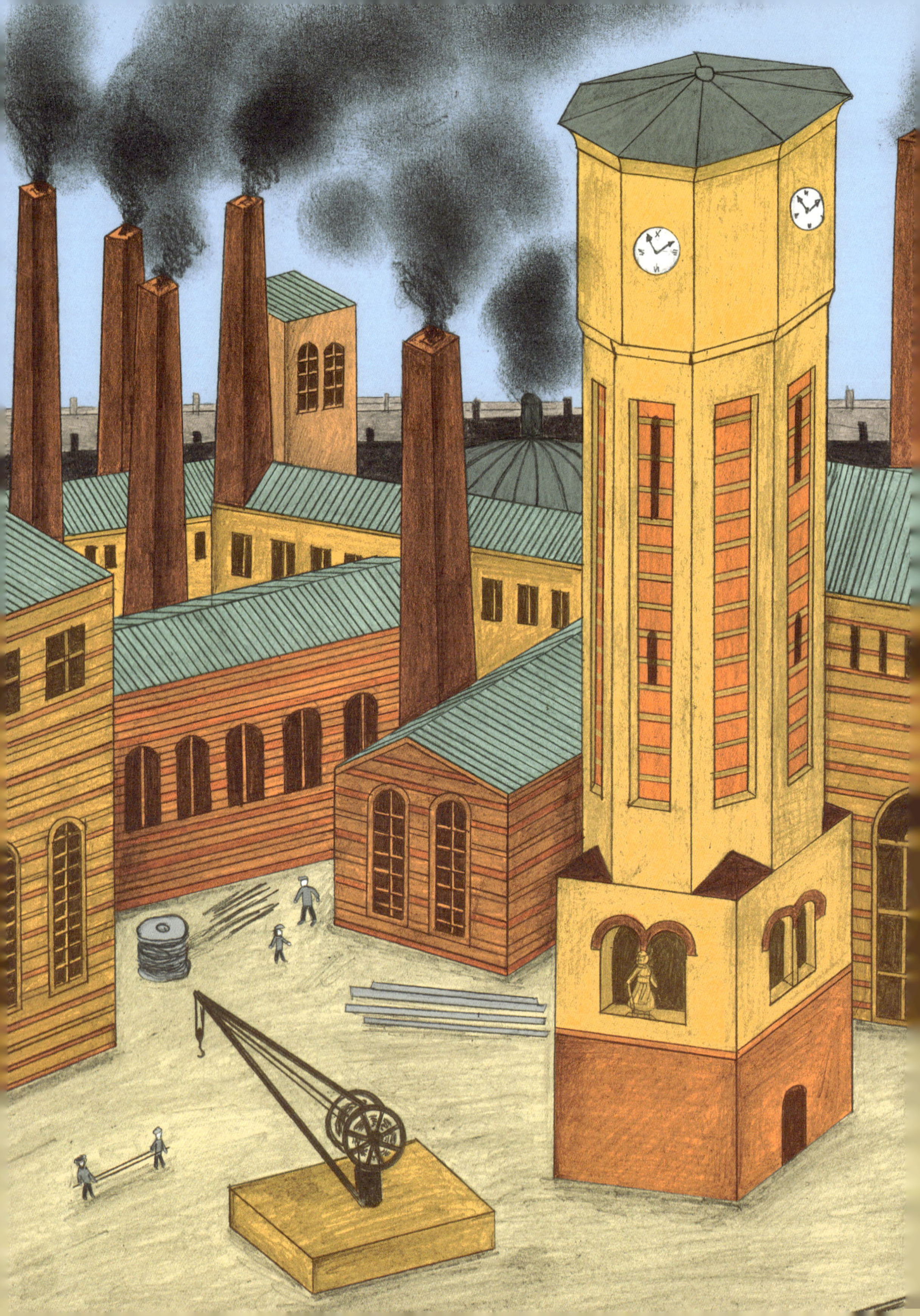

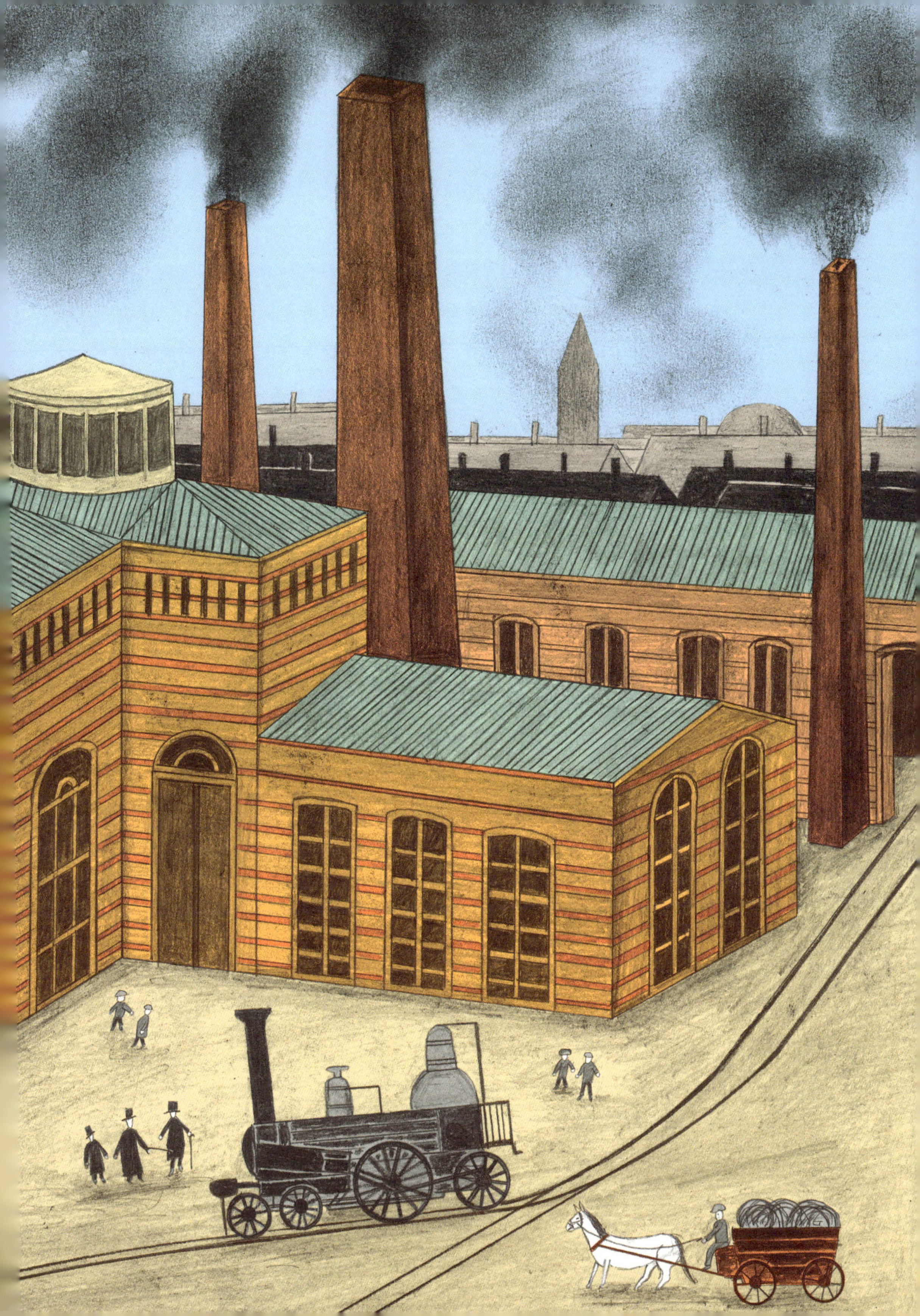

恼火，对此，18世纪的旅行者这样描写道：

> 从外观上令最普通的市民房屋升格为宫殿级别的不只是飞檐，还有战利品、镶嵌和各种浮雕建筑装饰。此时我可能无须赘述了，这些建筑物的装饰物只不过是石膏。……当然，这一装饰随着时间的流逝而脱落，然后房子就变得非常丑陋，远没有以前好看。

另外一位旅行者则惊讶于房屋正脸背后的内容，因为像大理石似的石膏装饰，房屋正面乍看起来"就像是包税人的住所"，也就是富有得不可思议的法国收税员：

> 楼下的一扇窗突然打开，新换了鞋掌的靴子赫然出现在眼前，它要摆在窗台上晾干。你开始观察这个谜，并看到，二楼的另外一扇窗打开，一个补裤子的人把几条新染色的裤子随意地挂在那里……如果你觉得这些说明还不够的话，最后，三楼上有人在你头顶上抖动桌布，但除了几块土豆皮之外什么都没有掉下来。

普鲁士国王腓特烈二世，也就是腓特烈大帝试图将巴黎的艺术家和文学家带到他的宫中。但是，被委任这一使命的代理人抱怨说，这很困难。在巴黎看来，柏林既贫穷又落后。普鲁士开出的条件并没有竞争力。

> 法国文学家对巴黎的好感是如此之强烈，他们对自认为在那里拥有的舒适安逸是如此满意，以至于在那里甚至很难找出中庸之辈……如今，在法国，每个人都被对艺术的爱好与欣赏所感染，而且……公爵等资助人希望自己享有盛情款待学者的名声。

拿柏林 18 世纪的情形与巴黎、维也纳或圣彼得堡比较不是很公平。不管怎样，柏林在 1800 年前后的迅猛增长之后已经令其以 17 万人成为神圣罗马帝国的第二大城市，排在拥有 23 万人口的欧洲第四大城市维也纳之后。引领欧洲的伦敦有 90 万人——几乎和 1100 年前（！）的中国皇城长安差不多了。1/10 的英国人生活在首都。在它之后的巴黎有 55 万人——只有 1/40 的法国人生活在那里。神圣罗马帝国只有 1/5 的人生活在城市里。城市则有很多：估计在 2400~2500 个之间，当然大小和重要性差别很大。因为神圣罗马帝国是在 18 世纪末由 300 多个独立领地和超过 1400 个帝国骑士庄园组成，所以很多城市都是都城，有统治和管理部门建筑以及小型的军队。巴登哈默斯巴赫（Hamersbach）附近的采尔（Zell）、拥有帝国修道院的莱茵兰埃森附近的韦尔登（Werden）、主教所在地威斯特法伦的明斯特，当然柏林和维也纳也都在其中。18 世纪时国家实力增强，统治者扩大管理部门，并通过城堡和花园来显示他们的力量。因此，特别是略大一点儿的德意志诸侯的府邸和管理中心增大：德累斯顿、慕尼黑、不伦瑞克和柏林。只有美因河畔的法兰克福、莱比锡，特别是汉堡等少数贸易和商业要地可以与它们相比。

普鲁士、哈布斯堡和 1848 年革命

神圣罗马帝国自中世纪后期就是个法治与和平区，理想状况下，它保护居民不受君主的专制独裁，保护小领地不受大领地势力的欺压，保护各诸侯免遭皇帝的肆意妄为。帝国曾多次成功抵抗奥斯曼军队。自维也纳在 1683 年经受住奥斯曼人的最后一次重大占领开始，皇帝率领的基督教军队重新夺回了匈牙利的土地。这巩固了哈布斯堡的力量——一个自路德和哥伦布时代起就几乎一直被选为帝国皇帝的奥地利王朝。新获得的领土

并不属于帝国。哈布斯堡在一定程度上慢慢扩大至帝国以外，向东南欧推进。其他诸侯也扩张至帝国边境以外。萨克森的韦廷（Wettin）家族成为波兰国王，汉诺威的韦尔夫（Welf）家族成为英格兰的国王。柏林的霍亨索伦（Hohenzollern）家族也对不属于帝国联盟的普鲁士进行着统治，并在1701年获得了这一领土的国王头衔。

这样，这些势力强大的家族就跨越了神圣罗马帝国法治与和平区的界限，并给帝国特别是力量较弱的成员带来了威胁。柏林和整个普鲁士的迅速崛起是这一发展中比较突出的一部分。勃兰登堡-普鲁士的统治者腓特烈三世在1701年成为国王，自那后自称为腓特烈一世。他的儿子和继任者腓特烈·威廉一世开始在行政上统一普鲁士国家，并在财政和军事上进行重建。腓特烈·威廉一世的儿子和继任者腓特烈二世觉得帝国的法治与和平框架过于狭小了。他利用父亲的军队和国库把普鲁士推到了欧洲一流国家之列。在三场战争中，普鲁士确保了富裕的哈布斯堡西里西亚（Schlesien）省为自己所有。这是对法治的明确违背，对帝国的很多小国来说绝不意味着什么好的苗头。如果说哈布斯堡帝国因为这个中等强度国家的野心和权力欲而不再安全的话，那么采尔、韦尔登和明斯特教区要如何防御强权的袭击？几十年后，普鲁士、哈布斯堡帝国和俄国将历史悠久的波兰王国瓜分。它就那么从地图上消失了，因为强权力量坐到一起解决了它们的问题。没人问弱小国家的意见。

不仅在军事上，在经济、政治和文化上，普鲁士国王腓特烈二世也力求与哈布斯堡人势均力敌，以便跻身欧洲一流国家。柏林游记和巴黎代理人的信恰恰显示很多方面它还没有做到。但是普鲁士人的崛起也是一种现象：毫无历史因此也毫无顾忌，现代，并且是彻头彻尾的。三场西里西亚战争中最后也是决定性的一场同时也是七年战争（1756—1763年）的一部分，从世界史的角度来看，腓特烈二世在这场战争中负责了英格兰在欧洲大陆的事务。因为在仅获得英国援助资金的情况下（正如我们在《美国！》一章中看到的，英国当时正在进行法国—印第安人战争），普鲁士国王与俄国、哈布斯堡帝国以及法国的军队交战。最终他取得了令人尊敬的平局。战争仅在欧洲就造成了50万人死亡，这是普鲁士成功阴暗的一面。

经过我们在《法兰西角》中所看到的大西洋革命，普鲁士的力量进一步增强。为什么？旧帝国无法抵抗拿破仑并衰落。帝国中的小国不断被大国吞并。帝国骑士庄园、城市和帝国修道院成为更大领土的一部分。采尔成为巴登的一部分。埃森的韦尔登和威斯特法伦的明斯特成为普鲁士的一部分，因为普鲁士得到了整个威斯特法伦和莱茵兰，这样就可以从北面遏制动荡的法国。

旧帝国的继承者在1815年加入德意志邦联。哈布斯堡家族的奥地利是其主导力量，但普鲁士在此时的重要性几乎与之相当。除这两大力量外，邦联还有七个中等国家：巴伐利亚、萨克森、汉诺威、符腾堡、巴登、黑森-达姆施塔特和黑森选侯国。此外还有30个靠运气和手腕在革命时期的旋涡中自保下来的小国：图林根的施瓦茨堡-鲁多尔施塔特（Schwarzburg-Rudolstadt）和施瓦茨堡-松德尔斯豪森（Schwarzburg-Sondershausen）、今天萨克森-安哈尔特州境内的安哈尔特-科滕（Anhalt-Köthen）、安哈尔特-德绍（Anhalt-Dessau）和安哈尔特-贝恩堡（Anhalt-Bernburg）都在其中，但还有自由城市不来梅、法兰克福、汉堡和吕贝克。德意志邦联的成员国仍保持着独立自主。普鲁士和奥地利继续拥有着广大的不属于帝国的领土。相反，英格兰、丹麦和荷兰国王却是德意志邦联的成员，因为他们控制着汉诺威、荷尔斯泰因和劳恩堡等成员国以及卢森堡和林堡。

邦联面临着巨大的挑战。大西洋革命将民族、民主和社会问题摆上议事日程，而所有这三个问题都密不可分。"民族"思想在拿破仑的战争中被证明是成功的发动民众的工具，也是很好的宣传武器。但是民族应当是什么？

人们不仅谈到了德意志或者法兰西民族，也谈到了奥地利、普鲁士、巴登或者是巴伐利亚民族。在哈布斯堡家族从奥斯曼人或者是波兰人手中夺取的地区内出现了克罗地亚、匈牙利、捷克和波兰民族主义。感觉自己既是自豪的采尔居民、巴登人同时又是德国人，对此人们很可能没什么问题。但是宣告自己属于哪个民族却不是毫无影响的。对外它往往也做出了限定并且有贬低的意味。对内这样的声明则扫平了道路。因为人们属于一个民族，他们就可以通过选举要求在政治上得到代表并要求统治者具有合法地位。他们也可以问，有多少社会不公是与民族的集体思想相符合的。所有人都以同样的方式既是采尔人、巴登人也是德国人，难道不是这样吗？

民主的问题变得更加迫切了，因为一方面学生和知识分子、另一方面成熟老练的商人和影响力巨大的工业家的声音越来越大，他们反对贵族和军队的垄断地位，后者的时代似乎已经结束。社会问题变得更加紧迫，因为很多德国国家的革命与改革加强了经济上的自由主义。土地变成了商品。集体使用的耕地被私有化。很多城市实现了商业自由。但摆脱了束缚的市场力量也带走了大量平民在集体化的村庄、手工业行会或者大家庭中所有过的那一点点社会安全感。与此同时，自18世纪中期起人口开始增长，起初是城市农村同步，直到1850年后城市增长速度加快、农村开始落后。在村子里生活着很多附属行业的平民：织机、纺轮、生产玩具的工具摆放在房屋和茅草屋内。但这些生产领域自19世纪30年代起感受到来自不断推进的工业化的竞争。结果是农村社会贫困严重。1844年，即便竭尽全力工作也不能养活妻儿的父亲们发起了西里西亚纺织工人起义。

1848年2月，巴黎爆发60年内的第三次革命。但与1789或1830年的革命不同，这一次它立刻蔓延到德国，而且是以其典型的时断时续的方式。它是城市和农村平民的一场社会革命。他们想要公正、权利平等并减少贫困。它是一场公民革命。他们想在政治事务中发声，并希望为整个德意志民族建立一个由议会支撑的国家。它是一场地区革命的集合：巴登、法兰克福、施瓦茨堡–鲁多尔施塔特、维也纳和柏林都有着各自不同的革命故事。

柏林和维也纳的革命尤其血腥。革命斗争一再在这里燃起战火，最终革命在维也纳和柏林都失败了。哈布斯堡帝国和普鲁士是德意志邦联中仅有的没有宪法的国家。因此革命爆发力尤其强劲，所以疏导这一革命运动也更加得困难。两个城市中都有广泛的焦虑不安的普通阶层。对柏林和维也纳政府来说很多事情都面临威胁：人们完全不清楚该如何将德意志邦联的统治地位与市民革命者争取的德意志民族国家相统一。此外，哈布斯堡帝国因为特别是意大利北部和匈牙利的民族革命运动而陷入困难。如果接受意大利人、匈牙利和德意志人的民族愿望，帝国会瓦解吗？德意志国民议会——革命者的国民议会——在美因河畔的法兰克福召开。在此之前，德意志邦联的代表会议都是在那里召开，人们希望用议会和政府来取而代之。但是维也纳和柏林会容忍自己被革命议会挤走吗？

1848年革命整体来说失败了。德意志民族国家当时并未产生，意大利和匈牙利民族国家同样也没有产生。在法国，1848年夏天的巴黎社会革命被血腥镇压，数千人为此身亡。政治革命在三年之内演变为拿破仑三世的统治——在1796—1815年令欧洲紧张不安的拿破仑一世的侄子。君主回到普鲁士、奥地利和德意志中小国家的都城与城堡，他们当中的部分人在革命高峰时期曾一度离开。1849年春，德意志国民议会在势力再度增强的各国政府压力下解散后，德意志邦联代表大会重新在法兰克福召开。

俾斯麦和德意志帝国

但是革命并不是毫无影响。报纸、杂志、传单和协会组织的宣传册令中西欧的很多人有了政治意识。派系斗争给后来的政党打下了基础，从保守派、自由派到民主派，在他们中间形成了后来的社会主义者。宗教和社会（天主教、新教和农民）组织希望参与表达他们的政治意见——在世纪末时欧洲很多国家有了宗教、农民或工人政党。民族问题登上议事日程。特别是在受德国影响严重的中欧，它的意义不可忽视——但是该如何解决这个问题则完全不清楚。德意志邦联的复兴无法令人信服。可是其他选择是什么？一个将从普鲁士到施瓦茨堡-鲁多尔施塔特的地方君主、诸侯和统治者排除在外的民主帝国？要战胜现有权力及其军队只有借助一场新的社会人民革命才有可能。这会非常得血腥，而对市民和农民来说结果很可能也是无法承受的。此外：这场革命应当到哪里为止？民族主义诗人恩斯特·莫里茨·阿恩特认为祖国就是"讲德意志语言的地方"——可这并不确切。中南欧的大片地区都讲很多种语言，不仅是因为匈牙利、克罗地亚、意大利或俄罗斯人的村子旁边有德意志人的村子，也是因为很多人操多种语言，而且隶属于某个民族的想法对他们来说没什么用处。他们都应当宣布自己是德意志人吗？

在1866—1871年间找到的解决办法是用军事力量强行将德意志民族一分为二：普鲁士形成"德意志帝国"，它自称是继承了神圣罗马帝国的衣钵。历史悠久的哈布斯堡统治家族的后人连同帝国大都会维也纳根本不是新国家的一分子。哈布斯堡帝国在1866年的战争中输给普鲁士后就退出了邦联。哈布斯堡君主统治下的德意志人成为自己所在帝国内的少数。为了控制局面，他们与匈牙利就权力分割达成一致（他们在1848/49年时还曾沉重地打击其民族革命）——奥匈帝国产生。这两大民族在接下来的几十年里竭力让他们所属的帝国地区的人民接受德意志人以及匈牙利的领导要求。这不是非常成功，但不管怎样国家在这种双重统治下保持了宁静。弗朗茨·约瑟夫一世（Franz Joseph I）及其传奇般的漫长统治（1848—1916年）

以及共同的军队形成了一个十分多样化国家的统一象征。在民族主义抬头的时期，在多个"民族"间达成平衡极其困难。再加上非常多的居民操多种语言，很可能无法知道他们该归属于哪个"民族"。此外很多民族有很大一部分人群在哈布斯堡帝国以外定居（德国的德意志人、俄罗斯和德国的波兰人、意大利的意大利人等等）。

令人惊讶的是，哈布斯堡帝国一直存在至 1914 年，并且在那之后也在某种程度上作为一个整体打了四年的世界大战。直到 1918 年它才力竭瓦解。有几个民族得以形成了民族国家——波兰、匈牙利、罗马尼亚。新的民族集合体产生：捷克斯洛伐克将捷克和斯洛伐克人团结到一起，南斯拉夫成为塞尔维亚、克罗地亚和斯洛文尼亚人的国家。其他的族群和集合体未能作为民族得到承认。他们不得不归属于新的统治者。虽然讲多种语言，但很多人不得不做出最终的抉择，是要成为克罗地亚人、塞尔维亚人、匈牙利人、乌克兰人还是波兰人。哈布斯堡帝国的德意志人向战胜国要求，未来可以（重新）属于德意志帝国。在多民族帝国瓦解后，这似乎是最理性的解决办法。但是战胜国拒绝了，因为他们不愿看到德意志帝国的力量壮大。因此，奥地利诞生。

1866 年后，北方先是出现了北德意志邦联，然后，在普鲁士抵抗法国战争的民族热情中，德意志帝国诞生。它的首都不是法兰克福、雷根斯堡或亚琛等古老的曾作为首都的城市，而是位于德意志东北不毛之地的中央——后起之秀柏林。1871 年，普鲁士国王威廉一世成为首位德国皇帝。环绕在他身边的不再是历史悠久的德国西部和南部的贵族家庭，而是普鲁士军事贵族的成员。

新帝国的政治主导人物是奥托·冯·俾斯麦——"对上帝慈悲最激烈的也是最后的条件反射式的胡投乱射"，一家自由派报纸这样写道。他的诡计多端激怒了所有人。俾斯麦曾与自由派的普鲁士议会斗争，同时又在军事和政治上热衷于民族主义事业——对自由派和保守派来说这是个既出人意料又令人困惑的结合。在他在德国—丹麦（1864年）和普鲁士—奥地利（1866年）战争中获胜之后，越来越多的自由派决定为了他们建立帝国的计划而与俾斯麦合作。他们打算之后再考虑自由的发展问题。与此同时，传统意识强烈的保守派与俾斯麦分道扬镳，他们感觉俾斯麦是革命者。因此，1871年的德意志帝国是个奇特的介于两者之间的存在：它有欧洲最自由的选举权（男性普遍选举权），但议会不能左右政府。首相不对议会负责，而是只对皇帝负责。宪法不过是要在此时填满的简陋框架而已。民族自由派带着热情投身工作，致力于一部统一的自由经济宪法、更多的法治、更多的社区自治。他们与俾斯麦一起推动文化斗争，它应让天主教会听命于帝国。

对欧洲而言，德国民族统一是个极其重大的事件。诚然，意大利各国也在1859—1871年间成为一个民族国家。接下来的几年里民族思想也令巴尔干产生了新的国家并给俄罗斯和奥匈帝国等大帝国带来了困难。就此而言，德意志人想建立一个民族国家并不令人意外。但是结果：自17世纪以来的欧洲中部消极被动的区域又成了一个潜在的攻击性的强权中心。一个经济、军事和政治权力机器——还有一支习惯了获胜的军队和一位自信的首相。法国在1870/71年的战争中受到了侮辱。阿尔萨斯—洛林成了德国的领土。英国明确表示，它不会容忍进一步彰显强权的行为。

因此，19世纪70年代中期，俾斯麦在外交上从扩张转向坚守。这位"铁血"首相此时开始作为可靠的欧洲中间人的形象出现，他不追求自身的利益，而是希望维护欧洲大陆的和平。为此他让德国放弃参与帝国主义时代对世界的瓜分，这点我们在《北海道》一章中曾探讨过。因此，德国的殖民帝国一直很小：包括非洲西部的多哥和喀麦隆、西南部的纳米比亚和今天非洲东部的坦桑尼亚，再加上南太平洋的部分岛屿。这些分散的属地没有什么重要性，不管怎样，与敌对邻国法国在非洲占据的庞大领土相比是这样，更不要说是英国了。内政方面，俾斯麦在严重经济及农业危机的影响下告别了自由派，同时这也是因为共同的文化斗争在很大程度上失败了。在皇帝信任的支持下，他到保守派、天主教核心以及亲政府的自由派当中寻找新的盟友。对社会民主主义的斗争取代了对天主教的斗争。自由党在俾斯麦的压力下瓦解。就这点而言，自由派建立帝国的计划仍旧没有完成。但是，正如在19、20世纪之交时所体现出来的，它的影响是巨大的。

现代实验室

柏林——18世纪的后起之秀在1900年前后则代表了现代，就像伦敦和纽约那样。它是明亮的、快节奏的、熙熙攘攘的、肮脏的，并且到处是建筑工地。马克·吐温在1892年写道，柏林是"一个新城市，我所见过的最新的城市……城市的主体给人以这种印象，就好像它上周才建成似的"。

柏林的人口在1871—1905年间翻了一番还多，此时已经达到整整200万。夏洛特堡（Charlottenburg）、利希滕贝格（Lichtenberg）、里克斯多夫/新科尔恩（Rixdorf/Neukölln）、舍恩贝格（Schöneberg）和威尔默斯多夫（Wilmersdorf）等城郊地区以飞快的速度发展成为人口超过10万的大型城市。直到1920年，它们才与核心城市合并为大柏林区，那时人口已经有390万。

柏林不仅是帝国及其最大的邦国普鲁士的首都、皇宫、政府及管理部门的所在地，AEG和西门子等公司也位于这里，它们在1900年前后代表着工业现代化的产物——电力。有轨电车令交通发生革命，电灯令城市的夜晚像白天一样，电力令马达摆脱了蒸汽机。电是第二次工业革命浪潮中除化学和机械制造以外的三大主导领域之一。（1907年时）有1万多名员工的德国最大的机械制造公司博尔西希（Borsig）公司也坐落于这里。和1800年前后一样，柏林代表着毫无传统的现代。但是活力不再来自统治者。德皇威廉二世在1900年时还很年轻，对成就一番作为充满渴望，他痴迷于技术、汽车和制服，但往往目标并不恰当。他虽然象征着首都的不稳定，但这并不是由他造成的。相反，经济和社会的活力令政治、统治和文化承受着压力。而这并不仅仅适用于首都。因为柏林虽然特殊，但并非独一无二。

总的来说，德国从19世纪世纪中期开始并在90年代早期之后以更快的速度走上了从农业国转为工业国的道路。工业生产在1870—1913年间增加了5倍。1917年时，仅剩三分之一的从业人员从事农业。相反，工业、建筑业、手工业此时的就业人数占到了37.8%。城市随着工业一起增长：1871年德国有8个城市人口超过10万，1920年时则有48个。这个年轻的帝国曾是个有着零星几个工业岛的农业国，而此时普鲁士东部、乡土气息的巴伐利亚、艾菲尔山和洪斯吕克山区则被公认为是落后的，并有被城市经济增长和知识发展甩在后面的威胁。农村地区人口减少。工业对劳动力的饥渴和新城市的吸引力也让德国人移民北美的潮流渐渐平息。帝国本身成了个移民国家：波兰人作为季节工从加利西亚和俄国西部来到德国的田地，或者是到鲁尔区做矿工；意大利人到德国南部和西南部打工赚钱。

当然，城市不是天堂。居住的地方往往很小而且人满为患。在柏林的威丁（Wedding）区，55%的房子只有一个房间。1910年首都还有2万处地下室住房。工作时间很长，劳动条件不利于身体健康。对疾病和事故的保障直到19世纪80年代社会保障法推出才逐步出现。但是对大多数外来移民来说，这样的生活无论如何都比农村的茅草屋或者是盖在马厩上的小屋好一些。此外，自19世纪90年代起，工人的生活条件大大改善。当然，工业企业的所有人或者是新近被聘为经理人的那些人的财富还有更大的增长。贫富之间的差距更确切地说是增大了。

正如我们在《美国！》那章中看到的，工业化当然不仅仅存在于德国。但德国具有其特殊性：发展晚，但速度快。它从英国手中接过了"现代实验室"的角色。这从字面意义来说也是符合的，因为新的工业领域化学、电力和机械制造需要专业人才和创意：综合性大学、科技大学和高等学院蓬勃发展，大型科研机构产生。在1901—1914年间，德国共获得了4个诺贝尔文学奖、5个化学奖、5个物理学奖和4个医学奖。"现代实验室"也有其寓意，因为新理念和新产品在柏林等地得到了充分的实验、研究、考验和讨论。文学、音乐和艺术离开了常规的道路。不断涌现的新艺术和哲学流派尝试以一种新的视角来看待这个转瞬即逝的世界。与此同时，一种新的大众文化兴起：1914年德国共有2450家电影院，共计100万个座位。足球、拳击、自行车比赛成为盛事。保守派的批评就针对这些先锋派和大众文化：他们抱怨不健康的城市，恶习日益增多，人们去教堂的次数减少和出生率下降，称帝国正在沦落。

一些知识分子认为犹太人是所有现代化威胁的化身：他们没有祖国，没有土地，没有真正的信仰并且恰恰因此也可以渗透到生活的所有领域。这当然是无稽之谈。但是为这个时代的不确定性提供简单解释和替罪羊的人自有他们的市场。

德国政界掌控这个现代化的实验室有很大的困难。1866年帝国的分裂和1871年普鲁士人统一帝国是在俾斯麦与自由派紧张感十足的合作下发生的。帝国宪法把很多决策推迟到了未来。军方、普鲁士大地主、支持经济自由的工业家和民族自由派的公民对这一未来有着完全不同的理解。此时帝国议会里对于未来规划的讨论分歧极大而且往往不可调和。大家没有达成一致的责任，因为议会不参与政府的组成。帝国首相由皇帝任命并且根据情况寻求多数人的支持。皇帝多次解散议会（大多是在首相的要求下——当议会显示出不顺从的迹象时）。很多报纸不久就有了很高的发行量和热心的读者群，它们将政治思想和冲突一直传播到鲁尔区的工人住宅和梅克伦堡日薪工人的小屋中。

年轻的皇帝威廉二世于1888年登基，年迈的帝国首相俾斯麦在1890年辞职，工业在1900年前后实现高度现代化，此后一种新式的群众政策改变了柏林的景象。在政治光谱的左翼，社会民主党站稳了脚跟。俾斯麦的《社会党人法》也未能令它消失。尽管当权派政党一直边缘化它并且在帝国议会选举中用尽了各种花招，但它仍在1912年成为帝国议会中实力最强的党团。右翼方面，有大量支持者的民族主义和经济界利益集团给保守党派以很大的压力。在左右翼之间，各自由派政党失去的选票越来越多。对帝国首相来说，组织起多数越来越困难。不管是在政治光谱的左翼还是右翼，整个政治制度都遭到拒绝：社会主义革命以及反议会政变成为替代每日之苟且的根本性选择！

但是跨越整个政治光谱来看，人们对民族、对帝国成立以来所取得的成绩的自豪感增强。甚至社会民主党内也有很多人认为，德国的经济成就和文化上的杰出贡献没有在世界政坛上得到适当的体现。俾斯麦在世界政坛的克制谨慎似乎不再合乎时宜。民族强大是能在帝国议会和国内产生广泛多数的少数议题之一。1897年，帝国首相伯恩哈德·冯·比洛（Bernhard von Bülow）在响亮的掌声中在帝国议会宣布：

> 德国人把陆地留给这个邻居，把海洋留给那个邻居，自己只满足于天空的时代——这样的时代、这种纯教条占据主导的时代已经过去了……我们不想抢任何人的风头，但我们也要求阳光下的地盘。

但是世界已经瓜分完毕。雄心勃勃的德国人的志向只能以其他欧洲人为代价。德国打造了一支舰队。此时已被美国和德国赶超的工业强国英国仍是海上的世界统治者，并且是世界最大的帝国的中心，它应当学会合作并尽可能快地学习分享。舰队十分受欢迎。德皇发表了振奋人心的演讲。年轻人穿起水手装。德国海军协会的成员超过了百万人。

从 19 世纪 90 年代后期开始，欧洲政坛开始出现危机。因为从属国家的地位变化造成了与现有国际列强体系的矛盾，紧张局面一再显现。大多数时候德国是骚乱的制造者，因为它的政治家在寻找机会扩大自身影响力，这同时得到了国内民族主义者的支持——甚至是推动。它一再成功地在谈判和危机会议上实现和解。如果你相信英国政论家诺曼·安吉尔（Norman Angell）的话，那么这就不是偶然。他在 1910 年写道，各种国际关系的相互交织已经如此之强劲，以至于没人能经受得起一场战争——像日俄战争这样的"较小规模"的战争或者是欧洲人在殖民地的屠杀除外。斯坦福大学的校长戴维·斯塔尔·乔丹（David Starr Jordan）在 1913 年时还背书说：

> 一直构成了威胁的欧洲大战永远都不会到来。银行家不会为这样一场战争筹措资金，工业界不会让它进行下去，政治家则不会战争。不会有任何的大型战争发生。

他应该是搞错了。

1912—1945 年的世界大战与内战

整整 30 年后，柏林被摧毁。1945 年 5 月 2 日，24 岁的莫斯科青年干部沃尔夫冈·莱昂哈德回忆道：

> 那是个地狱般的景象……火灾、废墟、像无头苍蝇四处乱跑的饥饿的人们穿着破烂不堪的衣服。……长长的人龙耐心地站在水泵前，等着打一桶水。所有人看起来都极其疲倦、饥饿、精疲力竭并且衣衫褴褛。

柏林市中心一半以上的住宅被毁。水电供应和交通设施停止工作：没有水、天然气、电力、报纸、电台或邮件派发服务。原因是空袭、地面作战行动和狂热纳粹分子的自我毁灭。

这一次，柏林仍不是特例。东至列宁格勒、莫斯科和斯大林格勒，西至欧洲的布列塔尼和诺曼底，第二次世界大战留下了死亡与毁灭。华沙、柯尼斯堡或科隆等令人崇敬的城市完全被毁。伦敦和英国其他城市遭到了德国的空袭。但战争并不仅限于欧洲：几周后，美国的两枚原子弹毁灭了广岛和长崎，正如我们在《北海道》那章中看到的那样。这是太平洋战争的结束，它在从今天缅甸到夏威夷、从中国东北到新几内亚和澳大利亚的庞大区域内造成了毁灭和死亡。虽然很难说出准确数字，但很有可能有6000多万人在"二战"期间失去了生命。另有大约2000多万人被掳走或驱逐。

但是1945年只是一段漫长的战争与灾难期的悲惨结局，而它在戴维·斯塔尔·乔丹做出乐观预测的那年就已经开始了。年轻的东南欧国家在1912年以战争的方式（第一次巴尔干战争）摆脱了奥斯曼帝国的统治，并在战争结束之后立刻陷入了争夺战利品的冲突（第二次巴尔干战争）。两场战争都非常惨烈，平民也没能幸免。为了让新边境具有合法地位，当时进行了驱逐，它成为欧洲接下来30年的悲惨标志。1914年，第一次世界大战在某种程度上作为第三次巴尔干战争开始，它立刻席卷了整个欧洲，并且很快就成为一场世界战争。逐渐，欧洲的各个殖民地也展开作战。此外殖民地士兵被派到欧洲作战。牺牲者人数在军方有近900万，平民有近600万。在同盟国德国和奥匈帝国投降后，和平重返西欧。在德国，和平时期与类似内战的状态相交替的情况一直持续到1923年。俄国内战肆虐，很可能有700万~800万人死亡。在东南欧和小亚细亚，涌现出大量政党和阵线的血腥内战一直伴随着奥斯曼帝国的瓦解，直到1922年。德国和大多源自四分五裂的哈布斯堡帝国的新中东欧国家成为民主国家，并且大多成为共和国（德国则是1919—1933年的魏玛共和国）。但是它们仍旧不稳定。到20世纪30年代中期，大多数共和国演变成极权或者是法西斯政权，它们自上而下将暴力带入社会内部。1936年西班牙爆发内战，它摧残了国家，到1940年时有近30万人罹难。

怎么能发生这种事？欧洲在19世纪以前无古人、后无来者的方式统治了世界之后，为什么在20世纪上半叶自我毁灭了呢？戴维·斯塔尔·乔丹怎么能犯下如此的错误呢？解答这些问题的答案就在柏林身上。

第一次世界大战是欧洲危机管理不幸失败的结果。1914年6月28日，奥匈帝国皇储弗朗茨·斐迪南及其妻子在萨拉热窝被塞尔维亚刺客刺杀，这肯定不是件好事。但是欧洲外交界自19世纪90年代开始就已经解决过比这棘手得多的问题，他们也会解决这个问题的，人们仍旧这样认为。但是德国人和奥地利人利用这一机会为自己赢得至关重要的外交领地的野心起了作用。奥地利人自巴尔干战争以来就觉得自己的南部边境受到威胁。他们打算陷骚动的塞尔维亚人于不义，令其与他们的保护者——俄国人割裂，并且令他们在军事上变得无害。德国人觉得自己争取适当世界政坛地位的努力遭到了三大力量——英国人、法国人和俄国人的压制。他们想利用这一机会令三大力量产生罅隙。那样未来他们对世界地位的要求成功的希望或许就会增大了。

直到1914年7月底时，柏林和维也纳，但也包括伦敦、圣彼得堡和巴黎的主政者才逐渐发觉，这场危机有失控的危险。但是他们已无法再阻止事件本身的势头。首先，主政者之间的相互猜疑严重。其次，在一个世纪的广泛和平后，人们已经不再把战争威胁当回事。最后，特别是对德国、奥匈帝国和俄国来说，利用公众的民族主义来稳定不民主或者半民主的帝国是有诱惑力的。此时危机以及（人们是这样乐观假设的）有限或者短暂的战争也可能是个机会。

因此，对于第一次世界大战之所以爆发最常见的两种解释只对了一半：德国并不像1919年《凡尔赛和约》说明赔偿原因时所坚称的那样，负有全部责任，但不管怎样它仍负有主要责任。虽然1914年7月的时候在柏林没人想进行战争，但是它被当作不太可能发生的事容忍下来了。而且欧洲政治家并不像当时的英国财政大臣、后来的首相戴维·劳合·乔治（David Lloyd George）在回忆录中所写的那样，是在不经意间被卷入其中的。他们是经过慎重考虑做出决定的，并且清楚战争的风险。但是在1914年夏天，事件的急速发展和势头已经不是他们所能控制的了。戴维·斯塔尔·乔丹的预言也只对了一半。因为绝大多数银行家和工业家实际上并不想要战争。只是这点在1914年7月时已经不重要了。政界的反应比乔丹以为的要自主得多，也有力得多。在利用大众的民族主义、工业和劳动者生产能力的情况下，所有参战国的政治家得以通过政治谋略和蛮不讲理的胁迫将战争一直进行到了1917/18年，直到所有参战国都彻底筋疲力尽为止。

在第一次世界大战的暴力肆虐过后，欧洲每个角落的人都体会到了这种暴力：游行的民众、杀戮机器、最早的轰炸机飞行员。大帝国俄罗斯帝国和奥匈帝国瓦解。德国所有的王侯退位。中欧和东欧的广大地区没能遏制社会内部的暴力。经济向和平时期的过渡十分吃力，而且找不回战前的活力。最晚到1929年世界经济危机开始时，很多人都认为，未来不在跌跌撞撞的资本主义和摇摇晃晃的民主制度当中。它们似乎在某种程度上不属于在此时看来和平得完全不现实的19世纪的天真的自由主义。未来似乎属于以斯大林为首的苏联共产主义者和以墨索里尼为首的意大利法西斯主义者。一种全然不同的——没有自由思想、人的尊严、平等与怜悯的现代化兴起。

德国版本的法西斯主义以其种族主义的反犹主义为特征。因为基督教的缘故而拒绝犹太教在这里有很长的历史，而且在19世纪时反犹主义在日常生活中十分普遍。但此时德国国家社会主义者将这两者与种族主义思想、"科学"根据和赤裸裸的暴力结合起来。国家社会主义在德国获得权力并不是出于自身的力量。在1932—1933年世界经济危机最严重的时期，极权主义的保守派认为魏玛共和国民主已经失败。他们想消除共和国民主制度，并且认为所谓的希特勒运动可以为他们服务。但是一旦上位之后，帝国总理阿道夫·希特勒及其运动就不仅是摧毁忠于民主制度的社会民主党、自由派及其死敌共产党人了，而是也毁灭了保守派以及整个德国政党制度。取代它的是唯"元首"马首是瞻但自身充满活力、难以预计的统治制度。它充分利用法治国家和管理部门，但在受到质疑时有贯彻到底的能力。这并不是特别必要，因为精英和广大民众对新国家的热情极大。

1936年，德军进入自《凡尔赛和约》签署以来就被非军事化的莱茵兰。同年，奥运会在柏林举行。1938年，德军开进维也纳。希特勒没有对西部列强动手。在第一次世界大战结束近20年之后，英国和法国不愿冒险卷入新的冲突。此外希特勒似乎只是要纠正《凡尔赛和约》的错误。军队应当能够在本国内部自由活动，这也是可以理解的。当时的说法是，在奥匈帝国于1918年解体之后，人们最好是允许哈布斯堡帝国的德意志人与普鲁士—德意志帝国的德意志人统一。在德国，希特勒在1936和1938年的受欢迎程度可能其他任何时候都比不上。国家的荣耀得以重建，人们说。1866年的伤痕得以疗愈，民族实现了团结。现在人们可以轻松惬意一点儿了。

但是对国家社会主义运动来说，平静可不是个可能的状态。1939年，希特勒挑起了第二次世界大战。在进军奥地利之后接着进行了进一步的军事行动。1939年9月1日，对波兰的进攻开始，西方列强决心抵抗。头两年里，它们遭受了一次又一次的失败。1941年初夏时，只有英国还挺得住。之后德意志帝国对苏联进行袭击，而它在1939年时还曾与之结盟，以瓜分波兰并遏制西方列强。1941年12月，希特勒对美国宣战。1942/43年冬，德国显然已经力不从心：在试图向高加索推进时，德国国防军在斯大林格勒首次遭遇了一场真正的败仗。

东方战线的战争是一场全面战争。德国国防军和党卫军进行这场战争就像是进行一场庞大的殖民战争和消灭战那样。在对苏联战争开始之前，第四坦克集群司令艾里希·霍普纳（Erich Hoepner）还下达了如下的命令：

> 对苏联的战争是德国人民生死存亡之战的重要章节。它是日耳曼人对斯拉夫民族的旧战，是对欧洲文化免遭莫斯科式亚洲文化淹没的捍卫，是对犹太人布尔什维克主义的防御。这场战争必须以捣毁今天的苏联为目标，因此也必须以前所未闻的强度来进行。每次的作战行动必须在规划和执行上由彻底、无情地毁灭敌人的钢铁意志来引导。特别是对今天的苏联布尔什维克制度要毫不姑息。

与此同时，反犹主义也变得极端：犹太人先是遭到歧视和排挤。他们当中的大多数人已经在几代人之前就自认为是德国人，他们曾在第一次世界大战中作战，作为商人、医生、学者或者艺术家享有很高的声望。排挤

柏林

变得空间化，犹太人区出现。但是其他德国人大多装作没有看到，从中为自己寻找好处，并跟着参与其中。随后犹太人开始被放逐到东部，某些被征服或占领的地区，即便它们此前没有被设为犹太人区。接着是大屠杀。到1941年底，党卫军部队在不断前移的阵线后杀害了大约50万名犹太男子、妇女和儿童。1942年开始在毒气室进行工业化的大屠杀。强制劳动、恣意的屠杀和不人道的对待也造成了无数犹太人、罗姆人、同性恋和政府反对者死亡。

在德国文明国家的名声尽失的同时，战争对德国民众的影响越来越大。城市无法再有效地防御英国人和美国人的炸弹袭击。慢慢地，对纳粹运动的支持消失。但是大规模屠杀仍在继续，它甚至因为集中营的建立而进一步扩大。到1945年为止，至少570万犹太人遇害。当苏联军队在1945年占领柏林时，德国不止是在物质上跌到了谷底。解放集中营的盟军士兵看到了无法想象的景象。德意志民族引发了世界上最大规模的战争，并对人类犯下了难以置信的罪行。

分裂与统一：柏林墙

20世纪下半叶与上半叶不匹配的程度就和20世纪上半叶与19世纪一样。1914—1945年的暴力盛行在1913年时是预见不到的，而1945—1975年不间断的蓬勃发展在1945年被毁灭的柏林也是预料不到的。德国人以惊人的速度重新融入国际社会。1945年后的世界中心远离古老的大都市柏林、维也纳、巴黎或者伦敦。法语叫作"Les Trente Glorieuses"（黄金三十年）、英语叫作"Golden Age"（黄金时代）的经济奇迹年代的力场以华盛顿和莫斯科为导向。此外，纽约作为联合国所在地也扮演了重要角色，这点我们在最后一章《世界》中还会看到。西欧人在欧洲经济共同体中组织起来。除法国、意大利、比利时、荷兰和卢森堡之外，联邦德国也参与其中。英国在20世纪70年代早期加入，西班牙和葡萄牙在70年代末期加入。

冷战确定了欧洲人可能的政治作为的框架。在1945年后冷战很快就取代了1914—1945年的热战。苏联（华沙条约组织）和美国（北大西洋条约组织）形成了国际防御联盟，分别组织起社会主义和资本主义经济区。两个集团都有离经叛道者，也都有裂痕和飞跃。冷战的温度存在着变化。20世纪50年代和60年代早期出现了真正的政治冰冻期，后来在70年代后期和80年代早期又各出现了一次。也有所谓的关系缓和期，其顶峰是欧洲安全与合作会议，1975年，35个东西方国家在会上签署了最后决议。冷战在欧洲和北美以外的影响范围存在争议。非洲、亚洲、中南美国家分别隶属于这些集团，或者试图以"不结盟国家"走自己的道路。它们的活动空间比"冷战"这个概念给人的感觉要大一些。这点我们会在《沃尔特湖》一章中说明。

泛泛而言的德国以及具体来说的柏林的政治地理位置与冷战关系紧密。在纳粹德国战败后，国家大部分地区被战胜国划分为不同的占领区。东部直接受波兰以及苏联管理。随着冷战阵线的加强，三个西部地区决定合并为联邦德国（西德）。东部地区作为民主德国（东德）也在经济和社会上向苏联靠近。这样的发展在柏林以更小的版本重复着，因为首都同样被分成了四个占领区。为了阻止向西部地区以及后来的联邦德国的迁徙，苏联和民主德国领导人将自己这边的德国和柏林越来越严密地封闭起来。1961年，他们最终建起了著名的柏林墙。1989年柏林墙的倒塌不仅标志着对德国人而言的一个意料之外的幸福时刻，它也标志着冷战的结束，我们在《圣彼得堡》那章中还会对此进行探讨。1990年，民主德国并入联邦德国。1991年，自1949年以来一直在莱茵河畔僻静的波恩召开会议的联邦议会以及联邦政府回到柏林。柏林再次成为后起之秀。

自18世纪起，柏林一再成为当时人们所理解的"现代"的一个地震仪。民族、等级、阶级、民主和专制等欧洲史上的关键概念都深刻影响了这座城市，而且直到今天仍可以在博物馆和具有代表性的建筑物上看到。通过18和19世纪的迅速崛起、1914—1945年间在物质以及价值观上的（自我）毁灭以及在1945年后毋宁说所具有的象征意义，柏林以一种激烈的方式塑造了欧洲历史。

17

圣彼得堡

社会主义未来什么样？

对于 19 世纪翻天覆地的变化，人们的应对之策是对美好生活与社会秩序的新思想。早期的乌托邦曾谈及天国、天堂及地狱，也谈到地球上某些还未被发现的岛屿。从库克船长开始，世界变得清晰，地球上已经不再有大的还未被发现的地区。大西洋革命已经显示，重大的变化在此地此刻也是可能的。工业革命带来了新的社会和新的经济，伴随着新的城市、新的产业、新的财富和新的苦难。

社会主义和共产主义是对这些革命的回答。它们勾勒出一个结束了人对人的剥削、商品公平分配而且没有统治政权的社会。从现代角度看这的确可以实现——通过革命行为。而且首先是通过无产阶级——也就是说，其唯一的资本就是其劳动力的人。卡尔·马克思和弗里德里希·恩格斯在1847/48 年冬天为共产主义者同盟起草的纲领中一针见血地指出了历史使命："全世界无产者，联合起来！"——《共产党宣言》的结尾写道。而

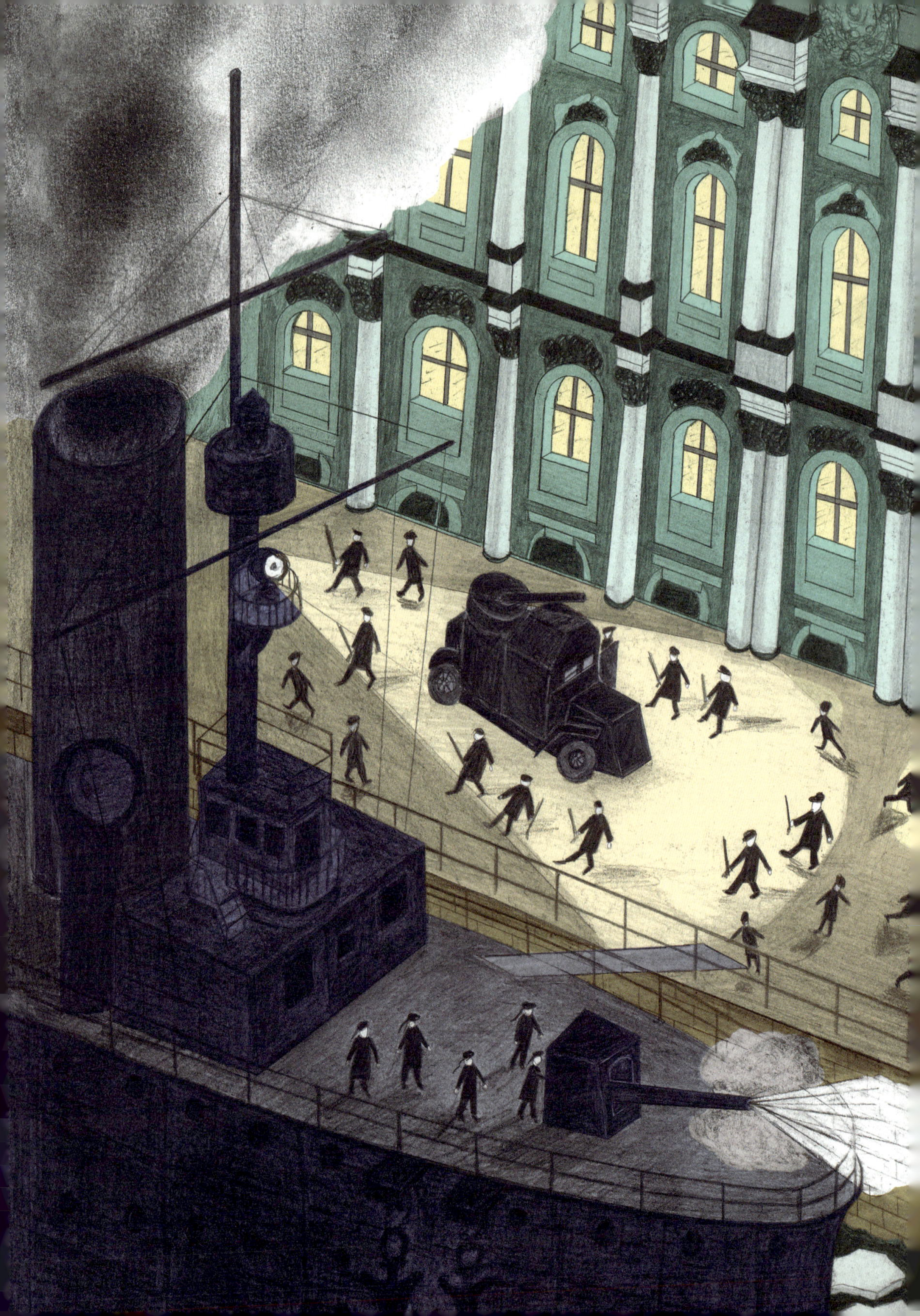

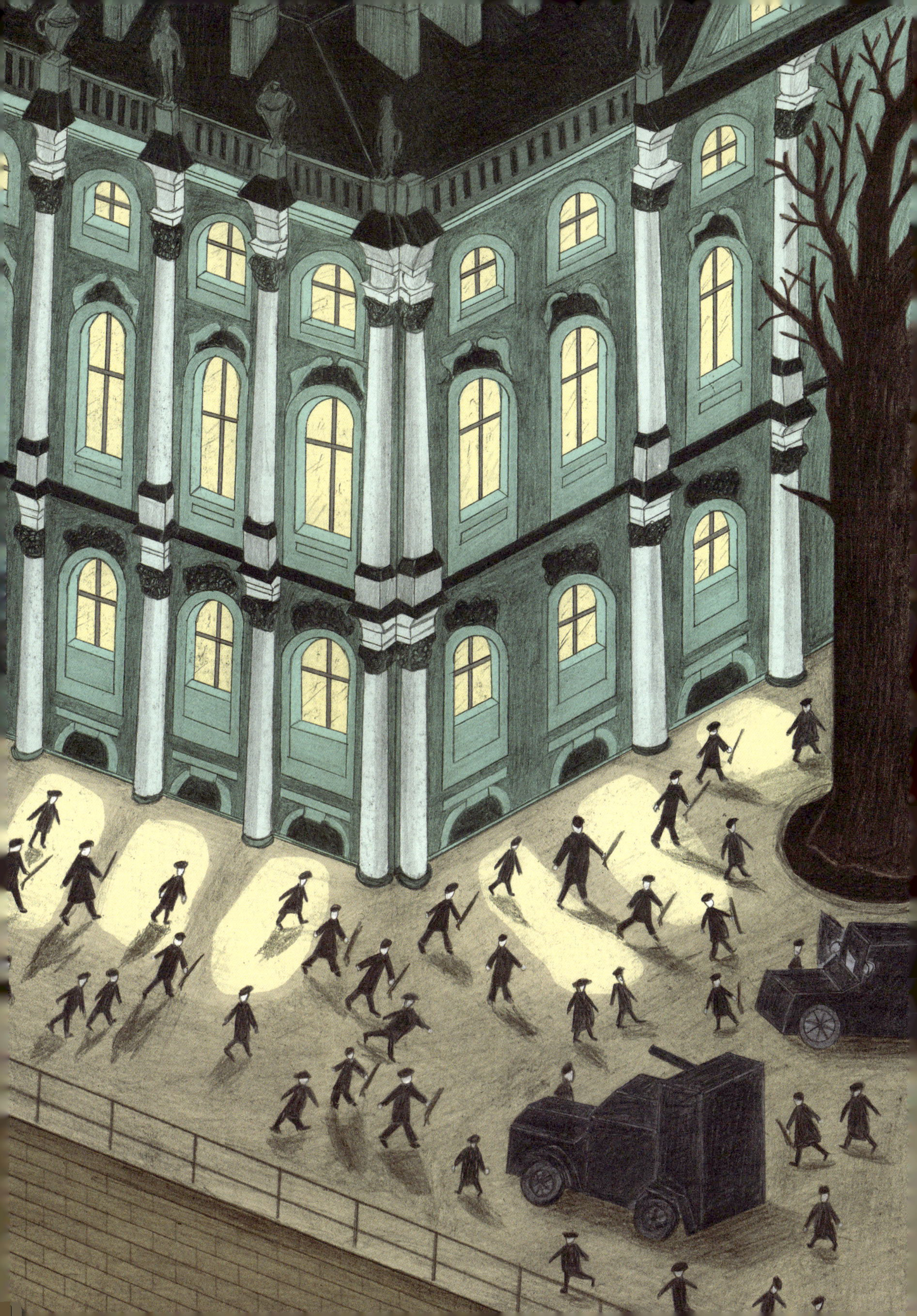

开头的迫切程度也一点儿都不低:

> 一个幽灵,共产主义的幽灵,在欧洲游荡……现在是共产党人向全世界公开说明自己的观点、自己的目的、自己的意图并且拿党自己的宣言来反驳关于共产主义幽灵的神话的时候了。

此时,在1847—1848年的伦敦,共产主义者联盟只是欧洲众多知识分子和工人组织中的一个,它们希望建立一个新的永远公平的社会。而社会主义者和共产主义者只是为当时的社会问题寻找答案的多个方向之一。但是卡尔·马克思和弗里德里希·恩格斯的著作在19世纪下半叶赢得了显著的地位,影响超过了短命的共产主义者联盟。他们的学说迸发出不同寻常的爆炸力。它为他们的思想配以对此前世界事件的解释,它令支持者相信,他们是与历史共命运的。历史是一连串的阶级斗争,而且不可避免地走向富有的资产阶级与无产阶级的终极矛盾。在无产阶级获得胜利之后,每个人都可以根据能力和需求来分享人类劳动的果实。换句话说,社会主义学说的真实性似乎可以从历史上得到证实。这符合在19世纪的欧洲非常典型的科学进步思想。

在19世纪的后三分之一,欧洲民族国家和欧洲人定居的殖民地出现了左翼和极端左翼政党。有时它们当中的某一个(比方说德国的社会民主党)会明显赢得上风。但是往往(比方说法国)是无政府主义者、极端的工会成员和社会主义者并立,而且它们不仅与统治者斗争,也相互争斗。在第一次世界大战前不久,法国、德国、英国和澳大利亚的社会主义政党的实力已经变得如此之强,以至于在国会中已经无法再忽视它们了。在某些城市和地区它们已经成为执政党。

但是未来的社会主义或共产主义社会可以像社会主义者所认为的那样

在国会中慢慢形成吗？人们不需要为此而进行一场新的革命吗？要建立共产主义，人们不需要先击溃资产阶级的统治并建立起无产阶级专政吗？

　　对这些问题的回答分裂了社会主义者和共产主义者。但是，在第一次世界大战尾声出现了一次成功的无产阶级革命，这着实出乎所有人的意料，而这次革命恰恰发生在俄国。俄国被公认为这一革命的避难所。所有统计都显示，它是一个农业国。只有很少一部分居民具有读写能力，工业化几乎没有启动。那么这些革命的无产者来自哪里？人们要打败的富有资产阶级又在哪里？

沙皇的城市

　　俄国革命的中心是圣彼得堡——沙皇的城市。彼得大帝于18世纪初在帝国的最西北端、涅瓦河的波罗的海入海口建立了这座城市。该地区是他之前在北方战争中从瑞典手中夺取的。这样俄国与欧洲经波罗的海的贸易就会得到巩固。"同时来自波斯和印度的商品也在这里中转"，一家俄国报纸在1703年写道。毕竟这个港口每年的无冰期超过200天——俄国此前还没有这样的港口。圣彼得堡很快就成为军事基地，后来也成为不断壮大的俄罗斯帝国的首都。在极其艰难的条件下，人们将堡垒工事、宫殿、房屋、街道和运河带到了涅瓦河沼泽。数万名劳工和农奴丧生。1712年，俄国皇室和政府机构不得不从莫斯科迁至圣彼得堡，从1714年开始，贵族被迫在圣彼得堡建造富丽堂皇的建筑，并在那里居住。

　　18世纪和19世纪的沙皇都坚持选择圣彼得堡作为首都，尽管帝国更多的是向南和向东扩张，而不是向西。虽然俄国因为在18世纪末多次瓜分波兰而在西部获得了更多的领地，沙皇帝国开始与普鲁士和哈布斯堡人直接相邻，但是真正的扩张是向黑海和中亚方向进行的。在《希杰拜》那章中我们已经看到，沙皇叶卡捷琳娜二世是如何扫除蒙古帝国的残余——克里米亚汗国的。1867年，俄罗斯人将阿拉斯加卖给了美国人，从而改写了它在东方的利益边界：不超过太平洋。帝国的南部和东部被视为必须加以开发并为欧洲核心区域服务的殖民地。在本书一开始所介绍的库克在太平洋的探究之旅之前就已经有了对西伯利亚的科学探险。在科学与发现方面，俄国也希望成为欧洲的一部分。沙皇亚历山大一世在1812年战胜了拿破仑的大军，接着将这位法国皇帝赶回了巴黎。在维也纳会议上，他则以欧洲人救星的形象出现。

圣彼得堡是俄国面向西方和欧洲的窗户。这座城市的繁荣不仅是因为这里有贵族、皇室和军队，也是因为经由波罗的海的贸易，自19世纪末起还再要加上工业化的原因。圣彼得堡不只是一位统治者的执念：1850年时该市有居民50万人，1913年时有220万。他们大多生活在环绕在工业企业周围的发展迅猛的市郊。城市规划没有跟上，住宅建设也是同样。新迁入的家庭租住在房间一隅，而不是整套住宅，或者是在工作场所的附近建造木棚。他们以这种方式将他们的农村世界嵌入到迅速发展的城市当中。在他们生活的贫困区里，既没有水电，也没有排水系统。就这方面来说，圣彼得堡爆发工人骚乱完全是合乎逻辑的。

但整体而言圣彼得堡对俄罗斯帝国来说并不典型。除莫斯科外，它是这个大得不可思议的疆土上唯一的百万人口城市。从面积上来看，俄国是美国的两倍。在1900年前后，只有将所有殖民地都包括在内的英帝国要更大一些。今天圣彼得堡或莫斯科与太平洋港口符拉迪沃斯托克之间的时差有7个小时。搭乘1900年还在建造的西伯利亚大铁路从莫斯科到符拉迪沃斯托克要一个星期的时间。事实上，因为技术困难，火车行驶的时间比计划慢了很多，因此在第一次世界大战之前，搭乘火车的乘客从帝国的一端到另一端可能要在路上花 4~6 个星期。电报发明之后，信息传播的速度大大提高。

圣彼得堡与符拉迪沃斯托克之间是差异很大的地区。西伯利亚和中亚的部分地区几乎或者根本没有人居住。但是即便在这些不利于人类生存的地区以外的地方，人口密度与欧洲标准相比也非常低。大多数人是生活在村庄的农民。他们自认为是距离遥远的沙皇的臣民。1897 年的人口统计登记的语言超过了 130 种，同时近一半的居民掌握俄语。七成人口是俄罗斯东正教基督徒，12% 是穆斯林，9% 是天主教，4% 是犹太人，新教徒不到 3%，再加上大量在地区内举足轻重但整体来看人数很少的宗教群体。从统计来看，社会由四个阶层组成：贵族（1900 年前后约占 1.5%）、神职人员（0.5%）、城市居民（11%）和农民（77%）。但是这样的归类并不是很有说服力：贵族当中混杂了极少数的超级富豪、一部分富有者、大量生活充裕的人和很多一无所有者。对该统计而言，工人仍是农民，如果他们没有中断与村庄社区的联系的话。大约 10% 的人口被当作"特殊群体"根本没有被包括在阶层划分当中，这其中包括了哥萨克人、犹太人、外国人和"外国裔"。

一个幅员辽阔、基础设施糟糕、河流南北向流动且难以预计、只有非常少量的可靠道路（一般的道路在霜期尾声和开始会淹没在泥泞当中）的国家——俄罗斯原本是无法统治的。尽管如此，沙皇们却试图这么做。俄罗斯是一个独裁政权，直到 1905 年革命，沙皇都不受宪法而是仅靠良知和神的法则来约束。沙皇的统治惊人地成功，因为他们在很大程度上放弃在首都之外设立国家机构，而是取而代之利用民众自身的服务。他们靠向帝国发出法令来实行统治。这样的敕令由贵族来贯彻实施，他们在 1861 年农奴解放之前拥有土地并且是所谓的官僚。农民的乡村社区组织耕种土地并提供兵源。他们由农奴组成，没有"他们的"贵族或沙皇代表（在 19 世纪中期一半以上的农奴"属于"沙皇而不是贵族）的许可他们不得离开土地。人们可以连同他们的土地甚至不带土地就将其出售。

农奴制在 19 世纪 60 年代被废除。稍后俄国参与到 18 世纪以来欧洲自西向东、自北向南推进的一个进程当中：农民从控制他们的束缚中解放出来，土地在他们与（此时的前）贵族领主之间划分。这意味着农业的巨变。再加上工业化在圣彼得堡和莫斯科之外还影响了广泛的地区。俄国自内而外发生了变化。沙皇的统治结构无法再跟上它的步伐。

然后转折的年份 1905 年到来：正如我们在《北海道》那章中看到的那样，俄国在与日本的一场战争中战败。一个欧洲大国败给了一个亚洲大国，报纸惊讶地评论道。第一场革命在圣彼得堡爆发。沙皇不得不同意选举人民代表并通过宪法。两者的运作都不太顺利并且多次进行改动。但是不管怎样，这个巨大的帝国在变化当中。然而它的力度与马克思和恩格斯在几十年前预言的差了很多。不幸的是，它也很不适合在中西欧形成的国家与社会模式，以克服当地的政治、经济和社会变化。

在第一次世界大战爆发前不久，我们在圣彼得堡和莫斯科可以看到完全不同的政治集团：希望部分采用武力、部分以和平方式逐步带来社会变革的社会主义和共产主义党团；要求吸收德国、英国或法国国家民主观念的西方派；但也有认为救赎在于回归真正俄罗斯精神的传统主义者，不管它意味着什么。每个集团都可以列举一个真实存在的俄国作为依据：大城市工人数量的日益增多、正在形成的资产阶级和改头换面的贵族、俄国村庄以及脱离了农奴制和村社的农民。似乎没有一个集团有针对整体的解决方案。只有对沙皇统治时代已经结束这点，人们是一致的。不能再像以前那样继续下去了。

1917/18 年的彼得格勒：世界大战与世界革命

因此即便在俄国，很多精英代表也认为第一次世界大战爆发是个解脱。

毕竟这时有了一个共同的敌人，可以统一起来对其采取行动。首都被更名为彼得格勒，因为圣彼得堡听起来太过德国。莫斯科出现了反德大屠杀。但是对日耳曼人及其帮手开战的热情没有保持很久。起初在东普鲁士和加利西亚的短暂胜利之后是大量的失败。到1917年初时，已有170万士兵死亡，800万人受伤，250万人被俘。大城市的人同样十分艰难。食物和服装短缺。虽然法国、奥匈帝国和德国在1916/17年的冬天也很艰苦，供给情况很差，民众不满、罢工和示威游行时有发生，但是只有俄国的军队作战能力受到了严重威胁。1917年2月，革命再次爆发。

起初是彼得格勒的纺织女工借"三八妇女节"之际举行了游行活动。这拉开了其他政治性抗议活动的序幕，它们如雪崩似的扩散开来。1917年2月25日，彼得格勒发生了总罢工。2月27日政府辞职。3月3日，沙皇退位；此时已不再有军队愿意捍卫他的统治。杜马——战前的国会组成了新的政府。同时苏维埃——工人代表委员会建立。杜马和苏维埃相互阻挠。多个颠覆企图以失败告终。在高昂的革命情绪消散、彼得格勒不再下达指令之后，首都以外的人们自己组织起来。农民瓜分了大地主的土地。位于帝国边缘地区的国家独立：乌克兰在1917年6月宣布自治，白俄罗斯人、爱沙尼亚人、立陶宛人、克里米亚鞑靼人和哈萨克人都提出了要求。

在这种情况下，以托洛茨基和列宁为首的布尔什维克在首都苏维埃的多个社会主义团体中迅速壮大。他们是激进和坚决的，而且他们宣称将立刻满足农民对土地、工人对自决、军人对和平的要求。10月25日和26日，布尔什维克工人和士兵占领了城市最重要的地点并冲入此时的政府所在地——前沙皇冬宫。他们向目瞪口呆的全俄工人士兵代表大会（帝国各地的代表汇聚到彼得格勒参加此次大会）宣布，权力移交大会，但是布尔什维克会行使权力。这是一次政变。自春季以来已经习惯了游行、枪击和傲慢自大的声明的首都居民大多都根本没注意到政变。但是这场政变变成了

革命，因为列宁和托洛茨基在短短几年之内彻底改造了俄国。

布尔什维克坚信他们是马克思和恩格斯所预言的世界革命的先驱。这场革命在世界大战末开始，通过这场战争，处于末期阶段的资产阶级自己毁掉了他们的统治。照布尔什维克自己的看法，他们是在履行历史与科学的责任，方式是尽快地攫取权力，消除所有阻力，摆脱俄罗斯的落后状态，并以此来令其可以向世界输出他们的革命。为此他们没有理会大多数人并使用了武力，这只不过是合乎逻辑而已——长远来看也是人道的。无产阶级专政对于过渡到共产主义来说是必要的。为了完成他们的责任——历史所必需的责任，它必须是彻底的。

全俄苏维埃要求立刻在不兼并、不征税的情况下实现和平与人民自决权。对于农民事先进行的土地再分配，它赋予其合法地位，并通过将个人、国家和教会的全部地产都纳入进来重新划分的方式加以扩充。全俄苏维埃代表大会委任的布尔什维克"人民委员会"宣布了进一步的颠覆性决定。军队的官僚机构和军衔制被取消，工厂由工厂委员会控制。革命法庭取代了法院。革命随后迅速在国内各地赢得了支持者。沙皇退位后的僵局持续了太久，战争太令人厌恶，人民对焕然一新的愿望过于强烈。

12月15日，与奥匈帝国和德意志帝国的停火协议生效。俄国退出与西方列强法国和英国的同盟。接着，1918年3月13日，《布列斯特-立陶夫斯克条约》签订。德国人利用俄军事实上的分裂而以获胜者的姿态实现了和平，它将自圣彼得堡建立以来沙皇所赢得的大多数领土毁于一旦。布尔什维克接受了德国的苛刻要求，因为面对军事力量的对比他们别无选择，因为和平在国内受到欢迎，也因为在他们看来世界革命反正就在前方的不远处了。

比屈辱的和约更糟的，比帝国边上的分裂更糟的，是由内而外的崩溃，因为它对革命目标发出了质疑。内战在1918年春天就已经开始。拒绝布尔什维克政策的社会主义团体的支持者武装起来。在1917/18年冬天的革命骚乱中失去了工作岗位的绝望的工人想要回属于他们的部分。农民举行暴力示威，抗议上缴的粮食过多。沙皇统治的支持者试图倒转历史的车轮。不愿加入革命的常规军寻找着盟友。四分五裂的帝国边上的新民族国家联盟趁机为自己争取更有利的边界划分。英国人、法国人、美国人和日本人利用资金、武器和军队从外部进行干预。年轻的革命委员会共和国还未正式诞生就受到了致命的威胁。

直到1921年，布尔什维克才稳定了政权——因为它勇敢无畏地使用武力，因为它的敌人不够统一，但也因为大量工人和农民对革命的支持，不管怎样它带来了和平并重新划分了土地。列宁在莫斯科的一次党代会上成功制止了所有对他政策的偏离，并禁止未来形成党团。但他管理着一个饱受践踏的国家。内战中很有可能有700万~800万人丧生。内战后紧接着出现的饥荒又造成了500万人死亡，200万人离开国家。大约700万失去父母和无家可归的青少年儿童在困窘之下组成了团伙，靠他人的垃圾或者是乞讨和小偷小摸为生。彼得格勒的人口从200万人降至不到70万。很多居民在动乱中丧生。但更多的人回到了他们过去生活的村庄。那里至少有点儿东西可吃。

即便是最忠诚的革命支持者也开始对路线产生怀疑。1921年3月，彼得格勒附近的喀琅施塔得海军基地水手起义。他们曾是十月革命激进的支持者。在空军支援下，起义遭到了炮轰。2000多名起义者被杀。他们是反革命，政府说。

很多人不满的一个重要原因是共产党经济政策的失败。从革命第一天起，布尔什维克就致力于结束资产阶级市场经济，以工人自治和中央计划经济为目标。这与马克思主义相一致，但却没有很好地发挥作用。资产阶级专家无法简单地被取代，内战的混乱加大了经济计划的难度，而且还可

以计划的物资首先被用来供应托洛茨基的红军。为了避免经济崩溃，1921年政府提出了"新经济政策"。这关系到一系列的措施，它们在地方和小企业层面上允许市场经济和资本主义，以便从整体上支持计划经济——革命的一个喘息。苏俄经济在 1925/26 年再次达到战前水平。

苏维埃俄国此时致力于重新成为国际秩序的一部分。显然，十月革命不是资本主义结束的开始，而世界革命也没有发生。因此，1927 年，苏共第十五次代表大会决定，尝试"在一个国家建设社会主义"，而不再等待世界革命。欧洲和北美知识分子醉心地关注着这场共产主义国家的实验。它在文学、音乐和电影上经历了一场文化繁荣，直到斯大林主义和社会主义现实主义开始传播单调乏味的千篇一律。全世界的工人都为有这么一个地方而自豪，在那里他们拥有同等的权利。有些人向苏联的实验展现了几乎是宗教般的崇拜。

此时彼得格勒成了列宁格勒。列宁于 1924 年去世。新首都莫斯科得到了他的遗体，建造了列宁墓——社会主义国家崇拜伟人的地方；旧首都获得了他的名字。列宁的接班人出乎意料地不是他的伙伴和内战英雄列夫·托洛茨基，而是约瑟夫·维萨里奥诺维奇·朱加什维利，他以斯大林（"钢铁"）的名字为人所知。意识形态上灵活机动并且对待权力十分有手腕，到 20 世纪 20 年代末时，斯大林已经扫除了所有竞争对手，并作为苏联最高领导人站稳了脚跟。

斯大林、现代与大恐怖

从 20 世纪 20 年代后期斯大林成为苏联最高领导人到他 1953 年去世，在这段时期内，苏联成为一个世界大国。这个过去的国际社会的局外人变

得与资本主义西方世界平起平坐，美国也在几年后这样承认。苏联承担起纳粹德国强加给它的毁灭战的主要负担，并最终获胜。它保护从波兰、捷克斯洛伐克到保加利亚等一系列卫星国免遭新的攻击。苏联虽然没有向整个世界，但至少向中国、朝鲜、越南、阿尔巴尼亚和南斯拉夫输出了革命。对亚洲、非洲刚刚摆脱殖民者新成立的国家来说，它现实存在的社会主义制度成了一种具有吸引力的模式。这一切都可以称作是一部成功史。但其中已经孕育了后期衰落的种子。

如果存在一个理性的斯大林主义核心的话，那么它就在于以最快的速度在落后的苏联实现社会主义版本的现代化工业社会上，就像19世纪末在西欧和美国形成的那样。1927年苏共第十五次代表大会决定的"在一个国家建设社会主义"应当在资本主义力量有时间结束这场试验之前就成功完成。和战时一样（苏联就在这场战争中产生而且战争的经验深刻影响了其领导层），这一行动的领导权掌握在少数人的手中，最后则是在一个人的手中。国家不断对社会进行战争式的动员，以实现这一生死攸关的目标。

行动的核心是两个计划：农业集体化和重工业化。农民已经与革命合为一体，因为他们赢得了土地。但是对于推进当中的工业化来说，他们的产品是不够的。因此，他们应当把土地交给据称可以合理组织劳动的集体农庄，在那里集体经营，以此来生产正在形成的工业中心所需的大量食物。很多村民无法理解这点。他们以形形色色的方式来逃避中央的压力。中央的反应是暴力和强制。农民被杀或是被判处劳役。如果当年的份额没有完成，下一年的种子会被没收。结果一场饥荒出现，它恰好发生在原俄罗斯帝国的粮仓：20世纪30年代初，500万~800万人成为牺牲品。1933年初，斯大林下令封锁主要的饥荒地区，以免人们逃难，以此来将供应危机局限在地区范围内。

工业化在"五年计划"的助力下推进，计划将所有可支配的力量集中

十八个时空中的世界史

圣彼得堡

到拦河坝、发电站、钢厂、拖拉机和汽车工厂、其他重工业行业的建设上。为了可以在北部和西伯利亚的艰苦地区获取原材料，国家在那里为政权反对者设立了劳改营。理论上，从事公益劳动应当可以对他们进行社会主义改造。1930年时此类被关押者已有30万，1934年时则有50万。他们当中有很多失去了生命。

在30年代的后半期，大恐怖笼罩了整个社会。为了让民众易于管理并确保没有不满和骚乱，斯大林及其手下使用了以理性难以理解的武力。不断有新的越来越深奥的阴谋被揭发。所谓的反叛者在受到刑讯后承认了匪夷所思的罪行，称赞斯大林将他们带回到真理的道路上，并受到流放或者死刑的处罚。为了加速寻找叛徒和阴谋破坏者，国家为各地区规定了要揭发和处罚的目标数字。单是因为担心自己被卷入大恐怖的磨盘，这些目标就已经会以某种方式完成。党宣告告密者为英雄。人们互不信任。

仅大恐怖最为严重的两个年份1937年和1938年，就很可能有300多万人被捕。近70万人因政治原因被处以死刑，另有近70万人因政治原因被判入狱、进入劳改营或者是被流放。红军失去了大部分的领导人，中央委员会2/3以上的成员死亡，1934年党第十七次代表大会的1966名代表中超过一半丧生。1938年11月，斯大林突然停止了大恐怖。他留下了一个伤痕累累的社会。

但是除强制集体化、粗暴工业化和大恐怖之外，20世纪30年代也是一个大众娱乐、体育、节假日和豪饮的时代。高尔基公园在莫斯科开业，它是后来苏联大量休闲公园的样板。人们也为业已取得的成绩，与全球相比毫不逊色的机械、汽车和建筑而感到自豪。在莫斯科，地铁车站如教堂般富丽堂皇，它宣告着地铁所达到的世界水准。苏联以外的世界究竟什么样子，只有极少数人知道。对未来社会主义社会（鉴于世界上充满了敌人，这只能通过付出巨大牺牲才能实现）的梦想继续发挥着作用。

1941—1944 年列宁格勒战役

1941 年 6 月 22 日，德国国防军入侵苏联。尽管情报了解到的情况恰恰相反，但斯大林不愿相信战争的威胁，并且信赖 1939 年夏天与希特勒签署的《互不侵犯条约》。毕竟该条约给苏联带来了波兰的东半部分。现在临近边境的红军遭到袭击。大部分军队领导在此前几年成为大恐怖的牺牲品，现在这开始显示出其苦果。9 月，德军兵临莫斯科和列宁格勒。但是他们没能从整体上击败红军，后者不断征集新的士兵并得到英国和美国的物质支持。

在对苏联作战的过程中，德国人脱离了所有的文明标准，这些标准自 19 世纪中期以来在国际红十字会的帮助下形成。战俘被拉去从事劳役并得不到足够的膳食，只有 1/3 多一点儿的人在这样的环境下幸存下来。平民被按照人种分类，部分被纳入战争机器，部分被驱逐，部分被杀害。德国把它占领的东部地区视为殖民地。必须在服务于德意志帝国的宗旨下对其进行压榨和大规模改造，而无须考虑被列为劣等人种的民众。这尤其影响了列宁格勒。1941 年 9 月，希特勒决定不占领这座城市，这样就无须为它的民众提供供给。相反，他将其封锁，并切断了食品供应。1941/42 年冬天，当地气温降至零下 40 度。再也没有任何食品储备了。供暖和电力供应中断。水管冻住。当时肯定发生了难以想象的场景，我们可以在零星流传下来的日记中看到这样的场景。

对列宁格勒的封锁持续了 900 天，直到 1944 年 1 月。从 1942/43 年冬天开始，人们得以经结冰的拉多加湖以及后来开辟的一条小走廊至少将少量的资源带入城市，令人们有可能活下来。围城期间很可能有 100 万人丧生。列宁格勒围城战以及列宁格勒居民坚持到底的意志构成了苏联和俄罗斯 "二战" 记忆的一个核心因素——除斯大林格勒战役的胜利之外。在那里，德国 1942/43 年冬对高加索的渗透以失败告终。1943 年 2 月初，饱受苏联反击和冬季折磨的德国第六集团军被拖垮。他们因为寒冷和作战行动损失了15万人。苏联方面大约有50万军人丧生。列宁格勒围城战象征着苏联人民的苦难和求生的意愿，而斯大林格勒战役则是整场战争的转折点。

鉴于德国人的残暴，苏联士兵在1942/43年战争出现转折并向西推进时很少有保护对方平民的倾向。他们承受着巨大的压力，因为斯大林在1942年已经禁止撤退并在作战部队的背后部署了枪手执行命令。军队内部的宪兵力量对于一切看似是临阵脱逃或者是叛国的行为进行毫不姑息的追查。在付出惊人的代价之后，红军战士于1945年4月将红旗插到了柏林帝国议会大厦上。

苏联承担了第二次世界大战的主要重担。死亡总数至今仍存在争议。很可能有2000多万人丧生。从在人口中所占的百分比来看，只有引发了战争的德国和波兰的人口损失与之类似，而英国和美国的死亡人数则明显少得多。在英国和美国，20世纪的重大战争仍是第一次世界大战，而在苏联和德国，对"二战"的记忆则盖过了对"一战"的。

热战之后几乎紧接着就是冷战，换句话说，反希特勒联盟在这位德国独裁者死后并未坚持太久，或许这倒不如说是相互误解的结果，而不是有意导致的裂痕的产物。斯大林要求德国提供巨额赔款，以重建遍体鳞伤的国家。在有了1941年的经验之后，他的安全需求极高，他希望通过在苏联西部边境以及亚洲拥有一圈卫星国来满足这个需求。西方列强将这理解为输出世界革命的企图，并加以阻挠。20世纪50年代初，新的冲突阵线在朝鲜战争中变得清晰。在一分为二的德国以及被1961年建造的柏林墙分割的柏林，这得到了最清晰的体现。矛盾的是，德国人也是这种对峙的受益者。在对人类做出难以置信的罪行之后，他们被迅速（这一速度比人们料想的更快）纳入新的联盟体系华约集团（民主德国）和北约集团（联邦德国）当中，重新成为政治与社会圈子的一部分。

现实存在的社会主义

1953年斯大林去世。苏联上下一片震惊，因为没有关于继任者的规定，而且离开这位魅力超群、令人相形见绌的领导人，生活似乎无法想象。在继任者的争夺中，尼基塔·赫鲁晓夫胜出。他在1956年的第二十次党代会上将斯大林的罪行列为议题之一，并释放了一半的被关押者。完全划清界限是不可能的，因为他和其他所有斯大林时期的苏联领导人一样，都官至高位，并因此而成为恐怖机器的一部分。有一段时期，赫鲁晓夫给了艺术和文化界以更大的自由。他是首位随和的苏联领导人，可以与人在街头聊天。但赫鲁晓夫也相当冲动，偶尔还会大发雷霆。在1960年出席联合国大会时，他突然暴怒，拿起自己的一只鞋敲打桌子。这样的突然爆发激怒了很多人。1956年，他用武力迫使爆发起义的匈牙利回到卫星国圈子内，并粗暴镇压波兰的起义，这令他失去了很多人的好感。

苏联经济在斯大林时期曾大踏步向前跃进。通过研发原子弹和氢弹、发射首颗人造卫星到太空（甚至领先于美国），它证明自己与冷战的竞争对手不相上下。因此，赫鲁晓夫对于其社会制度的优越性深信不疑。他出访美国和亚洲，宣告社会主义制度与资本主义制度的"和平共处"，因为他确信会超越西方并在一代人之内通过眼见为实和心悦诚服来引发世界革命。但与此同时，苏联制度的活力衰退。赫鲁晓夫本来可以了解到这点的，如果他认真对待同志们为他提供的数据的话。重工业和核技术之外的新经济领域要求新的技术和新的方式、方法。这无法靠经过考验的苏联计划模式实现。没人愿意回到斯大林时期那种强制胁迫，而且它很有可能也不会产生什么帮助。苏联领导层内对赫鲁晓夫是否合理评估了形势的怀疑不断增多。

1964年，党的最高领导机构的同事们解除了他第一书记的职务。不管怎样，赫鲁晓夫没有像其他很多在他之前下台的苏联领导人那样被杀。斯大林式的手法终于成为历史。这种风格的变化使得赫鲁晓夫在被夺权后仍可以养养花，写写传记，把它送到国外在西方出版社出版，并在1971年自然死亡。

赫鲁晓夫是最后一位咄咄逼人地宣告共产主义很快将会胜利并令苏联的政策以这一胜利为目标的苏联领导人。从这时起，关键就只剩下竞争力问题，而自20世纪80年代起则是生存问题。但在苏联的前景逐渐黯淡的同时，它在国际上的影响力明显增大。非洲和亚洲大量或和平或武力离开英、法帝国的年轻国家遵循了社会主义模式。它们希望迅速与工业现代化接轨。它们希望摆脱属于西方联盟的前殖民列强。

赫鲁晓夫之后是相当谨慎的列昂尼德·勃列日涅夫。他征询其他人的意见，并以领导班子成员的形象出现。例行程序出现，生活对所有人而言都变得更加可以预计了。住宅和私有权出现。党的干部不再更换，领导人们一起变老。那个时代的见证者在采访中声称，20世纪六七十年代是苏联最幸福的时光。人们对一个确保了社会安全与富足的政府表现忠诚。政府（虽然没有正式承认但）容忍了影子经济、腐败、副业和私有化的存在，因为按官方说法不可侵犯的计划经济如果没有这样的秘密渠道和自助网就无法运转。

当然也有对政策不满、要求发言权和人权的离经叛道者。但他们是少数而且也保持了这种状态。批评政权的人受到迫害。但处决已经极其罕见，像斯大林时期那样的大规模处决已经没有了。劳改营的人数减少。取而代之的是，现在不同政见者被送入了精神病院，这不见得会更好。在1975年欧洲安全与合作会议赫尔辛基最后文件签订后，东方集团的不同政见者令他们的政府十分尴尬，因为他们指出，东方集团的领导人在赫尔辛基签署了人权协议。其他不同政见者用本章开头卡尔·马克思的某些思想来反对官员的特权，以及现实存在的社会主义里每日常见的例行公事。在失去了一个没有统治阶级的社会的前景之后，社会主义该变成什么样？

20世纪60年代末时，勃列日涅夫就已经发现，每推出一个新的五年计划，工业、农业的生产力增长就会减少一些，同时技术创新能力下降。东方对于西方的计算机以及刚刚起步的信息技术产业毫无抵抗之力。大量人的富足越来越难负担。幸好油价和天然气价格因为1973年的石油危机而暴涨。苏联得以出口石油和天然气，以此来填补日渐陷入麻烦的国家财政。尽管如此，苏联在斯大林主义时期实现的大冲刺终结了，与西方的差距再次增大。到20世纪70年代末时，勃列日涅夫已是一个年迈、依赖药物而且几乎没有了工作能力的人，他清楚现实存在的社会主义不断增多的问题，但却再也无力解决。与他一起老去的领导班子在他死后先后任命了两位继任者，两人都在短暂主政后去世。随后戈尔巴乔夫上台。

失败的改革者：戈尔巴乔夫

54岁的米哈伊尔·戈尔巴乔夫相对年轻，能演讲，擅辩论，很会穿衣服，并且有一位美貌聪慧的妻子。他与西方人对苏联政治家的设想刚好相反。而且他的行动也是如此。在他自1985年开始的不到7年的执政期内，冷战结束（它的象征是柏林墙倒塌和两德统一），华约集团瓦解，苏联解体。这些没有一样是戈尔巴乔夫想要的。对他来说，关键是结束此前勃列日涅夫时期的"停滞"，令国家重新具备面向未来的能力。为此他形成了一个改革计划，计划围绕着"公开性"、"改革重建"和"回归列宁时代（权力归苏维埃）"这三个概念。但是该计划诱发出一股他越来越无法掌控并且最终将他自己扫地出门的动力。对德国和东欧苏联卫星国的很多人以及苏联的不同政见者来说，伴随着这一发展，一个梦想成为现实。

大多数俄罗斯人并不这么看。对他们来说，戈尔巴乔夫毁掉了自 1917 年来已有如此多人为其做出牺牲的苏联的世界影响力。他将"二战"中以数百万人的生命换来的领土送给了西方——没要任何回报。勃列日涅夫时期人们对制度的那种忠诚瓦解。安全与富足消失，分支广泛的自助网在疯狂的 20 世纪 90 年代成为私有化的牺牲品。直到弗拉基米尔·普京上台后才重建了稳定。虽然为此政治权利再度受限，但是和 20 世纪六七十年代一样，只有一小部分民众认为这是坏事。

列宁格勒在 1991 年的一次公投后再次改名为圣彼得堡。苏联借助强权令社会主义理想完全转化为现实的尝试结束。在 20 世纪 60 年代以苏联为导向的亚洲和非洲国家的社会主义实践也进入低潮。工人政党和西方的社会民主主义坚守着令社会更加公平和更加博爱的目标。19 世纪的社会主义思潮对他们的政治日常来说是否具有重要意义，我们不确定。但是俄罗斯和 1900 年前后一样，仍面临着这样的挑战：要形成一条自己的走向未来的道路。因为国内的问题既不能靠西方的手段解决，也不能靠参照自身传统或者是预言幸福的乌托邦来解决。

18

沃尔特湖

"黄金时代"：加纳腾飞

沃尔特湖是世界上最大的人工湖。西非国家加纳位于赤道略北一点儿的地方，沃尔特湖占了加纳面积的1/9。这块位于多哥、尼日利亚与另外一边的科特迪瓦（象牙海岸）之间的殖民地在独立之前叫作"黄金海岸"。新名字加纳应当令人联想到我们在《基卢瓦》那章中了解到的一个古老的非洲大帝国。加纳北与布基纳法索——"正直人民的土地"接壤，这是它自1983年军事政变以来所使用的名称。在此之前它的殖民名称是"上沃尔特"，也就是沃尔特河上游的国家，这条河给这个庞大的堰塞湖提供了水量和名字。

沃尔特湖在20世纪60年代建成。大坝只是在"二战"后全球规划和大型建筑热中建成的诸多项目中的一个。沃尔特项目对于一个相对较小的国家来说是相当庞大的。739个村子以及8万人不得不搬迁，这在当时占了加纳人口的1%以上。另一方面，它只是这些年里众多造价高昂的发展项

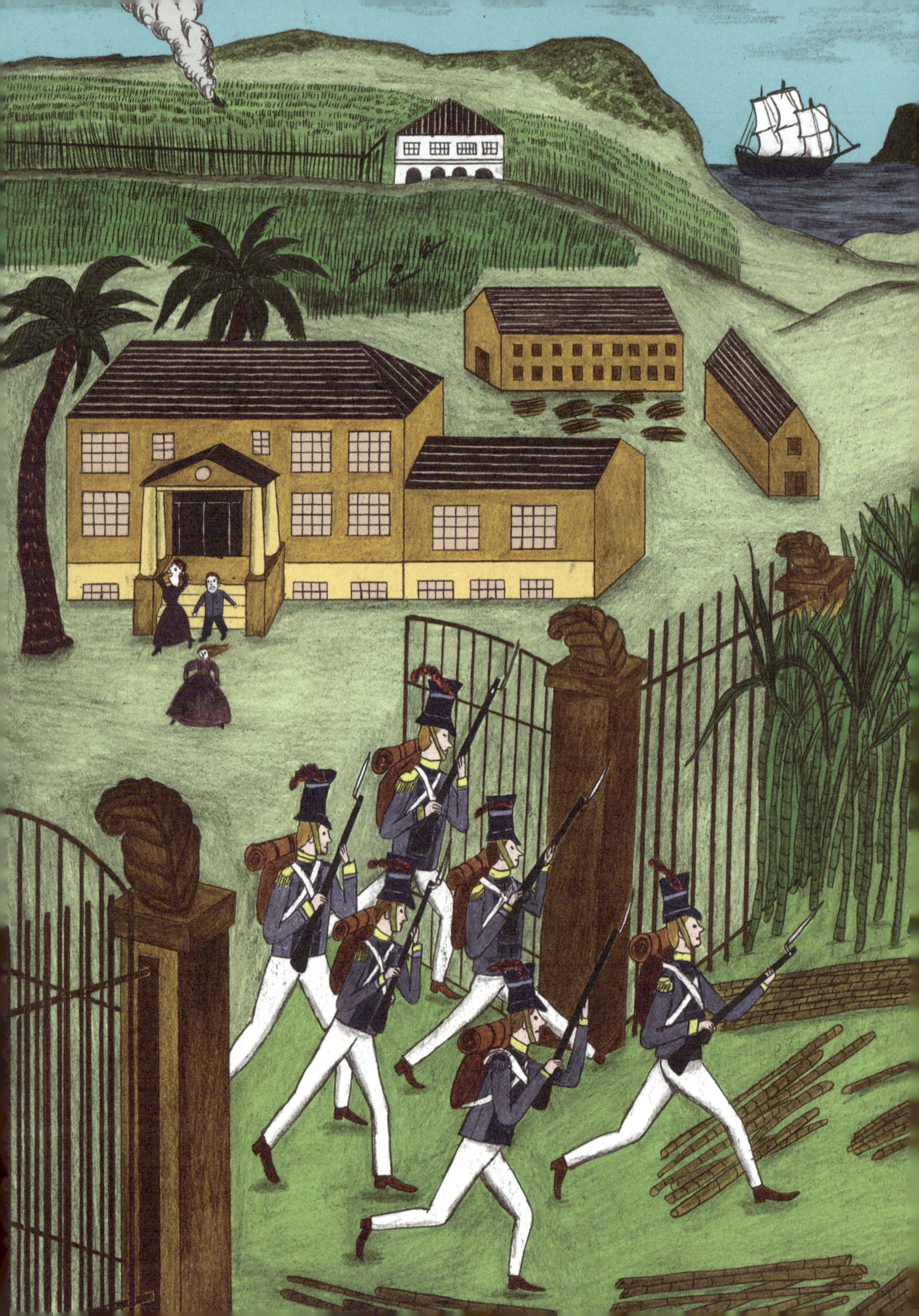

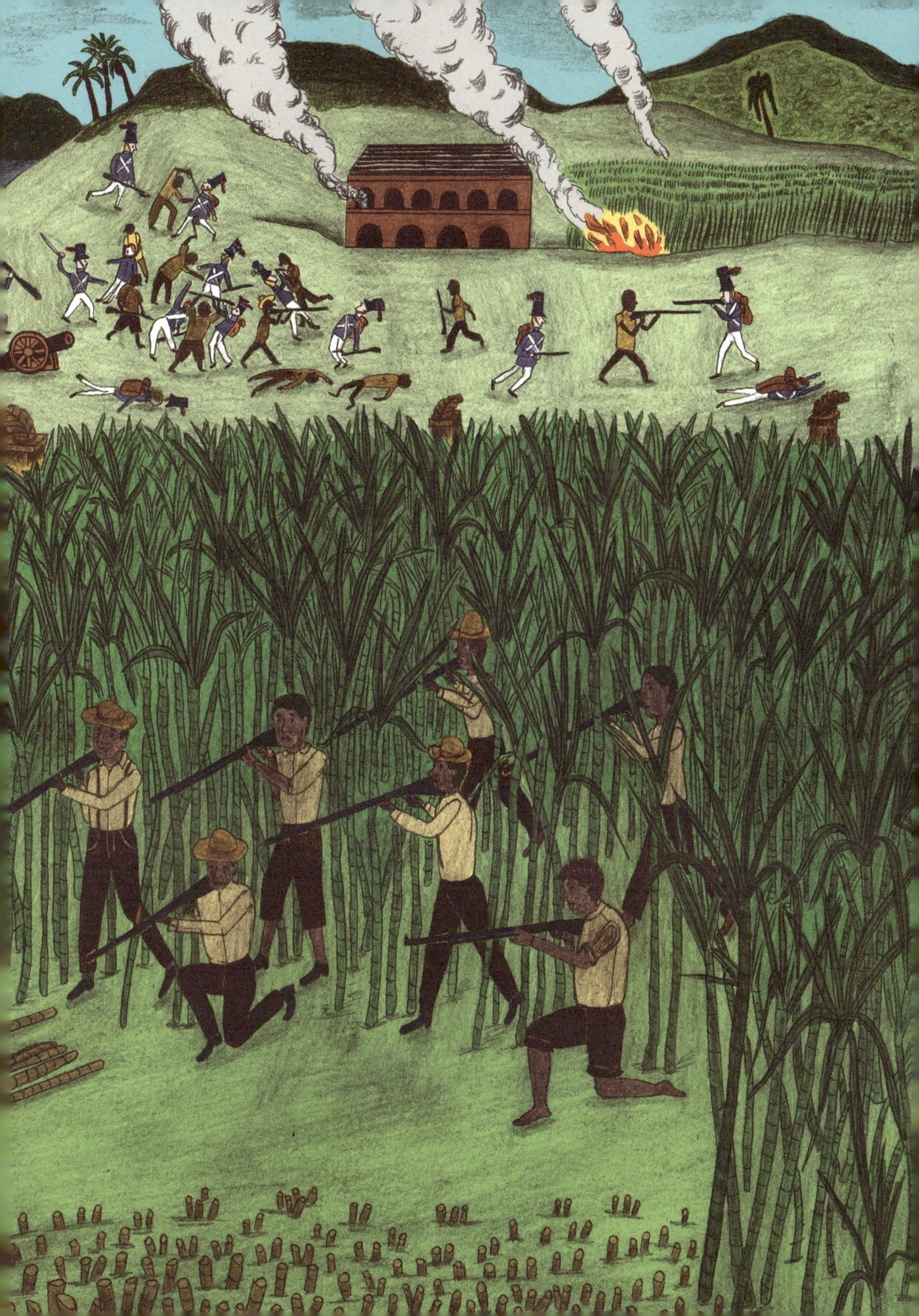

目中的一个——尽管是最大的一个。加纳希望迅速跃入未来。它符合当时流行的经济理论，而且有鉴于苏联的榜样，大坝项目肯定会腾飞。就像一架高性能的飞机离开地面升入天空并在空中独立翱翔那样，照美国经济理论学家华尔特·惠特曼·罗斯托的想法，加纳应当会因此而离开现代化之前的农业世界，在钢厂和机械厂时代活动自如。为此，人们必须在很短的一段时间内进行大量的投入。

不管是加纳还是它的邻国都用不到沃尔特湖生产的电力。因此，大坝旁边兴建了耗电量极大的铝厂，但是原材料必须进口，进行加工后再将成品铝出口。另外，人们还为这一贸易建造了一个远洋港口。这些工程项目当中没有一个得到了完全的资金支持，也没有任何一个盈利。但这也不是关键。电力、重工业和港口应一起推动工业化，这样第一块多米诺骨牌就可以启动一个无法阻挡的连锁反应。低电价将吸引到其他投资者。铝厂可以对接再加工企业。它们会带来很多新产业和新服务的点子。发展壮大的城市里会产生就业机会，会为在大量新建学校和大学完成培训的学生提供需要专业知识的工作。然后税收就会滚滚而来。这个撒哈拉以南首个摆脱殖民化的非洲国家将能与它的前宗主国英国平起平坐。

为了避免殖民时期结束后大型国际企业获得过大的影响，加纳必须迅速步入现代化。其他国家为了这条路花了300年时间，加纳首位总统克瓦米·恩克鲁玛写道："如果我们想活下来，就必须在一代人之内取得成功。"因为时间是如此得紧迫，首届加纳政府亲自负责此事。现有的大型和较大型企业被国有化，国家设计和打造了新的工业企业，农业受到严格的规划。1966年1月22日，克瓦米·恩克鲁玛为大坝举行了隆重的落成典礼。不到一个月之后，总统就被军事政变推翻了。

从南半球的角度来看，沃尔特湖和克瓦米·恩克鲁玛的崛起与衰落代表着一部20世纪史。在那里，两次世界大战和冷战的意义与北半球完全不同。它们是殖民化、去殖民化以及与之密不可分的计划、希望、失望与牺牲的一部分。全球殖民地数量在 20 世纪从 163 个（1913 年）、68 个（1965 年）降至 33 个（1995 年），而国际承认的主权国家数量从 32 个（1919 年）、82 个（1957 年）增至 2000 年前后的 193 个。大洋洲、亚洲和非洲的政治版图在"二战"后发生了彻底的变化。经济、社会状况和人的生活随着版图发生变迁，并一直处于与北方殖民列强的冲突当中。20 世纪，热带非洲地区也有景气的年代，它一直持续至 70 年代的石油危机。但是好大喜功的计划与经济危机之间的反差比欧洲和北美要鲜明得多。

"变革之风"：非洲殖民地独立

20 世纪五六十年代英法占领的撒哈拉以南地区的去殖民化运动是近代史上的六大去殖民化浪潮之一。第一个浪潮我们在《法兰西角》和《美国！》那两章见到了：英国、法国和西班牙的美洲殖民帝国很大程度上在 1800 年前后结束。

第二个浪潮拖得很长并且是缓慢进行的：英国人定居的殖民地加拿大、澳大利亚和新西兰在 1867—1967 年之间逐个独立。尤其是在英国人眼中，它应当为整个去殖民化运动提供样板：一个延续几代人的责任交接的进程，而文化和经济影响则继续存在。但它并没有这样到来。

第三个浪潮我们在《沙贾汉纳巴德》一章的接近尾声以及《北海道》一章都看到了：英国、荷兰和法国的亚洲殖民帝国在"二战"后衰落。从印度尼西亚、斯里兰卡到印度和巴基斯坦，一系列的新国家出现。在欧洲殖民范围内爆发战争期间，日本不断扩张势力，在它崩溃后，欧洲人希望夺回他们的殖民地。但他们不得不发现，此时那里已经形成了民族解放运动。军事冲突爆发，欧洲人战败或者是因为代价过高而放弃。

大约与此同时，第四个去殖民化浪潮开始——从北非蔓延至西亚。到20世纪60年代初，从摩洛哥到阿富汗之间诞生了许多独立国家。这一过程充满了大量的冲突。有很多棘手复杂的问题要解决：犹太人和阿拉伯人不得不在巴勒斯坦共同生活。法国人不得不与他们已经宣告为法国的一部分并且已经划分了行政区的阿尔及利亚分开。我们后面还会在《开罗》那章中探讨这一点。

1957年加纳独立是第五个浪潮的开端。三年后的1960年，非洲一下子出现了18个新国家。1960年1月10日，英国首相哈罗德·麦克米伦在为期一个月的非洲之行伊始在阿克拉宣布："变革之风正吹过这个大洲。"非洲人对民族独立的愿望是一个政治事实。英国政策的目标必须是塑造这种变革，而不是阻挠变革。与第三个和第四个浪潮不同，在非洲的第五个浪潮中，人们几乎总是成功地谈判出某种过渡方式，并和平地实现权力更迭。只有比利时人是确确实实地从刚果逃走了。

第六个和最后一个去殖民化浪潮的爆发是多种多样的。它关系到因为多种原因而剩下来的地方：葡萄牙殖民地几内亚比绍、安哥拉和莫桑比克，白人定居者殖民地罗得西亚和南非。它们在1974—1994年间回到了非洲人的手中。随着苏联于1991年解体，哈萨克斯坦、吉尔吉斯斯坦、塔吉克斯坦、乌兹别克斯坦、土库曼斯坦在中亚，格鲁吉亚、亚美尼亚和阿塞拜疆在高加索独立。自那之后，但实际上自第五个浪潮结束以来，殖民主义就已经是一个政治斗争概念和一个负面的词了。

本章主要谈到的第五个去殖民化浪潮几乎包括了整个撒哈拉以南地区。它是与欧洲殖民列强逐步磋商实现的。此外它发生在一个十分有利的环境之下：以纽约联合国大会为代表的世界公众对新国家和完成的过渡表示欢迎。而两个超级大国美国和苏联作为冷战中的竞争对手希望为自己争取到这些新国家，因此向它们发出了邀请。20世纪五六十年代的经济繁荣为所有参与者提供了财政上的空间。到处是蓄势待发的气息。

英国人和法国人对"变革之风"的疏导方式是不同的。英国人更倾向于单个解决。每个殖民地都应与其总督和伦敦殖民部商讨其道路。最终应产生一个有着英国价值观和英国政治、经济和社会问题解决方案的独立国家联盟——英联邦。而法国人偏好中心思维的整体解决方案。他们希望令非洲精英变得如此法国化，以至于他们会作为自由的个体留在一个以巴黎为核心的自己的世界当中。在1945年后法国内阁中就有了来自非洲的部长。巴黎的党派政治冲突也反映在殖民地当中。尽管这些前殖民地形式上已经独立，但直到今天，每当出现问题时法国仍会向讲法语的非洲地区出兵。而且出兵可以建立在当地精英认可的基础上。

英国在非洲的属地当中，西非、东非和南非分别走了不同的道路。在东非，黑人人口明显占据多数，但也有很多白人定居者。此外在乌干达、坦桑尼亚和肯尼亚还生活着很多印度人。这导致谈判进程艰难并且在独立那一刻出现了暴力活动。在西非，除少数几个沿海城市之外几乎没有欧洲人。而南非则形成了情况与澳大利亚、新西兰和加拿大类似的白人定居者殖民地，但是黑人仍在人口中占大多数。为了走出这一两难境地，白人在1948年设立了种族隔离制度，规定了白人、印度人和非洲人分开生活的方式，但是该制度歧视黑人，只对白人有利。种族隔离制度一直持续至1990年，直到南非在首位民选总统纳尔逊·曼德拉的领导下通过协商转变为一个民主国家。在北边很远的地方，罗得西亚白人定居者受到种族隔离制度的启发，建立了自己的白人共和国，经过漫长的内战，在1980年才将国家交给在人口中占多数的黑人。自那之后它的名字就叫作津巴布韦，这是为了纪念我们在《基卢瓦》那章中了解的在500年前衰落的大型城市津巴布韦及其帝国。

当克瓦米·恩克鲁玛及其英国谈判伙伴在为黄金海岸寻找一个量身定做的解决方案时,所有人都看到了东南亚、印度、巴勒斯坦或者阿尔及利亚是如何去殖民化的。他们清楚英国的弱点,清楚美国人和苏联人的兴趣。而且他们了解黄金海岸在西非的特殊地位:它不是最大的殖民地(最大的是尼日利亚),但它相对富庶,国内冲突看来也可以控制。黄金海岸可以做到。

英国的模范殖民地

自19世纪末以来,黄金海岸就是英国在西非的模范殖民地。全球市场上销售的可可有三分之二是在这里种植的,不是由白人地主而是由非洲农民种植。这块土地自19世纪以来,也就是说在殖民化之前就已经积极参与世界贸易。起初是出口橡胶。之后黄金海岸成为可可之国,正如一个世纪之前圣多曼格是蔗糖和咖啡之国一样。但这两者之间存在着显著的差异。第一,黄金海岸没有白人种植园主或者定居者。生产和直到沿海地区为止的销售都掌握在非洲人手中,同时黎巴嫩和叙利亚商人起了很大作用。第二,这里没有奴隶劳动。家庭或者是有偿劳动是惯例。第三,欧洲列强之间的战争并没有在西非上演。欧洲军队和管理机构保持着很小的规模,非洲人自行组织殖民地的日常生活。第四,欧洲人对可可经济的贡献整体上微乎其微。活力来自农民和商人。殖民地管理机构只提取一小部分利润。它更多地是因为建造深入内地的铁路而在无意之间推动了可可生产的扩大。建造铁路的计划是为了推动黄金海岸的第二大出口商品——在矿山中获取的黄金。但事实上铁路尤其为可可种植开辟了新的区域,因为此时运输变得更加便利也更加便宜了。

非洲橡胶、可可和黄金的生产与贸易改变了黄金海岸。沿海地区出现了贸易点：在旧中心海岸角之外新增了塞康第和英国人的新定居点阿克拉，二者都是内陆铁路的终点，因此集交通、贸易和行政中心的作用为一身。在沿海地区，越来越多的人不再靠农业生活。在内陆，可可种植者要求明确的土地所有权：可可树需要多年才能首次结果，因此在种植的时候就清楚土地在收获时还属于同一个人所有是件好事。金矿工人要求更高的工资和更好的工作条件。

可可种植者和矿山工人改变了非洲政体的结构。原本它的弹性足以将其吸收，但是英国人此时巩固了村落首领的地位，以便以极少量的欧洲人来控制大片地区。在尼日利亚北部，1900年前后每10万居民只有一个英国官员，塞拉利昂是每5名官员管理着100多万居民。英国殖民地总督任命首领——"酋长"加入咨询委员会，在英国的世界统治和地方问题之间进行调停。但是这种被描述为传统但实际上是新式的结构不适合自信的可可种植者、矿山和运输工人、商人的要求。他们形成了自己的组织——工会、农民协会、商会。即便酋长们自己也无法确保他们的影响力。1900年后，酋长们被罢免的越来越多。

在这样的紧张关系之外还有其他冲突：欧洲传教士从沿海地区开始扩大基督教的影响。伊斯兰教自18世纪后期起就在内陆扩大了信徒的数量。非洲的宗教被夹在两大宗教之间。它们将基督教和伊斯兰教的要素加以吸收，并且任意诠释这些世界性的宗教。随基督教布道团到来的还有学校。学会读写——这意味着用欧洲语言接受欧洲内容的欧洲教育。新的视野和上升机会产生，它可能意味着进入英国和北美的高校，之后再进入殖民地管理部门。在能够认字并希望社会地位上升的那些人和知识停留在村民水平的那些人之间出现了鸿沟。

第一次世界大战期间，来自英属西非地区的士兵有2.5万人。此外还有数量更大但具体数字未知的民夫。他们在那里所经历的（白人倒毙在污秽的战壕中，相互残杀，违背了所有他们希望在非洲传达的文明标准）很可能加剧了对殖民统治的拒绝态度。此外白人此时不容许一丁点儿反抗，并让非洲经济根据战需来做出调整。当战争结束、控制松动时，矿山和铁路发生了一连串的罢工。活跃的非洲媒体讨论将不断壮大的管理机构的"非洲化"的问题。农民组织了示威游行和抵制活动，因为可可价格在1920年底大跌。直到20世纪50年代才重新达到1919/20年的最高水平。

20世纪20年代，所有西非殖民地的英国总督都做了设立议会的尝试。通常一部分议员由纳税最多的人选出（通常也是居住在沿海城市的人），而剩下的则由酋长会议决定（他们在内陆有势力基础）。议会可以提建议，但不能做决定。这没有令任何人真正感到满意，只暂时起了作用，并且是个过渡性的解决方案。

1929年开始的世界经济危机沉重打击了黄金海岸。可可价格再次下跌，矿工和运输工人被减薪。为了令波动极大的可可价格更有预计性并减小跨国企业的影响，经过漫长的讨论，1939年开始引入一个殖民地"营销委员会"。它为农民组织可可销售，它应当以此来提高农民在市场上的地位并保证价格更加可靠。起初这获得了成功。但是20年后，这个委员会在首位总统克瓦米·恩克鲁玛领导的动荡年代里起了致命的作用。

克瓦米·恩克鲁玛的崛起与沉沦

20世纪中期的黄金海岸是一个充斥了很多紧张关系、十分活跃的社会。在世界市场和可扩展的政治结构背景下，很多非洲人和非常少量的欧洲人寻找并也找到了他们的机会。在这种情况下，20世纪50年代的欧美经济理论学家将黄金海岸像其他所有非洲殖民地一样都归入了"前现代化"或者是"传统"的范畴，并认为按照英美或苏联模式由外界发起的工业化动力是改变其劣势的良方，这的确令人惊讶。不那么令人惊讶的是非洲人也相信了这个故事。非洲独立政治家通常认同其宗主国的见识和眼界。他们大多上的是基督教学校，后来去了英国、法国或者美国的大学。

克瓦米·恩克鲁玛（1909年出生）——加纳的首位国家领导人最早也是上了旨在传教的学校，后来在1926年到阿克拉去读了一个教师课程，1930年成为教师，1931年成为阿克西玛（Aksima）一家天主教小学的校长——当时他22岁。四年后，他远赴美国学习。亲戚为他支付了船费，他靠洗碗和帮佣来支付大学生活的费用。恩克鲁玛获得了经济学、社会学和神学学士学位以及教育学的硕士学位。任何可以拿到手中的东西他都会读都会学。他投身泛非运动，将美国、加勒比地区和西非的知识分子聚集到一起。他们讨论非洲人的本质、种族法和美国、加勒比地区司空见惯的种族主义，以及西非的殖民主义。恩克鲁玛发表演讲，第一次引起了轰动。"二战"结束后，他来到伦敦攻读他的博士学位，这也是为了距离英帝国的政治发展更近一些。他吸收了社会主义思想，并巧妙地将其与泛非运动联系在一起。1947年恩克鲁玛回到加纳。

邀请他的是黄金海岸统一大会。沿海城市的商人在为他们的政治平台寻找一位秘书长。他们想要更多的自治：一方面是对殖民地管理机构，另一方面是对内陆的酋长。视野范围内的远期目标是政治自治，而这方面的机会是非常好的。可可价格上涨，生意欣欣向荣。总督艾伦·伯恩斯于1946年颁布了一部新宪法，给非洲人以更大的政治权利。这背后是伦敦殖民部的战略变化。面对印度殖民统治的结束（第三个去殖民化浪潮）和西亚十分不确定的前景（第四个去殖化浪潮），伦敦第一次详细规划了非洲殖民地的未来。和法国一样，英国也设想了一个新式的非洲帝国。它应当是将世界大国地位让渡给美国和苏联的补偿。它应当显示，英国人对于发展的目标是认真的。英国辖下的非洲应当在一到两代人之内独立但仍保持英式风格。因为非洲人——英国人想——会感激英国人建造了铁路、学校，感激他们的民主机构所树立的榜样。

然而不管是英国人还是黄金海岸统一大会的政治精英们都没有正确估计国内的氛围。它比经济形势还要糟。学校的第一批毕业生在城市里无所事事。这些"阳台男孩"不愿再回到农村，但在城市里找不到合适的工作。"二战"老兵要求为他们所受的苦难做出更好的赔偿。可可种植者反抗他们的营销委员会，因为它强迫他们大量砍伐染病的树木。委员会负责人想不出什么别的办法来根治这种病。相反，农民因为在上面投了钱，只要还可以的话他们就希望利用染病的树。

克瓦米·恩克鲁玛"立即自治！"的口号将不满者聚集在一起。这是个绝妙的主意。不满者可以相信，当非洲人——而且是适当的非洲人坐到权力的方向盘前时，一切会变得更好。作为黄金海岸统一大会的秘书长，恩克鲁玛十分繁忙。他传播社会主义和泛非主义，提醒人们注意他在美国和英国的经历。他找到接触平民、年轻人、弱势人群、认为自身利益既没有得到英国人也没有得到酋长或者是沿海商人代表的那些人的渠道。黄金海岸统一大会的精英骨干认为他们的秘书长已经失控，试图剥夺他的权力。恩克鲁玛索性建立了自己的政党——大会人民党。他威胁总督，如果"立即自治"的要求得不到立刻和完全的兑现，他就会仿照印度进行非暴力抵抗。独立不能像英国人所宣称的那样是发展的结果。独立是发展的前提条件并且必须在发展之前实现。恩克鲁玛遭到起诉，并在1950年入狱。他借此为大会人民党1951年的选举扮演了理想的受难者形象。大会人民党取得大胜，恩克鲁玛从狱中释放并被任命为总理。而5年前他还奔跑在伦敦的煤车后面为寒冷的房间捡拾煤块。

新政府资金充足。它有过去的储备，但尤其是可可的价格迅速上涨。营销委员会不把价格上涨的利润转交给种植者，因此销售价格的一半以上进入政府国库。恩克鲁玛与给了总理越来越大空间的英国总督阿登·克拉克一起，提出了一个国内现代化计划：公路、轨道交通、港口、供水、学校和医疗卫生机构得以建设。中小学生数量在1951—1957年间翻了一番。不久之后，其他年轻的非洲国家也推出了类似的计划：投资教育、卫生和基础设施成为20世纪60年代非洲的特征。这些年轻的国家以更大的力度实施了英法帝国规划者在1945年后草拟的计划。沃尔特大坝的计划在此之前已经被束之高阁了很久。眼下恩克鲁玛将他的全部政治意志都投入到实现这一具有象征意义的计划上。

恩克鲁玛和他的党在1954年再次赢得了绝对多数。但是困难也显现出来。可可种植者感觉自己的收入被人骗走。作为稳定与传统的保障而十分受英国人看重的内陆酋长感觉自己遭到了恩克鲁玛及其"阳台男孩"的无视。庞大的国家投资主要对沿海地区有利，农民和酋长抱怨这些投资未给他们带来任何收入。对中饱私囊和腐败的指责开始出现。恩克鲁玛对此毫无反应，要么就不容许任何异议。他声称，种植者和酋长不团结一心，中饱私囊的指责来自不愿看到非洲人成功的叛国者。

1957年黄金海岸作为撒哈拉以南的首个非洲国家独立，自此更名为加纳。尽管困难已经十分明显，但人们普遍感到高兴。恩克鲁玛发表了演说，在演说中，他要求国人改变他们的习惯和思维方式。

> 我们不再是一个被殖民的民族，而是一个自由和独立的民族。我们希望由此建立一个受世界上所有国家尊重的国家……我们可以向世界证明，非洲人，如果给他机会，他就会向世界显示，他不是泛泛之辈。我们已经觉醒。我们不会再沉睡。从今天起世界上有了一种新非

洲人。只要不与非洲的彻底自由联系在一起，我们的独立就没有意义。

今天，很难想象克瓦米·恩克鲁玛在非洲的崛起伴随了多少人的期望——甚至说是振奋鼓舞。西欧在20世纪50年代是个老人的年代：温斯顿·丘吉尔（1874年出生）在1951—1955年间统治英国，夏尔·戴高乐（1890年出生）在1944—1946年和1959—1969年间统治法国，在此期间他仍是法兰西共和国的幕后实权人物。康拉德·阿登纳（1876年出生）在1949—1963年间统治联邦德国，德怀特·戴维·艾森豪威尔（1890年出生）是1953—1961年间的美国总统。此时正是冷战的高峰时期——斯大林备忘录、匈牙利十月事件和柏林危机。相反，撒哈拉以南的非洲既不寒冷也不灰暗，而是年轻、丰富多彩并充满了乐观情绪的。克瓦米·恩克鲁玛就是它的象征。他的国家将推开整个非洲走向未来的大门。

在英联邦国家首脑会议的桌边，一位非洲黑人平等就座。但当加纳财长贝德马同年到美国磋商沃尔特湖的贷款问题时，一家咖啡馆因为他是有色人种而不愿为其提供服务。媒体对此进行了报道，美国遭到谴责。作为补偿，贝德马得到副总统理查德·尼克松的会见并为大坝贷款获得了有利的条件。与此同时，他也在莫斯科就援助进行了问询。恩克鲁玛和他的领导班子试图在20世纪50年代后期玩一盘大棋。总理在国际舞台上以非洲希望与良知的形象出现，在纽约、华盛顿和莫斯科争取对非洲独立与非洲统一的支持。他的部长们试图利用冷战中的大国竞争来为加纳谋求利益的最大化。谁能把加纳拉到自己身边，谁就拥有了非洲。

与此同时，加纳自身则在不断地推进未来工程。反抗遭到了越来越暴力的打压。恩克鲁玛成为总统，再也没有了选举。国家失去了司法独立。反对派入狱。地方政党被禁，来自内陆的反对派被以这种方式禁言。媒体报道受到限制。而大会人民党的媒体高声歌颂他们"不朽的"总统。恩克

沃尔特湖

鲁玛大谈黄金般灿烂的前景。但是，对于他是否认识到了总统府以外的现实的怀疑越来越多。国家的积蓄和可可繁荣带来的收益都被投入到沃尔特湖这样成本高昂的工业项目当中。但是经济理论学家所预言的积极的多米诺效应并未出现，其他非洲国家的情况也是类似。而恩克鲁玛身边的人却引人注目地迅速致富。随后可可价格大跌。20世纪60年代中期，加纳破产。在其他非洲国家，这一场景也以众多有时是温和一点儿的版本重复着。特别是在1973年的石油危机之后，景气年份欠下的债务再也无力偿还。大多数年轻的非洲国家负债累累。全球经济界失去了对非洲的兴趣。20世纪50年代后期和60年代早期充满了希望的大洲变成了危机地区。

换句话说，加纳未来工程的经济失败不只是恩克鲁玛个人的失败，而且他个人的失败也并非没有代表性。像他这样的非洲独立政治家对于哲学、社会学和政治学的理解超过了对当地经济现实的理解。他们对于日常治理一无所知。作为在欧洲或北美受过良好教育、训练有素的知识分子，他们对于自己所统治的国家几乎毫无深入认识。如果说他们的政策失败了，那么这不是因为他们过于非洲化了，而是因为他们过于欧洲-北美化并且因此而不适合20世纪50年代的非洲形势。此外还有一个统治问题。恩克鲁玛这样的独立政治家赢得权力是因为他们在纷乱、乐观的觉醒年代在非洲知识分子的竞争中获得了成功。他们的崛起惊心动魄。但是他们的权力没有得到政党机构或者是广泛深远的关系网的保障。因此，他们采取了其他手段来维持权力：威胁反对者，犒赏支持者，尽可能地表现自身统治的辉煌。

20世纪60年代中期，恩克鲁玛在非洲以外也受到了孤立。他的泛非构想尤其遭到了亲法国家首脑的反对。他的社会主义构想几乎没有散发出魅力，因为他在本国的失败变得越来越明显。1966年2月，在克瓦米·恩克鲁玛为数众多的一次海外访问期间，他被政变推翻。当时他正在飞往北京的飞机上，军队从北面占领了首都阿克拉的战略要地。除总统卫队外没有出现任何抵抗，不管是阿克拉还是加纳的其他地方。叛军首领 E. K. 科托卡上校在电台讲话的开头这样说道："环绕着恩克鲁玛的神话破灭了。"消息比客人更灵通的中国人仍友好地对恩克鲁玛进行了得体的正式接待。之后他们把蒙在鼓里的恩克鲁玛叫到一边告诉他，他的时代已经结束。恩克鲁玛流亡到了几内亚。1972 年他因癌症去世。

繁荣过后

加纳在恩克鲁玛之后经历了民主和专制统治。财政仍旧紧张。20 世纪 50 年代的黄金时期再也没有回来。在好大喜功的工业化计划失败之后，国家不得不依赖出售原材料，与工业产品相比，原材料从未再具有以往的价值。不管怎样，直到今天还可以出口电力。沃尔特湖大坝发挥了作用。湖边有捕鱼业和旅游业。专业潜水员在因为沃尔特湖泛滥形成的水下森林中发现了热带硬木。然而这个巨大的湖泊也带来了以前在沃尔特河畔基本无关紧要的非洲典型疾病：疟疾和可怕的血吸虫病，这种病没有钉螺作为中间宿主就不可能产生。

对加纳近期历史影响最大的是半苏格兰裔、半加纳裔空军少尉杰瑞·约翰·罗林斯在 1981—1992 年的军事专制。他的纲领是社会主义的，但他很快便发现，苏联不再具备为友好政权提供财政支持的能力。此后他在意识形态上采取了灵活态度，务实地在国际货币基金组织的支持下令国家采取了经济自由主义的休克疗法，这在 20 世纪 80 年后半期显示出成就。就这点而言它并不具有代表性，因为在 20 世纪 70 年代后期至 90 年代早期，绝大多数非洲国家都不得不经历了甚至比工业国家还要严重得多的经济危机。1992 年加纳回归民主制度。罗林斯第二次当选总统，但他根据宪法没有参加2000年的竞选争取连任。他接受了自己的党在选举中被迫成为反对党的事实。

　　自20世纪60年代起，很多加纳人离开了他们的国家。起初，加纳输出教师、律师和官员，支持其他前殖民地的独立进程。后来则是大量因为经济危机结束无望而对改善不抱希望的人离开了。仅1974—1981年间很可能就有200万加纳人离开他们的国家。很多人到了邻国。尼日利亚在20世纪80年代初再次驱逐了100万加纳人。但是自20世纪80年代开始，伦敦、阿姆斯特丹、汉堡和纽约也可以明显看到一个加纳少数民族群体。对他们来说，克瓦米·恩克鲁玛希望借助沃尔特湖凭空建立起来的现代化位于距离非洲十分遥远的地方。

19

开罗

21 世纪的超级城市

开罗是除尼日利亚拉各斯之外非洲人口最多的城市。2010 年估计人口在 1200 万 ~2000 万之间。具体数字没人清楚，因为并非所有的居住区都是合法的，而且没有统计能够将不断流动的移民和城市内迁徙囊括在内。开罗在 14 世纪时就已经以大约 30 万人而比当时的任何一个欧洲城市都大了（拜占庭除外）。但是 20 世纪下半叶的增长——1950 年 250 万，1980 年 730 万，2016 年可能为 1800 万——在历史上是不同寻常的。它是超级城市发展的一部分，它在过去 50 年里深刻影响了欧洲以外很多人的生活。2016 年全球 8% 以上的人生活在人口超过 1000 万的城市里。国际大都市东京以近 3800 万人成为最大的城市。接下来是 3100 万人的印度尼西亚的雅加达——斯堪的纳维亚和波罗的海三国的全部人口在一个城市当中！印度的新德里以近 2600 万排在第三位，之后是人口近 2400 万的韩国首尔。欧洲最大的都市区是 1660 万的莫斯科（全球第 15 位），之后是近 1100 万的巴黎（全

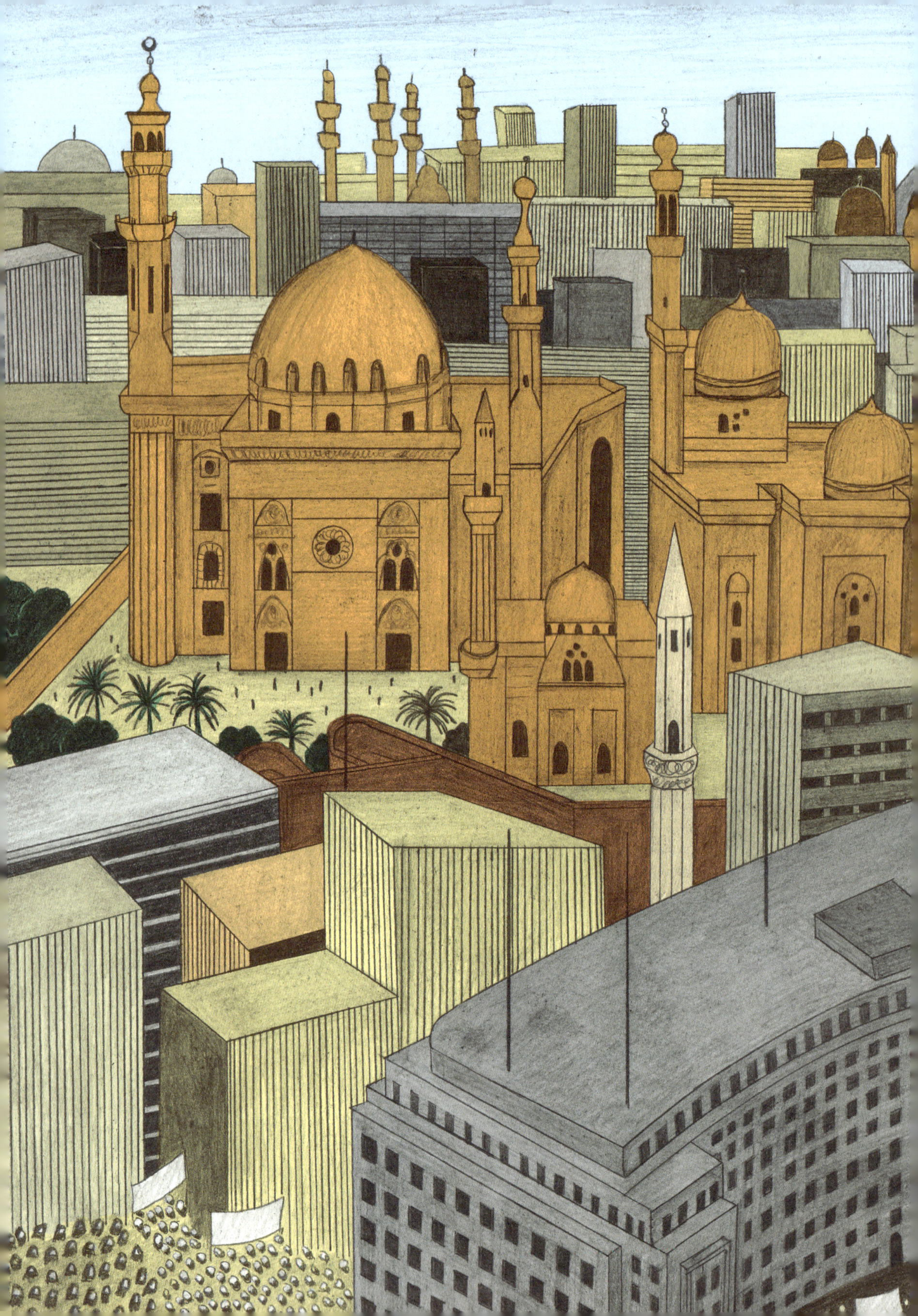

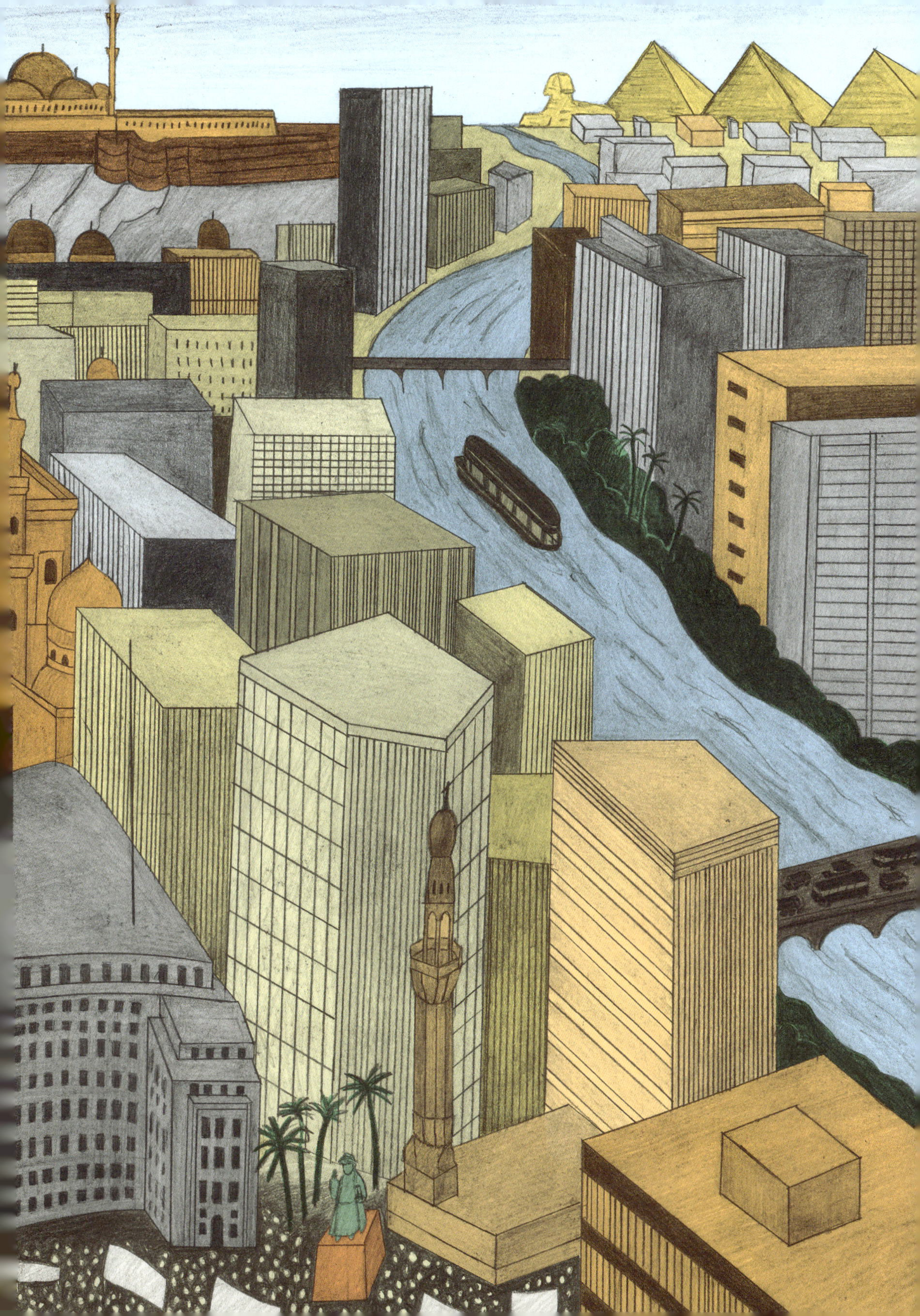

球第 30 位）。

21 世纪初，在城市居住的人口占了多数，这是人类历史上的第一次。19 世纪时，城市的吸引力在欧洲和美国尤其明显，这可以理解为工业化的结果。1945 年后，它成为一种全球趋势，与工业化程度无关。据世界银行称，2015 年 89% 的澳大利亚人、87% 的加蓬人、86% 的巴西人、84% 的芬兰人和 83% 的沙特居民生活在城市当中。我们会联想到大自然、远方和荒野的国家也宁可在城市里生活。埃及的城市化程度只有 43%，因为除开罗外埃及仅有一个百万人口城市：地中海的亚历山大港人口大约 400 万人。

但是在这两个埃及城市之外的生活也不能称之为偏远的农村生活。非洲夜晚的卫星图像证实了这点。它们显示，在非洲的东北有一条独一无二、闪耀的带状地带：尼罗河——非洲的生命线。在尼罗河抵达三角洲兵分几路汇入地中海之前，这条闪耀地带以一个明亮的点结束——开罗。光向南在阿斯旺消失，英国人在 1900 年前后、埃及民族国家在 20 世纪 60 年代在这里建起了堰塞湖。埃及人口直到今天仍集中在尼罗河沿岸一条几公里宽的地带。西边远一点儿的地方，利比亚沙漠令生活艰难，东边则是阿拉伯沙漠。埃及今天虽然面积是德国的三倍，但是只有 4% 的面积有人居住。如今这里生活着 8800 万埃及人，1950 年时只有 2100 万。

自古以来尼罗河一直到阿斯旺附近都是可以通航的。这里运行着一条商贸路线，非洲的商品和奴隶经它运输到欧洲和西亚。但是尼罗河带来了水和肥沃的冲积平原，令在沙漠中农耕成为可能。每年的尼罗河洪水（自法老时期就使用了水位计）都令人提心吊胆。人们用精心设计的方法将水和烂泥收集起来用在田地里。就这样，沙漠遍地的埃及得以成为罗马帝国以及后来奥斯曼帝国的粮仓。但是当洪水势头太弱时就会出现危险的饥荒。如果洪水太猛，灌溉设施和田地就会被毁。英国人在 19 世纪末时大肆种植棉花，而棉花需要极其大量的水。为了确保灌溉，他们于 1900 年在阿斯旺附近建造了首座水坝。埃及人自己在 20 世纪 60 年代的规划和大型建筑热中建设了另外一个大得多的水坝。自那之后，尼罗河就不再有洪水泛滥了。堰塞湖的水位虽然不断变化，但是水稳定地向开罗方向输送。河道全年受到监控。在开罗，以前会被淹没的地区眼下已经住上了人。

埃及的贸易和灌溉在法老时期就已经带来了分工和社会等级制度。商人和地主大多在城市生活。这里有华丽的礼拜堂、宫殿、花园、慈善团体、教育设施和市场。农民承担劳动和税收的重担，受国家官员和组织者的监控，受收税官的压榨。因为所有人的富足都建立在农民劳动的基础上，因此控制和反抗出现。一再颁布的新法令旨在防止农民因为工作繁重和税收过高而逃跑。城乡之间、贫富之间、权力与无权无势之间的矛盾在埃及有着悠久的历史。但是通过网络和资助来缓和矛盾也有同样悠久的历史。

今天的开罗地区自罗马时期起就有人居住。自那以来一再形成了新的城市中心，它们没有取代已有的居民点，而是形成了补充。19 世纪后三分之一出现了一个附带豪华住宅区的新的"欧洲"城市。这里有水和煤气供应，而一直以来的中心在此时则显得又老旧又狭小并开始衰败。在"二战"后的现代化热情中，人们不仅建造了阿斯旺水坝，也建立了一个巨大的城区——"胜利之城"，它有 250 平方公里。自 2000 年以来，在市中心东面的沙漠中形成了新开罗。它大概最多可以容纳 500 万人。和沙贾汉纳巴德、长安、柏林或圣彼得堡一样，开罗的城市史也与整个统治史密不可分。

19 世纪后期的这座"欧洲"城市是整个开罗、埃及和阿拉伯地区受到欧洲巨大影响的体现，尽管形式上奥斯曼或者本地酋长、苏丹和国王的统治继续存在。没有英国总领事的批准，埃及赫迪夫也无法进行统治。在第一次世界大战之后，欧洲获胜国英国和法国不顾希望独立的广大阿拉伯民众的反对将阿拉伯地区瓜分。官方说法是，欧洲人是在国际联盟委托下对阿拉伯人进行政治教育并为独立做准备。但是阿拉伯精英不再相信他们的动机是如此高尚。虽然他们当中的很多人吸收了欧洲的思维方式和习惯，并绝对从欧洲人对（农业）经济的革新中获得了好处，有些人因此才获得了金钱和影响力，但是眼下他们希望把未来掌握在自己的手中。他们必须考虑到欧洲人的阻力。而且即便是本国平民对欧洲文明福祉的重视程度也降低了，因为痛苦的经验他们也不相信本国的精英。

因此，相互交织并相互影响的知识分子流派和人民运动都反对欧洲的统治地位，它们对阿拉伯历史的影响至今：伊斯兰、阿拉伯和民族的。如果我们从埃及和开罗的角度看得更仔细一点儿，那我们就处在一个突出但是可以为典范的地方。开罗是阿拉伯世界唯一的超级城市，因此也是冲突和解决方案密布的一个地方。此外阿拉伯世界的三大区域在埃及交汇：（1）从摩洛哥到红海的受欧洲殖民者影响深刻的北非，（2）被石油财富彻底改变的阿拉伯半岛和（3）巴勒斯坦和波斯湾之间的区域，我们在《巴比伦》那章中已经认识了这里——早期的西亚高度发达文明的新月沃土。开罗——所有这些势力交汇的地方自1945年来几乎一直是阿拉伯国家联盟（阿拉伯国家合作组织）的总部并非偶然。

阿拉伯世界

如果这么说是对的——阿拉伯是讲阿拉伯语的地区，那么阿拉伯是从伊斯兰时期才开始有今天的规模的。因为阿拉伯语作为《古兰经》的语言随着伊斯兰教一起传播，并渐渐排挤了耶稣及其门徒所讲的阿拉米语等更为古老的语言。在此期间，地区差异产生。方言之间的差别很大。1800年前后，巴格达、开罗、麦加或马拉喀什的人相互理解的程度比上巴伐利亚和弗里森或者威尼斯和那不勒斯的人好不了多少。标准阿拉伯语作为宗教和经典文献的语言保留下来,但是在日常生活当中几乎从不会出现。自19世纪起,知识分子就致力于重新加强标准阿拉伯语的地位。但是与欧洲不同,没有一支政治力量会把努力集中在让学校和官方机构使用一种统一的民族语言上,以此来对抗方言。在1800年前后可能有2.5%的意大利人讲类似于今天意大利语的语言,10%的法国人讲今天的法语。随后意大利以及法国民族国家出现并在学校、管理部门、军队、政界和媒体中使用它们的语言。相反在阿拉伯世界,殖民力量用它们的统治语言英语和法语确定了基调。新出现的本土精英适应了这一状况。平民继续在日常生活中发展他们的方言。因此,20世纪的反殖民化运动也没有把阿拉伯民族语言立为他们的核心议题。但是因为学校教育是使用标准阿拉伯语,报纸是用标准阿拉伯语印刷,电台和电视台用标准阿拉伯语播放节目,而且自20世纪80年代起伊斯兰教以及"它的"语言再次变得重要,所以今天标准阿拉伯语要比100年前常见得多。方言越来越被视为一种共同语言的变体。阿拉伯语被视为一条联结的纽带,一种共同文化的体现。

如果我们把阿拉伯世界理解为一个语言区,那么土耳其和伊朗就不属于其中。土耳其语自11世纪起在安纳托利亚普及,随后随着奥斯曼帝国在1500年前后变得影响巨大。随着奥斯曼帝国在"一战"后瓦解,它成为新的土耳其民族国家的语言。与阿拉伯语的情况不同,土耳其有一个全力推行"它的"语言的国家:土耳其语应消除阿拉伯语和波斯语的影响并用拉丁字母书写,土耳其语应象征统一与现代。

相反,波斯语使用阿拉伯文字记录,这是与《古兰经》语言相接触的结果。与阿拉米语和该地区的其他很多语言不同,波斯语没有随伊斯兰教的长驱直入而消失。作为在伊斯兰教之前已与罗马人竞争的萨珊帝国的统治语言,它拥有强有力的支持者和知识分子的捍卫。波斯语吸收了字符等阿拉伯语的影响。源自阿拉伯语的概念以及后来来自土耳其语以及再后来欧洲语言的概念都被波斯化。波斯语因此而成为伊朗与印度之间最为重要的语言。波斯语是我们在《沙贾汉纳巴德》那章所看到的印度莫卧儿帝国的统治语言。波斯语在伊斯兰教的阿拉伯发源地与它在南亚、东南亚传播地区，乃至今天的印度尼西亚之间建起了桥梁。

换句话说，阿拉伯语世界在北边和东边某种程度上顺利地过渡到土耳其语和波斯语世界。而在西边和南边它似乎受到了海洋（大西洋、亚丁湾、波斯湾）和沙漠（撒哈拉）的明确限制。然而我们在《基卢瓦》那章中已经看到，即便在南边、沙漠和海洋的另一边也有阿拉伯的影响。今天科摩罗属于阿拉伯国家联盟，这是位于马达加斯加与莫桑比克之间的印度洋上的一个岛国。在这里，阿拉伯海员和定居者在18、19世纪发挥了重要的作用。阿拉伯地区过去和现在在大小上都是变化的，而且内涵上也是可变的。

欧洲人令阿拉伯地区发生了深刻的改变，这和他们在印度或加纳所做的一模一样。他们建造了铁路、公路、港口和运河，当然更多的是为了他们的短期利益，但它们也给该地区带来了长远影响。影响最深远的是红海与地中海之间的苏伊士运河。自1869年起，这条运河就令欧洲人免于绕行非洲的遥远路程，如果他们要前往印度、中国或者东南亚的话。对于以印度洋为中心的英帝国来说，这条运河简直就是生命线。为了确保它的安全，可以想到的一切外交与军事手段都动用了。港口和军营分布在船舶行驶沿线。沿岸国家或地区不得不屈从或者臣服于这个帝国。埃及赫迪夫被迫依附于英国以保证运河安全。

政治上，欧洲人与当地精英合作，以便尽可能地以低成本实行有效的统治。只有阿尔及利亚有大规模的欧洲人定居点。经济上，殖民统治者致力于农业。他们希望自己制造、销售工业产品。埃及纺织企业因此陷入了危机，而英国人的影响力增大——这与印度的孟加拉地区类似。为此英国人推动了棉花等农业出口商品的生产。和孟加拉地区一样，在埃及也是以

土地为生的精英从中获益。农民进行了技术革新，比方说首座阿斯旺水坝以及依托于水坝的灌溉系统。但是他们的依附性和贫穷并没有什么改变。

20世纪初，一种新的出口产品开始改变阿拉伯世界的形势——石油。化工业——第三次工业革命的关键行业靠石油运转。特别是20世纪的机动设备——轮船和汽车以及之后的飞机都只能靠石油才能运作。在第一次世界大战之前，英国人就已经将他们的军舰燃料从煤炭转为石油。20世纪20

年代，汽车先是在美国然后在欧洲迅速发展。"二战"后石油在越来越多的行业取代了煤炭。

最早的油田在高加索和美国发现。在第一次世界大战前不久，伊朗南部发现了石油。"一战"后，整个阿拉伯地区都富含石油这点逐渐显现。英国人和美国人将获取石油列为他们国际政策的核心组成部分，直到今天仍是如此。英国和美国企业对油田进行了开采，起初开采国并没有真正参与收益。1951年当伊朗试图将石油开采国有化时，英国和美国进行了干预。结果是一场国际危机。但是很快力量对比就发生了变化。1960年石油输出国组织欧佩克（OPEC）成立。伊拉克、科威特和沙特阿拉伯没有受旧大国的阻碍，将石油行业收归国有。

因为石油分布不均，阿拉伯地区的力量对比也发生了变化。人口密度非常低的阿拉伯半岛直到1900年时仍主要是因为麦加和麦地那的伊斯兰教圣地而举足轻重。埃及一度曾对这些圣地进行监视，因为阿拉伯半岛的形势太不稳定。1902—1932年间，一个与极端保守的伊斯兰教布道者结盟的强大家族的后人伊本·沙特利用手腕和暴力占领了阿拉伯半岛的大部分地区。接着他自命为一个新沙特阿拉伯王国的国王。当大量石油在那里发现时，伊斯兰极端保守教派的代表与沙特一起变得富有和强大——埃及或波斯城市里的知识分子群体认为这既令人意外又引人注目。

其他相对而言对阿拉伯历史没有那么重要的地区也因为石油财富而突飞猛进：阿联酋、科威特、巴林、卡塔尔都属于其中。特别是自20世纪70年代起，这里出现了崭新的城市。本国居民往往可以不用工作仅靠石油生意生活，来自阿拉伯其他地区或者是印度次大陆的外籍劳工负责完成所有的劳动。阿拉伯半岛的贫民窟是也门，它的首都萨那历史悠久，亚丁港因为苏伊士运河而崛起。因为也门发现的石油极少，所以它经历了与半岛其他地方不同的分裂、统一与再次分裂的血腥历史，而生活条件一直同样地悲惨。

在阿拉伯半岛以外，石油同样造成了不平等的状况。起初对石油的关注集中在波斯湾。伊朗和伊拉克因此而成为世界政坛上的必争之地，而且今天仍是如此。利比亚和阿尔及利亚发现了丰富的石油，但埃及和叙利亚则没有。后两个国家曾自认为是阿拉伯世界的中心，并且分别拥有开罗和大马士革这两个具有大都市特征的历史悠久的首都。但与阿拉伯半岛的石油国家相比，它们不得不在物质上俭朴度日。

巴勒斯坦争端

在种种经济和宗教分歧之外，阿拉伯世界直到 20 世纪 70 年代在以色列国扩张的问题上都是一致的。以色列国是 1948 年根据联合国决议建立的，这是犹太人半个世纪来在阿拉伯世界的中心时强时弱的定居的结果。1896 年奥匈帝国记者西奥多·赫茨尔在《犹太国》一书中探讨了犹太人该如何对待俄国、法国、德国不断蔓延的民族主义和反犹太主义及其部分是侮辱性的、部分危及生命的攻击的问题。他（并非全新）的解决方案是：犹太人应当和其他所有有自己国家的民族一样，自己建立一个国家。最好是在犹太人曾经作为家园的地方——巴勒斯坦建立这个国家。耶路撒冷——犹太人的圣地、《圣经》中的锡安应当即刻成为一个完全世俗的犹太国家的中心。"犹太复国主义者"希望建立国家，同时也显示：犹太人不仅能做商人、知识分子，也能做手工业者、农民和工厂工人。犹太复国运动从一开始就有很多个不同的侧面：力求建立一个有着工人自治机构和合作社的模范国家的左派，从《圣经》中得出犹太人对巴勒斯坦拥有历史权利结论的民族宗教分子，大量希望利用犹太复国运动来逃脱欧洲迫害从而生活无忧的人，还有断然拒绝犹太人建国的极端正统教派，因为这事关重要的一点：人们不能抢在即将到来的救世主之前行动。

在赫茨尔生活的时代，巴勒斯坦只有少量的大多十分虔诚的犹太少数民族，他们主要生活在耶路撒冷。他们在奥斯曼统治下与基督徒和阿拉伯穆斯林相当和平地共处，没有在建立以犹太人为基础的国家的想法上费什么心思。虽然部分巴勒斯坦地区人口稀少，但是绝对不是空无一人，或者是像某些宣扬犹太人建国的人希望人们相信的那样，被废弃了。犹太定居者不得不购买土地，他们也在犹太组织的支持下这么做。定居者如潮水般涌来，起初是因为俄国对犹太人的迫害。20世纪20年代，犹太人定居开始颇具规模，这引起了阿拉伯人的忧虑，并导致了针对犹太复国主义者的阿拉伯民族主义。但与此同时，阿拉伯人继续向犹太人出售土地，尽管关系紧张加剧，犹太人、基督徒和穆斯林仍继续在当地合作。

自"一战"开始取代奥斯曼人成为统治者的英国人行动反复无常："一战"期间，他们迫于形势向不同方面许下诺言，但却没有兑现。第二次世界大战期间，他们再次这么做，从而激化了矛盾。其间，他们又致力于关系的全面缓和。犹太人和阿拉伯人——特别是双方的强硬派认为英国人软弱且不可靠。

自20世纪30年代初起，犹太移民再次增多。德国犹太人因纳粹上台而逃亡，形成了越来越大的群体。最终，巴勒斯坦冲突在1936—1939年阿拉伯人的暴动中爆发。英国人对犹太移民进行了控制，同时德国开始了大屠杀。犹太人组织起非法移民。在巴勒斯坦混居的村子里，有时阿拉伯人遭到驱逐，有时犹太人遭到驱逐。双方的恐怖组织相互作战，也与英国人作战。1948年英国人紧张地将委任统治权交给了联合国。后者将其分为犹太人区和阿拉伯人区，分别具有各自的国家地位。阿拉伯邻国和犹太人领土上的阿拉伯居民都进行了反抗。战争持续的时间很短，并以阿拉伯人的失败告终。以色列将划给它的领土连到一起并进行了扩张——以此前阿拉伯人的领土为代价。进一步的摩擦出现。在巴勒斯坦以外，阿拉伯城市里的犹太人陷入压力。开罗的大多数犹太人（长期以来那里生活着数万人）在20世纪40和50年代因为暴力袭击而逃亡。自1912年巴尔干战争以来成为20世纪欧洲史标志的流亡和驱逐在阿拉伯世界继续下去。

纳赛尔、阿拉伯国家与现代化

"二战"后，阿拉伯国家在与正在形成的以色列国的斗争、与欧洲殖民列强的搏斗、精英与平民的冲突、与石油企业的纠缠中赢得了自己的身份认同。它们与英法殖民帝国冲突不断的独立是我们在《沃尔特湖》那章中谈到的六个去殖民化浪潮中的第四个。最血腥的独立发生在阿尔及利亚，那里在1930年时有超过80万法国人生活，同时有10万阿尔及利亚人在法国工作。这个国家已经被划分了行政区划并被定义为法兰西的一部分。这里的独立战争具有类似内战的特征，并且对法国内部产生了巨大影响。最令人动容的历史是由埃及人书写的，它伴随着贾迈勒·阿卜杜尔·纳赛尔（在欧洲以纳赛尔的名字为人所知）的崛起和陨落。他希望彻底变革国家，以打造一个现代化的和常胜的阿拉伯国家。

纳赛尔在军队崭露头角。"二战"后很多阿拉伯国家都扩建了军队。军队代表着技术、现代化、独立、民族骄傲，以及没有钱和背景、仅靠能力和勇气进入上层社会的可能。20世纪下半叶的很多阿拉伯政治家都来自中下阶层，没有军队这个晋升的渠道他们不可能达到如此显赫的地位。最初这在他们的社会里引起了人们的钦佩。军队进行革命，但是它本身也是革命性的：不管是社会上、技术上还是政治上。

1952 年纳赛尔在"自由军官组织"的一次政变后获取了权力。他由此结束了埃及的"自由年代"——自 1919 年以来的时期,在此期间,力量变弱的英国殖民力量、民选的往往争吵不休的议会与此时自称为"国王"的赫迪夫之间被重新洗牌。人们在很大程度上保持了在自由的媒体上进行深入的文化与政治讨论。欧洲服饰和行为准则在日常生活中得到推广。乍看起来这是个美好的时期。但是这些几乎没有触及开罗和亚历山大贫困城区,以及尼罗河畔村庄里的民众。这些人靠运作越来越好的伊斯兰网络与不安与贫困搏斗,并寄希望于一个没有英国人、没有旧精英的未来。穆斯林兄弟会、青年埃及党或共产主义运动等十分接地气的激进组织代表着他们的利益。

纳赛尔出身于平民,这从一开始就给他带来了广泛的支持。纳赛尔年轻,1918 年生人,也就是说在政变发生时刚刚 34 岁。他取得了外交上的成功:1954 年,英国人承诺在 1956 年前将军队撤出埃及。1956 年,纳赛尔将苏伊士运河收归国有。此后英国人和法国人联合以色列人发动的军事攻击被新大国美国和苏联阻止。正如我们已经在加纳见到的那样,美苏支持独立运动,目的是将这些年轻的国家拉到它们这边的冷战阵线。过去的殖民大国不得不降低要求:对英国和法国人来说这是个耻辱,对此时以年轻的亚非自由国家代言人形象出现的纳赛尔自身来说则是声望的巨大提高。巨大的阿斯旺水坝得以建造。和加纳的克瓦米·恩克鲁玛一样,纳赛尔利用世界大国的竞争来获得低成本的贷款。和加纳一样,国家对投资和技术化的推动应令国家与地中海另一边的欧洲人平起平坐。土地改革剥夺了旧精英的权力,令很多人手中有了可用的土地。外国企业和土地所有权被收归国有。在犹太人、英国人和法国人之后,此时大量其他国家的欧洲人离开埃及。埃及变得更加埃及化。取代旧精英的是军队和平民代表——讲阿拉伯语(而不是英语)、从未到过国外但是了解民众疾苦的人。

但是和加纳一样，钢厂和其他项目往往过于昂贵，本应带来现代化的工业项目运作得并不好。和恩克鲁玛一样，纳赛尔变得越来越狭隘，严禁政治党派，对媒体、艺术和文化界的管制越来越大。腐败和裙带经济变得明显。因为纳赛尔以魅力四射的本国人民的代言人形象出现，很多事情都得到了原谅。1967 年与以色列"六日战争"的失败成了他个人的灾难。纳赛尔作为埃及和阿拉伯民族的领导人出现。1958 年，他甚至与叙利亚建立了一个"阿拉伯联合共和国"，它本应成为一个阿拉伯联合帝国的萌芽——它在 1961 年叙利亚军方的一次政变后破灭。1967 年，纳赛尔与以色列的关系紧张升级，他与其他前线国家叙利亚和约旦打造了一个联盟。但是犹太国家全线获胜，占领了埃及西奈半岛、约旦河西岸、东耶路撒冷和叙利亚戈兰高地。纳赛尔最核心的魔咒被打破——军队和民族荣誉。紧接着他在阿拉伯世界的声望大跌。

在国内他仍受到爱戴，尽管高昂的战争成本给本来已经虚弱乏力的经济和社会改革增添了负担。纳赛尔不得不开放经济，并接受因为极端伊斯兰主义而被他认为是土包子的沙特阿拉伯的财政援助。但是沙特富有，而且与 10 年前建阿斯旺水坝时不同，纳赛尔已经不能再苛求挑剔了。1970 年 9 月 28 日，这位国家总统死于心肌梗死。参加他的葬礼的埃及国民比例之高是世界史上绝无仅有的（至少《吉尼斯世界纪录大全》是这么说的）。但是，他的阿拉伯—社会主义现代化专政的迷人想法已经先于他死亡。"第三世界"的希望——在殖民主义和新超级大国之外寻找一条自己的走向未来的道路——变得黯淡。

魅力四射的领导、埃及和阿拉伯民族主义与平民社会主义的结合令纳赛尔变得独一无二。相反，通过军队崭露头角、推翻与殖民制度关系紧密的旧精英的人在阿拉伯世界并不鲜见。在叙利亚和伊拉克，军方领导人和阿拉伯复兴社会党自 20 世纪 60 年代起开始出现交叠。这是一个阿拉伯民族主义、社会主义秘密联盟，它在成功政变后转变成某种国家政党。这两个国家都出现了军方主导的阿拉伯—民族专政，它们希望不惜一切代价实现现代化。和埃及一样，这里对后殖民主义的希望也破灭了。叙利亚和伊拉克也没有找到阿拉伯国家走向社会主义的道路。只有专政保留了下来。民众愕然发现，从军队和人民运动中走出来的自己人在现代化上和旧精英一样失败了。事实已经证明，欧洲人没有什么帮助。在泛阿拉伯主义、欧洲和社会主义现代化失败后只剩下了所有共同希望中最古老和最根本的了——伊斯兰教。

伊斯兰教是解决办法？

在《古兰经》的共同基础上，伊斯兰教与基督教一样呈现出差异很大的表现方式。在伊斯兰教产生的早期就形成了逊尼派（在阿拉伯地区占大多数）和什叶派（位于伊朗、伊拉克南部以及波斯湾的少数地区）的基本派别，后来又增加了一些较小的宗教派别。不同的宗教形式繁荣发展，其中也包括神秘–禁欲主义的苏菲派。一个普遍承认的教义权威是不存在的，但在具体信仰问题上或许有公认的权威。其中，开罗的爱资哈尔大学自19世纪后期开始脱颖而出，它为逊尼派提出了领导权的要求。

或许伊斯兰教在与其他宗教共处的传统上比基督教还要悠久：先知穆罕默德就已经接受被征服者仍信仰基督教或犹太教的事实。我们在《沙贾汉纳巴德》那章中已经看到，税收上存在着分别。困难时期也有暴力袭击事件发生，但一般来说是以包容为主。因此，科普特基督教得以在埃及幸存下来，科普特教会是自5世纪起从基督教主流学说中分离出来的一个群体。在穆斯林居多的埃及，它某种程度上被封闭起来，从而逃过了一般来说可能性很大的对"真正"基督教信仰的"皈依"。19世纪中期，7%~8%的埃及人是基督徒，其中大多是科普特教徒。

20世纪50年代后期，伊斯兰教在阿拉伯世界还没有那么独立自主。纳赛尔偶尔以它来作为阿拉伯社会主义的基础。在阿拉伯半岛，伊斯兰教应当掩盖外交转向美国的事实。穆斯林权威的所有说法都受到怀疑，是否实际上有其政治动机。但在这种官方的伊斯兰教之外还有平民的伊斯兰教。而且它的重要性增大。它是非欧洲人、非精英、非革命者的信仰。因此，它不是深奥的理论，而是包括宗教仪式、兄弟会、慰藉网络在内的实用的日常信仰。它取代了福利国家和政治对话空间，不管是欧洲人、旧精英还是阿拉伯革命者都没有带来这两样东西。

"伊斯兰教是解决办法"，穆斯林兄弟会多少有点儿天真的口号这样说道。但是自"六日战争"和纳赛尔希望破灭以来，事实证明这是非常有效的。在民族国家、国际力量对比、政治制度以外的地方，在《古兰经》和从中产生的伊斯兰思想中蕴藏着一个宝藏。它将为动荡的阿拉伯世界指出一条通向未来的新道路。每个人都可以去发掘它。自20世纪70年代起，埃及城市里也有越来越多的妇女重新戴起了头巾和面纱。一种自觉的日常生活的伊斯兰化开始。周五到清真寺去祈祷成了一件时髦的事。平民自豪地展示他们新的自我认知：兄弟友爱-保守主义。在迅速增多的埃及民众当中，国家触碰不到的人越来越多，享受了良好的学校甚至大学教育、现在要寻找自己在世界的位置的人也越来越多。他们当中有很多人真诚地认为伊斯兰教是解决办法。但有的人变得极端、闭塞，开始反对一切非穆斯林。

20世纪70年代末，极端分子开始显示出影响力。1979年，伊朗的一场穆斯林革命推翻了美国支持的穆罕默德·礼萨·巴列维政府。同年，苏联军队进军阿富汗支援共产党政府。接着在东西对峙时期，美国为最有效的苏联的对手提供了财政和武器支持——年轻的伊斯兰圣战者。他们不仅来自阿富汗和巴基斯坦，很快也来自整个阿拉伯世界。传统上与极端伊斯兰学说联系在一起同时又是美国忠实联盟伙伴的沙特阿拉伯扮演了关键角色。圣战者迫使苏联进入无法取胜的漫长的游击战。1981年，伊斯兰分子刺杀了纳赛尔在埃及的继任者安瓦尔·萨达特。1987年，巴勒斯坦出现伊斯兰哈马斯运动，它也是兄弟会组织。同样，在自1967年以来的以色列持续不断的占领下，该组织变得极端和激进。

三场海湾战争和持续的巴勒斯坦问题令极端化进一步恶化。1980年，伊拉克总统、阿拉伯军事与发展专制的一个后来但恶劣的代表萨达姆·侯赛因将伊朗拉入战争。他以为，伊斯兰革命已经削弱了邻国的力量。尽管得到了美国、海湾国家和埃及的支持，但胜利没有到来。伊朗用士兵的伊斯兰热情弥补了武器技术上的劣势并坚持了下来，它得到了叙利亚、利比亚和南也门的支持。1988年的停火实质上确认了战前的边界。这是第一场海湾战争。

为了支付惊人的战争债务，萨达姆·侯赛因在1990年突袭相邻小国科威特，据猜测，波斯湾20%的石油储备都在科威特的砂质土壤下面。这一次，除了少数例外，阿拉伯世界一致谴责袭击。它们几乎一致加入了解救科威特的行动，它得到了联合国的授权并由美国领导。这是1990—91年的第二次海湾战争，它以萨达姆·侯赛因的全面失败告终，但是他自己在伊拉克的权力得以保持。

美军在沙特请求及其国内重要神职人员的同意下驻扎麦加和麦地那圣地，这激怒了极端分子。乌萨马·本·拉登决定结束他作为建筑企业家的平静生活，投身针对不信神者的地下运动。全球无数恐怖袭击都与他有关。血腥行动的高峰是：2001年9月11日两架被劫持飞机直接撞向纽约的世贸中心双塔令之倒塌。"9·11"事件促使美国对阿富汗作战并在2003年再次对伊拉克开战（这是第三次海湾战争）。按照美国官方的说法，两场战争它都获胜了。萨达姆·侯赛因被推翻。但是令这些国家实现和平这点却没有成功。

因为眼下伊斯兰极端分子的景象发生了决定性的变化。在对伊斯兰教的新式诠释中，某些人自20世纪70年代后期开始宣传自杀式袭击是战斗手段，是值得嘉奖的"圣战"以及对真主事业的热情的体现，这与传统和公认的伊斯兰权威相悖。自杀式袭击成为神圣的举动。先是黎巴嫩成为献祭者偏爱的地点，然后是以色列。此时某些阿拉伯国家已经与以色列达成了和平，起初是埃及在1977年（并且不顾其他所有国家的反对），然后是约旦在1994年。第三个前线国家叙利亚也不愿再作战。巴勒斯坦人认为自己落了单，而且在以色列自1967年起控制的加沙和约旦河西岸地区毫无希望了。他们的传统代表机构——巴勒斯坦解放组织在亚西尔·阿拉法特领导下更倾向于阿拉伯化和社会主义而不是伊斯兰主义，它的精力集中在得到阿拉伯世界和联合国的承认上。在非官方渠道，它也寻求与以色列实现和平。1995年，和平似乎距离很近了，但是和平进程在2000年破裂，这也是因为双方对反对和谈的极端分子抬头的担心过于严重。以色列总理伊扎克·拉宾被一名犹太极端分子刺杀。

很多巴勒斯坦年轻人转向对他们承诺了未来和精神慰藉的哈马斯伊斯兰极端组织。或许以色列特别是耶路撒冷是圣地所在也起了作用。穆斯林、基督徒和犹太人在这里的重要地点崇拜他们的神，有的地点——比方说圆顶清真寺和哭墙名副其实地紧挨着。妥协的理由很多，但却没有什么空间。2000—2003年，在以色列把自己炸飞的穆斯林青年有100多个。成为他们牺牲品的大多是公交车乘客和咖啡馆的顾客。军队与平民之间已经没有分别。以色列建造了一座墙。此后特别是在加沙地带的巴勒斯坦人被毫无希望地困了起来，也被困在他们自身的极端化当中。

从以色列以及巴勒斯坦的角度来说，自杀式袭击在阿拉伯世界走出了它的道路。起初它在阿富汗和伊拉克战争地区成为武器。大多数牺牲者是穆斯林，因为此时极端分子对纯正的要求主要是针对其他伊斯兰教派：所有不愿追随极端分子对伊斯兰教的绝对理解的人都被视为非信徒。

2011年，一股被称为是"阿拉伯之春"的革命潮流席卷阿拉伯世界。它的开端是突尼斯商贩穆罕默德·布瓦吉吉自焚。也就是说，并非袭击，而是一个并不极端的年轻人的绝望行为。它成为通过手机和脸书联结起来的年轻一代的火把，他们不愿再忍受阿拉伯世界的腐败专制和君主制度。但他们在伊斯兰主义中也没有看到解决的办法。新媒体实时传播的充满想象力的抗议和示威推翻了突尼斯、利比亚、埃及和也门的国家领导人，并令其他国家面临极大的压力。但只有突尼斯实现了向某种程度上的民主架构的过渡。其他国家的革命者被证明力量太弱。面对伊斯兰保守派、伊斯兰极端主义和军队的阻力，他们无力实现新的政体。利比亚和叙利亚出现了内战，它们很快又变得极端化。西欧、美国和俄罗斯介入。但是迅速获胜是不可能的。极端分子以欧洲和美国的自杀式袭击做出反应。在那里，有的人将极端分子的恐怖主义与整个伊斯兰教等同起来，这进一步加剧了矛盾。

阿拉伯世界走过了扣人心弦的20世纪，它充满了希望的破灭。也是因为这个原因，这里在21世纪初才有大量失去了国家权威的暴力地区。此外也有完全不同的地区：阿拉伯半岛的石油君主国或者是位于边缘位置但影响巨大的"亲戚"土耳其和伊朗。这里有超级城市开罗，它是21世纪年轻的全球城市文化的一部分。在这里，年轻伊斯兰男子（以及越来越多的女性）危险的极端化并没有下面这个重大问题重要：国家触及并争取到不断增多的年轻民众的速度能有多快。

20 世界

全球超级城市

阿拉伯革命者和伊斯兰恐怖分子是跨地区，甚至是全球联网的，这点对刚刚开始的 21 世纪来说十分具有代表性。自 20 世纪 90 年代以来，"全球"和"全球化"这两个词就扮演了重要的角色。地图显示全球网络化增强：越来越多的人搭乘飞机旅行，越来越多的轮船运输，越来越多的电网，越来越多的地方的越来越多的脸书用户。整个世界似乎成为一个村子，每个人都相互联结并共享所有的物品和威胁。

然而，再看一下地图就会发现，我们网络化的程度是不均匀的。欧洲降落的飞机明显比非洲多，虽然非洲更大、人口更多。美国人均消耗的电力是加纳人的 20 倍，德国人则是近 11 倍。对全球贸易航运来说，今天印度洋的港口并没有大西洋或者太平洋的重要。换句话说，我们不是个全球村。全球关系网的线有粗有细，洞有大有小。本书一开始所描述的地毯织得十分不均匀。与 19 和 20 世纪不同，到了 21 世纪，各条线走向的中心不

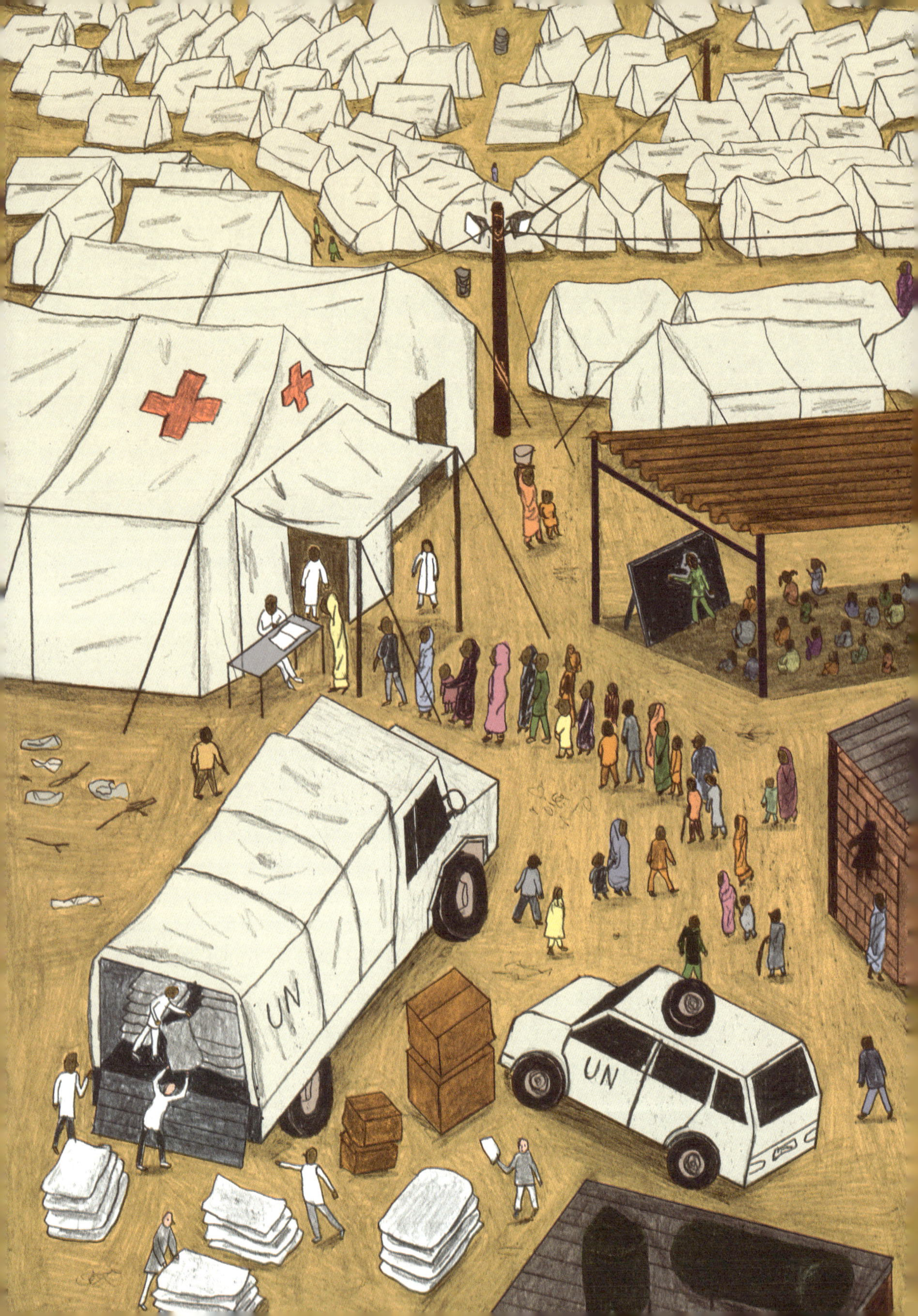
UN
UN

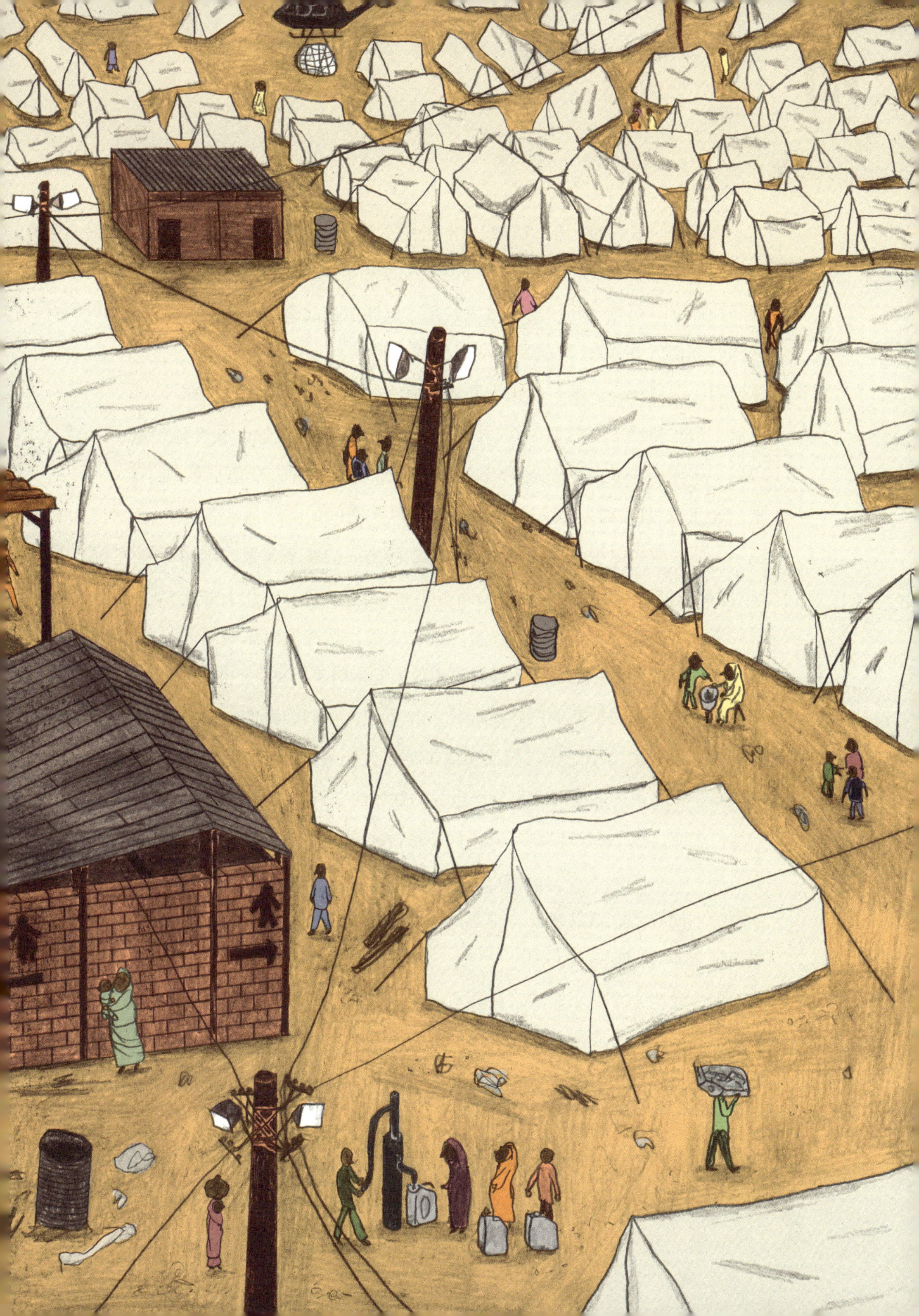

再是欧洲。

正如我们看到的，在 19 世纪欧洲把线头拿到自己手中之前很久，不均匀的网就已经存在了：世界各地的游牧民族和定居者（澳大利亚除外）之间某种程度上都建立起稳定的贸易联系，只偶尔在战争时才中断。两河流域的亚述商人在 4000 年前就用驴车组成的商队在今塔吉克斯坦、乌兹别克斯坦、阿富汗、伊朗、巴比伦和地中海之间从事贸易。中国、印度、阿拉伯、东非和地中海的商品在 2000 年前就已经印度洋运输。在环地中海、印度、中国、中美、南美都曾出现过大的帝国。蒙古人征服后实现了和平，这在 13 世纪和 14 世纪早期令中国和欧洲之间的陆路远途贸易成为可能。伊斯兰教将印度尼西亚与直布罗陀之间的人们联系起来。印加帝国在 500 年前通过其基础设施（比如公路）和统治将在地理和文化上如此多样的南美东部联系在一起。1500—1800 年间，人和商品经大西洋流动。所有这些网络都曾持续了一段时间并影响了无数人的生活。后来它们的影响减弱，或者被武力结束并被新的网络所取代。21 世纪，我们会再度生活在一个在多个大洲有着多个中心（它们或多或少都彼此相关）的世界里吗？我们正在回归一种在很久之前深刻影响了世界的秩序吗——在 19 世纪欧洲占据优势地位之前，在 1914—1945 年陷入极端暴力之前，在 1945 年过后世界被分为第一（资本主义）、第二（社会主义）和第三（不发达）世界之前？世界会因为不同统治、贸易和暴力中心的重新出现或者是再次消亡再次变得更加无序和不透明吗？

因为政治、军事、经济、社会与文化的可能性增多，21 世纪与以往的时期不同。多场技术革命提供了令 1800 年时的一切都相形见绌的工具。我们拥有的食物和药品可以令全球所有身处和平条件下的人都免于夭折。我们几乎可以生产、运输、购买和销售一切想象得到的物品。我们可以没有时间延迟地与世界各地的人相互交流。我们可以改变全球气候。我们可以在几秒钟之内毁灭地球上所有的人或者是其中的一部分。但是并非所有人都可以以同等的方式来利用这些增多的可能。我们没有生活在一个所有人分享一切的地球村。但我们看到的也不再是一个有着神秘生境和空白的大得难以理解的世界。我们与19世纪前的多极世界十分相似但又完全不同。和250年前一样，现在没有哪个地区或哪个地方占据了主导。但是与库克船长时期不同，现在也不再有独立和隔绝。人们可以观察整个世界。如果真地希望，我们可以亲身到地球的每个角落。我们联系在一起，尽管是以不均匀的方式，而且就算我们没有联系在一起，我们至少可以。我们生活在一个全球超级城市。

这个全球超级城市的中心有恢宏的建筑、大型机场、公路、轨道交通和港口。这里有学校、医院、供电网、政府、管理机构和负责安全的警察。在中心之外，这些会略少一些。在我们全球超级城市的贫民窟里这些则无一具备，但正是它们令中心的生活更有价值。基于互联网的社交网络和消息可以无所不在，并让我们所有人都能够了解中心和边缘是什么样子。但是世界贸易并非哪里都有，而且在有世界贸易的地方，它对人们的影响也并不是同等的：少数人过得非常好，很多人却陷入贫困。与必须从其他国家进口的昂贵的工业产品相比，沃尔特湖彼岸加纳农民的可可现如今的价格比20世纪50年代低很多。来自中心的援助极少能够抵达这些贫民窟，而且很不可靠。在没有政治领导、管理机构、警察和公立学校的地方，秩序已经瓦解，人们必须自己组织他们的共同生活与安全——要么就搬走。中心里的人对这样的迁徙进行了防范：他们建起有栅栏、大门和警卫阻隔的不可逾越的边界。

因为清楚人与人之间的不平等日益严重（虽然与此同时过上美好生活的技术和医疗条件越来越好了），自19世纪起人们就尝试改变世界，令之为所有人带来福祉。有的人试图通过专政来让尽可能多的人获得幸福。但

是正如我们看到的，最终这样的尝试造成了更多的可怕牺牲。此外也有通过谈判和组织来慢慢、逐步让世界成为一个更加和平、更值得生活的地方的尝试。它通过国家间的合作和很多人的共同倡议进行。

协调国家间合作的组织被称为政府间国际组织（Intergovernmental Organizations = IGOs），这其中就包括联合国（United Nations = UN）。此外还有非政府组织（Non-Governmental Organizations = NGOs）。它包括大赦国际、绿色和平组织等组织，每个人都可以参与。此外并非政府发起也并非对任何人开放的强有力组织发挥了重要作用。它们被称为"非国家行为体（Non-State Actors = NSAs）"。它的一个例子是比尔及梅琳达·盖茨基金会，微软创始人和亿万富翁比尔·盖茨的一个资金雄厚的基金会。这部世界史的最后一章就将围绕国家和非国家的未来政策展开。

国际化的 19 世纪：从维也纳会议到奥委会

1814/15 年的维也纳会议是一种新式跨国政治诞生的时刻。在法国大革命和接下来的欧洲战争中有大约 500 万人丧生。在战场以外因饥饿和疾病而死亡的还没有计算在内。生活在那个时代的弗里德里希·根茨（Friedrich Gentz）称之为"撼动并撕裂了社会的最灭绝人性的世界战争"。因此，欧洲五大国——英国、奥地利、普鲁士、俄国和在拿破仑退位后尽管战败但很快又在谈判桌上获得了平等地位的法国，寻求实现长久的和平。尤其是作为社会活动来说，维也纳会议的名声不佳，因为无数的舞会吸引了大量客人。妓女的生意很好，哈布斯堡帝国陷入债务当中。但是多边磋商形成了"欧洲协调"的理念。五大国共同承担责任。它们在起初十分频繁、后来极少召开的会议上以及会议之外的约定中协调欧洲问题。对小国来说这不是个好消息。19世纪20年代初意大利和西班牙革命运动被血腥镇压。但不管怎样，维也纳会议至少保证了欧洲的长期和平。较大规模的战争仅在19世纪50年代（克里米亚战争）和60年代（围绕意大利和德国民族统一的战争）出现。但少数大国之间的短暂冲突仍旧存在。在欧洲以外这一和平信条就不适用了。欧洲殖民国家对亚洲和非洲对手的行动越来越肆无忌惮。欧洲五大国自身的暴力冲突要到维也纳会议百年之后才再次出现——第一次世界大战。其结果比从1789年法国大革命到1815年维也纳会议之间的所有战争还要惨烈。

"欧洲协调"得以在大国内部结构调整的情况下坚持下来：法国在1830年更换了君主政体，在1848—1851年间成为一个共和国，在1852—1870年间成为帝国，然后又是一个共和国，但这些并未影响其谈判能力。普鲁士在1871年成为德意志帝国的一部分。奥地利帝国在1867年成为奥匈二元（皇帝和国王）君主帝国。在19世纪的后三分之一，它们内部的关系紧张加剧，因为大国的世界利益反过来影响了它们的欧洲政策。欧洲协调变成了列强间的一种均势，然后又成了竞争。尽管如此在1900年前后它们仍可能在一系列纷乱的争议问题上达成妥协。此外，1899年和1907年在海牙还召开了两次和平会议，会议强化了此时已像是习惯那样实行的国际法，并将其中的部分内容以协议方式固定下来。第一次世界大战是一个例外，它偏离了欧洲大国通过谈判和平解决冲突的常规——但它是一个足以颠覆整个体系的例外。

维也纳会议也曾关注自身安全保证以外的问题。也有解决跨国问题的跨国政策方面的尝试。在英国抵制奴隶制运动的压力下，会议对买卖奴隶进行了谴责。莱茵河航运受到了国际监督。一份条约（所谓的"莱茵河航运文件"）对细节详情进行了规定，它由一个委员会制定。"莱茵河航运中央委员会"至今仍然存在，它是世界上最古老的国际组织。

河运的议题显示出 19 世纪国际合作的一个重要动机——跨境交通与联络渠道。18 世纪，欧洲国家开始大规模地建造运河并令河流可以通航。因为河流不会因为边境而停止，所以不仅莱茵河，多瑙河也有国际规范的需求。19 世纪的技术发明令机会增多，但也带来了新的挑战：铁路需要统一的轨道标准、行车时刻表和统一的计时。蒸汽船需要站点来加煤。电报需要缆线和统一的技术。电话同样依赖线路和统一的标准。国际组织因此而成立。它们令欧洲以及欧洲以外的交通和联络网能够发挥作用。儒勒·凡尔纳的小说《八十天环游地球》的巨大成功显示了人们对新的贸易、旅行和见识世界的可能是多么得心驰神往。

通过奴隶制议题，维也纳会议也关注了人权与人道主义援助领域，19 世纪时越来越多的人感觉自己对此负有责任。1863 年，红十字会组织成立，这是一个为战争伤员提供支持的救援组织。也有预防流行病、卫生保健、劳工保护和扶贫的国际会议与组织。1910 年在布鲁塞尔专门成立了一个机构——国际组织中央局（Office Central des Associations Internationales），旨在令人们对数量越来越多的国际组织有个了解。1912 年，第一期《国际生活》杂志出版：杂志的发行者认为，在国际政治之外出现了一个国际社会。它远远超出了以往非政府组织的范围：工人及其工会、教会及其传教网之间形成国际联合。1894 年，国际奥林匹克委员会成立。1904 年，国际足联成立。在经济领域，家族关系分支广泛的国际商会仍十分重要。自 19 世纪中期起，克虏伯、洛克菲勒的标准石油公司等企业就活跃在全球原材料和产品市场。

世界博览会成为这个国际社会的交汇点。1851 年，维多利亚女王在伦敦宣布首场博览会开幕。中心展会大楼是一座惊人的玻璃宫殿——海德公园的水晶宫。它在博览会结束后被移至刘易舍姆（Lewisham）区，它给人留下了如此深刻的印象，以至于整个城区都开始叫这个名字。但水晶宫在 1936

年被完全烧毁。只有城区的名字以及水晶宫足球俱乐部还令人回想起它。

世界博览会自 1851 年起定期举行。和第一届博览会一样，它们深受令人惊叹的建筑作品的影响。1889 年，作为巴黎世界博览会一部分的埃菲尔铁塔建成。引起轰动的发明和工程作品吸引了国际公众。举办地点则是中西欧以及北美的大都市：伦敦、巴黎、维也纳、布鲁塞尔、阿姆斯特丹、纽约、费城、圣路易斯等等。虽然 1879、1880 和 1888 年在澳大利亚举办了三次世界博览会，但是除此之外直到 1969 年所有的博览会都在欧洲和北美举行。1970 年轮到了日本的大阪。2017 年世博会在哈萨克斯坦举行，2020 年预计将在阿联酋——首个阿拉伯国家举办。

世界博览会从一开始就是个社交场合：商人、艺术家、学者和其他来自世界各地的贵宾汇聚一堂。国际组织利用这个机会来召开会议。新的组织在世博会期间成立。1900 年（巴黎）和 1904 年（圣路易斯）奥运会在世博会期间举行。国际民间社会会聚到一起。他们讨论经济社会的现实问题，也自行举行庆祝活动。在欧洲世纪里，这是个白人、男性、贵族-资产阶级的活动。但是在 1914 年之前扮演重要作用的就已经不仅有英国定居者殖民地加拿大、澳大利亚和新西兰的代表，而是也有日本和印度的知识分子。女性此时作为新出现的国际妇女组织的代表出现，并且也在非政府组织中担当领导角色。和平主义者贝尔塔·冯·苏特纳（Bertha von Suttner）于 1905 年作为首位女性获得了诺贝尔和平奖。

国际接触的迅速增多被称为"初步全球化"。保持着国际往来、充满希望的学者在 1900 年后认为未来不可能发生重大的战争。正如我们在《柏林》那章中看到的，这是个谬误。例如，德国伟大的社会学家马克思·韦伯在 1904 年参观了圣路易斯世博会，并在美国进行了为期三个月的旅行，他还各处演讲，四下观察后心醉神迷地回国了。但他和其他很多人一样并没有因此而成为一位世界公民，而仍是一个支持德国世界政策的德国人。

在世界大战中,韦伯和世界上绝大多数工人、企业家、科学家和知识分子一样,忠实地站在了他的国家一边。

1919—1946 年的世界政府——国际联盟

和在百年前结束拿破仑战争一样,结束第一次世界大战是个艰难的任务。对此,战胜国,特别是美国、英国和法国的领导人是清楚的。因此,他们在战争结束前就已经委托人员对维也纳会议进行历史研究,以便为即将在巴黎凡尔赛进行的谈判寻找可效仿的典范。但是凡尔赛不是维也纳。这里跳的舞少了,谈的、写的更多了。在将民主写入宪法的战胜国,国际公众发挥了重要得多的作用。政治家在深思熟虑时必须考虑到这一点。它改变了活动的余地,比方说在对待战败国上。参会的国家多出了很多:从波兰到希腊的中东欧国家和从危地马拉到秘鲁的中南美国家都签署了《凡尔赛和约》。英国殖民地澳大利亚、加拿大和印度积极参与了讨论。日本作为大国得到承认。但美国国会在 1920 年却拒绝批准条约。这对美国总统威尔逊是个沉重的打击。他的"十四点计划"——以民族自决权为基础并以一个普遍的国家联盟想法为顶峰的一个更为公平的世界秩序的构想——令美国于 1917 年加入战争合法化。该计划对凡尔赛谈判产生了深刻影响。它导致了国际联盟的成立,它继承了欧洲协调的遗产,但是它更国际化、组织化并且法制化。可是没有地球上最强大国家的参与,这个联盟有多大的价值呢?

与 1815 年的维也纳不同,并非所有强国都参加了 1918/19 年的凡尔赛和会。德国人作为主观认为的战争的主要罪魁祸首未被获准参与谈判。他们直到 1926 年才加入国际联盟。年轻的苏联没有被视为国家,而是被视为革命者对国际社会的拒绝。它直到 1934 年斯大林执政时期才加入国际联盟。

这时国家社会主义的德国和军国主义的日本已经退出了。意大利在 1937 年退出国际联盟。世界政府的伟大想法因为它依赖所有参与者统治与被统治的意愿而受到损害。

因此，国际联盟常常被视作一个理想主义的独创，它在风景如画的日内瓦总部花了大量的金钱和时间，却没有产生很大作用。但这是错误的。当然"一战"结束 20 年后又发生了"二战"。也就是说，国际联盟没能履行它通过各国人民的商讨长期确保和平的主要任务。但是，另外一个组织方式不同的联盟是否就能阻挡希特勒、墨索里尼和过激的日本军国主义者，这是值得怀疑的。此外国际联盟虽然在 20 世纪 20 年代毫无权力，但是它对《凡尔赛条约》的实际执行有着重要的职责。它为魏玛共和国与其前西部作战对手法国及英国和解提供了一个框架。它协调了尤其是亚洲与北非去殖民地化的初步举措——而且比这些年轻的民族国家的民族主义者后来所宣称的做得更好。但是国际联盟尤其担当了组织起某种世界政府的任务，后者在 1815 年的维也纳会议上就已经勾勒好了。而且它为非政府组织提供了一个家园，后者的数量自 19 世纪下半叶，特别是 1900 年以来迅速增多。

国际劳工组织（ILO）是国际联盟的下属机构，它制定了劳动法和劳工保护规范。这方面往往有源自战前时期的理想主义的初步研究，此时它们要么被运用到艰苦的谈判当中，要么就遭到了摒弃。一位难民问题高级专员十分关心欧洲大量失去家园者的法律保障。高级专员弗里乔夫·南森因为他的"南森护照"（为无国籍者和流亡者确保其在逗留国家的基本权利的证件）而获得了诺贝尔和平奖。这里有医疗卫生、知识合作和儿童权利的组织。还没有正式加入或不再属于国际联盟的国家也在这里参与合作。相关的非政府组织也在这里与政府代表合作。源自第一次世界大战之前的理想主义声明被付诸实践。国际联盟的大多数下属组织在 1945 年后被转至

联合国并非偶然。它们很重要。联合国以及20世纪50年代欧洲共同体的领导人在国际联盟积累了最初的职业经验。

随着国际联盟的发展，非政府组织的数量在20世纪20年代也进一步增多。1929年出版的国际组织手册中的一个目录称数量有478个，到1932年再版时又增加了82个。世界大战没有摧毁国际组织，只是改变了它们：它们变得更加着眼于实际，并与官方机构、政府和国际联盟等政府间组织联成网络。非政府组织也变得更加全球化。它们当中有很多此时在非洲、亚洲和拉丁美洲都有成员。第一次世界大战偶尔会被称作是"旧欧洲的衰落"。但人们也可以采用更为积极的表述：1918年后，欧洲开始更加认真地对待世界社会的理念。当"二战"爆发时，国际联盟的大部分官员以及很多非政府组织代表从日内瓦逃走，因为他们担心德国入侵。大多数人到了美国。

"二战"之后：从联合国到绿色和平组织

《联合国宪章》在1945年7月26日——日本投降之前就已于圣弗朗西斯科签署。1万人出席了这场耗资2500万美元的成立会议。它们全部都是曾经向所谓的轴心国德国、意大利和日本宣战的国家，它们在会议开始时强调，"决心欲免后世再遭今代人类两度身历惨不堪言之战祸"。它们相信"基本人权、人格尊严与价值，以及男女与大小各国平等权利之信念"。它们承诺"创造适当环境，俾克维持正义，尊重由条约与国际法其他渊源而起之义务"，以及"促成大自由中之社会进步及较善之民生"。维护和平、尊重人权、遵守国际法以及进步和所有人之更美好更自由的生活——这是联合国最初的四个目标。它与1919年国际联盟的目标没有本质上的区别。

联合国接收了国际联盟的人员，以及包括大会、委员会和秘书处在内的架构和 ILO 等组织。但是创立者想要一个更加积极、更具执行能力的架构。因此委员会（现在叫作安理会）获得了比每个国家都有一票的联合国大会更加有力的地位。最重要的战胜国——美国、苏联、英国、法国和中国获得了联合国安理会常任理事国地位以及否决权。它应当避免大国的退出。大国应当共同为和平、人权和国际法承担起责任，并且不得逃避责任。

为了推动经济和社会发展，一个经济及社会理事会成立。它应对世界银行、国际货币基金组织和世贸组织进行监督，但是这三个机构很快就变得相对独立。经济及社会理事会也负责儿童救援机构联合国儿童基金会（UNICEF）和世界卫生组织（WHO）的工作，目前它们同样在很大程度上独立行动。此外经济及社会理事会也负责协调联合国与非政府组织的关系。对它们来说，理事会具有重大意义，因为它为它们带来国际承认与法律保障。

纽约成为联合国的总部。很多国家拒绝回到日内瓦，人们以此来强调这是不同于国际联盟的新开端。此外，它也应避免美国像 1919 年那样退出世界政坛。尽管美国在关于总部地点的投票中投了弃权票，但它愿意承担责任并守护联合国。然而很快组织就陷入资本主义美国与社会主义苏联的冷战旋涡当中，冷战一直持续到 1991 年苏联解体。两个大国都是安理会常任理事国，都可以使用否决权阻挠决议。它们动用否决权的次数非常可观。幸运的是，这并不是针对所有领域。像是国际原子能机构就出人意料地发挥了很好的作用。在这里，五个大国的利益一致，因为该机构旨在推动和平使用核能，同时防止核武器扩散。自 20 世纪 50 年代起，安理会常任理事国是仅有的正式的核国家，而且它们也希望这样保持下去。最初计划的军事参谋团最终名不副实同样符合五个大国的共同利益。它应计划和执行军事行动。那样的话联合国就会拥有一支自己的军队，但是大国中没人希

望再有另外一支强大的军事力量。至今，联合国在要进行军事行动时都不得不请求成员国出兵。他们统一戴上蓝盔作为标识。

除了这些成为例外的合作，美国和苏联经常令安理会以及联合国大会成了上演冲突的地方，而不是解决冲突的地方。没有人会羡慕联合国秘书长的职责——寻求妥协。再加上越来越多的组织并入，特别是并入经济及社会理事会。正如纽约联合国总部的大批组织和另外三地（日内瓦、维也纳和内罗毕）的组织很快就获得的名字，这个"联合国大家庭"变得越来越大，越来越难以一目了然。在这里保持全局观并令五个大国保持好心情被视为"世界上最艰难的工作"。因此，很多联合国秘书长对外并没有什么影响力。直到东西对峙在20世纪90年代结束之后，安理会内部才有了更多的变化，联合国才得以以新的方式发挥政治作用。与此相对应，来自埃及的联合国秘书长布特罗斯·布特罗斯-加利（1992—1996）以及来自加纳的科菲·安南（1997—2006）也成为世界级的政治家。

对非政府组织来说，直到20世纪80年代安理会都没有什么生气并没有那么重要。它们在重大政策上与联合国大家庭的不同组织合作：除UNICEF和WHO之外，也尤其与联合国教科文组织（UNESCO）、国际难民组织（IRO），以及后来的联合国难民事务高级专员办事处（UNHCR）合作。和国际联盟一样，联合国在务实层面是最厉害的，因为制度的对立并不总是也从来没有完全影响到它。

自20世纪50年代起，联合国关注的不再主要是欧洲，而是主要关注欧洲殖民国家撤出的亚洲和非洲地区。对这些地区的"发展援助"比我们在《沃尔特湖》那章所看到的20世纪40年代后期欧洲的紧急援助更加长久。但是超级大国也利用这些发展援助扩大其势力范围。大有可为的非洲和亚洲年轻人受邀到美国、苏联及其盟国逗留。但从亚洲和非洲看来，情况似乎更多姿多彩一些。除超级大国的代表之外，当地还有来自联合国和

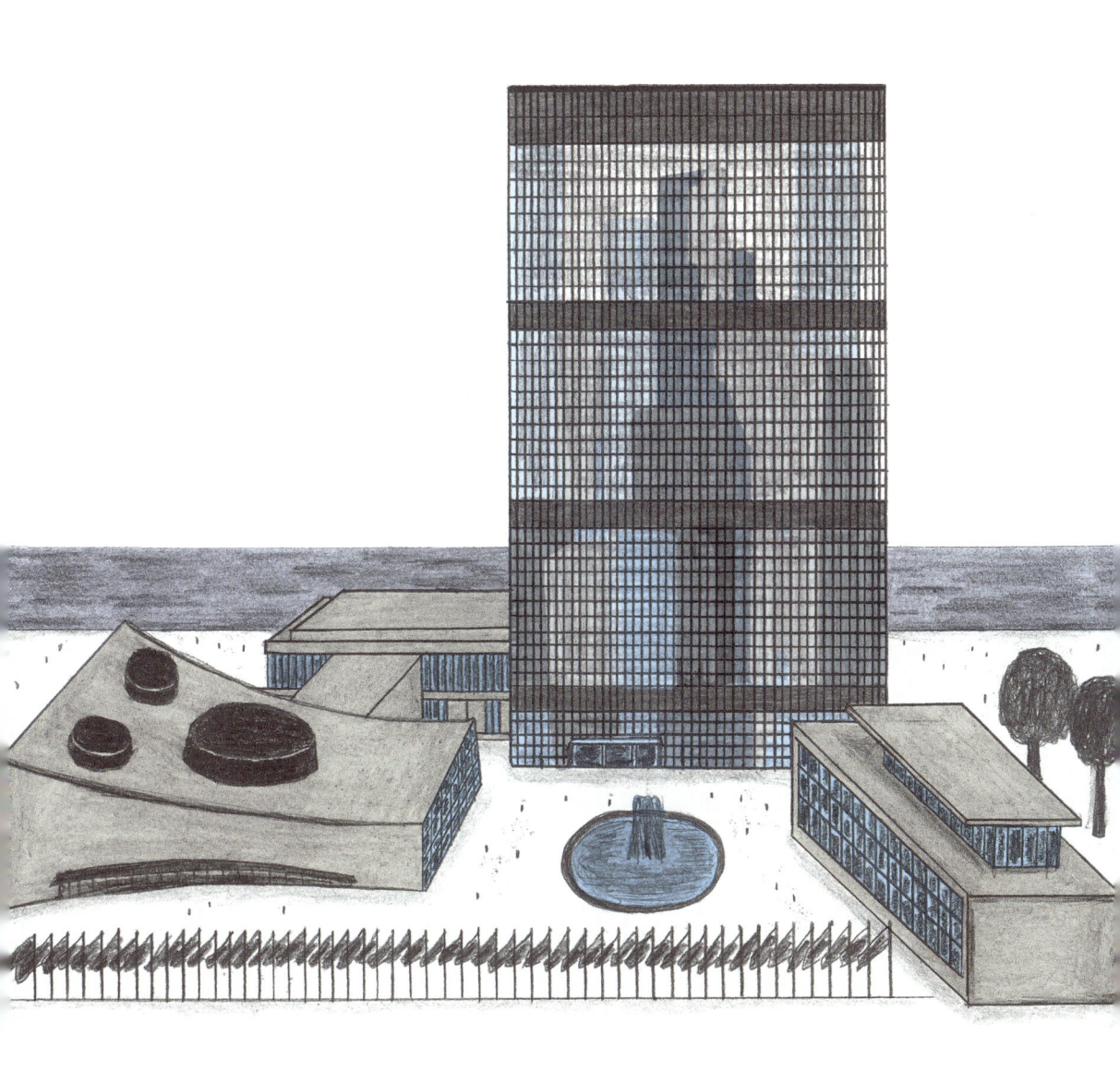

世界

非政府组织的代表，有些与宗教有关，有些则没有。所有人都对亚洲和非洲的未来有着自己的构想。随着时间流逝，结盟产生又消失。非洲和亚洲的经验也改变了欧洲和北美。自20世纪50年代起，世界在那里也变得更加多姿多彩了。

国际政府组织和非政府组织的数量在20世纪60年代迅速增多。这与冷战形势缓和有关，它使得人们有可能跨越僵化死板的阵线进行接触。此外联合国在1961年提出了"发展十年"的口号，并由此大大推动了各种倡议的出现。日本成立了"奥伊斯嘉国际组织"（OISCA International），一个希望为日本和其他亚洲国家人民投入发展援助做好准备的慈善（人道主义）组织。1964年，首届"贸易和发展会议"举行。它演变为联合国贸易和发展会议（UNCTAD）——联合国大家庭的另一个重要成员，它的总部位于日内瓦，旨在推动发展程度不同的国家间的贸易，并致力于一个新的世界经济秩序。1961年大赦国际成立。英国律师彼得·本南森最初在伦敦启动了一个援助政治犯的行动，它在接下来的20年里变得国际化和专业化。它是一项草根运动，在世界各地有很多地方组织，密切关注当地以及世界各地的政治犯状况。整体而言，它们同时又是一个以人权为议题的国际政治游说集团。对在发展议题之外人权议题也变得重要的时期而言，这很具有代表性。有时这两个议题也会结合在一起：非洲和亚洲国家在1972年要求人有发展的权利。这两个议题在民间社会也变得重要：除大赦国际外还成立了很多以人权为议题的组织和倡议行动。

1970年环保组织绿色和平组织在温哥华成立。特别是加拿大和美国的活动分子抗议进行核试验，后来也致力于其他环境议题。与大赦国际不同，绿色和平组织是从小组活跃分子采取媒体效果很好的行动开始的：渔船和快艇试图闯入军事封锁区阻挠核试验，救生筏阻挠船只向北海倾倒稀酸。反响是巨大的。绿色和平组织也变得国际化，但它继续致力于直接和吸引眼球的活动。总的来说，环境、核能与和平是 20 世纪 70 年代数量再度迅速增长的非政府组织的重大议题。但是很多新的组织也致力于平权运动：女权、同性恋权利、原住民（南北美洲的印第安人、澳大利亚原住民、毛利人、萨米人）权利、残障人士权利。在此之前的精英们在谈到人权与公民权利时对社会的视野是多么狭隘啊！

20 世纪 70 年代的欧洲和北美对政府和政界、经济界的大佬们存在着巨大的不信任。这有美国在越南战争中损失巨大的原因（很多人认为这场战争毫无意义），也有政府全权特别是在美国被滥用的原因。像绿色和平组织等新组织发动公众起来反对建制派，或者是试图形成新的公众，比方说通过新的报刊、出版社或者是电台。这些新的新闻形式中有些一直存续至今：像 1978 年在西柏林成立的联邦德国的《日报》，以及早它一年出版的女权杂志《埃玛》。

20 世纪 70 年代涌现出新的非政府组织不只是西欧和北美的事。正如我们在《圣彼得堡》那章看到的，东方集团的人权分子也令他们的政府承受了压力。拉丁美洲、亚洲和非洲出现了大量地方倡议活动，希望提供实际的帮助。很多人在 20 世纪五六十年代梦想的大跃进并未出现。世界经济偏离了轨道。贫困和暴力增多。有流亡运动，但同样也有草根运动，它们希望改善当地生活。

20 世纪 70 年代以来，跨国企业的数量增多了，跨境游客也有增长。国际关系不再是国家的特权，而是成为很多组织和个人生活的一部分。鉴于这种新的纷乱与漫无头绪，20 世纪 80 年代国家与非政府组织之间的猜忌消退并不奇怪。它让位给了活跃在全球、地区、国家和地方层面上的国家、政府间国际组织、非政府组织、企业、宗教组织和工会的并非总是毫无冲突的合作。

全球社区

日本裔历史学家入江昭在 2002 年认为，世界自 20 世纪 80 年代开始走向一个"全球社区"。他的观察基于这样的出发点：非政府组织以及它们与国家、企业的网络化重要性增大。随着冷战结束，这种网络化得以呈现出新的规模。

自 1997 年起开始担任联合国秘书长的科菲·安南成为正在形成的全球社区的代言人。2000 年 9 月，他让联合国大会通过了八项千年发展目标。在接下来的 15 年内减少极端贫穷和饥饿，实现普及初等教育，促进两性平等，降低儿童死亡率，改善产妇保健并赋予妇女权力，与艾滋病、疟疾和其他疾病做斗争，确保环境的可持续能力和制定促进发展的全球伙伴关系。人们为这些重大目标确定了时间表和标杆。例如，到 2015 年应将极端贫困人口减少一半。世界为之赞叹：联合国再次出现，而且它相信自己可以做些什么！它完全依照《联合国宪章》精神，将社会与经济发展视为自己的核心目标，并准备——完全像 1945 年《序言》所说的那样——"运用国际机构，以促成全球人民经济及社会之进展"。科菲·安南宣布，消除贫穷与疾病要求国家、企业和非政府组织在联合国的领导下共同努力。但千年之交的厚望并没有完全实现。人们为实现千年发展目标做出了认真的努力，也有了成绩。但是这些目标没有完全也没有以均等的方式实现。非洲的表现普遍来说不如亚洲广大地区。

在千年之交前的最后十年里，联合国再次加大了对维和的投入。在中美的厄瓜多尔和非洲国家莫桑比克及纳米比亚，联合国蓝盔部队得以成功地帮助平息了流血内战。但几次引起轰动的失败给成就蒙上了阴影。比如 1994 年联合国蓝盔部队在非洲卢旺达对数十万人遭到难以想象的种族屠杀袖手旁观。一年后，在欧洲腹地，他们成为 8000 名波斯尼亚人在斯雷布雷尼察被杀戮的目击者，但却没有干预。在索马里，联合国士兵有两次作战行动，但却未能为民众带来安全。因此，很快联合国内部就对自身能力的极限进行了激烈的讨论。看起来，蓝盔部队只能将愿意停火的敌对军队分开。当大多数暴徒同意时它可以帮助确保和平。但比这样的"维和"更困难的是在要违背作战各方的意愿结束战斗时，当参与的不止两方时就更是如此。这样的"维和"需要资金、精良的部队和明确并且现实的使命——所有这些联合国安理会都无法有效地提供，而且联合国也没有这方面的资金。更困难的是带来长久的和平。对这样的"维和"而言，人们必须减小冲突的影响，特别是消除冲突的根源。

千年发展目标和蓝盔行动显示，随着冷战结束，联合国的重要性增大并变得更具行动能力。在安理会里投否决票进行阻挠成了例外。但是安理会要处理的暴力冲突的数量增多了。遗憾的是，世界在东西方冲突结束后并没有变成一个更加和平的地方。2001年联合国及秘书长科菲·安南获得了诺贝尔和平奖。在感谢致辞中，安南指出"未来三个至关重要的优先事项：消除贫困、减少冲突和促进民主"。对于个别国家阻挠联合国发挥深远影响的行为，安南强调说，"和平不仅属于各个国家和各国人民，也属于这些社区的每一个成员。国家主权不能再被用作严重侵犯人权的挡箭牌"。但是在接下来的几年里，下面这点没能取得成功——从纽约建立起某种为了所有人福祉的世界政府，必要情况下它不会理会国家的主权。

这有多种原因。首先，美国作为仅存的超级大国在乔治·W. 布什总统领导下自2001年起给予国家利益以更大的重视，超过了对国家组成的全球社区的投入。俄罗斯和中国效仿了这一做法。自2001年9月11日纽约和华盛顿遇袭以来，反恐在很多国家都居于优先地位。阿富汗、伊拉克和叙利亚战争与刚果以及非洲其他地方的冲突一样，都导致了庞大的难民潮。他们对联合国、民族国家、非政府组织以及全球民间社会构成了挑战。但是联合国资金短缺限制了它的作为。此外，它不具备自身工作所需的职权。每当它请求成员国出兵和出资维和时，这点就显现出来。它由很多偶尔会阻碍它工作的

下属组织组成。但它尤其依赖于成员国的善意，而这并非总是十分充足。

尽管有着上述困难，至少，自从有联合国以来不再有世界大战发生。与国际联盟时期不同，所有有影响的国家都加入了联合国。但是我们目前已经能够看到的 21 世纪全球问题（气候变化、社会与经济不平等、国家崩溃、战争与恐怖主义）仅靠联合国无法解决。

相信到了本书的最后，这点并不会令读者感到惊讶。关键的总是在不利条件下奋勇前进的很多人和拥有权力的少数人。但是拥有权力者大多不会带来他们原本争取的东西，因为世界比他们想的更复杂。历史不是接力赛，不是英雄们的跑酷。即便在未来，英雄也不会拯救世界，明确的方向和方针极少能获得当权者所期待的成功。许多人受制于当权者破产的梦想、愿景、计划和方针，他们无尽的痛苦贯穿了本书。

人们总是联系在一起的。网络化在过去两个世纪里加剧，而世界却没有变得更加公平。有着不同经历、不同历史的人们生活在 21 世纪的世界里。没有一个适用于所有人的进步史或者是现代化历史。从长崎、北京、德里、希杰拜、基卢瓦、海地或开罗的角度看，历史的讲法与纽约或柏林是不同的。认识这些不同的历史是重要的，因为它们影响着很多人的希望、计划和接下来的举措，而这些人将塑造未来。

我们还面临着讲述一个同一的 21 世纪世界史的任务。本书让人们看到了许许多多色彩缤纷、交织在一起的长长短短的线，它们在历史的地毯里连接在一起。目前几乎不可能做得更多了，因为我们对于很多历史还知之甚少，因为简短介绍的尝试受到传统和世界观的强烈影响，这些也影响着来自不同地区与文化的历史学家。但这或许也不是坏事。人们所来源于的以及可追溯的完全不同的过去可能会造成误解，如果我们不了解它们的话。如果我们对它们进行研究、讲述和比较，它们就可能成为机遇。它们丰富了历史为我们活着的人所准备的可能。

后记

不只是世界，书也有历史。本书的历史从一封电子邮件开始。C. H. 贝克出版社问我有无时间和兴趣为年轻读者写一部世界史。我觉得这个想法非常吸引人。应出版社要求，我给了他们一份简单说明。我的世界史将按照时间顺序由四个章节组成，我宣告说：先是截至公元前 500 年的《捕猎者、采集者和耕种者》，然后是《城市、统治和宗教》（公元前 500—公元 1000 年），之后是《一个世界》（1000—1750 年），最后是《现代》——从 1750 年至今。在章节之前、之后和之间会插入五个主题：人、时间、空间、能源和交流。当时我眼前呈现出一个大有可为的时间与主题相结合的架构。出版社认为这个想法有点儿复杂，但让我保留了自己的意见。

和任何时候一样，困难自思考开始。当我开始阅读时，我才发现，自己所知之少是多么地惊人。历史学家在他清楚原始资料——我们关于过去的知识最早可以追溯到的材料——来源的领域是专家。这可能是档案馆和图书馆里的文字见证，但也可能是博物馆里的图片、家具和其他材料，或者被保留下来或者在某个地方临摹下来或是描述过的建筑。我了解 18—20

世纪普鲁士和德国历史的原始资料，以及 20 世纪奥地利历史的部分资料。围绕这些资料我读了、写了大量的书籍和文章。和大多数学者一样，我也是对极少数的东西了解甚多。与人类历史相比则极少极少。

当然，人们可以克服无知，比方说通过阅读，但是这有其限度。对世界史来说，至关重要的书籍、文章多得难以想象。没有人可以把它们全部看完。一位奥地利同事取笑说，我面临着抉择，要么把所有重要的材料都读了——那样的话本书永远都不会完成，要么就是不读完所有的资料——那样的话这就会是本糟糕的书。

难上加难的是，绝大多数历史书籍是用我看不懂的语言写成的：中文、俄文、西班牙文、芬兰文等等。但是这些语言都很重要，因为它们都传达了一种看待世界的视角，而这不是我的视角。当人们说"时间""空间""能源""交流"，甚至是"人"的时候，当人们谈论"现代""现代化""历史"和"传统"的时候，并非所有人指的都是相同的东西。不同的文明有其自己的历史。不同的语言有其自己的理解自身及其历史的方式。我看到自己的希望破灭了。如果我根本没有能力在原始资料的基础上找出世界不同地区对"人""时间""空间""能源""交流"的理解是什么，我该怎样插入五个主题呢？

而每个章节跨越的时间段过于庞大，这方面也没好多少。我看不到画下休止符的依据。直到哥伦布之前，世界还是由两个较大和很多个较小的世界组成，即便在他之后世界的连接也仍既不均匀也不紧密，为什么这个世界里要有一个统一的时段？虽然世界史上有一系列传统的横向联系方案：地球上的不同地点出现了世界性宗教的创始人；发生了新石器时代革命、工业革命等令世界历史发生根本改变的革命。但是一旦看得再仔细一点儿，这些极其明确的概念就会造成麻烦。世界性宗教的创始人既不清楚他们创建了世界性的宗教（它们大多是在几个世纪后才逐渐显现），也对彼此毫无所知。除他们之外还有很多其他幸运程度或手腕都不如他们的先知。他们被遗忘了。并没有一个世界被照亮的关键时期，而是有很多人在互不知情的情况下各自希望散播光芒，却大多都失败了。革命的时候也没好多少。人们在地球的不同地点各自定居并从事农耕。这场"新石器时代革命"在它出现的地方持续了数千年，而且得以实现的速度还要更慢。工业革命虽然进行的速度更快了，但是它也不是全面的，它以不同的方式令世界不同地区发生了改变，而其他一些地方几乎没有变化。

在以关键时期和革命为主的传统世界史理论家之外，近几年出现了一系列"大历史"的支持者。他们探索自宇宙大爆炸以来的地球历史，并发现贯穿整个历史的法则。从这个角度来说，新石器时代或者是工业革命都是生态调节系统的转变，就像在植物界和动物界发生的那样。人类生活的时期尤其是在气候上令星球发生了变化，该时期成了与全新世和更新世相联的人类世。这给人留下了非常深刻的印象，但是"大历史"中几乎没有具体的人出现。因此，谁启动了转变以及它们对人类有哪些意义仍不清楚。

另外一些思想宏大的历史学家从当前的问题出发，开辟出通往杂乱无章的过去的出路。现代化理论学家醉心于寻找19世纪以来发生巨大变化的原因。他们发现了中长期的原因，他们的路径向着中世纪和古典时期产生分叉。当然视线两侧的丛林仍未得到重视，横向联系几乎没有人注意。这些路径自身提供了清晰的视野和顺畅的通路。人们可以对不同社会进行比较，它们是如何完成通向今天的道路的。马克斯·韦伯对这一关注做了经典的表述："现代欧洲文化界的子孙将不可避免地而且也是合理正当地在这一提问下探讨宇宙史问题：哪些条件的连锁反应导致偏偏在西方的土地上——以及只在这里出现了（至少我们乐意这么设想）向普世有效并具有普世意义方向发展的文化现象？"这听起来有点儿像是有些人早起在镜子面前自问的问题：为什么我如此美丽而其他人是如此之丑？结果当然根据观镜自赏的人是谁而存在很大差异,是俄罗斯、美国、欧洲还是中国。对于在这些路径之外活动的那些人来说,这个方法本身相当粗糙:人们几乎看不到他们,而且如果看到也只是影影绰绰的和异样的。

既然我既不想完全交付给经典理论学家,也不想完全信任"大历史"或者是开辟路径的宏伟规划者,很快我就无计可施了。我用年份来划分章节的编年史方法无法适用于全世界。我想插入的全球主题凭我所拥有的资源无法制定出来。我不想写一部现代化历史来解释为什么我们是今天这个样子而不太可能是其他样子。我的美妙方案四分五裂。我当时又没有新的构想。我变得不敢给出版社打电话。时间一点点流逝。

解救通过德国科学基金会来到我的身边。基金会同意我所在的图宾根大学设立一个特殊研究领域——由不同专业的学者联合对一个共同的领域进行研究。我们这次的研究领域是"受威胁的秩序"。它关系到自认为处于极大压力之下并在寻找出路的社会和社会群体。古代历史学家、中世纪史学家、现代历史学家、日耳曼语学家、希腊学家和美国问题专家、人种学者、社会学家、政治学家、神学家,甚至医学家都加入其中。我们得以邀请到世界各地的客人,就我们的问题发表意见。我成为这个群体的发言人——令人印象深刻的思想大师们的表演指导。他们每个人都知道一些其他人根本无法想象的东西。我们进一步了解了波菲利——3世纪一位十分博学的哲学家和基督徒仇恨者,玛丽亚·皮萨罗——16世纪70年代秘鲁的一位克里奥尔人先知,鲍勃·迪伦——好吧,这位我们都认识,但是他对波菲利或者玛丽亚·皮萨罗来说肯定奇特得惊人。

为了让这个特殊的研究领域能够正常运转,思想大师们必须让其他人能够理解自己的主题。为什么波菲利、玛丽亚·皮萨罗或者鲍勃·迪伦对我们的工作很重要?他们经历了哪些"受威胁的秩序",是什么令他们与这一主题相关?在谈话中,我们编织线索,以便把各个主题联系起来。我们寻找共同点，以便能从整体上描述"受威胁的秩序"。我们打造适合多种情形的概念。偶尔我们也会发现联系：对南美先知的经验改变了欧洲的政策。21世纪的政治家对罗马后期的状况发出警告（但他们实际上对其并不是非常了解）。当我在研讨会上主持过几次这样的对话时，突然产生了一个念头：为什么我在撰写世界史时不这么做？为什么不从一些微小、具体的事物出发，去寻找与其他微小事物和事件的联系？

很多自认为是全球历史学家的学者已经采用了类似的想法。他们在一个地方进行一段时期的深入挖掘，之后再带着大量资料和魅力走出他们的洞穴，去寻找联系、相似之处和差异。他们是旅行的鼹鼠。不可思议的书就这样产生了：种植园、蔗糖、棉花、传教士、女权和人权的世界史。世界史就是"将一项从微观历史着手的研究放在全面的背景下"，中世纪历史学家沃尔弗拉姆·德鲁兹曾这样写道。从小处着手的思考（在这种思考下事物、事件和联系涉及的范围越来越广）打开了新的视野。美国历史学家艾尔弗雷德·克罗斯比有一次说，他不能肯定哪种说法更正确一些：是科尔特斯在天花的帮助下征服了阿兹特克人，还是天花在科尔特斯的帮助下征服了阿兹特克人。

当然，对我欠出版社的书稿来说，这样轻微的变动作用有限。我承诺的不是某种原料、某种宗教活动或者是某种法定权益的世界史，而是一部完整的世界史。如果我不想以"大历史"以及其他宏伟历史规划者的理论为基础，那么一只旅行鼹鼠对我也不会有什么帮助。我需要的是一场旅行鼹鼠大会。这方面有个非常棒的例子：尼尔·麦格雷戈的《大英博物馆世界简史》。身为大英博物馆馆长的麦格雷戈从自己管理的资源中挑选了100件物品（当中包括手斧、雕塑、屋瓦、地图和一张信用卡），对它们进行描述并把它们与当今联系起来：将世界史当作是个宝库，通过年代和主题的章节线索不辞辛苦地将多种多样的物品捆绑在一起。它多姿多彩并熠熠生辉,对每件物品的描述读来都是种享受。但是,历史退居次要位置了,历史不只是故事的集合。看来,鼹鼠们不仅是要聚集到一起。它们也必须就某个主题或疑问形成统一。

在对经典理论、"大历史"和宏伟历史规划之外的所有学术奇观进行深入研究期间,受到"特殊研究领域"的启发以及出版社(手稿就在它那里)间或的善意查询的推动,我有了将历史理解为一块织法混乱的地毯的想法,它的图案清晰可见,但同时也布满了窟窿和裂口。这个景象告诉我们,不存在互相之间毫无关联的众多历史,而是一个历史。事物互相关联,它们并非毫无规则(那样的话地毯就散架了),但也并不是完全规则的(那样的话地毯就会美得不像是真的了)。追查每一条线的走向是不可能的,而且也没有一个模式可以解释整个的联系。但是,在不同的地方把地毯举高以便从背面多少了解下线的长度、多个重要位置之间的联系以及从地毯一端到另一端的路径是值得的。因为仔细观察了各个具体位置后,我们就能够对某个时期某个地点的内在逻辑有所了解,虽然我们在语言和文化上仍距离遥远。如果我们从某个地方开始探究它的各种联系,我们就可以确定每个地点的原时及其重大转折的影响范围。

然而,放弃经典理论学家对"高度发达文明"从古老东方不断向西直至欧洲贯穿的判断、"大历史"的鸟瞰视角和现代化历史的路径是有代价的。第一,说明什么是至关重要的就不再容易。我们不能再将任何历史视为前现代的、欧洲以外、不文明或者是非政治的而予以拒绝。不如说,我们必须在地毯的每个位置问:在这里重要的是什么?有哪些线与其他事件联系在一起?联结的方式是否具有某些典型特征?第二,没有了可以穿针引线的线索。没有一个地区、没有一个文明、没有一种政治制度的长度是贯穿全部历史的。取而代之的是一点点印度洋、几百年的中亚、两百年的圣多曼格及海地。与此相联系的是第三点,我没有提出一个赋予整体以方向和目标的重大命题。这样的万用钥匙会令作者、读者和出版社高兴，但是它也产生了错误的笃定与确信，所以我放弃了这么做。这里不是说，欧洲或者西方是历史的目的地和中心，或者说从巴比伦到柏林之间有一个文化或文明的链条。倒不如这么说：有变成输家的赢家，也有变成赢家的输家，有成功了一段时间但后来又失败的计划。欧洲对世界的统治看来并非历史的目的地，而是19世纪的一个暂时现象。造成欧洲统治世界的不是长达1000年的文明优势，而是欧亚大陆最西边全副武装的列强在战争和经济上的成功，它们互不相容并且利用在欧洲以外的占领区来强化自身力量，直到它们的力量在第一次世界大战中遭到不可修复的削弱。因此，"西方"或"现代"——20世纪的关键词也不太可能永远持续下去。

代价也可以说成是好处。因为没有历史会被认为是不重要的而被拒之门外，所以我们可以认真地对待加喜特人、通古斯人、苏族及其历史。我们可以消除历史学传统上关心的文字文明与我们历史学家喜欢留待地方学、人种学和考古学去研究的非文字文明之间的界限。我们可以让社会中没有那么显赫的成员发声——水手、奴隶、士兵、家庭妇女和咖啡种植者。我们可以清楚地看到，完全不同的生活方式是如何交汇在一起的，而不是简单地问"高度发达文明"的魅力是什么。除欧洲中世纪和早期近代时期之外，我们也可以在其他地区和时期看到今天我们所生活的这个世界的基础。因为我们无法再讲述连贯的历史，世界史成了受控的"带有视角的游戏"（于尔根·奥斯特哈默语）。这令我们可以与一切当权者所谓历史在他们一边的说法保持重要的距离。因为我们不再把欧洲或者西方视为中心，我们可以更好地理解21世纪的多极世界，因此也可以更好地在这个世界里行事。

尽管如此，不适感仍旧存在。旅行鼹鼠会议只发生在我的脑海里。我阅读所能拿到的一切有关长安、法兰西角或者莫切的资料，但是我没有变成中国、海地或殖民化之前的南美历史的专家——更不要说是印度洋、中亚、中美、东非、西非，以及本书中出现的其他所有地区了。不辞辛苦地帮我搞到激动人心的文章的同事，还有整日都在工作、不定出现在世界哪个地方的特殊研究领域的同事也并不总是能帮上忙。就此而言，我能（特别是为广大读者）写成这本书，而且无须杜撰自己无所不通的研究能力来迷惑专业人士是件幸事。这也为其他的可能性敞开了大门。索菲娅·马丁内克得以通过她的插图从艺术角度来接近本书的主题，而无须声称自己到过那里或者是进行了广泛的文献研究或者是考古挖掘。彼得·帕尔姆得以制作了重现历史空间的地图。感谢索菲娅·马丁内克、彼得·帕尔姆、我的同事、特殊研究领域的同人和我的编辑乌尔里希·诺尔特对本计划的帮助——为世界史争取更多的朋友。为了让走近历史变得更加容易，我们在源自其他书写体系语言的地名和人名写法上更多地注重与阅读习惯挂钩，而不是遵循各自最新的改写规定。文献索引中列出了在我书桌上放了较长时间并在章节中留下了较多痕迹的文献名称，但它们对世界史而言并不具有代表性。

　　毫无疑问，本书不能令世界史这一研究对象发生改变。但是它的20个章节以及各章间的联系或许可以改变某些人脑海中的世界史形象——和我的孩子以及我自己一样，在学校里熟悉了标准化的历史讲述方式的那些人：两河流域、埃及人、希腊人、罗马人、骑士、哥伦布和路德、路易十四、腓特烈二世、法国大革命、1848年德国革命、俾斯麦、帝国主义、第一次世界大战、第二次世界大战、柏林墙、赫尔穆特·科尔（但他只是对我的孩子们而言）。这一历史，在光线下看，是相当怪诞地向着欧洲和德国的方向来构建的。它更多地遵从了后代的主观愿望而不是目前在世者的未来。因为世界史不是社会或文化的简单延续。世界上充满了有着不同历史的人，它们相互交织在一起。因为这样，我们永远只能拥有与其他人的历史结合在一起的自己的历史——除非我们根据民族、文化和社会进行人为的划分，它们极少会有纯粹和界限清晰的形式。因此，我们可以从印度洋开始讲述贸易史，从中国和印度讲述城市史，从北美讲述宗教改革史，从海地讲述革命史，从美国讲述工业化历史。这样，人们喜欢的部分——以欧洲为中心的世界史就出现在新的背景当中。这一视角的变化会令我们走多远，相互交织和转移具体发挥了怎样的作用，哪些线尤其至关重要，眼下历史学家正对此进行研究。历史和当下正在 21 世纪迅速地发生变化。本书是一个结果，也是一个开始。

参考文献

Adams, Jad: Women and the Vote. A World History, Oxford 2014
Albert, Pauline J., u. a. (Hg.): Global Poverty Alleviation. A Case Book, Dordrecht 2014
Allman, Jean: Between the Present and History. African Nationalism and Decolonization, in: John Parker / Richard Reid (Hg.): Modern African History, Oxford 2013, S. 224–240
Antoni, Klaus: Shintô und die Konzeption des japanischen Nationalwesens (Kokutai). Der religiöse Traditionalismus in Neuzeit und Moderne Japans, Leiden u. a. 1998
Arnold, David: Südasien (Neue Fischer Weltgeschichte 11), Frankfurt a. M. 2012
Bakewell, Peter: A History of Latin America. Empires and Sequels 1450–1930, Malden/Oxford 1997
Bär, Jürgen: Frühe Hochkulturen an Euphrat und Tigris, Stuttgart 2009
Bayly, Christopher A.: Die Geburt der modernen Welt. Eine Globalgeschichte 1780–1914, Frankfurt a.M. / New York 2006
Beaglehole, John C.: The Life of Captain James Cook, Stanford 1974
Beckert, Sven: King Cotton. Eine Globalgeschichte des Kapitalismus, München 2014
Benn, Charles: Traditional China. The Tang Dynasty, Westport 2002
Berg, Manfred: Geschichte der USA, München 2013
Bernecker, Walther L., u. a.: Eine kleine Geschichte Mexikos, Frankfurt a. M. 2007
Birmingham, David: Makers of the Twentieth Century: Kwame Nkrumah, Reading 1990
Blake, Stephen P.: Shahjahanabad. The Sovereign City in Mughal India, 1639–1739, Cambridge 1991
Borst, Arno: Computus. Zeit und Zahl in der Geschichte Europas, 3. Aufl. Berlin 2004
Bourget, Steve: Sacrifice, Violence and Ideology among the Moche. The Rise of Social Complexity in Ancient Peru, Austin 2016
Bourget, Steve/Jones, Kimberly L.: The Art and Archaeology of the Moche. An Ancient Andean Society of the Peruvian North Coast, Austin 2008
Caldwell, John C./Schindlmayr, Thomas: Historical Population Estimates. Unraveling the Consensus, in: Population and Development Review 28, 2 (Juni 2002), S. 183–204
Chaudhuri, K. N.: Trade and Civilization in the Indian Ocean. An Economic History from the Rise of the Islam to 1750, Cambridge 1985
Chenoy, Shama Mitra: Shahjahanabad. A City of Delhi, 1638–1857, Neu-Delhi 1998

Chittick, Neville: Kilwa. An Islamic Trading City on the East African Coast, Bd. I: History and Archaeology, Bd. 2: The Finds, Nairobi 1974
Christian, David: Maps of Time. An Introduction to Big History, Oakland 2004
Chopra, P. N., u. a.: A Comprehensive History of Ancient India, Neu-Delhi 2003
Collins, Robert O./Burns, James M.: A History of Sub-Saharan Africa, Cambridge 2007
Conard, Nicholas: Cultural Evolution in Africa and Eurasia During the Middle and Late Pleistocene, in: Winfried Henke/Ian Tattersall (Hg.): Handbook of Paleoanthropology, Bd. 3, Berlin/Heidelberg/New York 2007, S. 2001–2037
Conard, Nicholas J. (Hg.): When Neanderthals and Modern Humans Met, Tübingen 2006
Crowder, Michael (Hg.): The Cambridge History of Africa, Bd. 8: From c. 1940 – c. 1975, Cambridge 1984
Curtin, Philip D.: The Rise and Fall of the Plantation Complex. Essays in Atlantic History, Cambridge 1990
Curtis, Kenneth R./Bentley, Jerry H.: Architects of World History. Researching the Global Past, Chichester 2014
Dale, Stephen F.: The Muslim Empires of the Ottomans, Safavids, and Mughals, Cambridge 2010
Darwin, John: After Tamerlane. The Rise and Fall of Global Empires, 1400–2000, London 2007
Depkat, Volker: Geschichte Nordamerikas, Köln u. a. 2008
Drews, Wolfram: Transkulturelle Perspektiven in der mittelalterlichen Historiographie. Zur Diskussion welt- und globalgeschichtlicher Entwürfe in der aktuellen Geschichtswissenschaft, in: Historische Zeitschrift 292 (2011), S. 31–59
Ebrey, Patricia Buckley: The Cambridge Illustrated History of China, Cambridge 1996
Eckel, Jan: Die Ambivalenz des Guten. Menschenrechte in der internationalen Politik seit den 1940ern, Göttingen 2014
Edzard, Dietz-Otto: Geschichte Mesopotamiens. Von den Sumerern bis zu Alexander dem Großen, München 2004
Finzsch, Norbert: Konsolidierung und Dissens. Nordamerika von 1800 bis 1865, Münster 2005
Flaig, Egon: Weltgeschichte der Sklaverei, München 2009
Forster, Georg: Reise um die Welt. Illustriert von eigener Hand, Frankfurt a. M. 2007 [Erstdruck 1780 bzw. 1784]
Forster, Georg: James Cook, der Entdecker und Fragmente über Capitain Cooks letzte Reise und sein Ende, Frankfurt a. M. 2008 [Erstdruck 1781 bzw. 1789]
Gascoigne, John: Captain Cook. Voyager between Worlds, London/New York 2007
Geggus, David: The Major Port Towns of Saint Domingue in the Later Eighteenth Century, in: Franklin W. Knight/Peggy K. Liss (Hg.): Atlantic Port Cities. Economy, Culture, and Society in the Atlantic World, 1650–1850, Knoxville 1991, S. 87–116
Gliech, Oliver: Saint-Domingue und die Französische Revolution. Das Ende der weißen Herrschaft in einer karibischen Plantagenwirtschaft, Köln/Weimar/Wien 2011
Golden, Peter B.: Central Asia in World History, Oxford 2011
Golte, Jürgen: Austausch – Transfer – Abgrenzung. Südamerika, in: Thomas Ertl/Michael Limberger (Hg.): Die Welt 1250–1500, Wien 2009, S. 245–271
Gupta, Sunil: The Archaeo-Historical Idea of the Indian Ocean, in: Man and Environment 27 (2002), Nr. 1, S. 1–24
Haarmann, Harald: Lexikon der untergegangenen Völker. Von Akkader bis Zimbern, 2. Aufl. München 2012
Habermas, Rebekka (Hg.): Mission global. Eine Verflechtungsgeschichte seit dem 19. Jahrhundert, Köln u. a. 2014
Heather, Peter: Der Untergang des Römischen Weltreichs, Stuttgart 2007
Heather, Peter: Die Wiedergeburt Roms. Päpste, Herrscher und die Welt des Mittelalters, Stuttgart 2014
Heideking, Jürgen/Mauch, Christof: Geschichte der USA, 6. Aufl. Tübingen/Basel 2008
Higman, B. W.: A Concise History of the Caribbean, Cambridge 2011

Hildermeier, Manfred: Geschichte Russlands. Vom Mittelalter bis zur Oktoberrevolution, München 2013
Jackson, Peter: The Mongols and the West, 1221–1410, Harlow 2005
James Cook und die Entdeckung der Südsee. Publikation der Kunst- und Ausstellungshalle der Bundesrepublik Deutschland, Bonn 2010
Jansen, Jan C./Osterhammel, Jürgen: Dekolonisation. Das Ende der Imperien, München 2013
Jaspers, Karl: Vom Ursprung und Ziel der Geschichte, Zürich 1949
Jerven, Morten: Economic Growth, in: John Parker/Richard Reid (Hg.): Modern African History, Oxford 2013, S. 414–433
Jursa, Michael: Die Babylonier. Geschichte, Gesellschaft, Kultur, München 2004
Kaschuba, Wolfgang: Die Überwindung der Distanz. Zeit und Raum in der europäischen Moderne, Frankfurt a. M. 2004
Keay, John: India. A History, London 2000
Khandalavala, Karl: The Golden Age. Gupta Art – Empire, Province and Influence, Bombay 1991
Klooster, Wim: Revolutions in the Atlantic World. A Comparative History, New York 2009
König, Hans-Joachim, u. a.: Die Eroberung einer neuen Welt. Präkolumbianische Kulturen, europäische Eroberung, Kolonialherrschaft in Amerika, Schwalbach/Ts. 2005
Krämer, Gudrun: Geschichte Palästinas, München 2002
Krech III, Shepard/McNeill, J. R./ Merchant, Carolyn (Hg.): Encyclopedia of World Environmental History, 3 Bde., New York 2004
Kreiner, Josef (Hg.): Geschichte Japans, Stuttgart 2012
Kuhn, Dieter: Ostasien bis 1800 (Neue Fischer Weltgeschichte 13), Frankfurt a. M. 2014
Kulke, Hermann: Indische Geschichte bis 1750, München 2005
Kusber, Jan: Kleine Geschichte St. Petersburgs, Regensburg 2009
Laak, Dirk van: Weiße Elefanten. Anspruch und Scheitern technischer Großprojekte im 20. Jahrhundert, Stuttgart 1999
Lehmann, Reinhard G.: Der Babel-Bibel-Streit. Ein kulturpolitisches Wetterleuchten, in: Johannes Renger (Hg.): Babylon. Focus Mesopotamischer Geschichte, Wiege früher Gelehrsamkeit, Mythos in der Moderne, Saarbrücken 1999, S. 505–521
Leick, Gwendolyn: The Babylonians. An Introduction, London/New York 2009
Leppin, Hartmut: Einführung in die Alte Geschichte, München 2005
Lewis, Mark Edward: China's Cosmopolitan Empire. The Tang Dynasty, Cambridge, Mass./London 2009
Linhart, Sepp: Die zweite Öffnung des Landes. Japan, in: Michael Mann (Hg.): Die Welt im 19. Jahrhundert, Wien 2009, S. 34–63
Lütt, Jürgen: Das moderne Indien 1498–2004, München 2012
MacGregor, Neil: Eine Geschichte der Welt in 100 Objekten, 3. Aufl. München 2012
Mann, Michael: Geschichte Südasiens 1500 bis heute, Darmstadt 2010
Marx, Christoph: Geschichte Afrikas. Von 1800 bis zur Gegenwart, Paderborn u. a. 2004
May, Timothy: The Mongol Conquest in World History, London 2012
McPherson, Kenneth: The Indian Ocean. A History of People and the Sea, Oxford 1993
Mintz, Sidney W.: Die süße Macht. Kulturgeschichte des Zuckers, Frankfurt a. M./New York 1985
Mordek, Hubert: Dionysius Exiguus. Skythischer Mönch, Kanonist, Komputist und Übersetzer († vor 556), in: Lexikon des Mittelalters 3, 1986, Sp. 1088–1092
Mosshammer, Alden A.: The Easter Computus and the Origins of the Christian Era, Oxford 2008
Neutatz, Dietmar: Träume und Alpträume. Eine Geschichte Russlands im 20. Jahrhundert, München 2013
Osterhammel, Jürgen: Die Verwandlung der Welt. Eine Geschichte des 19. Jahrhunderts, München 2009
Parzinger, Hermann: Die frühen Völker Eurasiens. Vom Neolithikum bis zum Mittelalter, München 2006
Paul, Jürgen: Zentralasien (Neue Fischer Weltgeschichte 10), Frankfurt a. M. 2012
Pfeisinger, Gerhard: Die Entstehung einer zersplitterten Welt. Die Karibik, in: Bernd Hausberger/Jean-Paul Lehners (Hg.): Die Welt im 18. Jahrhundert, Wien 2011, S. 96–123
Pfeilschifter, Rene: Die Spätantike. Der eine Gott und die vielen Herrscher, München 2014

Pink, Johanna: Geschichte Ägyptens. Von der Spätantike bis zur Gegenwart, München 2014
Popson, Colleen P.: Grim Rites of the Moche, in: Archaeology 55 (2002), S. 30–35
Ptak, Roderich: Die maritime Seidenstraße. Küstenräume, Seefahrt und Handel in vorkolonialer Zeit, München 2007
Quilter, Jeffrey/Castillo B., Luis Jaime (Hg.): New Perspectives on Moche Political Organization, Washington D. C. 2010
Reinhard, Wolfgang: Die Unterwerfung der Welt. Globalgeschichte der europäischen Expansion 1415–2015, München 2016
Rinke, Stefan: Geschichte Lateinamerikas. Von den frühesten Kulturen bis zur Gegenwart, München 2010
Rinke, Stefan/Schulze, Frederik: Kleine Geschichte Brasiliens, München 2013
Robb, Peter: A History of India, Basingstoke 2002
Roberts, A. D.: The Cambridge History of Africa, Bd. 7: From 1905 to 1940, Cambridge 1986
Rooney, David: Kwame Nkrumah. The Political Kingdom in the Third World, London 1988
Sadowsky, Thorsten: Reisen durch den Mikrokosmos. Berlin und Wien in der bürgerlichen Reiseliteratur um 1800, Hamburg 1998
Schmidt-Glintzer, Helwig: Geschichte Chinas bis zur mongolischen Eroberung 250 v. Chr. – 1279 n. Chr. (Oldenbourg Grundriss der Geschichte 26), München 1999
Schreiner, Peter: Konstantinopel. Geschichte und Archäologie, München 2007
Schulze, Reinhard: Geschichte der islamischen Welt. Von 1900 bis zur Gegenwart, München 2016
Seland, Eivind Heldaas: Ports and Political Power in the Periplus. Complex Societies and Maritime Trade on the Indian Ocean in the First Century AD (Society for Arabian Studies Monographs 9), Oxford 2010
Speitkamp, Winfried: Kleine Geschichte Afrikas, 2. Aufl. Stuttgart 2009
Spier, Fred: Big History. Was die Geschichte im Innersten zusammenhält, Darmstadt 1998
Steinbach, Udo: Die arabische Welt im 20. Jahrhundert. Aufbruch – Umbruch – Perspektiven, Stuttgart 2015
Thilo, Thomas: Chang'an. Metropole Ostasiens und Weltstadt des Mittelalters 583–904, Teil 1: Die Stadtanlage, Wiesbaden 1997, Teil 2: Gesellschaft und Kultur, Wiesbaden 2006
Tyrrell, Ian: Transnational Nation. United States History in Global Perspective since 1789, Palgrave Macmillan 2007
Vogelsang, Kai: Geschichte Chinas, 4. Aufl. Stuttgart 2014
Weber, Max: Gesammelte Aufsätze zur Religionssoziologie I, 9. Aufl. Tübingen 1988 [Erstdruck 1920]
Weiers, Michael: Geschichte Chinas. Grundzüge einer politischen Landesgeschichte, Stuttgart 2009
Zöllner, Reinhard: Geschichte Japans. Von 1800 bis zur Gegenwart, Paderborn u. a. 2006